Geschichte des Augsburger Religionsfriedens vom 26. September 1555.

Christian Wilhelm Spieker

Nabu Public Domain Reprints:

You are holding a reproduction of an original work published before 1923 that is in the public domain in the United States of America, and possibly other countries. You may freely copy and distribute this work as no entity (individual or corporate) has a copyright on the body of the work. This book may contain prior copyright references, and library stamps (as most of these works were scanned from library copies). These have been scanned and retained as part of the historical artifact.

This book may have occasional imperfections such as missing or blurred pages, poor pictures, errant marks, etc. that were either part of the original artifact, or were introduced by the scanning process. We believe this work is culturally important, and despite the imperfections, have elected to bring it back into print as part of our continuing commitment to the preservation of printed works worldwide. We appreciate your understanding of the imperfections in the preservation process, and hope you enjoy this valuable book.

Geschichte
des
Augsburger Religionsfriedens
vom 26. September 1555.

Mit

einer einleitenden Geschichte

der Reformation

von

Christian Wilhelm Spieker,

Doktor der Theologie und Philosophie, Superintendent, Professor und Oberpfarrer, Ritter des rothen Adler-Ordens zweiter Klasse m. E. und des eisernen Kreuzes zweiter Klasse.

Schleiz, 1854.

Verlag von Carl Hübscher.

Ger 1705.1

HARVARD COLLEGE LIBRARY

Alles hat seine Zeit. Der Herr der Zeit ist Gott,
der Zeiten Wendepunkt Christus, der rechte Zeitgeist
der heilige Geist.   Karl Hase.

Geschichte

des

Augsburger Religionsfriedens.

———

Vorrede.

Luther schrieb am elften November 1517 an seinen Freund Lange in Erfurt: „Sie (die tadelsüchtigen Nachtgeister) sollen sich nicht einbilden, ich bedürfe erst ihres Rathes und Willens, um etwas zu unternehmen. Was ich thue, soll nicht durch der Menschen Rath und Klugheit zu Stande kommen; denn ist das Wort aus Gott, wer will es alsdann hindern? Ist es aber nicht aus Gott, wer will es fördern? Darum geschehe nicht mein, nicht Dieses oder Jenes Wille, sondern Dein Wille, heiliger Vater, im Himmel." Und allerdings war das große Werk der Reformation nicht Luthers und keines Menschen Werk, sondern eine von der göttlichen Vorsehung lange vorbereitete und nach manchen scheinbar vergeblichen und erfolglosen Versuchen nothwendig gewordene Wiedergeburt des christlichen Glaubens und der christlichen Kirche. Aber es war ein so starkes und kräftiges Rüstzeug erforderlich wie der freie, hochherzige Mann mit seinem deutschen unbeugsamen Sinn, mit seinem freudigen Glaubensmuth und edlem Trotz, um die Schlafenden zu wecken, die Schwachen zu kräftigen, die Umnachteten zu erleuchten und die Heilsbegierigen zum Bewußtsein des Einen zu bringen, das Noth thut. War es auch nur der unbedeutende Augustinermönch, der aus seiner einsamen Zelle ins Leben trat und betrachtete auch der Römische Hof in seiner sorglosen Sicherheit das Unternehmen als eine bloße Mönchszänkerei, so wissen wir doch, daß nicht Alles nach schwachen und mangelhaften Anfängen zu beurtheilen und daß vor Gott nicht klein und gering ist, was uns so erscheint. Soll aber aus Kleinem Großes und aus Geringem Wichtiges kommen, so müssen die Dinge tiefe Wurzel geschlagen haben in dem Boden der Geschichte, und der Lebenskeim muß in sich eine große Triebkraft tragen. Und das war der Fall mit der Reformation, deren unmittelbaren Erscheinung eine trügliche Ruhe in der Kirche vorherging.

„Nach dem Schlusse des Concils im Lateran schien es, (sagt der Generalvikar des Bisthums Konstanz, Freiherr v. Wessenberg) alle Zwiste im Schooße der Kirche seien für lange Zeit beigelegt und nirgends zeigte sich mehr die Gefahr einer bedeutenden ketzerischen Ansteckung. In stolzer, selbstgenügsamer Pracht feierte Rom seinen Triumph mit einem noch nie gesehenen Aufwand für die Förderung der Wissenschaften und Künste. Der Ehrgeiz und die Gierde nach Lebensgenuß, gewaltiger jetzt als je in dem gelehrten und geistlichen Stande vorherrschend, fanden in den Mißbräuchen die lockendste Aussicht und Befriedigung, und bedienten sich mit einem Scheine von Bildung der heidnischen Weisheit, um den traurigen Gedanken an Reform fern zu halten. Auf die Treue solcher Bundesgenossen glaubte man zu Rom rechnen zu dürfen, wo der Sinn weit mehr auf weltliche als geistliche Dinge gerichtet war. Kein Gewölk am kirchlichen Himmel trübte die Ruhe, welche man von der Höhe des Vatikans über das Gebiet des christlichen Glaubens ausgebreitet sah. Niemand hatte hier eine Ahnung, daß es eine Ruhe war, wie sie dem Ausbruch eines gewaltigen Sturmgewitters vorherzugehen pflegt. Froh, die Wirksamkeit der Reformbeschlüsse von Konstanz und Basel beseitigt zu haben, schmeichelte man sich, sogar ihr Andenken sei ausgelöscht, und unter allen Gedanken war der an eine Kirchenreform derjenige, den man am fernsten hielt. Vielmehr überließ man sich mit Behagen der Zuversicht, daß nun der Ausübung der kirchlichen Machtfülle kein Hinderniß mehr im Wege stehe. Den Concilien von Konstanz und Basel recht eigentlich zum Trotz, suchten die Schriftsteller des Römischen Hofes die Theorie von der unbeschränkten Papstgewalt in kirchlichen und weltlichen Dingen neu zu begründen. Von ihren Grundsätzen haßten die Schulen und Kanzeln der Mönche wieder."

Wie hätte man bei einer so günstigen Constellation glauben sollen, daß aus dem verachteten Deutschland ein armer Bettelmönch an dem mächtigen Gebäude der Hierarchie so gewaltig rütteln werde, daß die Säulen desselben wanken würden und viele reiche Gemächer dem eindringenden Feinde eingeräumt werden müßten. Jene Sorglosigkeit ist um so auffallender, da Rom sonst alle Erscheinungen der Zeit und alle Bewegungen in Staat und Kirche mit großer Wachsamkeit beobachtet und Vorboten genug das nahe Gewitter angekündigt hatten. Aber oft verschließt man absichtlich die Augen, um in seiner Ruhe nicht gestört zu werden und die nahende Gefahr nicht zu sehen, und meint, wenn man die Gefahr nicht sieht, so sei sie auch nicht da. Ist jedoch nach dem Rathschluß der Vorsehung die Zeit erfüllt, so bricht der Morgen des neuen Tages hervor, die Geister erwachen zum regen Leben und keine Bannsprüche und Machtgebote können ihre Kräfte lähmen und fesseln. Sie werden getragen von hervorragenden Persönlichkeiten, die den Kämpfern voranschreiten auf der Siegesbahn des Rechts und der Wahrheit, und die in ihrem Herzen wie in einem Brennpunkte zusammenfassen, was die Zeit im Innersten bewegt und die Edelsten und Besten im Volke ahnen und suchen. Luther wurde der Träger einer mächtigen, heilsamen Zeitentwickelung, ein Mann der reinsten, edelsten Begeisterung. Die durch Jahrhunderte ziehende geheime Kraft wurde entfesselt und eine geistige Strömung ging durch das deutsche Volk. Gleichgesinnte Männer, ergriffen von dieser Strömung, erwärmt und begeistert von dem Feuer des glaubensstarken Zeugen der Wahrheit, förderten das große Werk mit Geisteskraft und muthiger Bekämpfung vielfacher Gefahren. Die Reformatoren sind unstreitig die hervorragendsten Gestalten, die eigentlichen Herren dieses Zeitalters, und das Uebergewicht des geistigen Lebens sowie der Reichthum an neuen fruchtbaren Ideen befindet sich auf ihrer Seite. Ich konnte in diesen Blättern die sich in ihnen offenbarende Kraft des christlichen Glaubens nur andeuten, aber nichts stärkt und erhebt in der Geschichte das Herz so sehr, als der Anblick von Männern, die

Großes und Ausgezeichnetes geleistet mit Kräften und Mitteln, die auch uns zu Gebote stehn. Lebendiger Glaube, heilige Liebe, Begeisterung für Recht und Wahrheit, Muth in Gefahren und Beharrlichkeit bis an's Ende: davon kann auch unsre Seele erfüllt sein und Herrliches wirken, wenn wir auch arm, geringgeachtet und machtlos sind.

Haben auch jene Zeugen der Wahrheit harte Kämpfe und schwere Anfechtungen bestehen und den Haß und die Verfolgung erbitterter Gegner erfahren müssen, so soll uns das doch nicht zur Ungerechtigkeit gegen die gewaltsam widerstrebende Partei verleiten. Wir wollen nicht vergessen, daß die Reformatoren von der alten Kirche große Opfer verlangten und die Reaktion nicht anders als gewaltig sein konnte. Staat und Kirche waren im Mittelalter auf's Innigste verbunden, ja in einander untrennbar verwachsen, jedoch so, daß der Papst die höchste Jurisdiktion in weltlichen und geistlichen Dingen zu haben behauptete. Verschanzt auf dem Stuhl Petri mit aller Macht des kanonischen Rechts, von den Satzungen der Jahrhunderte, von den Aussprüchen und Beschlüssen der Concilien, den Constitutionen, Machtsprüchen und Bullen aller Stellvertreter Christi auf Erden, meinte der Papst, daß alle andere Macht auf Erden, alle Fürstenthümer und Gewalten dem Vatikan in Rom unterworfen seien. Und nun wurde ihm gesagt: von dem Gehorsam gegen die weltliche Obrigkeit (die wie alle Gewalt von Gott kommt) sei Niemand ausgenommen, so wenig, wie vom Gehorsam gegen Gott; der Fürst gebe die Gesetze, er habe das höchste Gericht, wache über die Ruhe und Sicherheit des Landes, fordere die Abgaben ein und desgl.; in dem Allen sei ihm der Clerus denselben Gehorsam schuldig wie der Laie; allerdings stehe auch dem Papste und den Bischöfen Jurisdiktion zu, aber lediglich eine geistliche in kirchlichen Dingen, nie aber eine Gerichtsbarkeit in weltlichen Angelegenheiten; eine solche Gerichtsbarkeit habe Christus nie ausgeübt, er könne also weder dem Apostel Petrus noch dessen Nachfolgern übertragen haben, was von ihm selbst nicht in Anspruch genommen worden sei.

Das war freilich eine harte Lehre, gegen die sich Papst und Clerus mit allem Nachdruck erklären mußten. Wer läßt sich gern in seiner Macht beschränken und seiner Hand den Scepter der Herrschaft entreißen? Dazu kam, daß mit dem Abfall von der alten reichbotirten Kirche so viele schöne Güter und Besitzungen verloren gingen und so viele fette Pfründen, Bisthümer und Abteien sekularisirt wurden. Konnte es die Kirche ruhig gestatten, daß Prälaten und Bischöfe mit reichem Länderbesitz in den weltlichen Stand traten und ihre Unterthanen mit hinübernahmen in das neuangebaute Kirchengebiet? Und nun die neuen Lehren, die ja nach Römischen Grundsätzen sofort für ketzerisch und verdammlich erklärt werden mußten. Die ganze sacerdotale Stellung des Clerus beruht allein auf der Idee des Meßopfers. Durch die magische Kraft seiner Formel bringt der Priester den Leib des Herrn hervor, um ihn Gott zum Opfer darzubringen. Das conficere et offerre corpus Domini ist die Grundlage der ganzen sacerdotalen Würde, so daß mit dem Aufgeben der realen Gegenwart des Leibes Christi und der Macht des Priesters, diesen realen Leib zu schaffen, dem katholischen Systeme der empfindlichste Schlag zugefügt wurde. Zudem hat das thatsächlich Vorhandene, das sich im Laufe der Geschichte gebildet hat, einen gewissen Rechtsbestand und eine imponirende Gewalt. Der Kampf konnte also in keiner Weise ausbleiben, ja er mußte sehr heftig und harthaltig werden.

Stellen wir diesen Kampf allein vom protestantischen Gesichtspunkte dar, so können wir leicht einseitig und ungerecht werden. Die antireformatorische Partei wird von eigenen Ideen und Principien geleitet und hat ihre besondere Taktik und Strategie, nach der sie mit vieler Umsicht und Consequenz zu operiren versteht. Der Trieb der Selbsterhaltung nöthigte sie anfangs zu einem ernsten Widerstande, bei dem sie alle Schwächen und Fehlgriffe des Gegners klüglich benutzte, bis sie zu einem planmäßigen Angriff übergehen konnte und die Protestanten die Defensive ergreifen mußten. Diese Wechselwirkungen von Aktion und Reaktion tritt im Laufe der Reformationsgeschichte nirgends so anschaulich und eingreifend hervor, als bei dem Augsburger Friedenskongreß. Beiden Parteien, des langen Haders und der verwüstenden Kriege satt und müde, schien es anfangs ein Ernst mit dem Frieden in Staat und

Kirche zu sein; aber das zögernde Mißtrauen und das Ausbleiben der Fürsten zeigte schon, daß eine Partei der anderen nicht traute und erst abwarten wollte, wie der Operationsplan von einem und dem andern Theil angelegt werde. Als aber die Streiter auf den Kampfplatz traten, da platzten die Geister auf einander und die Leidenschaften kamen ungezügelt zum Vorschein. Man sagte sich gegenseitig viel Böses und kämpfte von beiden Seiten mit Einheit, Consequenz und Energie. Ohne die Klugheit und Mäßigung König Ferdinand's wäre der Reichsabschied nicht zu Stande gekommen. Im Grunde aber war er doch kein Friedensschluß, sondern nur ein Waffenstillstand. Er sollte freilich ein beständiger Friede heißen und als solcher gelten, aber im Hintergrunde lag die Hoffnung, ja die Ueberzeugung, daß der Glaube des Gegentheils unter günstigern Zeitumständen werde vertilgt und ausgerottet und Eine wahre christliche Kirche wieder auferbauet werden. Die Katholiken konnten die Protestanten immer nur als Abtrünnige, Irregeleitete und Ketzer ansehen, die zu der alleinseligmachenden Kirche wieder zurückgeführt werden müßten. Die Protestanten wurzelten mit ihrem Glauben fest und sicher in der heiligen Schrift und waren der gewissen Zuversicht, das göttliche Wort werde über alle falsche Lehren und menschliche Satzungen siegen und die evangelische Kirche zur herrschenden in der Christenheit erheben. Nur die Hoffnung auf einen künftig vollendeten Sieg konnte die Parteien zur Nachgiebigkeit bewegen, und so ging man mit einem scheinbaren Frieden auseinander und nahm noch genug Stoff zu Streit und Zwiespalt mit.

So war denn eigentlich Niemand mit dem Ergebniß des Friedenskongresses recht zufrieden. Am heftigsten aber wüthete dagegen der Papst Paul III, der sich zu den ungemessensten Ausbrüchen des Zorns verleiten ließ. Bei den hohen Begriffen, die er von den Vorrechten eines Papstes hatte und bei dem ungestümen Eifer, den er gegen die Ketzer hegte, erklärte er es für eine freche Anmaßung, daß ein weltlicher Reichstag über Religionssachen debattiren, Feststellungen machen, Ketzern Religionsfreiheit gestatten und so eine geistliche Gerichtsbarkeit ausüben wolle. Er äußerte sich darüber gegen den kaiserlichen Gesandten mit beleidigenden Vorwürfen, verlangte, daß der Reichsabschied sofort für ungesetzlich und in seinen Folgen für null und nichtig erklärt werde und bedrohete den Kaiser mit den härtesten Kirchenstrafen, wenn er seinen Forderungen nicht genüge. Gregor VII konnte keine übermüthigere Sprache führen. Der kaiserliche Gesandte hörte alle diese Ausbrüche der hohenpriesterlichen Wuth mit großer Ruhe an, erinnerte an die Macht und die Siege der verbündeten protestantischen Fürsten, an die Bedrängniß des Kaisers zu Innspruck, an die Nothwendigkeit, die im Passauer Vertrage gegebene Versprechen zu erfüllen und an die Hindernisse des Kaisers, auf dem Reichtage persönlich zu erscheinen. Der Papst erwiderte darauf, er wolle kraft seiner apostolischen Macht den Kaiser von der Erfüllung seiner Zusage lossprechen, ja ihm befehlen, sein gegebenes Wort feierlich zurückzunehmen, da Ketzern Treu und Glauben nicht zu halten sei. Die Rücksicht auf weltliche Klugheit und Politik müsse in der Sache Gottes den Forderungen der Kirche weichen. Weil der Kaiser diesem Grundsatz zuwider gehandelt habe, verfolge ihn der Zorn Gottes und lasse alle seine Entwürfe und Unternehmungen mißlingen. Nachdem der Papst dem Gesandten so harte Dinge gesagt, wandte er sich um und ging weg, ohne eine Antwort abzuwarten.

Der Papst stirbt nicht. Die Grundsätze der Römischen Hierarchie bleiben dieselben und werden durch alle Wechsel der Zeiten und Begebenheiten standhaft verfolgt. Sie will nichts aufgeben von den herkömmlichen Ansprüchen und deren Nutzen in Lehre und Praxis. Sind die Umstände und Zeitverhältnisse nicht günstig, so schickt man sich in die Zeit und legt gegen unliebsame Verfügungen und Friedensschlüsse im geheimen Consistorium eine Protestation nieder (wie gegen den Westphälischen und Wiener Frieden), um damit zu seiner Zeit zurückfordernd aufzutreten. Die katholische Kirche betrachtet die evangelische als eine abtrünnige und ketzerische, und wird alles aufbieten, um sie auf ihr Gebiet wieder zurückzuziehn. Und das muß sie thun, so lange sie sich als die reine und wahre Entwickelung der apostolischen Kirche, als die Inhaberin der apostolischen Vollmacht zu binden und zu lösen, ja als die Fortsetzung des Priesterthums Christi und als die Anticipation seines vollkommen

Reiches betrachtet. In diesen Ansprüchen umfaßt sie Geistliches und Weltliches, Diesseitiges und Jenseitiges und verbreitet Entstellung des wahren Christenthums in theoretischer und praktischer Hinsicht, in Lehre, Disciplin und Cultus. Dem tritt nun der Protestantismus mit aller Entschiedenheit entgegen. Er will die Reinigung der Kirche von allen menschlichen Traditionen und Satzungen, von den Entstellungen der reinen Lehre und die Wiederherstellung der urchristlichen apostolischen Kirche. Der köstliche Schmuck und die ewige Sicherheit der evangelischen Kirche ist der Besitz der trostreichen Lehre von der Rechtfertigung in Christo durch den Glauben, die echtevangelische Unterweisung über den Weg zur Seligkeit in dem reinen untrüglichen Bibelwort.

Die Aufwallungen heftiger Leidenschaften, übereilte Reden und rasche Thaten waren bei dem Ausbruch eines so gewaltigen Kampfes nicht zu vermeiden, besonders bei so heftigen Charakteren wie die eines Luther, Zwingli, Carlstadt, Eck, Faber, Philipp von Hessen. Aber davon ist die katholische Partei nicht freizusprechen, daß sie durchaus kein Unrecht, keinen Mißbrauch, keine Abirrung von der rechten Lehre einräumen wollte. Sie wollte Alles rechtfertigen, vertheidigen, als christlich darstellen und gab dabei große Blößen. Wenn die Evangelischen ihre Uebereinstimmung mit der alten Kirche klar und bündig nachwiesen, in ihrer Confession die offenbaren Uebelstände und Widersprüche der katholischen Lehre mit dem Worte Gottes nachwiesen, flehentlich nur um Gleichstellung mit den Brüdern des Römischen Bekenntnisses, oder doch um Duldung baten: so wurden sie mit Verachtung und Hohn zurückgewiesen, mit armseligen Sophismen bekämpft, jeder Schritt auf dem Friedenswege ihnen streitig gemacht. Der alte Grundsatz, im Krieg mit den Ketzern sei Alles erlaubt, mit ihnen kein Friede zu schließen, Treu und Glaube ihnen nicht zu halten, tritt bei allen Conventen, Concilien und Reichstagsverhandlungen hervor. Und was man uns nothgedrungen gewährte, auch auf der Tridentinischen Synode, war so ungenügend und zweideutig, so wenig durchgreifende und wahrhafte Abhülfe gewährend, so sehr die bösen Schäden hegend und haltend, daß mit gutem Gewissen darauf gar nicht einzugehen war. Auf dem Reichstage zu Augsburg 1548 verlangten die katholischen Bischöfe vom Kaiser, daß er ohne weitere gütliche oder rechtliche Verhandlungen von den Protestanten die Restitution der eingezogenen Kirchengüter erzwingen müsse. Als der Kaiser auf diesen Antrag keine Rücksicht nahm, sondern in dem Reichsabschied gütliche Verhandlungen wegen der Kirchengüter ankündigte, brach ihr Unwille in den heftigsten Zorn aus. Sie beschuldigten ihn einer sträflichen Begünstigung der Ketzerei, die er als ein rechtgläubiger Kaiser nach seinem eidlichen Gelübde vertilgen müsse. Er konnte die aufgeregten Gemüther nur durch einen Antrag an die Stände bei Publicirung des Interims beruhigen, worin er diejenigen Stände, welche bisher der katholischen Kirche Satzungen und Gebräuche behalten, höchlichst belobte und dringend ermahnte, an dem Glauben ihrer Väter festzuhalten und durch nichts in der Welt sich davon abführen zu lassen. Den andern Ständen aber, so in der Religion geneuert, nachdrücklich befahl, daß sie entweder zu den andern Ständen treten und mit ihnen Einen Glauben bekennen, oder ihre Lehre nach dem Inhalte des Interims richten und demselben in allen Stücken gehorsam sein müßten.

Bei aller Unbill und Verfolgung, welche die Evangelischen zu erdulden hatten, wurzelte der evangelische Glaube nur um so tiefer und fester in den treuen Herzen. Es ist buchstäblich wahr, was die evangelischen Fürsten im einundzwanzigsten Artikel der Augsburg'schen Confession versicherten: „daß wir durch Gottes Gebot, welches billig höher zu achten, denn alle Gewohnheit, gedrungen sind, solche Aenderung zu gestatten. — Wie wir denn unsre eigene Seele und Gewissen je nicht gern wollten vor Gott mit Mißbrauch göttlichen Namens oder Wortes in die höchste Gefahr setzen, oder auf unsere Kinder und Nachkommen eine andere Lehre, denn so dem reinen göttlichen Worte und christlicher Wahrheit gemäß, fällen oder erben. — Denn es ist ja am Tage und öffentlich, daß wir mit allem Fleiß und Gottes Hülfe verhütet haben, damit ja keine neue und gottlose Lehre sich in unsre Kirche einflechte, einreiße und überhand nehme." So verfuhren die Reformatoren und ihre Fürsten überall mit der größten Gewissenhaftigkeit, Lehre und Cultus dem göttlichen Worte gemäß einzurichten und alles menschliche Ansehn diesem Worte zu unterwerfen. Daher ihre Glaubensfreudigkeit, ihr hoher Muth, ihre Ueberzeugungstreue. Damit wollen wir nicht läugnen, daß man manches Altüberlieferte, das sich als heilsam bewährt hatte, fallen ließ, manche heilsame Schranke niedergerissen und die Selbständigkeit der Kirche an die Staatsgewalt preisgegeben hat. Es wurde ein theologischer Druck, eine wilde Parteisucht, eine gefährliche Einseitigkeit eingeführt, die mit juristischer, strenggesetzlicher Schärfe den Buchstabendienst feststellte. Wenn die Augsburg'sche Confession dem vielen Reformiren eine heilsame und nothwendige Schranke setzte, so sehen wir nach derselben die evangelische Kirche durch das heilloseste Sektenwesen zerrissen und aus derselben den milden Geist Melanchthons, der bis dahin die protestantische Kirche durchweht hatte, verscheucht. Der herrliche Bau, den der glaubenskräftige Luther aufgeführt und der gelehrte und fromme Melanchthon geordnet hatte, wurde untergraben. Wilde Zeloten zündeten und nährten das Feuer zwieträchtiger Theologie und die Streitigkeiten wurden heftiger und tiefer, je mehr die weltlichen Behörden in das dogmatische Gebietein griffen.

Schon im Jahre 1552 eiferte Nicolaus von Amsdorf mit wildem Grimme gegen Georg Major, weil derselbe im Sinne des kirchlichen Bekenntnisses lehrte, daß gute Werke zur Seligkeit nothwendig seien. Gleichzeitig fiel Joachim Westphal in Hamburg über Calvin und Peter Martyr her, um die kirchliche Lehre vom Sakrament zu verlästern. Der Flacianische Zelotismus verhöhnte die Anhänger des kirchlichen Bekenntnisses und stempelte den Ketzernamen „Kryptokalvinisten." Und nun die synergistischen, adiaphoristischen, osianderschen, antitrinitarischen, anabaptistischen Sakraments-Streitigkeiten! Wie schwindet da alle christliche Liebe, alle Redlichkeit der Gesinnung, alle Einigkeit des Geistes! „Ich weiß, schreibt Melanchthon 1544 an Lochner, daß es Viele für etwas Hohes halten, wenn sie kühn gegen Alles losschlagen, Keinen verschonen, Freunde und Feinde mit Krieg überziehn. — In der That herrscht jetzt eine große Grobheit unter den Theologen, welche über Streitigkeiten verhandeln, und es geschieht gemeiniglich, daß die, welche am ungelehrtesten sind, gegen gelehrtere und bescheidenere mit einer viehischen Erbitterung und Hartnäckigkeit in die Schranken treten. Das sollte in der Kirche, wo wir in Liebe uns gegenseitig berathen und Eintracht halten müßten, nicht geschehn. Auch können jene gewaltigen Disputationen nicht mit dem Deckmantel eines göttlichen Eifers beschönigt werden; denn das ist kein gottgefälliger Eifer, Lärm zu verführen über Dinge, die man nicht sorgfältig erkannt hat. Wo wahrer Eifer ist, wie in Elias, Elisa und anderen Heiligen, da geben sich auch Anzeigen des heiligen Geistes kund, der nicht gefährliche Spaltungen bewirkt, sondern die Verbindung der Gemüther zu fördern sucht." Der friedliebende Mann, von zelotischen Rechthabern bedrängt, geplagt, geschmähet, verfolgt, mußte ja am Ende seiner Tage zu Gott flehen, daß er ihn erlösen möge von dem Ingrimm (rabies) der Theologen.

In solcher Zeit der Zerfallenheit der von außen und innen angefochtenen Kirche thut es uns wohl, die Anzeichen des heiligen Geistes wahrzunehmen in einer Versammlung der Gottesgelahrten. Auf dem großen Frankfurter Convent, welcher 1557 zur Vorbereitung des Wormser Colloquiums von den evangelischen Ständen gehalten wurde, bezeugten alle anwesende Theologen ohne Ausnahme frei und öffentlich: „daß sie alle in der reinen wahren Lehre, so in göttlicher, prophetischer und apostolischer Schrift des A. und N. Testaments und also der Augsburg'schen Confession und deren Apologie, welche aus gemeldeter prophetischer und apostolischer Lehre gezogen und derselben gleichgestimmt im Jahre 1530 der kaiserlichen Majestät zu Augsburg überantwortet ist, anhängig und gleichförmig sind, haben auch bis anher in ihren Kreisen jetztangeregter Lehre gemäß gelehrt und gehandelt, und verwerfen hiermit alle irrige Sekten so angeregter göttlicher Lehre, und also der Augsburg'schen Confession, welche auf dieselbe gegründet und gebaut, zuwider sind." Noch hielt die Kirche unwandelbar fest an der Augustana und an der kirchlich bestätigten Auslegung derselben in dem vollständiger ausgeführten Bekenntniß von 1540 und in der Sächsischen und Würtemberg'schen Repetition der Augustana von 1551, ohne neben denselben noch irgend ein anderes Bekenntniß anzuerkennen. Der auf die Schmalkaldischen Artikel sich steifende Flacianismus erschien noch entschieden als separatistische Neuerung, so daß die wenigen Flacianer, die 1557 zu dem Colloquium nach Worms gekommen waren, um das evangelische Glaubensbekenntniß (weil es von Melanchthon ausgegangen war) zu unterwühlen, sich genöthigt sahen, Worms bei Nacht und Nebel zu verlassen.

An der Augsburg'schen Confession, auf welcher der Religionsfriede gegründet ist, muß die evangelische Kirche festhalten. Sie ist das Panier, unter dem wir streiten. Von frommen und gelehrten Theologen gearbeitet, von den Fürsten und Städten unterschrieben und übergeben, hat sich das rechte Verhältniß der evangelischen Kirche zum protestantischen Staate gebildet und schon in ihrer Grundlage eine von der Staatsgewalt unantastbare innere Verfassung erhalten. Die Richtigkeit des evangelischen Lehrbegriffs auszumitteln, das Fremdartige auszuscheiden, die kirchlichen Gebräuche anzuordnen, Alles, was das innere Leben der Kirche angeht, auch die Grundsätze, auf denen die äußere Verfassung der Kirche beruht, den Fürsten aus der heiligen Schrift zu entwickeln und sie zur Festhaltung und Durchführung derselben aufzufordern: das ist Sache der protestantischen Kirche, die durch ihre Geistlichen besonders vertreten wird. Die Grundzüge dieser Verfassung haben die Fürsten, Stände und Sädte durch die Unterzeichnung der Augustana, als der ersten öffentlichen Denkschrift der protestantischen Kirche für die einzig richtigen anerkannt. Wo die Staatsgewalt sich erlaubte, in das Glaubensleben der Kirche durch Machtgebote einzugreifen, gewisse dogmatische Richtungen durch Verfügungen einseitig zu befördern, den Lehrbegriff der Kirche maßgebend festzustellen, da ist evangelisches Licht und Recht verletzt und der Grundpfeiler der Kirche erschüttert. Bei solchen Gewaltstreichen hat die evangelische Kirche keine andere Schutzwaffe als die Augsburg'sche Confession, weil sie hervorgegangen ist aus dem reinen, lauteren Quell göttlicher Wahrheit, aus der heiligen Schrift. Mit der Bibel in der Hand und im Herzen trat Luther aus seiner einsamen Zelle vor Kaiser und Reich und begann und vollführte mit diesem starken Bundesgenossen den Kampf gegen die große Macht und Menge seiner Feinde. Mit der enthüllten göttlichen Offenbarung ging für die Christenheit ein neues Leben auf. Die heilige Schrift wurde die unumschränkte Herrscherin in der evangelischen Kirche. So baut auch die Augustana die evangelische Lehre auf das unwandelbare Ansehn des göttlichen Worts, und sie will uns nur insofern verpflichten, als ihre Lehren aus klaren, unumstößlichen Zeugnissen der heiligen Schrift geflossen.

Aber, wie ich schon an einem anderen Orte nachgewiesen, die Confession hat auch eine bestimmte Richtung gegen die römisch=katholische Kirche, gegen deren Mißbräuche, Anmaßungen und Irrlehren. Noch ist unsre Stellung gegen jene dieselbe geblieben und sie hat nach einem Bestande von mehr als dreihundert Jahren dem Römischen Stuhl ihre Anerkennung noch nicht abgewinnen können. Keine jener Verdammungen, welche der evangelischen Lehre alles Christliche absprechen und sie mit dem Vorwurf der Ketzerei stempeln, sind zurückgenommen. Alle Unionsversuche sind gescheitert und mußten scheitern, theils an der Auffassung der Römischen Kirche, die unter Union nichts anderes verstanden wissen will, als Rückkehr in ihren alleinseligmachenden Schooß, theils an dem unversöhnlichen Gegensatze von menschlicher und göttlicher Autorität, von Tradition und Schrift, von Concilien und Gottes Wort. Seit dem Tridentiner Concil ist eine Wiedervereinigung der Römischen und protestantischen Kirche unmöglich. Das Wesen der Hierarchie hat weder Gestalt noch Farbe gewechselt. Die Erscheinungen unsrer Tage geben uns traurige Belege genug von den Anmaßungen und Bedrückungen der Römischen Kirche, von ihrer zelotischen Intoleranz, von ihrem brennenden Haß gegen die abtrünnige und ketzerische Kirche. Wir hören dieselben Anklagen, Beschuldigungen und Verdammungen, wie wir sie auf den Augsburger Reichstagen von 1530 und 1555 vernommen haben.

Desto dringender ist die Forderung an die evangelische Kirche, in rechter Einigkeit und Kraft zusammenzuhalten und festzustehen im gemeinsamen Bunde gegen die immer wachsamen und thätigen Widersacher. Die lutherische wie die reformirte Confession ist auf dem gemeinsamen Mutterboden des Evangeliums erwachsen und die Bekenner beider Confessionen sollten sich über dem Altar des Herrn zum einmüthigen Bekenntniß der evangelischen Wahrheit die Hände reichen. Die zwingli'sche Lehre vom Abendmahl ist längst aufgehoben durch das calvinische Bekenntniß, „daß wir mittelst des Brotes und Weines im heiligen Abendmahl den wahren Leib und das wahre Blut unsers Herrn und Heilandes Jesu Christi, der auf geistliche Weise im Himmel zur Rechten Gottes sitzt, im Glauben geistlich empfangen". Verbrüdern müssen wir uns gegen den Unglauben, welcher die wahrhafte Gegenwart des Herrn läugnet, der zu uns kommen, Wohnung bei uns machen und bei uns bleiben will bis ans Ende der Tage. Man hat es den Protestanten oft zum Vorwurf gemacht, daß sie bei dem Friedenskongreß zu Augsburg ihre Glaubensgenossen in der Schweiz nicht nachdrücklich vertreten und sie in den Friedensverbund nicht mit aufgenommen haben. Aber die Geschichte des Reichstages wird zeigen, daß die deutschen Protestanten Alles aufbieten mußten, um nur für sich Glaubens= und Gewissensfreiheit zu erhalten. Auch hatte die calvinische Abendmahlslehre in der Schweiz noch keine allgemeine Anerkennung gefunden und Viele waren noch in dem nüchternen Radikalismus Zwingli's befangen. Deshalb hatten sie auch keine Vertreter und Sachwalter nach Augsburg gesendet. Aber damit war das Werk der Einigung keineswegs aufgegeben. Es hat späterhin nicht an Versuchen gefehlt, die getrennten Glieder zu Einer evangelischen Kirche wieder zu verbinden. Mitten unter den Gräueln des dreißigjährigen Krieges im Jahre 1631 waren die reformirten churbrandenburgischen und fürstlich hessischen Theologen in Leipzig behufs einer Vereinigung der protestantischen Kirchen zusammengekommen. Sie gründeten diese Vereinigung auf das Bekenntniß, „daß vermittelst des gesegneten Brotes und Weins der wahre Leib und das Blut Christi gegenwärtig empfangen werde, aber nicht mit dem Munde, sondern allein durch den Glauben, durch welchen der Leib und das Blut mit Denen, die das Abendmahl würdig genießen, geistlicher Weise vereinigt, den Ungläubigen aber Leib und Blut nur angeboten, aber von ihnen um ihres Unglaubens willen nicht genossen und empfangen, sondern verstoßen und verworfen werde."

Dagegen würde Luther sich nicht erklärt haben, denn er eiferte ja nur gegen Menschen, welche die Gegenwart Christi überhaupt läugneten. Als sie aber den geistigen Genuß des wahren Leibes und Blutes im Marburger Vertrag 1529 bekannten, so beharrte zwar Luther auf den leiblichen Genuß, schloß aber mit ihnen freundliche Eintracht und ermahnte die Wittenberger zum Gebet, daß diese Eintracht auch brüderlich werde, denn er fürchtete nicht mit Unrecht, es möchte sich versteckter Weise Zwingli's rationalistische Lehre unter den Seinigen wieder einnisten. Was hindert uns aber jetzt, die Akten jenes Vertrages abzuschließen, die Eintracht vollkommen brüderlich zu machen und sie in einem gemeinsamen christlichen Brudermahl zu bestätigen; nicht, um auf Kosten der Wahrheit eine Einheit zu erzwingen, wogegen sich Luther so ritterlich wehrte, sondern von der Wahrheit selber gedrungen, belebt, begnadigt und geheiligt durch den Versöhnungstod Jesu.

So geschah es, als zur Feier des großen dreihundertjährigen Jubelfestes der evangelischen Kirche der Grund zur Union gelegt wurde durch das von allen Geistlichen Berlins, lutherischen und reformirten Bekenntnisses, gemeinsam genossene Mahl des Friedens und der Versöhnung. Der fromme König Friedrich Wilhelm III, dessen Vorfahren wiederholentlich an der Wiedervereinigung der getrennten evangelischen Kirche gearbeitet, hatte am 27. September 1817 einen Aufruf an die Consistorien, Synoden und Superintendenten zur Förderung dieses gewiß gottgefälligen Werkes erlassen. Das glaubensvolle, echtchristliche Wort fand im ganzen Reiche von der Memel bis zum Rhein den freudigsten Anklang. Andere Länder Deutschlands folgten diesem Beispiele und wenn nun das Fehlende ergänzt, das Zwiespaltige ausgeglichen und das Versäumte nachgeholt worden wäre in reiner, ungetrübter Liebe, in ungefärbtem Glauben und im heiligen Ernste, so hätten wir wohl schon jetzt im Lande eine einige, wahrhafte evangelische Kirche.

Die trostlose Zeit des Unglaubens war mit Gottes Hülfe vorüber. Die einseitige Richtung des Verstandes führte in die dürren Steppen der Aufklärerei, die ihre Hand auch nach den Heiligthümern des Glaubens ausstreckte, die Bibel mit vornehmer Verachtung bei Seite legte oder mit voltairschem Witz bespöttelte. Die leichtsinnige Menge jauchzte zu diesem Frevel und hielt sich für gewaltig klug; aber das Herz ward so öde und leer wie die Kirche, ein innerer Unfriede führte zu üppiger Sinnenlust und zur starren Selbstsucht. Als aber die sieben dürren Jahre alles gesunde Leben wegzehrten, das eiserne Joch der Noth die Häupter zur Erde drückte, die Donner des Himmels die leichten Gebäude des Glücks zerschmetterten: da fühlte die erschrockene Menge ihre Ohnmacht, ihre Verlassenheit und das todte Metall ihrer Götzen. Es regte sich überall das Bedürfniß des Glaubens und verwandelte sich allgemach in Glauben. Man eilte zu den verlassenen Altären und es drang wieder eine heilige Wärme in den erschlafften Geist. Die ernste Zeit, durch die wir gegangen, des Deutschen frommes und treues Gemüth und die unvertilgbare Kraft der göttlichen Wahrheit führte die Irregeleiteten zu Dem, der gekommen ist, das Verlorne zu suchen und die Sünder selig zu machen. Gewiß ist die Union ein Werk dieser großen Zeit. Aber der Mensch kann die Gaben des Himmels nie unvermischt und ungetrübt genießen. Er mischt immer etwas Hochmüthiges, Eigenwilliges und Sündhaftes hinein und so sehen wir auch mit den guten Geistern viele dämonische Unholde in die Kirche bringen, die große Mißverständnisse, Irrthümer und Feindseligkeiten angerichtet haben. Wie nach der Glaubensfrische und evangelischen Herrlichkeit der ersten Reformationszeit eine geistige Abspannung, ein mechanisches Formelwesen und ein widerwärtiges Zanken und Streiten um todte Begriffe eintrat, so folgte bald nach der Begeisterung der dreihundertjährigen Jubelfreude unsrer Kirche eine gelinde Abkühlung, eine traurige Zerfallenheit und ein gehässiges Parteiwesen. Wie arbeiten da die Leidenschaften gegen einander! Wie ist da ein zelotisches Richten und Verdammen! Welche unendliche Verwirrung der Begriffe, Meinungen und Glaubensansichten! Welches Gewühl der verschiedenartigsten Bestrebungen, in dem jeder seine subjektive Ueberzeugung zur normativen Geltung bringen will! Der Eine verwirft in seiner einseitigen Verstandesrichtung Alles, was über seine Vernunft hinausgeht und sich in den engen Kreis menschlicher Erkenntniß nicht hineinzwängen läßt; der Andere klammert sich fest an starre dogmatische Formen und an eine symbolische Orthodoxie; ein Dritter hält die brüderliche Gemeinschaft mit den Glaubensgenossen, die diese oder jene Lehre anders definiren, für Verrath an dem alleinseligmachenden Glauben; ein Vierter will eine strenggesetzliche, juristische Feststellung und Handhabung des kirchlichen Lehrbegriffs, und wieder Andere wollen die Kirche und ihre Lehre durch wissenschaftliche Erforschung und Gestaltung, durch tiefere Erfassung und schärfere Ausprägung ihres Gehalts zu immer höherer Ausbildung und Vollendung führen, wenn ihre Gegner allen Unglauben der Zeit und allen Verfall des kirchlichen Lebens den gelehrten Theologen und der akademischen Lehrfreiheit zur Last legen. Dieser will die kritisch verständige Ansicht der Religion mit der ideal ästhetischen in Uebereinstimmung setzen und Jener versenkt sich in die neblichten Tiefen gläubiger Anschauungen und leerer Mystifikationen. Wie wuchert da der Saame der Zwietracht, des Hasses, der blinden Leidenschaft und des wilden Parteiwesens! Wie wird da der ewigfrische Quell eines lebendigen Glaubens und einer echtchristlichen Liebe getrübt und das feste prophetische Wort unterwühlt und in seinen Grundfesten erschüttert.

Will uns bei diesen betrübenden Erscheinungen bange werden und fragen wir uns in treuer Sorge um unsre evangelische Kirche: „wie will das werden?" dann mag uns die Verheißung des wackern Kämpfers für unsern allertheuersten Glauben, des mannhaften Ullmann beruhigen: „Hoffen wir immer noch, in der Gewißheit vom Siege der evangelischen Wahrheit und im Vertrauen auf den guten christlich-kirchlichen Kern, der gewiß noch in einem großen Theile unsers deutschen evangelischen Volkes lebt, auf ein freies brüderliches Zusammenhalten. Gelingt dies, dann wird, wenigstens im Großen, nicht von Spaltung, sondern von vollständigerer und umfassenderer Einigung die Rede sein. Der Gedanke einer deutschen evangelischen Gesammtkirche, welche die einzelnen Landeskirchen als freie lebendige Glieder in einem höheren Organismus zusammenfassen und, ohne der Einzelkirche irgend welche Gewalt anzuthun, deren Leben fördern und steigern sollte, ist gewiß von vielen treuen Freunden unsrer Kirche schon mit Begeisterung gedacht worden und wird vielleicht von noch mehreren in diesen

Tagen wieder aufgenommen werden. Dieser Gedanke war es, welcher der evangelischen Conferenz vom Jahre 1846 als das bewegende Princip zum Grunde lag, und welchen dieselbe auch mit Ernst und Liebe so weit zur Ausführung gebracht hat, als es unter den gegebenen Verhältnissen möglich war. Jetzt sind die Verhältnisse geändert, der Gedanke selbst aber behält seine volle Wahrheit und Bedeutung; ja gerade jetzt sind nicht wenige der Bedingungen gegeben, unter denen er sich auf eine großartige Weise verwirklichen ließe. Strebt das ganze deutsche Volk nach Einheit, so darf auch die Kirche um so weniger zurückbleiben, als die gesunde, dem Individuellen freien Raum gebende Katholicität tief im Wesen des Christenthums selbst begründet ist und die Kirche ihre volle Kraft nur dann ausüben wird, wenn sie mit dem echten Nationalleben Hand in Hand geht, und ohne aufzuhören, eine universale zu sein, doch zugleich eine wahrhaft nationale wird."

Wer sehnte sich nicht nach dieser Einheit der katholisch-evangelischen Kirche! Wer würde nicht gern Steine und Kalk zu dieser heiligen Kathedrale herzutragen! Aber erst müssen die Baumeister, die glaubensstarken, vom Geiste Gottes getragenen Erwine da sein, die den festen, sicheren Grund in der vollen Wahrheit des Evangeliums, das einige ewige Heil in Christo Jesu gefunden haben. Christliche, geist- und krafterfüllte Persönlichkeiten, kirchliche Charaktere voll des heiligen Geistes, theologisch durchgebildete Männer reinen, gediegenen Sinnes müssen hinzutreten und tüchtige Organe und Werkführer schaffen. Wo diese nicht vorhanden, entsteht wie beim babylonischen Thurmbau unter den Arbeitern eine heillose Sprachverwirrung. Gesundes, kräftiges, harthaltiges Baumaterial muß vorhanden sein. Feindselige Elemente, entschiedene Gegensätze lassen sich so wenig vereinigen, wie Essig und Oel. Glauben und Unglauben vermitteln zu wollen, wäre ein ungeheurer Frevel. Wir hofften, das Jahr 1830 werde vollenden, was das Jahr 1817 begonnen hatte, aber die Zerrissenheit in der Kirche wurde immer größer, der Frevel am Allerheiligsten immer frecher und es hat gar nicht den Anschein, als werde das Jahr 1855 den ersehnten Frieden bringen. Dreihundert Jahre früher erhielt unsere evangelische Kirche nach harten und schweren Kämpfen öffentliche Anerkennung, freie Religionsübung und obrigkeitlichen Schutz. Aber der Kampf war damit nicht beendet, der Friede nicht abgeschlossen. Da die Kirche von Außen her gesichert war, hätte sie an ihrem innern Ausbau, an der Befestigung und Umschanzung ihres Glaubens, arbeiten, alle Elemente des Lebens und der Seligkeit, die in der Erscheinung Christi liegen, ausbilden sollen. Aber welche Unruhe, welche Streitigkeiten, welche feindselige Kämpfe, welche Lästerungen und Verfolgungen! Bei dem entschlossenen Anstreben gegen das Interim und bei den Friedensversuchen zu Augsburg zeigte die evangelische Kirche Einigkeit, Glaubensmuth und Treue. Zur Lehre, Warnung und Besserung unsrer Zeitgenossen habe ich diese wichtige Periode in der Reformationsgeschichte geschrieben. Es sollte kein gelehrtes Werk werden, sondern dem gebildeten Christen, dem die heilige Sache seiner Kirche am Herzen liegt, eine gründliche, vollständige und erbauliche Geschichte jener merkwürdigen Zeit geben, damit er die volle Bedeutung und Wichtigkeit des 26. Septembers 1555 erkenne. Hoffentlich wird unsre Kirche das dritte Säkularfest dieses wichtigen Tages feierlich begehen; so setze denn dieses Buch unsre Glaubensgenossen in den Stand, jenen Tag der Ehren mit rechter Freudigkeit des Herzens und mit Dank gegen Gott zu begrüßen. Zum gehörigen Verständniß der höchstwichtigen Friedensschlüsse zu Passau und Augsburg war eine einleitende Geschichte der Reformation, besonders des schweren Kampfes gegen das Interim nöthig. Es ist in möglichster Kürze geschehn.

Man hat mir bei meinen früheren kirchengeschichtlichen Werken oft den Vorwurf gemacht, daß ich sie mit Citaten und gelehrtem Apparate überschüttet hätte. Diesmal habe ich meine Leser damit ganz und gar verschont, wie groß auch oft die Versuchung war, bei einzelnen Punkten tiefer in die Sache einzugehen. Da ich für gebildete Lehrer schrieb, denen es nur um eine zusammenhängende Geschichte jener schweren, drangsalvollen, aber für die Kirche entscheidenden und segensreichen Jahre zu thun ist, so werden diese den literarischen Apparat nicht vermissen. Ich gewann auch dadurch Raum zu einer größeren Ausführlichkeit. Wollen Gelehrte und

Kenner der Reformationsgeschichte von dem Buche Kenntniß nehmen, so werden sie sich bald überzeugen, daß ich wohlgerüstet und gehörig vorbereitet an die Arbeit gegangen bin. Ich habe für den Interims=kampf und für die Verhandlungen des Friedenskongresses das könig=liche geheime Staatsarchiv zu Berlin und das ehemalige markgräf=liche Archiv zu Cüstrin benutzt. Das letztere enthält die Instruction des Markgrafen Johann für seine Gesandten und die Berichte der=selben. Das Hauptwerk, aus dem ich geschöpft, ist: **De pace religionis acta publica et originalia.** Das ist: Reichshand=lungen, Schriften und Protokolle über die Constitution des Reli=gions=Friedens. U. s. w. Publicirt durch Herrn Christophorum Lehemann. Franckfurt MDCXXXI. gr. 4. Außerdem lag mir vor: Geschichte des Religionskriegs und des darauf erfolgten Reli=gions=Friedens als eines Reichs=Grund=Gesetzes (Gotha 1755), und Georg Litzels Geschichte des Religions=Friedens. Frankfurt 1755. Von älteren Historikern habe ich benutzt Sleidan, Hortleder, Schert=lin, Bartenstein, Seckendorf und Biek, von neueren Planck, Wolt=mann, Robertsen, Rommel, Schmidt, von Langenn, Eichhorn, Häberlin, Niedner und Ranke, außerdem einzelne Monographieen, wie: Ueber den Geist des Religionsfriedens in Henke's Magazin 3. Band 596 f. mit dem Motto aus Jerem. 6, 14: „Friede, Friede; und ist doch nicht Friede" — was leider immer noch über den ehernen Pforten der christlichen Kirche geschrieben steht. Und doch muß man mit **Luther** sagen: „Es hat die ganze Welt nichts Besseres, nichts Köstlicheres, nichts Edleres, als die liebe Kirche, worin man die Stimme Gottes hört klingen, und worin Gott mit gerechtem Gottesdienste, das ist mit Glauben, rechter Anrufung, Ge=duld und rechtem Gehorsam geehrt wird."

Inhalts-Verzeichniß.

Erstes Buch.

Papst Leo X und Luther. Der Ablaß und die 95 Thesen gegen denselben. Das gesunkene Ansehn der Päpste. Politische Constellation. Kaiser Maximilian I, Freund der Wissenschaften und Gelehrten. Luther's Jugend. Die Bibel auf der Bücherei zu Erfurt. Anfechtungen im Kloster. Das gewaltige Wort von der freien Gnade Gottes in Christo Jesu. Des Glaubens Kraft und die Herrlichkeit des göttlichen Worts. Tetzel's unverschämter Ablaßkram. Die Wege Gottes. Luther wird Professor in Wittenberg und Doctor der heiligen Schrift. Sylvester Prierias und Dr. Eck, Luthers heftige Gegner. Dessen Sendschreiben an den Papst. Seine Zusammenkunft mit Cajetanus in Augsburg. Die Bannbulle. Friedrich der Weise nimmt Luther in seinen Schutz. Erasmus' Urtheil über denselben. Luther verbrennt die päpstliche Bulle. Ulrich von Hutten. Seine Schreiben an den Papst. Adel und Volk für die Reformation. Luther's Gehülfen: Melanchthon, Justus Jonas, Nicolaus von Amsdorf. Bugenhagen, Gregor Pontanus (Brück), Wenzeslaus Linck, Johann Brenz und Georg Spalatin. Kaiser Karl V. Sein erstes Auftreten; Luther's Citation nach Worms. Reichstag daselbst. Luther vor Kaiser und Reich. Seine gewaltige Rede. Luther wird in die Acht erklärt und auf die Wartburg gebracht. . . . . Seite 1 — 36.

Zweites Buch.

Reformation in der Schweiz. Zwingli's Jugend; seine Studien, Aufenthalt in Glarus, Pfarrer am Münster zu Zürich. Der Ablaßkrämer Bernhard Samson und der Bischof Hugo von Landenberg. Zwingli's erste Reformations-Versuche. Die Disputation am 29. Januar 1523 Zwingli über Luther. Der Bischöfe von Kostniz, Basel und Lausanne Kampf gegen die Reformation. Die Wiedertäufer. Krieg gegen die katholischen Kantone. Zwingli's Tod. Leo Judä. Oekolampadius. Seine Erziehung und Gemüthsart. Sein erstes Auftreten in Basel und sein Klosterleben. Die Flucht auf die Ebernburg. Freundschaft mit Zwingli. Bedeutung der Einsetzungsworte beim heiligen Abendmahl. Wilhelm Farell. Sein Charakter und Schicksal. Kampf mit den Widertäufern. Reise nach Deutschland und Tod. Reformation in Bern. Bertold Haller. Seine und Meyers Verketzerung. Bern geht weiter im Reformationswerk. Heinrich Bullinger. Die fünf Kantone. Martin Bucer; seine Jugend und Freundschaft mit Luther. Pfarramt in Straßburg. Seine Friedensliebe. Streit in der Abendmahlslehre. Bucer nähert sich den Sächsischen Theologen. Das Religionsgespräch in Wittenberg 1536. Colloquium in Worms 1540. Bucer in Bonn. Seine Versetzung mit Paul Fagius nach Cambridge. Beider Tod. Bucers Schicksale nach dem Tode. Seine Verdienste. Unterschied der Schweizerischen und Sächsischen Reformation. . . . . Seite 37—61.

Drittes Buch.

Luther's Aufenthalt auf der Wartburg. Fortschritte der Reformation. Tumult in Wittenberg. Schwärmer in Zwickau. Karlstadt. Luther kommt in Wittenberg an. Kampf mit Herzog Georg von Sachsen und Heinrich VIII, König von England. Karl's V achtjährige Abwesenheit aus dem Reiche. Klagen der Stände über Bedrückungen und Mißbräuche. Landgraf Philipp's Reformation der Kirche in seinen Landen. Kirchen-Visitation in Sachsen. Luther's Verheirathung. Zwiespalt und Glaubensstreit. Der Bauernkrieg. Luther eifert gegen denselben und ermahnt den Adel zur Mäßigung. Friedrich der Weise stirbt; Johann der Beständige, sein Nachfolger. Die Reichs- und Fürstentage, Religionsgespräche und Convente. Zusammenkunft der katholischen Fürsten in Dessau und der evangelischen in Torgau. Luther's Anordnung des Gottesdienstes und seine Katechismen. Die Reichstage zu Nürnberg und Speier. Des Landgrafen Philipp Versuch einer Union auf dem Convent zu Marburg. Der Reichstag zu Augsburg. Harte Kämpfe. Uebergabe des Glaubensbekenntnisses. Apologie der Augsburg'schen Confession. Melanchthon's reger Eifer und Luther's Glaubensmuth. Der Reichsabschied. Protestation gegen denselben seitens der evangelischen Stände. . Seite 62—82.

Viertes Buch.

Der Schmalkaldische Bund. Ferdinand's Bündniß mit den katholischen Kantonen in der Schweiz. Die Wiedertäufer in Westphalen. Die 1534 vollständig erschienene lutherische Bibelübersetzung. Luther's Ver-

— XXVII —

Verdienste um die deutsche Sprache. Tod des Churfürsten von Sachsen Johann des Standhaften. Sein Sohn Johann Friedrich. Herzog Ulrich von Würtemberg. Verlängerung des Schmalkaldischen Bundes. Das allgemeine Concilium und die Schmalkaldischen Artikel. Das Nürnberger Bündniß. Regensburger Reichstag 1541. Das dortige Interim. Der Protestanten Gegenartikel. Herzog Heinrich von Braunschweig. Ausbreitung der Reformation. Reichstag zu Speier 1544. Besetzung des Bisthums Naumburg. Der Friede von Crespy. Karl's V Rüstungen gegen die Protestanten. Luther's Tod. Das Tridentiner Concilium. Protestation der Evangelischen gegen dasselbe. Herzog Moritz von Sachsen. Streit mit dem Churfürst Johann Friedrich. Ueberwältigung des Herzogs Heinrich von Braunschweig. Bündniß Karl's V mit Paul III. Des Papstes Bulle. Treulosigkeiten. Rüstungen der Schmalkaldischen Bündner mit Feder und Schwert. Zwiespalt und Schwankungen. Werbungen. Karl V in Regensburg. Achtserklärung. Sebastian Schärtlin. Dessen erste Unternehmungen. Zögern und Schwanken. Des Kaisers Versöhnung mit den Schmalkaldischen Fürsten . . . . Seite 83—113.

Fünftes Buch.

Karl V bezieht das Lager von Ingolstadt. Der Verbündeten Unentschlossenheit. Beschießung des kaiserlichen Heeres. Abzug der Verbündeten. Maximilian von Büren und Christoph von Oldenburg. Der Kaiser ergreift die Offensive. Lager bei Nördlingen. Sebastian Schärtlin verläßt das Lager. Noth im kaiserlichen und Schmalkaldischen Heere. Herzog Moritz von Sachsen vollzieht die Acht an Churfürst Johann Friedrich im Einverständniß mit König Ferdinand von Böhmen. Friedensvorschläge vom Kaiser stolz zurückgewiesen. Der Churfürst von Sachsen und Landgraf von Hessen eilen in ihre Länder. Karl's Eroberungen und Kontributionen in Schwaben; er überwältigt den Herzog Ulrich von Würtemberg. Harte Bedingungen. Der Churfürst Johann Friedrich erobert sein Land wieder und nimmt den Markgraf Albrecht von Brandenburg gefangen. Bündniß mit den Böhmischen Ständen. Der Papst ruft sein Contingent zurück. Karl V in Sachsen; des Churfürsten Sorglosigkeit. Schlacht bei Mühlberg und ihre Folgen. Todes-Urtheil über Johann Friedrich. Vertrag mit demselben. Der Kaiser in Wittenberg, verleiht dem Herzog Moritz die Churwürde und das Land des gefangenen Churfürsten. Joachim II. Verhandlungen mit dem Landgraf Philipp von Hessen. Karl geht nach Halle. Sein treuloses Benehmen gegen den Landgrafen. Dessen Gefangenschaft. Moritz und Joachim zürnen dem Kaiser. Bremen, belagert vom Herzog Erich von Braunschweig. Bündniß der Norddeutschen Städte. Der Graf von Mannsfeld und Herzog von Oldenburg. Schlacht bei Drakenberg. Reichstag von Ulm. . . . . Seite 114—141.

— XXVIII —

Sechstes Buch.

Der Reichstag von Augsburg 1547. Belehnung des Herzogs Moritz mit der Sächsischen Churwürde. Johann Friedrich und Philipp von Hessen in der Gefangenschaft. Das Tridentiner Concilium. Verlegung desselben nach Bologna. Das Augsburger Interim. Die Verfasser desselben: Julius von Pflug, Michael Heding und Johann Agricola. Agricola's Kampf mit Luther und Melanchthon. Bucer. Beschaffenheit und Inhalt des Interims. Katholische Tendenzen desselben. Die Priester-Ehe und das Abendmahl in beiden Gestalten. Churfürst Moritz beräth sich mit seinen Theologen. Das Gutachten derselben. Das Interim wird dem Papste vorgelegt. Anrede des Kaisers an die Reichsstände; Mittheilung des Interims. Moritz von Sachsen, Johann von Brandenburg und die freien Städte protestiren gegen dasselbe. Des gefangenen Churfürsten Johann Friedrich und seiner Söhne Erklärung. Standhaftigkeit desselben. Des Landgrafen Philipp Annahme des Interims. Des Kaisers Verfahren gegen Augsburg, Ulm, Straßburg, Regensburg, Magdeburg und Braunschweig. Die Niedersächsischen Städte. Die Fürsten von Anhalt und Zweibrück und die Grafen von Mannsfeld. . . . . Seite 142—168.

Siebentes Buch.

Der Herzog von Würtemberg und der Markgraf Albrecht nehmen das Interim an. Des Volkes Haß und der Geistlichen Glaubensmuth. Des Churfürst Moritz' Verfahren. Das Leipziger Interim. Die Arbeiter an demselben. Der Artikel von der Rechtfertigung und den Mitteldingen. Widerwillen gegen diese neue Glaubensnorm. Melanchthon's Brief an Carlowitz. Das Schicksal des Augsburger Interims in der Mark Brandenburg. Joachim II und der Markgraf Johann. Convente in Berlin und Jüterbog. Agricola. Bitterer Haß des Markgrafen Johann gegen das Interim. Karl's V Schreiben an denselben. Sein merkwürdiger Katechismus. Spott und Schmähschriften auf das Interim. Osianders Lied auf dasselbe. Verfolgung und Standhaftigkeit der evangelischen Geistlichen. Paul III stirbt. Julius III. Zusage des allgemeinen Conciliums. Karl schreibt einen Reichstag zu Augsburg aus. Die Churfürsten von Brandenburg und Sachsen, sowie die meisten Fürsten bleiben aus. Das Tridentiner Concilium. Der Papst an die Bischöfe. Die Sächsische Repetition des Augsburg'schen Glaubensbekenntnisses. Des Landgrafen Philipp Gefangenschaft. Karl's V Verfahren gegen die Protestanten in den Niederlanden. Achtserklärung und Belagerung von Magdeburg. Der Geistlichen Magdeburgs Glaubensbekenntniß. Erklärung der Stadt gegen das Interim. Schreiben an den Markgraf Johann. Moritz erhält das Kommando über das Belagerungskorps. Plünderungen und Ausfälle. Moritz' Erklärung an die Lüneburger Stände. Ueberwältigung des Herzogs Albrecht von Mecklenburg. Lage der Protestanten. Moritz bereitet einen großen Plan vor. Johann von Heydeck. Zusammenkunft mit Markgraf Johann. Verbindung mit Heinrich II, König von Frankreich. Convention zu Lochau. Schmach für Deutschland. Landgraf Philipp's harte Gefangenschaft. . . . . . . Seite 169—205.

Achtes Buch.

Uebergabe von Magdeburg. Milde Bedingungen. Freimüthige Erklärung der Geistlichen. Karl's Absichten hinsichtlich des erblichen Kaiserthums. Moritz' heimlicher Plan. Das Bündniß zu Chambord mit Heinrich II. Besorgnisse des Tridentiner Conciliums. Warnungen an Karl V. Moritz' Landtag zu Torgau. Dessen Schreiben an den Kaiser. Warnung Joachim's II, der Sächsischen Landstände und Melanchthon's. Moritz bringt rasch vorwärts bis Augsburg. Kriegsmanifest von Moritz und Albrecht. Volksstimmung. Verhandlungen zu Linz mit König Ferdinand. Markgraf Albrecht's gewaltsames Verfahren. Heinrich's Eroberungen. Erstürmung der Ehrenberger Klause. Karl V zieht in Innspruck dem alten Churfürst Johann Friedrich die Freiheit und rettet sich durch die Flucht. Moritz rückt in Innspruck ein. Das Concilium zu Trient geht auseinander. Waffenstillstand. Verhandlungen auf dem Reichstage zu Passau. Persönlichkeit Kaiser Karl's V. Die Tendenz seines Lebens. Der Großinquisitor Garcia de Loaysa. Ausschreiben zum Reichstage. Beschwerden der vereinigten Fürsten. Moritz' Forderungen, vom Kaiser zurückgewiesen. Ferdinand's Vorschlag. Moritz setzt den Krieg fort. Tod Herzogs Georg von Mecklenburg. Karl's letzte Erklärung. Friedenspunkte im Passauer Vertrage. Karl's Demüthigung. Moritz' Stellung zum König Heinrich. Markgraf Albrecht setzt den Krieg auf eigene Hand fort und geht zum König Heinrich über. Seine Verheerungen und Gewaltthaten; söhnt sich mit dem Kaiser aus. Die Fürsten Deutschland's zur Zeit der Reformation. Fürst und Volk. Befreiung Johann Friedrich's; Rückkehr in seine Lande. Lucas Cranach. Jenaer Ausgabe von Luther's Schriften. Des frommen Fürsten und seiner Gemahlin Tod. Landgraf Philipp's Rückkehr in sein Land. . . Seite 206—240.

Neuntes Buch.

Moritz' Feldzug gegen die Türken. Albrecht's Schmähungen auf seinen alten Waffengefährten. Seine Verwüstungen in den Fränkischen Bisthümern. Deutschland's betrübter Zustand. Moritz' Bündniß mit Herzog Heinrich von Braunschweig gegen den Markgraf Albrecht. Schlacht bei Sievershausen. Theuer erkaufter Sieg. Moritz's Tod; Albrecht's Kraft ist für immer gebrochen. Churfürst August von Sachsen. Albrecht stirbt und der alte Churfürst Johann Friedrich. Verfolgung der Protestanten in den Niederlanden. Der im Passauer Vertrage verheißene Reichstag wird endlich zum 5. Februar 1555 nach Augsburg ausgeschrieben. Convent der evangelischen Fürsten zu Naumburg. Gutachten der Theologen. Schreiben an Kaiser Karl V. König Ferdinand eröffnet den Reichstag. Die kaiserliche Proposition: Beilegung der Religionsstreitigkeiten und Wiederherstellung des Landfriedens. Der päpstliche Legat Moroni und der Bischof von Augsburg Otto von Waldburg und deren Protest. Die Religionsfrage wird zuerst verhandelt. Friedlicher Vertrag auch ohne Vereinigung in Glaubenssachen. Formulirung des Friedensschlusses durch den Ausschuß des Fürstenrathes. Das churfürstliche Collegium damit einverstanden. Besitzthum beider Kirchen nach dem Normaljahre 1547 oder zur Zeit des Passauer Vertrages. Völlige Glaubens- und Gewissensfreiheit. Die Namen der beiden Kirchenparteien, Protestanten und Lutheraner, die alte oder katholische Kirche. Luther's Nachweis, daß die evangelische Kirche die ursprüngliche, wahre, apostolische Kirche sei. Der Päpstler Urtheil über dieselbe. . . . . Seite 241—267.

Zehntes Buch.

Der Chursächsischen Gesandten Bericht. Triers und Kölns Noten. Der protestantischen Abgeordneten Bemerkungen dazu. Das Wort „katholisch". Die geistliche Jurisdiktion. Verwendungen der Kirchengüter in protestantischen Ländern. Bedenken der churfürstlichen Räthe vom 21. Mai. Heftige Schrift der Katholiken gegen die Protestanten. Gegenschrift der letztern. Vorschlag von Trier und Köln, die Entscheidung der Sache dem Kaiser zu überlassen. Ablehnung dieses Vorschlages. Versammlung der Churfürsten und Stände am 20. Juni. Der streitige Punkt wegen der Ritterschaft, der freien und Hansestädte. Furcht vor Aufständen. Der geistliche Vorbehalt. Protestation der Evangelischen gegen denselben. Freie Religionsübung der Augsburg'schen Glaubens-Genossen in katholischen Ländern und umgekehrt. Die altgläubige Partei will das nicht zugeben. Erbitterung beider Parteien. Allgemeine Freistellung beim Wechsel der Religion. Der Zusatz „weltlich". Elf Gründe der Protestanten gegen den geistlichen Vorbehalt. Herzog Erich's Kriegsrüstungen. König Ferdinand's Vorstellung an die Reichsfürsten. Vorschlag zur Vertagung des Reichstages. Wird abgelehnt. Neue Propositionen des Königs zur friedlichen Ausgleichung. Er erklärt sich ganz entschieden für den geistlichen Vorbehalt. Die Religion des Landesfürsten entscheidet die Religion der Unterthanen. Die Evangelischen protestiren dagegen. Conferenz derselben am 3. September. Plenarsitzung der drei Reichsstände am 5. September. Freimüthige Erklärung der Protestanten gegen König Ferdinand. Die Verwickelung und Erbitterung wird immer größer. Des Königs Eifer für eine friedliche Einigung. Bericht der churfürstlich-sächsischen Abgeordneten an ihren Landesherrn. Antwort-

Schreiben des Churfürsten August nebst Instruktion für seine Gesandten. Erneuete Vorstellung gegen den geistlichen Vorbehalt. Auskunftsmittel. Die reichsunmittelbaren Stände und Städte und deren Rechte. Verhandlungen der Stände mit König Ferdinand am 20. und 21. September. Letzter Friedensentwurf. . . . . Seite 268—299.

Elftes Buch.

Der friedliebende König Ferdinand sucht die streitenden Parteien zu besänftigen. Sie überlassen dem Könige die Entscheidung. Vier Einigungspunkte. Der königliche Nebenabschied. Zusage eines Religionsgesprächs statt des Provinzial-Conciliums. Vorschläge der protestantischen Stände. Letzte General-Versammlung. Vorlesung des abgeschlossenen Friedensvertrags. Abdruck desselben mit dem eingelegten Neben-Abschied. Die katholische Partei hält sich an denselben nicht gebunden, so wenig, wie die protestantische Partei an den geistlichen Vorbehalt. Folgen davon. Das Colloquium zu Worms 1557. Gegenseitige Anklagen. Die herzoglich- und churfürstlich-sächsischen Theologen. Anwendung des Grundsatzes: die Religion des Landesherrn bestimmt die Religion der Unterthanen. Die Jesuiten und deren Gelübde. Hindernisse der Ausbreitung der Reformation. Schlußbetrachtung. . . . . Seite 300—317.

Erstes Buch.

Papst Leo X und Luther. Der Ablaß und die 95 Theses gegen denselben. Das gesunkene Ansehen der Päpste. Politische Constellation. Kaiser Maximilian I, Freund der Wissenschaften und Gelehrten. Luthers Jugend. Die Bibel auf der Bücherei zu Erfurt. Anfechtungen im Kloster. Das gewaltige Wort von der freien Gnade Gottes in Christo Jesu. Des Glaubens Kraft und die Herrlichkeit des göttlichen Worts. Tetzels unverschämter Ablaßkram. Die Wege Gottes. Luther wird Professor in Wittenberg und Doctor der heiligen Schrift. Sylvester Prierias und Dr. Ek, Luthers heftige Gegner. Dessen Sendschreiben an den Papst. Seine Zusammenkunft mit Cajetanus in Augsburg. Die Bannbulle. Friedrich der Weise nimmt Luther in seinen Schutz. Erasmus Urtheil über denselben. Luther verbrennt die päpstliche Bulle. Ulrich von Hutten. Seine Schreiben an den Papst. Adel und Volk für die Reformation. Luthers Gehülfen: Melanchthon, Justus Jonas, Nicolaus von Amsdorf, Bugenhagen, Gregor Pontanus (Brück), Wenzeslaus Link, Johann Brenz und Georg Spalatin. Kaiser Karl V. Sein erstes Auftreten; Luthers Citation nach Worms. Reichstag daselbst. Luther vor Kaiser und Reich. Seine gewaltige Rede. Luther wird in die Acht erklärt und auf die Wartburg gebracht.

Erstes Kapitel.

Als Luther am Vorabend des Festes aller Heiligen, den einunddreißigsten Oktober fünfzehnhundert und siebzehn, die fünfundneunzig Sätze gegen den Ablaß an die Schloßkirche zu Wittenberg schlug, glaubte er nicht, daß die Hammerschläge ganz Deutschland durchtönen, alle freie Geister zur regen Thätigkeit wecken, ein neues jugendliches Leben anregen, den heiligen Vater zu Rom aus seiner stolzen Sicherheit aufschrecken, und den mächtigen Vatikan in seiner Grundfeste erschüttern würden. Die Unverschämtheit eines päpstlichen Dominikaners hatte seinen frommen Sinn empört und seinen lebhaften Unwillen aufgeregt. Papst Leo X, geistreich und kunstliebend, wie alle Medicäer, aber von leichtfertigen Sitten und ungebundenem Leben, hatte einen unbeschränkten Ablaß ausgeschrieben, angeblich zum Bau der Peterskirche in Rom, eigentlich aber zur Bestreitung unheiliger Ausgaben. Dem Churfürst von Mainz, Albrecht von Brandenburg, in dem der Papst einen Geistlichen von gleichem Hange zur Pracht und zum Wohlleben gefunden hatte, waren die Sünden in Deutschland für eine Summe von 30,000 Goldgulden, welche die Fugger vorgeschossen, in der Weise verpachtet, daß er jene Summe für sich vorweg nehme und das Uebrige an den Papst abliefere. Um diese Summe zusammen zu bringen und eigenen Gewinn zu erlangen, sandte er den Arcimbold nach dem Norden von Deutschland, den Dominikaner Johann Tezel aber nach Thüringen, Sachsen und Brandenburg. Dieser schlaue, gewissenlose Mönch trieb seinen Handel mit empörender Frechheit. Er erließ dem unwissenden Volke gegen baares Geld alle Sünden und Missethaten, wie sie nur immer heißen mochten. Die ärgsten Verbrechen, auch wenn sie erst begangen werden sollten, fanden Erlaß gegen gute Bezahlung. „Und wenn Jemand die Mutter Gottes geschändet hätte," so hatte er für ihn volle Indulgenz aus dem Schatze der Kirche und aus der Machtvollkommenheit des heiligen Vaters.

Solcher Frevel empörte das fromme Gemüth des mit seltenen Geistesgaben ausgerüsteten Luther. Er predigte laut und nachdrücklich über den gräuelhaften Unfug, und wie der schamlose Mönch, der zu Jüterbock sein Wesen trieb, über Ketzerei schrie und mit dem Banne der Kirche drohete, forderte ihn der edle Streiter für Recht und Wahrheit durch jene Sätze zu einem schulgerechten Kampfe heraus. Er behauptete frei, daß der Papst keine Gewalt habe, Sünden zu vergeben; daß er nur durch Gebet und Fürbitte, nicht durch Gewalt des Schlüssels, den er nicht habe, den Seelen Beruhigung verschaffen könne, daß in dieser Beziehung jeder Bischof in seinem Bisthum und jeder Seelsorger in seiner Pfarrei dieselbe Gewalt wie der Papst habe; daß der heilige Vater unter vollkommener Vergebung aller Strafen nicht die Aufhebung jeder Strafe, sondern nur den Erlaß solcher Strafen verstehen könne, die er selbst auferlegt habe; daß nur Buße und Besserung Vergebung der Sünden verbürge und deshalb die armen Christen durch die prunkende Verheißung der Vergebung aller Schuld betrogen würden; daß Werke der Liebe mehr gälten als der beste Ablaß, und Almosen geben viel besser sei, als solchen Ablaß kaufen; daß der rechte, wahre Schatz der Kirche das heilige Evangelium der Herrlichkeit und Gnade Gottes sei, und dergleichen. Diese freie Stimme war der Nachhall der allgemeinen Empfindung. Damit begann das große Werk, dessen hohe Bedeutung und wichtige Folgen damals Niemand ahnen konnte, das aber Volk, Adel und Gelehrte mit Freudigkeit ergriff, und das sich mit unglaublicher Schnelligkeit durch ganz Deutschland, ja über die Grenzen desselben hinaus verbreitete. In vierzehn Tagen waren die 95. Sätze ganz Deutschland und in sechs Wochen das christliche Europa durchlaufen, „als wären die Engel Botenläufer gewesen," und brachten überall eine große Bewegung der Gemüther hervor. Alle freuten sich des neuen Lichtes, blickten mit Achtung und Bewunderung auf den kühnen Streiter, und hofften von ihm die längst ersehnte, höchst nöthige Verbesserung der Kirche.

Dem Menschen ist der Glaube der Väter ein starker Anker im sturmbewegten Leben. Was ihm von früher Kindheit heilig geworden, ist fest verwachsen mit seinem inneren Leben. Die Forderungen der Zeit müssen sehr ernst und dringend sein, wenn sie die Macht der Gewohnheit und die stille Gewalt der Barmherzlich brechen sollen. Wie bedürftig mußte also unser Vaterland einer sittlich-religiösen Umbildung sein, da man von dem Veralteten so leicht sich lossagte und die enthüllte Wahrheit so freudig aufnahm. Und allerdings führte Luther ein seit Jahrhunderten vorbereitetes Werk aus. Die ganze Welt und die Geschichte wartete auf diesen Mann, dessen Lichtglanz über lange Jahrhunderte und Weltepochen leuchten sollte. Die Zeit war vorüber, wo alle Welt vor Roms Macht sich zitternd beugte, wo Gregor VII, Bonifacius VIII, Innocenz III, Hadrian IV und Alexander III die weltliche Macht der geistlichen unterwarfen, die Völker und ihre Fürsten richteten, Könige ein- und absetzten, ihre Länder vertheilten, die Unterthanen des Gehorsams und Eides entbanden, Gegenkaiser aufstellten, durch Machtgebote Glaubenslehren feststellten, die Gewissen schreckten, den Himmel verschlossen oder aufthaten und große Reichthümer aus allen Ländern der Christenheit nach Rom leiteten, das zum zweiten Mal die Herrscherin der Welt geworden war. Der oft siegreiche Widerstand der Hohenstaufen, der Unwille der Fürsten gegen den frechen Uebermuth der Priester, ernste und freimüthige Schriften gegen die Anmaßungen der Päpste, die Auflehnung der Waldenser und Albigenser, der Wicleffiten und Hussiten gegen menschliche Satzungen in Glaubens- und Gewissenssachen und andere günstige Umstände hatten die Gemüther gegen die päpstliche Tyrannei aufgeregt. Es begann eine glückliche Veränderung des Zeitgeistes mit der Morgenröthe der Aufklärung, mit dem Wiederaufleben der alten Griechen und Römer, mit der Entstehung des Mittelstandes und mit der Begründung festerer Regierungsformen in den christlichen Staaten.

In Rom glaubte man an keine Gefahr. Der Papst hielt sich in der von Jahrhunderten ererbten Heiligkeit für unantastbar. Aber die Sicherheit ist schon Vielen gefährlich geworden, und der Uebermuth hat die Mächtigsten zu Falle gebracht. Die Päpste hatten nicht Maaß zu halten gewußt und waren versunken in weltliche Lüste und unsittliches Verderben. Die Donnerschläge vom St. Peter hatten längst die Welt geweckt. Eine neue Zeit brach sichtbar herein, und das europäische Staatensystem fing an, die Gestalt zu gewinnen, welche sich in den letzten drei Jahrhunderten immer mehr ausgebildet hat. In Frankreich hatte Ludwig XI, der wohl wußte, wie die Zeiten zu benutzen waren für den Thron, die Macht der Großen gebrochen und seine Nachfolger in den Stand gesetzt, in selbstständiger und gesammelter Kraft große Dinge zu unternehmen. Dadurch vermochte Franz I, der ritterliche, freisinnige König, dem übermächtigen

1*

Karl V die Spitze zu bieten und die europäische Freiheit zu retten. In Spanien hatte Ferdinand von Arragonien alle dortige Königreiche mit einander vereinigt, und machte sein Haus durch seine Staatsklugheit und seinen Reichthum für das südliche Europa furchtbar. Portugal hatte unter Emanuel sein goldenes Zeitalter. Die Schweizerischen Eidgenossen standen auf dem höchsten Gipfel ihrer Macht, stark durch Einigkeit, Tugend und Freiheit. Die drei nordischen Reiche waren vereinigt unter Christian. Selim I beherrschte das türkische Reich mit großer Gewalt und bedrohte das ganze östliche Europa. Sein Reich hatte an Reichthum, an Einheit und Kriegskunst solchen Vorzug, daß, wenn die Kunst und Thätigkeit, alles zu benutzen und höher zu treiben, damit verbunden gewesen wäre, Niemand in der Christenheit ihm hätte Grenzen setzen können. Deutschland, das Herz von Europa, ausgestattet mit reichen Gaben und Kräften, aber getheilt und zerrissen durch Mißgunst der Stände, durch Fehden und inneren Zwist, durch Verschiedenheit der Gesetze, Bildung und Rechtspflege, hatte an dem hochherzigen und reichbegabten Maximilian I einen mächtigen Schutzherrn erhalten. Tapfer bis zur Verwegenheit, herzhaft und treuen Gemüths, voll Geist und Leben, groß in Gesinnung, edelmüthig im Handeln, tritt er wie ein ehrwürdiges Bild der alten Zeit jugendlich frisch in die vielbewegte Gegenwart. Von beiden ergriffen, schließt er das Mittelalter und öffnet die neue Zeit. In seinem großartigen Charakter ist er eben so erhaben als liebenswürdig. Ihn treibt der kühne Sinn in die rauhen Alpen, wo er den Steinbock die hohen Felswände entlang bis in die tiefsten Klüfte und zu den schroffesten Abhängen verfolgt, oder in die brabanter Forsten, wo er dem schnaubenden Eber entgegentritt, oder in die blutigen Kampfspiele, wo er mit eigener Hand den Löwen bezwingt. Hoch schlägt sein Herz im Getümmel der Schlacht und seine Seele freuet sich im schweren Kampf. Dann sehen wir ihn wieder mit emsiger Geduld und ausharrendem Fleiße in den Werkstätten der Künstler, im Studirzimmer unter Büchern, im ernsten Gespräch mit Gelehrten auf der Sternwarte, hinauf in den Himmel schauend, oder im Kabinet den Schreibern Staatsschriften und die Geschichte des eigenen Lebens diktirend. In ihm lebte das Vorgefühl der künftigen Größe seines Hauses; diese hatte er immer im Auge. Er liebte Deutschland und wollte seine Wohlfahrt. Niemand durfte ungestraft den deutschen Namen antasten. In Worms legte er einen französischen Ritter, der prahlend ganz Deutschland in den Kampf forderte, gar unsanft in den Sand. Bei Salins in Burgund schlug er mit 500 leichtbewaffneten Landsknechten 6000 französische Kürassiere aus dem Felde.

In seinem klaren Geiste hatte Maximilian die Forderungen des neuen Jahrhunderts erkannt und einen schönen Kreis von aufgeklärten und gelehrten Männern um sich her gesammelt, wie er denn selbst in jedem

Theile der Wissenschaften wohl bewandert war. Da lebten im deutschen Vaterlande, mit dem Haupte desselben verbunden, Gabriel Biel, Johann Trittheim, Wimpheling, Nauclerus, Rudolph Agrikola, Heinrich Bebel, Christoph von Stadion, Johann von Dalberg, Johann Geiler, Melchior Pfinzing, Lichtenberg, Aventin, Cuspinian, Peutinger, Bilibald Pirkheimer, Albrecht Dürer, Hans Burgmaier, Peter Sched, Hans Sachs, Hermann von dem Busche, Beatus Rhenanus, Eoban Hesse, Erasmus von Rotterdam, vor allen aber **Johann Reuchlin**, den seine Zeitgenossen den Lehrer des Volks, den Ruhm des Vaterlandes, den Phönix des Jahrhunderts nannten. Die Wissenschaften, deren Licht in Italien hervorgebrochen, durch gelehrte griechische Flüchtlinge genährt, durch edle Fürsten geschützt und durch eigenthümliche Kraft weiter verbreitet worden war, hatte im deutschen Vaterlande viele Herzen entzündet und viele Geister erleuchtet. Eine hohe Schule nach der anderen war gestiftet; die Gelehrten wurden in Ehren gehalten, zu Staatsämtern befördert und überall Büchersammlungen angelegt. Die Buchdruckerkunst, die in großer Schnelligkeit vervollkommnet und weit verbreitet worden war, wurde die Pflegerin der Wissenschaften, die Mutter der Gelehrsamkeit, die Schutzherrin heiliger Rechte und Freiheiten. Die meisten Erfindungen wirken heilsam auf die leibliche und bürgerliche Wohlfahrt der Menschen und bringen in den äußeren Verhältnissen derselben große Veränderungen hervor: aber die Buchdruckerei wirkt im innersten Leben des Menschen, weckt den Geist, bildet das Herz und öffnet zu allen Schätzen der Weisheit und Gelehrsamkeit den Zugang. Welche Gährung brachte die Menge neuer Ideen in den Meinungen, Wünschen, Begriffen und Bedürfnissen der Menschen hervor! Luther würde die so lange vergeblich betriebene Verbesserung der Religion und Kirche nicht so glücklich haben durchführen können, wenn ihm die Schrift nicht die Herzen der Menschen gewonnen und die Wahrheit vor den Augen der Welt enthüllt hätte. Und wie würde die Bibel je ein Gemeingut des Volks haben werden können, wenn ein Exemplar derselben statt dreißig, vier und fünf hundert Gulden gekostet hätte!

So erschien denn Martin Luther zur rechten Zeit und brachte zur Sprache und zum Bewußtsein, was Allen in der Seele lag als dunkles Gefühl, als stille Sehnsucht und dringendes Bedürfniß. Er führte ins Werk, was die begonnene Bildung, die gediegene Gelehrsamkeit, der Reichthum neuer Ideen und der Gang der Weltgeschichte forderten. Zu solchem Werke gehörte ein Mann von starkem Geist, von hohem Muth, von unerschütterlicher Willens- und Thatkraft. Zu einem solchen Manne erzog sich die Vorsehung den Sohn eines armen Bergmanns zu Möra bei Salzungen, in Eisleben den 10. November 1483 geboren. Von Kindheit an wurde der arme Martin an Entbehrung, Arbeit und Anstrengung gewöhnt. Fromme und strenge Eltern hielten ihn in harter Zucht. Christus wurde ihm nicht dargestellt als der liebliche Heiland, der uns Seegen und Frieden bringt, sondern als der strenge, zornige Richter, der uns für unsre Sünden Pein und Martern auflegt. Ihm ward kein heiterer Blick in den Himmel gestattet, sondern die Hölle ihm aufgethan mit all' ihrem Grauen und Schrecken. Mühseligkeit und Bedrängniß, bittere Noth und Ungemach waren des armen Knaben Gefährten. Als Currendeschüler mußte er sich zu Magdeburg und Eisenach vor den Thüren der Leute und auf den Dörfern sein täglich Brot ersingen, bis die fromme und wohlhabende Wittwe Cotta den Knaben, schlanken Wuchses aber schwacher Gesundheit mit den offenen schwärmerischen Augen, ins Haus nahm. Es mag dem Manne gut sein, daß er das Joch in seiner Jugend trage, aber die immer wiederkehrende Noth und die Pein eines geängsteten Herzens zerfressen doch manchen frisch aufsprießenden Lebenskeim.

Da die äußere Welt dem aufstrebenden Jüngling wenig Freud gewährte, so flüchtete er sich in die innere Welt seines Gemüthes. Aber er konnte zu keinem Einverständniß mit sich selbst und mit seinem Gott kommen. Er verstand die Unruhe seines Herzens nicht, die erst die Folgezeit enträthseln sollte, und suchte sie durch Bußübungen und Selbstpeinigung zu besänftigen. Das Gefühl seiner Sündhaftigkeit verfolgte ihn überall. „Ich gedachte, sagt er, Gerechtigkeit wäre der grimmige Zorn Gottes, womit er die Sünden straft." Sehr wohl that ihm in diesem Zustande die Macht der Musik. Seine Laute war ihm die süßeste Trösterin. Auf der Universität Erfurt wurden seine Betrachtungen tiefer, seine Kenntnisse tüchtiger, aber der innere Kampf heftiger. Die scholastische Philosophie, in ihren Häuptern tiefsinnig und christlich, in ihrer Ausartung unheilig und läppisch, führte ihn in die dürre Wüste und auf die nackten Felsen einer unfruchtbaren Spekulation, und die Theologie in die Nebel und Sümpfe einer mönchischen Klosterweisheit. Dabei konnte sein nach Wahrheit dürstender Geist keine Befriedigung finden.

Nach dem Willen seines Vaters sollte Luther die Rechte studiren, weil nur dabei Geld und Ehre zu erwarten war. Als aber der wißbegierige Jüngling auf der Bücherei zu Erfurt zum ersten Male eine Bibel zu sehen bekam und darin mit heiliger Freude las und wiederlas, da ging ihm ein Licht auf in der Finsterniß. Eine fromme Begeisterung ergriff seine Seele und mit tiefer Ehrfurcht stand er vor dem überschwänglichen Reichthum des göttlichen Wortes. Damit ward er geweiht zu einem evangelischen Lehrer, zu einem Herold der göttlichen Gnade und zum Propheten christlicher Wahrheit. Sein Beruf war entschieden. Die Ermordung eines lieben Freundes und ein Blitzstrahl, der bei einem furchtbaren Gewitter vor ihm in die Erde fuhr, erhitzten seine aufgeregte Phantasie, machten ihm die arge gefahrvolle Welt verhaßt und verleiteten ihn bei seiner religiösen Schwärmerei zu dem übereilten Schritt, das Kloster der Augustiner=Eremiten aufzusuchen und Mönch zu werden. Er suchte Ruhe und fand sie nicht; was er auch that, er konnte die Herzensangst nicht los werden.

Der eifrige Novitz unterzog sich den erniedrigendsten Arbeiten, ging mit seinem Brodbeutel demüthig terminiren, ertrug geduldig die Plackereien und den Spott der Klosterbrüder, fastete und kasteite seinen Leib bis zur Ohnmacht, lag Tag und Nacht unter Gebet und Flehen vor dem Bilde des gekreuzigten Heilandes, aber die Noth und Angst seines Herzens stieg immer höher und die Schrecknisse eines namenlosen Elends erfüllten seine Seele. Er bildete sich ein, einer ewigen Verdammniß verfallen zu sein. Sein Gemüth verfiel in die düsterste Schwermuth. „Ist je ein Mensch durch Möncherei in dem Himmel gekommen, sagt Luther von sich, so wollte auch ich hineingekommen sein." Er las mit steigendem Eifer die Schriften seines ihm überaus theuren Augustin, des Schutzherrn seines Ordens. Eine gleiche Gemüthslage, eine gleiche Begeisterung für Christus und sein Evangelium, ein gleiches Bedürfniß des Glaubens führte ihn zur Vertrautschaft mit diesem Kirchenvater, der auf die Bildung des protestantischen Lehrbegriffs einen so großen Einfluß gehabt hat. Anhaltendes Studiren, Kasteiungen und Fasten bei einer geschäftigen Einbildungskraft, und ein ängstliches, verzagtes Ringen nach christlicher Vollkommenheit zerstörten seine Gesundheit und führten ihn dem Tode nahe. Ein trostreiches Wort brachte wieder Hoffnung und Leben in sein zerrüttetes Herz. Wie von Gott gesandt, trat ein alter frommer Klosterbruder zu ihm und sprach: „Lieber Bruder Martin, seid getrost! Ihr werdet dieses Lagers nicht sterben. Gott wird noch einen Mann aus euch machen, der Vielen Trost bringt; denn wen Gott lieb hat, den züchtiget er und legt ihm das Kreuz auf, unter welchem der Fromme Geduld, Ergebung und Zuversicht lernt. Auch ich habe viel Seelenpein erduldet, aber endlich hab ich eine gründliche Beruhigung gefunden. Das apostolische Wort: „Ich glaube eine Vergebung der Sünden!" hat mich getröstet. Darunter ist zu verstehen eine Vergebung aller Sünden, ohne unser Verdienst und Würdigkeit, allein durch die Gnade Gottes in Jesus Christus. Diesen Glauben will Gott erweckt ihn in uns, und verschafft uns bei aller Sündhaftigkeit eine sichere Hoffnung der Seligkeit." Dieser herrliche Trost, der mit den Helden seines Glaubens, mit Paulus und Augustin, so genau übereinstimmte, und der sich an seinem Herzen als göttliche Kraft bewährt hatte, gab ihm ein festes Vertrauen zu dem himmlischen Vater, der sich uns in Christus auf eine so gnadenreiche Weise offenbart hat. Das ist Gottes Weise; wenn er Großes vor hat, beginnt er es durch schlichte, fromme Menschen, die in Demuth und Gehorsam dahingehn, ohne zu wissen, welche Absichten der Herr mit ihnen hat. Während Aller Augen auf den weltgebietenden Kaiser Augustus gerichtet sind, verließ eine fromme Magd ihre Heimath, kommt zu der Herberge einer kleinen Stadt, wird in einem Stalle untergebracht und gebiert dort ein Knäblein. So erscheint Der, vor dem sich beugen sollen Aller derer Kniee, die im Himmel und auf Erden und unter der Erden sind. Während Europa mit gespannter Erwartung den großen Kämpfen Karls V und Franz I zusieht, wird ein Bettelmönch in seinem Kloster von Gewissensangst gequält und findet seinen Trost in der freien Gnade Gottes durch den Glauben an die Gerechtigkeit, die in Christo Jesu ist. Dies der Ursprung der Reformation, die ganz Europa umgestaltet hat.

Johann Staupitz, Großvikar der Augustiner in Thüringen und Meißen, hatte den aufstrebenden Geist, den frommen Sinn und den rastlosen Fleiß des jungen Mönchs kennen gelernt und empfahl ihn dem Churfürst Friedrich dem Weisen zu einer Lehrstelle auf seiner neugestifteten Universität zu Wittenberg. Luther weigerte sich aus wahrer Bescheidenheit lange, ein so wichtiges Amt anzunehmen; aber Staupitz drang in ihn, dem Rufe des Herrn zu folgen. „Und wenn es das Leben kostete! entgegnete er ihm; unser Herrgott hat große Geschäfte und bedarf kluger Leute!" So ging denn der Mann Gottes, der bereits ein Jahr vorher die Priesterweihe erhalten hatte, 1508 nach Wittenberg, bezog dort eine armselige Zelle im Augustiner-Kloster und arbeitete mit rastlosem Eifer an seiner wissenschaftlichen Ausbildung. Es kam ihm sehr sauer an, die Philosophie zu lehren; es währte aber nicht lange, so bestritt er freimüthig das Ansehn des vergötterten Aristoteles und trat als entschlossener Widersacher gegen die Scholastiker in die Schranken. Seine Vorträge auf dem Katheder fanden wie seine Predigten auf der Kanzel ausgezeichneten Beifall, namentlich hörte Friedrich der Weise die letzteren mit großer Befriedigung. Da ihm die Theologie sehr am Herzen lag, so erwarb er sich im zweiten Jahre seines akademischen Lehramtes den ersten Grad in der Gottesgelahrtheit und las nun mit großer Freudigkeit die biblische Theologie. Unter den Kirchenvätern blieben Augustin und Hieronymus seine Führer, unter den neueren Kirchenlehrern aber studirte er fleißig den frommen, erbaulichen Tauler und die deutsche Theologie. Außerdem machte er sich mit seinen erleuchteten Zeitgenossen, Erasmus, Reuchlin, Celtes, Agrikola und Wimpheling vertraut und freute sich ihres edlen Kampfes mit den Dunkelmännern ihrer Zeit. Vor allem aber war es die heilige Schrift, die er mit immer erhöheter Freude und mit solchem Eifer las, daß er in kurzem das neue Testament auswendig wußte.

Eine Reise, die Luther im Jahre 1510 in Angelegenheiten seines Ordens, über Heidelberg, Mailand und Padua nach Rom machte, gab ihm über das Leben der Geistlichen in dieser unheiligen Stadt eine nicht geahnte Aufklärung. Mit welcher Ehrfurcht beugte er sich vor den sieben Hügeln der ewigen Roma und mit welchen seltsamen Gedanken über die römische Kirche und ihre Verräter kehrte er nach seinem lieben Vaterlande zurück! Im Jahre 1512 erhielt er die theologische Doktorwürde und legte dabei den Eid ab: „Ich will mein Lebelang die heilige Schrift erforschen, predigen und den darin enthaltenen Glauben mit Disputiren und Schriften vertheidigen." Er hat redlich Wort gehalten; denn die Verkündigung und Ausbreitung der christlichen Lehre nach den klaren Worten der heil. Schrift war von jetzt an sein großer, göttlicher Beruf. Die Bibel erhob er zur einzigen Herrscherin in Glaubenssachen und unterwarf ihren Aussprüchen alle Lehren des Christenthums und alle Anordnungen in der Kirche. Je emsiger er las, je tiefer er eindrang, je vertrauter er wurde mit der Lehre des Heils, desto freier wurde sein Blick, desto deutlicher erkannte er die Irrthümer, Vorurtheile und Mißbräuche in der Kirche, desto fester begründete er in seinem Herzen die evangelische Wahrheit, desto höher stieg sein Vertrauen zu Gott und seine Liebe zu Christus. „Es ist, schreibt er, eine große, wunderbarliche Macht und Gewalt in den Worten der heil. Schrift. Es ist einem, als spräche man mit unserm lieben Herrgott selbst, als wisse man alle Geheimnisse des Reiches Gottes und erfahre alle Gnade, die uns Jesus erzeiget hat an dem eigenen Herzen. O wie ist's doch ein köstlich, edel Ding, Gottes Wort vor sich haben; denn derselbe kann allezeit sicher, fröhlich und getrost sein. Wer Gottes Wort nicht hat, der fällt in Verzweiflung, denn es mangelt ihm an der himmlischen Stimme und Trost, und er folget seines Herzens Eitelkeit und unnützen Gedanken, die ihn dann zur Verzweiflung treiben. Außer dem göttlichen Wort kanns Niemand wohlgehen. Ach die Welt stehet diesen Edelstein nicht, verstehet auch nicht, wie theuer und werth dieser Schatz ist. Das Wort ist das rechte Maaß und das Allerköstlichste im ganzen Leben, daß ich so mit rechter Zuversicht sagen kann, das thue ich nach Gottes Wort, in seinem Namen, und wie es ihm wohlgefällt. Ich möchte nicht leben ohne das Wort Gottes. — Das Evangelium ist eine Predigt von Christo, wie er ist ein Heiland, Licht und Ruhm aller Welt, von welcher Predigt das Herz froh wird, so daß man vor freudiger Bewunderung solche große Gnade und Trost kaum fassen kann. Es ist das helle Licht, das hineinscheint in unsre Herzen, und es frisch und fröhlich, getrost und tapfer macht. Es leuchtet und erleuchtet auf eine ganz andere Art, als die Sonne oder die Vernunft, deren keines von Beiden einiges Licht von der ewigen Gerechtigkeit, vom ewigen Leben, vom ewigen Frieden hat. Aber dieses große Licht leuchtet so helle, daß ich nun sehe, wie die Hölle zerstört, der Teufel überwunden und gefangen und der Mensch durch den Sohn Gottes von der Tyrannei aller dieser Feinde befreit worden ist. Gewiß, das ist weit und unendlich größer, als Alles, was die Vernunft uns sagt und lehret. — Was hab' ich dem Papst gethan? Ich habe gegegen ihn kein Schwert gezückt; aber ich habe ihn mit dem Worte des Herrn geschlagen, und schlage damit fortwährend auf Papst, Bischöfe, Mönche und Pfaffen, auf Abgötterei, Irrthum und Secten, und habe damit mehr ausgerichtet, als alle Kaiser und Könige mit ihrer gesammten Macht würden haben ausrichten können. Mit dem Stabe des göttlichen Wortes habe ich auf die Herzen geschlagen, Gott walten und das Wort wirken lassen. Das hat das Papstthum erschüttert und einen solchen Riß darein gemacht, daß, wo mir die aufrührerischen Mordgeister mit ihren Bauern nicht vor dem Garn gefischt hätten, es jetzt wohl ganz anders mit dem Papstthum stehn sollte. Das ist des Helden Macht und des Riesen Waffe — das einfache Wort von Christus. Er läßt in die Welt predigen, daß alle Menschen mit ihrer Weisheit, Gerechtigkeit und Frömmigkeit Sünder sind und verdammt vor Gott; wer aber selig werden wolle, der müsse Buße thun und Vergebung der Sünden suchen im Glauben an Jesus Christus. Wenn diese Predigt gehet in der Welt, so fället Ablaß, Fegfeuer, Winkelmesse, Möncherei, Papstthum, ohne alle leibliche Wehr und Waffen. Welch ein wunderlicher, seltsamer Riese, der mit so geringem und leichtem Werkzeuge dem Teufel den Jahrmarkt zerstört! — Es giebt nur ein einiges gewisses Zeichen, woran du erkennen magst, wo Christus und seine Kirche ist, das ist das heilige Evangelium; alles andere ist falsch und trüglich. Wo das Evangelium geprediget wird, da leuchtet der Wahrheit heller Stern, das ist Christus, da findest du seine Kirche, es sei in der Türkei, in Rußland, in Böhmen und sonst wo. Dagegen ists unmöglich, daß Gott, Christus, heiliger Geist, Kirche, oder sonst etwas Seliges sein sollte, wo Gottes Wort nicht lautet, wenn sie gleich alle Wunder thäten; sondern es müssen da eitel Herodisten und Teufels Regiment sein. Daher sieht Jedermann, wie der Papst und die Geistlichen ohne Gotteswort nur mit Menschenlehren umgehn."

Damit hatte nun Luther sich gerüstet zu dem großen Kampfe, der seiner wartete. Er war allgemach frei geworden von der Angst des verdammenden Gewissens, von den Fesseln menschlicher Satzungen, von dem Dienste des geisttödtenden Buchstabens. „Wer mag die Ehre und die Höhe eines Christenmenschen ausdenken? ruft er im Gefühl seines erneueten Lebens. Durch sein Königreich ist er aller Dinge mächtig. Aber dahin gelangt er nur durch den Glauben, nicht durch die Werke. So wird er fromm und selig und über alle Dinge erhaben. Der Glaube giebt ihm alles in reichem Maaße. Ist er aber auch durch den Glauben frei, so soll er sich doch wiederum willigtich zu einem Diener machen, seinem Nächsten zu helfen, mit ihm fahren und handeln, wie Gott mit ihm durch Christum gehandelt hat und soll nichts anderes dabei suchen, als das göttliche Wohlgefallen. Wohlan, soll er denken, mein Gott hat mir unwürdigen, verdammten Menschen, ohne mein Verdienst, aus lauter Barmherzigkeit, durch und in Christus vollen Reichthum aller Frömmigkeit und Seligkeit gegeben: ei, so will ich denn auch solchem Vater, der mich mit seinen überschwenglichen Gütern also überschüttet hat, wiederum frei und fröhlich thun, was ihm wohlgefällt. Ich will gegen meinen Nächsten auch ein Christ werden, wie es Christus mir geworden, und will alles thun, wovon ich sehe, daß es dem Nächsten noth, nützlich und selig sei. Habe ich doch durch meinen Glauben in Christus alles Dings genug." Nur wo der Glaube die Tiefen des menschlichen Geistes aufschließt, dem Willen eine feste, entschiedene Richtung giebt, über Bedenklichkeiten und Sorgen hinweghebt, und die Brust mit großen Gedanken und heiligen Gefühlen füllt, mag Heilsames und Würdiges für das menschliche Geschlecht ausgeführt werden. Der wahrhaft Begeisterte nimmt keine Rücksprache mit der Gefahr, welche das Glück und die Ruhe des Lebens bedroht; Ihn treibt ein höherer Geist, der ihn über Besorgnisse und Gefahren hinwegführt. Dadurch nur ward es dem armen Mönche, der mit dem Worte Gottes in der Hand und im Herzen aus der einsamen Zelle trat, möglich, ein Werk zu beginnen und durchzuführen, was den Mächtigsten und Gewaltigsten in der Christenheit bis jetzt nicht gelungen war. Luthers Glaubensmuth drang bald in die Herzen Anderer, welche, von der Wahrheit mächtig ergriffen, mit ihm aufstrebten zur Freiheit der Kinder Gottes, das enthüllte Evangelium mit Freudigkeit verkündigten, und dem Gottgesandten in Gefahren beharrlich und tapfer zur Seite standen. Das Außerordentliche und Große, das in Luthers Seele lag, wurde durch Kampf und Widerstand herausgebildet. Dadurch ward er viel weiter getrieben, als er anfangs gehen wollte. Der Widerspruch führte ihn tiefer in die Sache, die er sorgfältiger erwog, gründlicher erforschte, lebendiger aufgriff und nun auch herzhafter vertheidigte. Die fortgesetzten Gefahren übten seine Kräfte, stärkten seinen Muth und erhöhten sein Vertrauen zu Gott. Als sich gleichgesinnte Freunde, Gelehrte und Edelleute an ihn anschlossen und das neue Leben überall sich regte, da ward er mächtig, und als seine Sache die Sache des Volks wurde, unüberwindlich. Er war recht eigentlich der Mann des Volks und der Deutsche erbaute sich und seine Tugenden in dem hochherzigen Manne, der ohne Furcht und Tadel, einfach, geradsinnig, fromm, im heldenmüthigen Trotz für Religion und Freiheit, für Gott und sein heiliges Evangelium kämpfte. Das Feuer der Begeisterung entzündete alle Herzen und bewährte seine belebende Kraft in ernsten Kämpfen und Gefahren. Aus langem Schlafe erwacht, ergriff die Deutschen ein tiefer Zorn, daß man mit ihrer Gutmüthigkeit ein so arges Spiel getrieben und ihnen die Gnade und den Trost des Evangeliums entzogen hatte. Sie haßten das Papstthum und hielten mit Liebe das Licht des Evangeliums fest, damit es auch ihren Kindern und Nachkommen scheine. Es erneueten sich an ihnen alle Wunder, die das Christenthum bei seinem Beginn an seinen Bekennern offenbarte.

Luther hatte sich in aller Demuth an den Erzbischof Albrecht zu Magdeburg und an den Bischof von Brandenburg, Hieronymus Scultetus, gewandt und ihnen mit Wehmuth den unchristlichen Gräuel der Ablaßkrämer, das große Sittenverderben des Volks, den Verfall der Kirche, die schwere Versündigung an dem göttlichen Worte geschildert und mit tiefbewegtem Herzen geflehet, dem Mißbrauche der göttlichen Gnade ein Ende zu machen. Der Erzbischof von Magdeburg antwortete gar nicht; denn in seine sehr zerrüttete Kasse floß ja das Sündengeld und ihm war das Heilige nur ein Mittel zu irdischen Zwecken. Der wohlwollende Bischof von Brandenburg rieth ihm, die Gewalt der Kirche nicht anzutasten und sich nicht selber Verdruß und Mühe zu machen; gegen die päpstliche Macht vermöge die bischöfliche nichts. So wollte denn der freigesinnte Mann die Sache den Gelehrten seiner Zeit öffentlich zur Prüfung vorlegen und ließ die fünfundneunzig Streitsätze drucken und nach allen Gegenden hin vertheilen. Er sandte sie auch an die genannten Bischöfe und schilderte dem Papste in einem ehrfurchtsvollen Schreiben die Unredlichkeit, welche sich die Ablaßkrämer beim Verkauf der Indulgenzen zur Schmach der Kirche und des heiligen Vaters erlaubten, unterwarf sich demüthig der Entscheidung des Papstes und äußerte ein unbedingtes Vertrauen zu desselben Gerechtigkeit und Wahrheitsliebe. Doch diese fromme und freie Stimme wurde in Rom überhört und mit vornehmer Verachtung zurückgewiesen. Eine Kirchenversammlung im Lateran warnte den Papst, den Ablaßhandel nicht zu übertreiben. Doch dieser schlief in gefährlicher Sicherheit und verspottete die armseligen Deutschen und ihren ohnmächtigen Fürsprecher.

Tezel entbrannte in heftigem Zorn gegen den freimüthigen Zeugen der Wahrheit, übergab seine Theses dem Feuer und ließ dagegen zu Frankfurt a. d. Oder andere drucken. Wie diese nach Wittenberg kamen, so verbrannten sie die Studenten auf dem Markte. Der Unwille des Volkes gegen die Ablaßkrämer, die mit seiner Gutmüthigkeit ein so arges Spiel getrieben, stieg bis zur Erbitterung; Tezel fürchtete für sein Leben. Luther hatte seine Streitsätze mit einer deutschen Abhandlung vom Ablaß begleitet, und Tezel mit Hülfe des Frankfurter Theologen, Conrad Wimpina, eine Widerlegung derselben drucken lassen. Der Mann der Wahrheit vertheidigte seine Lehre von der Gnade und Sündenvergebung mit allem Freimuth. Zu Anfange des Jahres 1518 gab Sylvester Prierias, einer der vornehmsten Prälaten am römischen Hofe, der den Ruf eines gelehrten Mannes und eines geschickten Redners hatte, seinen Dialog gegen Luthers Sätze heraus, der in der Zeit von zwei Tagen nachdrücklich beantwortet wurde. Der Streit wurde von beiden Seiten mit großer Lebhaftigkeit und Erbitterung fortgesetzt. Die Augustiner hielten in dem genannten Jahre eine allgemeine Versammlung zu Heidelberg, zu welcher auch Luther entgeladen ward. Seine Freunde widerriethen die Reise; er unternahm sie aber getrosten Muthes und vertheidigte auch hier siegreich in einer öffentlichen Disputation seine Lehre von der heiligen Schrift, von der Sündenvergebung, von der Unzulänglichkeit der guten Werke zur Seligkeit ꝛc. So erscholl auf der ältesten Universität Deutschlands die Stimme der Wahrheit, die auch hier offene Ohren und empfängliche Herzen fand. Billikan, Bucer, Brenz und Schnepf hörten mit bewegtem Gemüthe den erwärmten und beredten Lehrer des Evangeliums und wurden seine Gehülfen bei dem Werke der Kirchenverbesserung im mittäglichen Deutschland.

Unterdeß war man in Rom aus sorgloser Ruhe erwacht. Der gelehrte Dr. Johann Eck, gewandt in den dialektischen Künsten seiner Schule und belesen in alten Kirchenschriftstellern, hatte Luthers Angriffe durch seine Obelisken zurückweisen wollen, fand aber eine unerwartet kräftige Gegenwehr an den Resolutionen seines Gegners, der auf dem Kampfplatz des evangelischen Rechts nie lange auf sich warten ließ. Luther sandte diese abgedrungene Vertheidigungsschrift im Mai an den Bischof zu Brandenburg und an Leo X; im August aber erschien sie gedruckt, durchlief mit den Asterisken in wenig Tagen ganz Deutschland und in etlichen Wochen Frankreich, England und Italien. Ueberall machten sie ein großes Aufsehen. Die Gefahr für den Papst stieg; sie ließ sich nicht länger verhehlen. So wurde denn Luther durch den Bischof von Askola, Hieronymus Ghenucci, Auditor der päpstlichen Kammern, vorgeladen, innerhalb sechszig Tagen in Rom vor ihm zu erscheinen. Hier würde man dem freimüthigen Redner bald den Mund verschlossen und ihn wie Huß zum Scheiterhaufen, oder wie Savonarola zum Blutgerüst geführt haben. Aber der Churfürst Friedrich der Weise wollte den verehrten Mann nicht der Gewaltthätigkeit Roms Preis geben und drang darauf, daß Luther den alten Rechten der deutschen Kirche gemäß, in Deutschland verhört werde. Leo X hatte Ursach, das Gesuch eines so angesehenen Reichsfürsten zu ehren und befahl deßhalb seinem Legaten, dem Cardinal Cajetan de Vio, der sich auf dem Reichstage zu Augsburg befand, Luther zu sich kommen zu lassen und ihn zum Widerruf zu bewegen; „sollte der thörichte Mönch aber bei seinen ketzerischen Behauptungen bleiben, so möge er sich seiner Person bemächtigen, und die Länder, die ihn in Schutz nähmen, mit dem Interdikt belegen."

Luther kannte die Gefahr, die ihn bedrohte; doch ging er im Vertrauen auf Gott und seine gerechte Sache nach Augsburg und stellte sich, mit sicherem Geleite vom Kaiser und Stadtrath, am 12. Oktober 1518 vor den Cardinal. Er war zum Frieden und zur Aussöhnung mit seinen Oberen geneigt, aber auch fest entschlossen, der Wahrheit nicht das Geringste zu vergeben. Da er immer Widerlegung mit den klaren Worten der Schrift verlangte, der Cardinal aber auf unbedingten Widerruf drang, so konnte eine friedliche Ausgleichung nicht zu Stande kommen. Die Freunde Luthers, die das Schlimmste zu fürchten Ursach hatten, ließen ihn in stiller Nacht durch ein Mauerpförtlein ins Freie und gaben ihm einen sicheren Boten und schnelle Pferde. Bei den Augsburger Verhandlungen hatte Luther die päpstliche Praxis in Religionssachen und die Gerechtigkeit seiner Sache klarer kennen gelernt. Die alte Achtung vor dem Papste und vor den Vätern der Kirche war sehr gesunken, sein Vertrauen zu Gott aber und sein frommer Muth höher gestiegen. Er lehrte, lehrte und predigte immer freudiger und zuversichtlicher. Der Papst sahe wohl, daß er Luthern nicht werde in seine Gewalt bekommen, so lange er unter Friedrichs des Weisen mächtigem Schutze stehe. Deßhalb sendte er zu Anfange des Jahres 1519 seinen Kammerherrn, den sächsischen Edelmann, Carl von Miltitz, nach Sachsen, um dem Churfürsten eine geweihte goldene Rose zu überreichen und Luthern zum Widerruf zu bringen. Der Churfürst aber blieb seinem Grundsatz, nichts gegen den Glauben und gegen den frommen Vertheidiger desselben zu unternehmen, getreu und die schlauen Künste des gewandten Römlings scheiterten an der Redlichkeit, Standhaftigkeit und Wahrheitsliebe des freien Mannes.

Der rüstige kampflustige Eck, der dem Papste seine Ergebenheit und der Welt seine hohe Gelahrtheit zeigen wollte, hatte Luthers Freund und Amtsgenossen, den hitzigen Karlstadt, zum gelehrten Streit auf der Hochschule zu Leipzig herausgefordert. Luther begleitete ihn auf den Kampfplatz, wurde aber bald in den Streit verwickelt und bekämpfte mit siegreichen Gründen Eck's Behauptung: „der Papst ist nach göttlichem Recht aller christlichen Kirchen unbeschränktes Oberhaupt, Gesetzgeber in Glaubenssachen, Statthalter Christi auf Erden und der Nachfolger Petri." Dagegen bewies Luther aus der heiligen Schrift und aus den Verhandlungen der ältesten Concilien, daß des römischen Bischofs Ansehen nur auf menschlichen Vergünstigungen, auf Anmaßungen und eigenmächtigen Satzungen beruhe, sich nicht über die Güter und Angelegenheiten der Welt erstrecke und in der Kirche nichts gegen die Aussprüche der heiligen Schrift verfügen und anordnen dürfe. Diese Erklärung schien dem erbitterten Eck hinreichend, um seinen siegreichen Gegner zu vernichten. Unterdeß Luther, begleitet von dem frohen Jubel der Studirenden, nach Wittenberg zurückkehrt, eilet Eck mit Haß und Groll im Herzen nach Rom und setzt alles in Bewegung gegen den gefährlichen Ketzer. Er erlangt bald vom Papst die unglückliche Bulle vom 24. Juni 1520, worin 41 Sätze von Luther für ketzerisch erklärt, alle seine Bücher zu lesen verboten, und was er je geschrieben, zum Feuer verdammt wird. „Würde Luther nicht in sechzig Tagen widerrufen, so solle er in den Bann verfallen sein und Alle, die es mit ihm hielten." Ehe Luther etwas von diesem Werke der Rache wußte, wandte er sich noch einmal in einer ernsten offenen Rede voll guten Vertrauens und in gebührender Ehrfurcht an Leo X, legte ihm die Noth der Kirche dringend ans Herz, schilderte ihm das böse Spiel seiner Höflinge, und deren unredliche Gesinnung, betheuerte die Unschuld und Reinheit seiner Absichten und versprach den Streit mit der Kirche aufzugeben und sich ganz dem Studium der heil. Schrift und der Predigt des göttlichen Wortes zu widmen, wenn seine Gegner sich beruhigen und alle Fehde einstellen wollten. Nur müsse man nicht verlangen, daß er die Wahrheit verläugnen und die Freiheit der Schrifterklärung aufgeben solle. Er ermahnt den Papst, nicht den Schmeichlern, sondern Denen Gehör zu geben, welche die Wahrheit lieben und freimüthig bekennen. Es spricht ein edler Geist im christlichen Sinn, begeistert für das Evangelium und voll Liebe zum Frieden aus diesem Schreiben. Wäre die Verblendung nicht zu groß gewesen, das Licht der Wahrheit hätte in das Herz des heiligen Vaters scheinen und ihn über die Zeit und ihre Forderungen aufklären müssen.

Wenn Luther in diesem Schreiben gegen Leo X noch Demuth und Mäßigung bewiesen, so redet er nach der Bannbulle des Papstes aus freier Brust und mit schonungsloser Offenheit von der Nichtswürdigkeit seiner Gegner und von der tiefen Versunkenheit Roms. Aus seiner Ermahnung an den christlichen Adel teutscher Nation spricht ein Gemüth, das von der allgemeinen Noth lebhaft ergriffen, von heiliger Liebe für das deutsche Vaterland und für die Ehre des Volkes durchglühet, nur von der Erneuerung des Glaubens in ächt evangelischer Wahrheit die Besserung der Zeit, die Freiheit der Völker und die Ueberwältigung des Schlechten erwartet. Diese heldenmüthige Schrift, die in den Herzen der Besseren eine wahre Begeisterung erweckte, machte seine Sache immer mehr zur Sache des Volks. Eck glaubte diesen Eindruck durch eine Schmähschrift, die er zu Leipzig drucken ließ, schwächen zu können. Aber Luther ergriff diesen Anlaß, um dem heimtückischen Gegner seinen ganzen Zorn fühlen zu lassen. Er setzte ihm eine Schrift von den neuen Eckschen Lügen und Bullen entgegen und ließ dieser bald eine andere folgen: wider die Bulle des Antichrists. Durch beide Schriften machte er einen so tiefen Eindruck auf die Gemüther der Nation, daß die päpstlichen Legaten, die in Deutschland herumzogen, um die Vollziehung der Bulle zu betreiben, überall eine feindselige Gesinnung fanden, ja daß an vielen Orten die Bulle vor ihren Augen von den Kirchthüren abgerissen und mit Füßen getreten wurde. Doch erwarteten die Römlinge von der Bulle einen starken Eindruck auf die Gesinnung Friedrichs des Weisen. Dieser befand sich damals mit Kaiser Karl V auf dem Reichstage zu Köln. Erasmus von Rotterdam war auch gegenwärtig als kaiserlicher Rath. Der Churfürst ließ ihn zu sich fordern, und fragte ihn, was er von Luthern und seiner Sache halte. „Luther hat zwei Verbrechen begangen, erwiederte dieser: er hat dem Papste an die Krone und den Mönchen an die Bäuche gegriffen." Dann fügte er in ernsterem Tone hinzu, daß der Haß der Mönche gegen die wiederauflebenden Wissenschaften und die Furcht, hiedurch ihre Herrschaft über die Gewissen der Menschen zu verlieren, Hauptbeweggrund zu dem Kampfe wider Luther sei. „Mit Recht hat er die Mißbräuche des Ablasses und viele andere abergläubige Dinge, die der Verbesserung bedürfen, angegriffen, und alle rechtschaffenen Leute haben mit Vergnügen gesehn, wie er die Gläubigen zur rechten Gottseligkeit und zu der reinen Quelle des Evangeliums zurückführen wollte, indem er sie lehrte, kein so großes Vertrauen auf Ceremonien und menschliche Einrichtungen zu setzen, und indem er sie von den unnützen Fragen, womit man sich nach der Methode der Scholastiker beschäftigt, abzuziehen suchte. Doch ist Luther zu hitzig und heftig im Streite; denn die Sache des Evangeliums muß auch im Geiste desselben getrieben werden. Uebrigens ist jetzt, um das Ansehn und die Ehre des heiligen Stuhls zu erhalten, nichts übrig, als den ganzen Handel so bald als möglich durch einige kluge, angesehene und unverdächtige Männer beizulegen." Friedrich, der überall ruhig, besonnen und redlich handelte und gegen Luther eine stille Achtung und Liebe hegte, freute sich der Beistimmung eines so hellblickenden und angesehenen Gelehrten und ließ sich dadurch in seinen Entschließungen noch mehr befestigen. Als ihm die beiden päpstlichen Legaten Aleander und Caraccioli ein Schreiben des heil. Vaters und eine Abschrift der Bulle überreichten mit dem Verlangen, daß der Churfürst alle Schriften Luthers verbrennen, ihn selbst aber bestrafen oder gefangen nach Rom ausliefern solle, da antwortete der edle Fürst: „ich werde die Sache erst durch billige, gelehrte, fromme und unverdächtige Männer untersuchen lassen. Ehe Luther nicht durch Gründe der Vernunft und Zeugnisse der heil. Schrift widerlegt worden ist, wird man mir nicht zumuthen, seine Schriften zu verbrennen. Ist er des Irrthums gehörig überwiesen, so werde ich unaufgefordert meine Hand von ihm zurückziehen. Aber auch in diesem Fall bin ich der gewissen Erwartung, der Papst werde nichts von mir verlangen, was mit der Ehre streitet."

Wenn die göttliche Vorsehung neue, im Stillen längst vorbereitete Entwickelungen der Menschheit zur Reife bringen will, so sendet sie ihr große, fromme und weise Männer zur rechten Zeit, die sich gegenseitig die Hände bieten, um mit einem neuen Leben eine schönere Zukunft herbeizuführen. So gab sie den freimüthigen Zeugen der Wahrheit im Sachsenlande Friedrich den Weisen, der das aufdämmernde Licht des gereinigten Glaubens schützte, seinen frommen Sinn selbst daran erwärmte und die Sache der Wahrheit und des Rechts zu seiner eigenen machte. Bei dem Streite der Partheien blieb er ruhig und unbefangen, und schirmte auf eine verständige Weise das keimende Gute vor dem angedrohten

Untergang. So wendete er Uebereilungen ab und erhielt die Sache Gottes rein von den Einwirkungen menschlicher Leidenschaften. Die Wahrheit sollte sich selbst Bahn brechen und durch eigene Kraft sich den Sieg bereiten. Von Friedrichs offener, freier Stirn sprach Würde und Verstand, aus seinen starken niedergedrückten Augenbraunen Ernst und Bedachtsamkeit, aus seinen großen, klaren Augen Ruhe und Wohlwollen, aus dem ganzen Gesicht ein frommes, leidenschaftloses Gemüth. So hat er sich auch erwiesen in seinem ganzen Benehmen gegen die Reformatoren. Luthers hoher Muth schien ihm oft zu kühn, seine Sprache zu trotzig, sein Benehmen, besonders gegen den Vetter Georg, zu leidenschaftlich. Doch trat er immer nur warnend und bittend näher, ließ sich gern zurechtweisen und gestattete dem geachteten Manne auch ein freimüthiges, strafendes Wort. Dies ruhige, weise Benehmen Friedrichs verschaffte der Reformation einen entschiedenen Sieg in Deutschland. Hochgeachtet vom ganzen Vaterlande, verehrt von Maximilian I, mehr noch von Karl V, dem er die deutsche Krone, die man ihm selbst hatte aufs Haupt setzen wollen, zugewandt, besaß er das allgemeine Vertrauen. Sein Beispiel war von entschiedenem Einfluß. Ohne seinen Schutz würden die Feinde des Lichts den wackern Luther wohl erreicht haben. Dieser hatte aber auch in dem aufgeklärten, frommen und gewandten Spalatin beim Churfürsten einen beredten und warmen Fürsprecher.

Bei dem Kaiser Karl V waren die Legaten glücklicher. Der junge Monarch nahm die Bulle an, versprach die hochwichtige Sache auf dem nächsten Reichstage zur Berathung zu bringen und gestattete die Verbrennung der lutherschen Schriften zu Antwerpen und Löwen, zu Mainz, Köln und Ingolstadt. Das Volk sah überall diesem unbesonnenen Autodafe mit lauten Aeußerungen des Spottes und Unwillens zu. Luther aber appellirte von dem schlecht berathenen Kaiser an ein allgemeines Concilium und setzte auf Befehl seines Landesherrn eine ausführliche Vertheidigung aller Artikel auf, die in der Bulle verdammt worden waren. Wenn man hier mit Erstaunen seine, mit solcher schonungslosen Freimüthigkeit noch nie ausgesprochenen Angriffe auf den Papst und seine Kirchenverwaltung hörte, so erschrack man über den verwegenen Schritt, den er am 10. December 1520 that. Er lud durch einen öffentlichen Anschlag die Studirenden ein, sich des Morgens um neun Uhr auf einem freien Platze vor dem Elsterthore zu versammeln. Luther zog in Begleitung mehrerer Magister und Professoren zum Stadtthore hinaus, ließ einen aufgerichteteten Scheiterhaufen anzünden und warf die päpstliche Bulle nebst den Büchern des kanonischen Rechts in die Flamme, mit den Worten: „Weil du den Heiligen des Herrn betrübt hast, so betrübe und verzehre dich das ewige Feuer!" Um diese kühne That zu rechtfertigen, wies er in einer eigenen Schrift dreißig gefährliche und verderbliche Lehren aus den kanonischen Rechtsbüchern nach.

Diese kühne That erweckte in deutschen Landen die lebhafteste Theilnahme, denn alle Freunde des Vaterlandes und der evangelischen Wahrheit, alle redlich denkende und gewissenhafte Männer waren über die unchristlichen Verfluchungen des freimüthigen Zeugen der Wahrheit entrüstet. Keiner aber erhob seine Stimme so laut und gewaltig als der edle Ritter Ulrich von Hutten, der die päpstliche Bulle mit einer Kühnheit angriff, die alles übertraf, was jemals in dieser Art geschrieben worden war. „Sehet hier, geliebte Deutsche, schreibt er im Vorwort, Leonis X Bulle, durch welche er die aufgehende Wahrheit zu hintertreiben bemüht ist und sich gegen unsere so lange unterdrückte Freiheit auflehnt, damit sie nie wieder zu Kräften kommen und wachsen möge. Sollten wir uns dem nicht widersetzen und durch gemeinsame Berathschlagung hindern, daß es nicht weiter gehe und der Vermessenheit eines unruhigen Menschen Einhalt gethan werde? Deutsche, ich frage euch um Christi willen, wann ist wohl eine bequemere Zeit dazu gewesen, und wo hat sich wohl eine bessere Gelegenheit gezeigt, dem deutschen Namen Ruhmvolleres zu erwerben? Hier ist nicht Luthers Sache, sondern sie betrifft euch Alle gemeinsam. Das Schwert wird nicht auf Einen besonders gezückt, sondern wir Alle werden öffentlich angegriffen. Sie wollen nicht dulden, daß sich jemand ihrer Tyrannei widersetze, ihre Betrügereien aufdecke, ihrem Wüthen trotze und ihre Raserei hindere. Das ist die Ursach ihrer verbissenen Wuth und ihrer Unverschämtheit. Wenn euch dies einleuchtet, was wollt ihr da thun? Welchen Entschluß wollt ihr fassen? Wollt ihr mich hören, so denket daran, daß ihr Deutsche seid. Diese Erinnerung wird hinreichen, euch zu erwecken, um eure Ehre zu rächen. Ich gehe für euer Bestes in die Gefahr, aber ich thue dies mit Freuden, denn ich weiß, daß ich eine löbliche That unternehme, und ich hoffe nicht nur, sondern bin auch dessen gewiß, daß ihr Alle mit mir gemeinschaftliche Sache machen werdet. — Bevor wir aber dich, heiliger Vater, hören, erinnere ich dich an die apostolischen Worte II Thess. 2, 3: „Lasset euch niemand verführen in keinerlei Weise, denn der Herr kommt nicht, es sei denn, daß zuvor der Abfall komme und offenbaret werde der Mensch der Sünde und das Kind des Verderbens." Besser wäre es gewesen, du hättest deine Bulle bei St. Peter behalten, als daß du sie zu deiner größten Schande, wenn du dich anders noch schämen kannst, der Welt kund gethan. Damit wir aber nicht nöthig haben, dich öfter zu ermahnen, so müssen wir deiner Frechheit Maaß und Ziel setzen und solchen kindischen und muthwilligen Bullen ein Gebiß anlegen. Hüte dich, die Wahrheit Gottes in Lügen zu verwandeln und weltliche Satzungen welche nur Geld und Ehrgeiz zum Grunde haben, dem Worte und den Geboten Gottes vorzuziehen. Vornämlich laß ab, den Sinn der heiligen Schrift aus eitler Gewinnsucht nach deinem Willen und Wohlgefallen zu drehen und die Gemüther frommer Christen in Fesseln zu schlagen, damit sie der Wahrheit nicht gehorchen. Du suchst zwar deinen offenbaren Bubenstücken den Schein der Tugend zu geben, aber wenn du mich in Harnisch bringst, will ich dir einen Bischof nennen, von dem du durch Gewalt und Betrug 240,000 Gulden erpreßt hast. Heißt das die Schafe scheren? oder ist das Haus des Herrn zur Mördergrube geworden?"

Wie bei Ulrich von Hutten, so findet man bei vielen Adeligen jener Zeit einen bitteren Haß gegen Papst und Pfaffenthum, eine glühende Freiheits- und Vaterlandsliebe und eine treue Anhänglichkeit an Luther und seine Sache. Hutten konnte dem Papst in Wahrheit schreiben: „Ich gebe dir den wohlgemeinten Rath, unsern Luther und seine Freunde nicht weiter zu verfolgen, denn wir sind Unser eine große Zahl, welche weder du noch deine Bischöfe zu vertilgen vermögen." Als treue Anhänger und herzhafte Verfechter der Reformation haben sich bewährt Eitelwolf von Stein, Franz von Sickingen, Gregor von Heimburg, Hans von Sternberg, Hartmuth von Cronberg, Hans von Seckendorf, Georg von Streitberg, Johann von Schwarzenberg, Heinrich von Kettenbach, Neithard von Thungen, Graf Heinrich von Lupfen, Hieronymus von Endorf, Georg von Frundsberg, Bilibald Pirkheimer und Andere. Hundert andere Edelleute, schrieb Sylvester von Schaumburg, die gleichen Sinn mit ihm hegten, würden bereit sein, den Verfolgten zu schützen, wenn man es wagte, Luthern aus Sachsen zu vertreiben.

Wie nun der Mann Gottes bei seinem kühnen Unternehmen, das Bollwerk der päpstlichen Tyrannei zu zertrümmern, die Geister von langer Knechtschaft zu erlösen und allem Volk den Zugang zu dem hellen Licht des Evangeliums zu öffnen, im Volk und Adel Beifall und Hülfe fand, so traten ihm auch unter den Gelehrten viele achtbare Männer als treue und tapfere Gehülfen zur Seite. Vor Allen sein lieber Amtsgenoß Philipp Melanchthon. Nur einmal hat die Geschichte zur Förderung eines großen Werkes zwei so außerordentliche Männer neben einander gestellt, als Luther und Melanchthon. Neben dem herzhaften Bergmannssohn aus den Mansfelder Schachten den hochbegabten Sohn eines Waffenschmieds von einem weinumrankten Hügel der Rheinpfalz. Dieser feine, geistreiche und gelehrte Mann war zu Bretten in der Unterpfalz den 16. Febr. 1497 geboren, nach seinem Familiennamen: Schwarzerd. Er gehörte zu den wenigen frühreifen Geistern, die den großen Erwartungen, die sie als Knaben erregten, als Männer entsprochen, ja übertroffen haben. Nach dem frühen Tode seines Vaters erhielt er von dem Amtmann Johann Reuter, seinem Großvater mütterlicher Seits, eine sorgfältige Erziehung und ward auf die Schule nach Pforzheim gebracht. Reuchlin, damals Würtembergischer Rath, dem lernbegierigen Philipp verwandt, lernte denselben bei den Besuchen in seiner Vaterstadt kennen, freute sich seiner herrlichen Anlagen und ermunterte ihn zum fortgesetzten Fleiße. Im dreizehnten Jahr bezog er die Universität Heidelberg, und schon im vierzehnten war er Baccalaureus der Philosophie. Im Jahre 1512 bezog er die Hochschule zu Tübingen, studirte fleißig die alte Literatur, Geschichte und Philosophie, hörte auch Vorlesungen über die Rechtswissenschaft und Arzneikunst und fing dann selbst an, griechische und lateinische Schriftsteller zu erklären. In seinem sechszehnten Jahre gab er seine griechische Grammatik heraus und erlangte bald in der gelehrten Welt einen ausgezeichneten Namen. Die ersten Männer der Nation, unter ihnen Erasmus, Eoban Hesse und Ulrich von Hutten, bewarben sich um seine Freundschaft und der Churfürst Friedrich schätzte sich glücklich, den berühmten Philipp, den Lehrer Deutschlands, für sein geliebtes Wittenberg gewonnen zu haben. Mit Freuden nahm er hier an der Sache der wieder erweckten evangelischen Freiheit thätigen Antheil und trat mit dem hochherzigen Luther in eine Freundschaft, die für das ganze Leben vorgehalten. Durch seine hohe wissenschaftliche Bildung, durch seinen hellen durchdringenden Verstand, durch seine ruhige, milde Weisheit hat er sich um die Erhaltung und Befestigung der neuen Kirche unsterbliche Verdienste erworben. Melanchthon war ein Gelehrter im rechten Sinne des Wortes; denn die Wissenschaften hatten sein Herz veredelt und seine Sitten gemildert. In den Alten war er wie in der heiligen Schrift zu Hause; sein klarer Blick erfaßte die Wahrheit leicht, sein gebildeter Geschmack wußte sie anmuthig darzustellen, und sein wahrhaft frommes und christliches Gemüth gab dem Worte eine höhere Weihe. Sein friedliebendes Herz, redlich und offen, suchte das Getrennte zu vereinigen, das Entzweite zu versöhnen. Ohne furchtsam zu sein, denn die Wahrheit hat er nie verläugnet, war er oft unentschlossen und bis zur Schwachheit nachgiebig. Er besaß keinen Muth im Unternehmen, keine Beharrlichkeit im Ausführen eines großen Plans, keinen Heldensinn in drohender Gefahr. Darum ergänzten sich beide Dioskuren der deutschen Reformation und gaben unserer Kirche, was sie bedarf zu ihrem Bestehen: Kraft und Weisheit, Verstand und Gelahrtheit, Licht und Wärme. Acht und zwanzig Jahre lang blieben beide Männer in den verwickeltsten und peinlichsten Verhältnissen des Lebens innig vereint. „Was wir wissen in Wissenschaften und in der wahren Philosophie, schreibt Luther, das verdanken wir unserm Philipp. Er ist wohl nur ein schlichter Magister, aber wahrhaftig ein Doctor über alle Doctoren. Es ist auf Erden keiner, den die Sonne bescheint, der solche Gaben hätte, als Philippus. Darum lasset uns den Mann groß achten; wer ihn verachten wollte, wäre verächtlich vor Gott und der Welt. Bei allem, was ich lehre, gilt mir nichts so viel als Philippi Beifall." Melanchthon hatte ein langes, hageres, blasses, aber geistreiches und freundliches Gesicht, eine hochgewölbte Stirn, von weichen ungeordneten Haaren umschlossen, eine starke, etwas gebogene Nase, große blaue Augen, aus denen ein mildes Feuer leuchtete, etwas starke Lippen, das Kinn mit einem kurzen

Barte geschmückt. Schon seine Antrittsrede in Wittenberg erweckte ihm hohe Achtung und großes Vertrauen. Sie bekämpfte die bisherige verkehrte Studirart, verspottete den geistlosen Scholasticismus und erklärte das Studium der Griechen für den Quell alles gründlichen Wissens und aller freien Geistesbildung. In Melanchthons ganzer Lehrart ist der Einfluß dieser griechischen Bildung nicht zu verkennen. Diese macht den Geist hell und klar, sie hasset das Dunkle, Schwülstige und Spitzfindige; sie bringt Klarheit in die Methode, edle Einfalt in den Vortrag, richtigen Geschmack in alle Erzeugnisse des Verstandes und der Phantasie. Daher der ausgezeichnete Beifall, dessen sich in gleichem Grade keiner der berühmtesten Lehrer auf Deutschlands Hochschulen zu erfreuen hatte. „Gewöhnlich umgaben ihn, sagt Heerbrandt in seiner Leichenrede, zweitausend Zuhörer. Unter diesen waren allezeit Prinzen, Grafen, Barone, Edelleute. Aus allen Gegenden Deutschlands — was sage ich Deutschlands? — aus allen Ländern Europas, aus Frankreich, England, Ungarn, Italien, selbst aus Griechenland strömten sie, gelockt durch seinen Ruf, nach Wittenberg." Den in der Schule der Alten gereiften Geist trug er in voller Klarheit auf die Theologie über und offenbarte ihn in seinem Wirken für das Heil der Kirche und für die Wahrheit des Evangeliums. Oft trat er warnend, rathend, helfend ein, und Luther folgte ihm gern. „Ich habe die Schriften Melanchthons lieber als die meinigen, schreibt er. Ich bin dazu geboren, daß ich mit den Rotten und Teufeln kriegen und zu Felde liegen muß; ich muß Klötze und Stämme ausreuten, Dornen und Hecken umhauen, Pfützen ausfüllen, Bahn brechen und zurichten. Aber Meister Philipp fährt säuberlich und still daher, bauet und pflanzet, säet und begießet mit Lust, nach dem ihm Gott seine Gaben gegeben so gar reichlich." In den wichtigsten Momenten wird er Hauptwerkzeug der protestantischen Parthei.

Einer der ersten Mitgehülfen an dem Werke der Kirchenverbesserung war auch Justus Jonas (eigentlich Jodocus), der Sohn eines Bürgermeisters in Nordhausen, geboren den 5. Juni 1493. In seinem dreizehnten Jahre ging er auf die Universität Erfurt, um die Rechtsgelahrtheit zu studiren, besuchte auch Wittenberg, reisete dann nach Rotterdam zu Erasmus und erwarb sich in Erfurt die Würde eines Licentiaten der Rechte. Doch bald darauf gab er seine juristischen Studien ganz auf, ging nach Wittenberg und widmete sich dort mit großem Eifer der Theologie. Luther freute sich dieses Eifers, schenkte ihm sein Vertrauen und der Schüler erwiederte es durch dankbare Liebe. So sehen wir ihn in steter Gemeinschaft mit Luther, als einen tapferen Streiter für evangelisches Licht und Recht. Er folgte dem verehrten Lehrer nach Worms und ward nach der Rückkehr Probst des Stiftes Allerheiligen, 1521 Doctor der Theologie und öffentlichen Lehrer derselben. Bei der Kirchenvisitation war Jonas mit Bugenhagen Luthern als Gehülfe zugeordnet, ging 1529 mit zum Religionsgespräch nach Marburg und war auch im folgenden Jahre auf dem Reichstage zu Augsburg, wo er das deutsche Original der Confession zum öffentlichen Vorlesen verfertigte. Bei allen späteren Verhandlungen über die Religion sehen wir ihn mit regem Geiste thätig und als der Erzbischof Albert von Magdeburg seinen Unterthanen die freie Religionsübung verstattete, wurde Jonas von der Bürgerschaft zum Pfarrer berufen. Zur Förderung der evangelischen Lehre nahm er diesen Ruf an, mußte jedoch auf Verlangen des Churfürsten seine Präpositur in Wittenberg beibehalten. Im Jahre 1541 begann er mit dem Prediger Andreas Poach die Reformation in Halle und überwältigte durch Beharrlichkeit, Sanftmuth und apostolischen Eifer die vielfachen Schwierigkeiten, die sich dort dem Werke des Herrn entgegenstellten. Luther besuchte seinen Freund öfters und nahm ihn auch auf seiner letzten Reise mit nach Eisleben, wo der dankbare Schüler dem verehrten Lehrer die Augen zudrückte und in tiefer Wehmuth dem Vollendeten die Leichenpredigt hielt. Nach der unglücklichen Schlacht bei Mühlberg mußte Jonas mit Frau und Kindern aus Halle flüchten. Er wurde in Jena mit Wohlwollen aufgenommen und hielt dort als Professor der Theologie eine Zeit lang Vorlesungen. Im Jahre 1548 kam er zur Fortsetzung seines Amtes nach Halle zurück; der Magistrat trug aber Bedenken, ihm ein geistliches Amt anzuvertrauen, und so nahm Jonas die Einladung des Rathes zu Hildesheim zur Miteinrichtung der neuen Kirchenordnung an. Er hielt hier Vorlesungen über den Brief an die Epheser und Predigten über den Propheten Jeremias. Während der elften Vorlesung trat sein Famulus in den Hörsal und sagte ihm heimlich, daß eben das Augsburger Interim auf dem Markte verlesen werde. Jonas erhob sich, sagte den Zuhörern: „meine Herren, ich befehle euch Gott und der Kirche" und verließ eiligst die Stadt. Nach einem kurzen Aufenthalte in Regensburg ward ihm die Erziehung der Söhne des unglücklichen Churfürsten Johann Friedrich übertragen. Von den Anstrengungen eines mühevollen Lebens gebeugt, ging er als Superintendent nach Eißfeld und ward zugleich Inspector der Kirchen des Fürstenthums Coburg. Nur etwas über zwei Jahre verwaltete er diese Aemter und beschloß sein thätiges Leben den 9. Oktober 1555. Besondere Verdienste erwarb sich Jonas durch Uebersetzung mehrer lateinischen Schriften Luthers und Melanchthons ins Deutsche, besonders der Apologie der Augsburger Confession.

Mit gleicher Treue und Beharrlichkeit stand Luthern der kräftige und freisinnige Nikolaus von Amsdorf, aus einem alten adeligen Geschlechte, zur Seite. Er war den dritten December 1483 zu Großjschepa unweit

Wurzen geboren. Aus religiösem Sinn erwählte er das Studium der Theologie und erhielt bereits 1504 auf der Universität zu Wittenberg die Magisterwürde und bald darauf die theologische Licentiatur. Als Luther nach Wittenberg kam, hatte sich Amsdorf schon einen geachteten Namen erworben und bekleidete eine theologische Professur und eine Domherrnstelle. Beide von gleicher Gesinnung und Wahrheitsliebe wurden bald Freunde und blieben es ohne Störung bis zum Tode. Amsdorf begleitete seinen Freund auf dem gefahrvollen Wege nach Worms und führte ihn auch zurück in seine Heimath. Er war allein bei Luther, als dieser bei der wüsten Kirche Glißbach, zwischen Altenstein und Waltershausen von verkappten Rittern überfallen und auf die Wartburg geführt wurde. In Wittenberg arbeitete er fleißig für die Reformation und setzte dies Werk auch zu Magdeburg fort, wohin er 1524 als Superintendent berufen worden war. Er blieb in dieser Stelle achtzehn Jahre, schrieb ein Bekenntniß des reinen evangelischen Glaubens, arbeitete mit an den Schmalkaldischen Artikeln, wurde aber mit seinen Amtsgenossen in polemische Händel verwickelt, und griff mit großem Freimuth den römischen Stuhl an in einer Schrift, worin er nachwies, wie herrisch, anmaßend und schnöde die Päpste mit den deutschen Kaisern umgegangen sind. Am zehnten Januar 1542 kam er durch Churfürst Johann Friedrich als Bischoff nach Naumburg anstatt Julius von Pflug, den das Domkapitel eigenmächtig ohne Vorwissen des Churfürsten gewählt hatte. Vier Jahre darauf, als sein Landesherr in die Gefangenschaft des Kaisers gekommen, wurde Amsdorf seines Amtes entsetzt und Julius von Pflug kam an seine Stelle. Der Vertriebene fand eine gute Aufnahme in Magdeburg, wo er nicht müde wurde, für die evangelische Lehre zu kämpfen. Späterhin ward er als Kirchenrath und Professor nach Jena berufen und ließ dort Luthers sämmtliche Schriften, zu denen er 1555 die Vorrede schrieb, drucken. Er starb als Superintendent zu Eisenach den vierzehnten Mai 1565 im 82. Lebensjahre. Sein Gesicht, das auf den ersten Anblick etwas Abschreckendes hatte, bezeichnete Kraft, Eigenwillen und große Reizbarkeit. Die Stirn war gerunzelt, die schwarzen Augen traten stark hervor; die Augenbrauen waren hochgezogen, Lippen und Kinn von einem struppigen Bart umgeben. Er gehörte zu den strengen Lutheranern, erklärte sich heftig gegen das Interim, gegen die Schwenkfelder, Wiedertäufer, Adiaphoristen und Sacramentirer. Darum gerieth er auch in Streit mit Osiander, Bugenhagen, Bernhard Ziegler, Georg Major, Melchior Hofmann und Anderen. Wenn aus diesen Streitschriften auch der Geist der Milde und Sanftmuth nicht zu erkennen ist, so leuchtet doch der redliche Eifer für das Evangelium, eine gründliche Kenntniß der heiligen Schrift und ein entschlossener Muth überall hervor. Luther hielt ihn in hohen Ehren und erklärte ihn für einen der größten Theologen seiner Zeit.

Ein nicht minder treuer und für die gute Sache noch viel wirksamerer Gehülfe Luthers war Johann Bugenhagen, nach seinem Heimathlande Pomeranus genannt. Zu Wollin den 24. Juni 1485 geboren, erhielt er von seinem Vater, der Rathsherr war, eine gute Erziehung und bezog im Jahre 1501 die Universität Greifswalde. Auch hieher war schon die Morgenröthe der klassischen Literatur gedrungen und Bugenhagen las außer seinem Cicero, Virgil und Terenz auch die Schriften des Erasmus, Rudolph Agrikola und Hermann Busch. Seine vortrefflichen durch Fleiß ausgebildeten Talente erwarben ihm schon in seinem zwanzigsten Jahre das Amt eines Rectors der Stadtschule zu Treptow an der Rega. Hier las er emsig die heilige Schrift, zog dabei mehrere gelehrte Kirchenväter zu Rathe und hielt erbauliche Vorlesungen über die Psalmen, das Evangelium Matthäi und die Briefe Pauli an den Thimotheus. Bürgersleute, Geistliche und Mönche waren dabei seine Zuhörer. Man wünschte, daß er seine Gabe eines erbaulichen Vortrages auch für die Kirche benutzen möchte. Er ließ sich deshalb die geistliche Weihe geben, und predigte nun fleißig zur allgemeinen Erbauung. Wohl war er noch befangen in den Irrthümern seiner Kirche und hegte gegen dieselbe eine hohe Achtung; doch dachte er schon über viele Punkte freier, und das fleißige Lesen der heiligen Schrift hatte sein Nachdenken über manche Lehren und Satzungen der Kirche angeregt. Auch nach Treptow war schon die Kunde von den Religionsbewegungen in Wittenberg gekommen. Otto Slutow, der vornehmste Geistliche, dessen Tischgenoß Bugenhagen war, hatte von Leipzig aus Luthers Schrift über die babylonische Gefangenschaft erhalten. Er las daraus über Tisch vor und unser junger Rector rief voll Entsetzen aus: „schon viele Ketzer gab es in der Kirche, aber noch keinen so argen als diesen Luther!" Doch nahm er die Schrift mit nach Hause und je länger er las, desto stärker wurde die Bewegung seines Gemüths. Der Kampf endete mit der Ueberzeugung, daß Luther vom christlichen Glauben richtig denke und seine Lehre mit der heiligen Schrift übereinstimme. Er war so lebhaft davon überzeugt und redete mit solcher Wärme davon, daß die meisten Geistlichen zu Treptow und die Mönche des benachbarten Klosters Belbuk seiner Meinung allgemach beitraten. Erasmus Mandüwel (Manteufel), Bischoff von Camin, erfuhr diese Bewegungen mit großer Unruhe und traf Maßregeln, daß die neue Lehre nicht weiter um sich greife.

Bugenhagen, getrieben von einer großen Sehnsucht nach dem Orte, wo die Sonne der Offenbarung von neuem aufgegangen war, legte seine Stelle zu Treptow nieder und ging nach Wittenberg. Hier traf er 1521 ein, als Luther eben im Begriff stand, nach Worms abzugehn. Der Held des Glaubens hieß ihn herzlich willkommen und forderte ihn zu Vorlesungen über die heilige Schrift auf. Diese begann er sogleich und fand viel Beifall. Auch seine Predigten machten großen Eindruck, so daß er schon 1522 zum Pastor an der Stadtpfarrkirche erwählt wurde, eine Professur der Theologie, und nach kurzer Zeit die Generalsuperintendentur des Churkreises erhielt. Sechs und dreißig Jahre lang hat er mit rastlosem Eifer, mit ruhigfestem Sinn und hoher Freudigkeit des Glaubens für das Heil der Kirche gewirkt. Sein heller Verstand, sein großes praktisches Talent, sein friedfertiges Gemüth und seine überzeugende Rednergabe eigneten ihn mehr als den stürmischen Luther, der rasch vorwärts drang und die reifende Saat nicht erwarten konnte, zur Einrichtung und Durchführung des neuen Kirchenwesens. Er fand sich bald zurecht, drang schnell zur Mitte der Sache und wußte die verwickeltsten Angelegenheiten leicht zu entwirren. Seine Leutseligkeit und Humanität brachte die entfernten Gemüther nahe und versöhnte die mißgestimmten; seine Herzensgüte ertrug auch die Schwachen mit Geduld; seine Demuth vergaß Kränkungen sehr bald; seine Beredsamkeit erwärmte auch die kälteren Herzen und seine Beharrlichkeit überwand die größten Hindernisse. Bei seinen wichtigen, zum Theil höchst schwierigen und mühseligen Geschäften zeigte er eben so viel Ruhe, Besonnenheit und Klugheit, als Einsicht, Muth und Geduld. An wie vielen Orten er auch das Kirchenwesen eingerichtet hat, so ist dies doch nicht nach einem allgemeinen Zuschnitt geschehn, sondern immer nach eines jeden Ortes Bedürfniß, Verhältniß und Hülfsmitteln. Es ist eine besondere Fügung der göttlichen Vorsehung, daß sie neben den feurigen, hochgesinnten Luther den gelehrten sanftmüthigen Melanchthon und den einsichtsvollen, klugen und beharrlichen Bugenhagen stellte.

Zu den muthigsten Fürsprechern und Verfechtern der Reformation unter den Rechtsgelehrten gehört unstreitig Gregor Pontanus, nach seinem Geburtsort Brück, einem Städtchen in der Nähe von Wittenberg, Brück und nach damaliger Sitte ins Lateinische umgewandelt, Pontanus genannt. Sein Vater hieß eigentlich Heinse und war Amtsverwalter an jenem Ort, dabei ein aufgeklärter, freisinniger Mann. Als Luther gegen die Mißbräuche der Kirche mit Freimuth auftrat, zog Heinse noch in seinem Alter nach Wittenberg, um in die Morgenröthe des neuen Tages, gleich dem alten Simeon, fröhlich hineinzuschauen. Sein Sohn, der 1483 geboren war und in Frankfurt a. d. O. die Rechte studirt hatte, befand sich bereits seit 1509 in Wittenberg und war hier Doctor der Rechte geworden. Sein heller Verstand, seine gründlichen und umfassenden Rechtskenntnisse und sein grundsinniger Charakter hatten ihm die Gunst und das Vertrauen Friedrichs des Weisen erworben. Dieser zog ihn an den Hof und machte ihn zum Kanzler, eine Würde, die er dreißig Jahre lang mit großem Ruhme bekleidet hat. In der Schule der Alten gebildet, denn Cicero und Virgil waren noch in höherem Alter seine Lieblingsschriftsteller, besaß er eine große Fertigkeit in der lateinischen und deutschen Sprache, und verband Anmuth mit Kraft. Bei der geselligen Unterhaltung zeichnete er sich durch Wohlredenheit und Witz, in öffentlichen Versammlungen durch Beredsamkeit und großen Verstand aus. Ein feuriges Auge, ein gedrängtes, aber ausdrucksvolles Gesicht, eine starke, doch wohllautende Stimme erhöhten seine Rednergabe. In der Staats- und Kirchengeschichte war er eben so bewandert, wie in den Schriften der Propheten und Apostel. Dem Lesen der Bibel widmete er die ruhigsten Stunden des Tages. Sein gutes Gedächtniß behielt das Gelesene treu und sein schneller Verstand wußte dasselbe zur rechten Zeit zu benutzen. Cyprian sagt von ihm: „der Kanzler Brück, der unsre Sache auf den Reichstagen vertheidigte, ist ein großer Rechtslehrer und in der Theologie über alle Doctores. Der übrigen Fürsten sämmtliche Kanzler machen keinen Brück aus." Die Wahrheit galt ihm mehr als die goldene Kette und die Gerechtigkeit stand ihm höher als die Gunst der Großen. Darum hatte seine Rede solche Kraft und seine Beweisführung solchen Nachdruck, weil er nur für die gerechte Sache sprach. Sein Muth erhielt ihn furchtlos vor Kaiser und Reich. Das bewies er schon 1520 bei dem Religions- gespräch zu Cöln, wo er dem Geheimen Rath des Kaisers, Merkurinus Gattinara, eine große Achtung einflößte und dem päpstlichen Legat Aleander die Auslieferung Luthers standhaft verweigerte. Was ihm die Behauptung der evangelischen Wahrheit und die Begründung unserer Kirche auf dem Reichstage zu Augsburg zu verdanken hat, werden wir im Verlauf unsrer Geschichte sehen. Er verlor nie den Muth, ermunterte die Evan- gelischen immer zur Standhaftigkeit und wich bei allen Angriffen der Geg- ner nicht ein Haar breit. Von seinen Verhandlungen mit dem Beichtvater des Kaisers, Johann Glapio, auf dem Reichstage zu Worms 1521 hat er einen Bericht aufgesetzt, den Seckendorf in seiner Geschichte des Luther- thums benutzt hat. Eine Erzählung von den Ereignissen auf dem Augs- burger Reichstage befindet sich im herzoglichen Archive zu Weimar. Von vielen seiner anderweitigen Staatshandlungen in jener großen bewegten Zeit hat er schriftliche Nachrichten hinterlassen, die von seiner Umsicht, Ge- wandtheit und Rechtlichkeit zeugen. Im Jahre 1538 mußte Georg Carlo- witz, Herzog Georgs Minister, mit dem Kanzler Pontanus eine geheime Unterredung zur Ausgleichung des Religionswesens in der Stadt Mühl- berg halten. Carlowitz, der gegen die Geistlichkeit eine gehässige Gesin- nung zeigte, wollte, daß die Angelegenheiten der Kirche allein durch die Fürsten entschieden werden sollten. Pontanus behielt den Geistlichen die Entscheidung in Glaubenssachen ausschließend vor, und drang auf ein Religionsgespräch zu Leipzig. Dies wurde auch zu Anfange des folgenden Jahres begonnen, führte aber zu keiner Entscheidung. Bald darauf, den 17. April 1539, starb der Herzog Georg, und die Reformation ward nach den Vorschlägen des Kanzlers Pontanus und der Wittenberger Theologen im ganzen Lande eingeführt. Als sein Landesherr, Johann Friedrich, seine Churwürde verloren hatte, legte Brück, besonders wegen seiner Augen-

Schwäche und Kränklichkeit, die Kanzlerwürde nieder und begab sich 1548 nach Jena, wo auf sein und Amsdorfs Anrathen eine neue Universität gestiftet worden war. Er nahm eine Professur der Rechtsgelahrtheit an und starb den 20. Februar 1557 in einem Alter von 74 Jahren. Sein Name kam einige Jahre darauf zu Rom in das öffentliche Verzeichniß der Ketzer, aber im Kreise der edlen Männer, die für Wahrheit und Recht treu gelebt und tapfer gekämpft haben, wird Brück allezeit einen ehrenwerthen Platz behalten. Mit einem großen und geachteten Theil der Gelehrten seiner Zeit stand er im Briefwechsel (mit Luther, Melanchthon, Erasmus, Schurf, Camerarius, Matthäi, Dentus, Bucer und Anderen); Staatsmänner, Fürsten und Heerführer suchten seine Freundschaft.

Zu den rüstigsten Mitkämpfern für die heilige Sache des Evangeliums in deutschen Landen gehörte Wenzeslaus Linck, Luthers vertrauter Freund, der alle Gefahren mit ihm theilte. Man zählte ihn zu den gelehrtesten Männern seiner Zeit. Zu Colditz in Meißen um das Jahr 1483 geboren, trat er als Jüngling in das Augustiner-Kloster zu Waldheim und ward 1511 als Prediger in den Convent zu Wittenberg versetzt. Hier kam er mit Luther in ein vertrautes Verhältniß und erwarb sich die Achtung des ehrwürdigen Staupitz. Nachdem er die theologische Doktorwürde angenommen, ward er zum Prior des Klosters erwählt und in Angelegenheiten seines Ordens nach München und Nürnberg gerufen. Als Luther 1518 zum Cajetan nach Augsburg entboten wurde, reiste ihm Linck von Nürnberg aus entgegen, bekleidete ihn mit seiner schöneren Kutte und stand ihm mit Rath und That zur Seite. Bei steigender Gefahr entfernte er sich heimlich mit dem lieben Freunde von Augsburg und geleitete ihn zurück nach Wittenberg. Hier erwählte der Convent nach Staupitz Tode 1520 den Dr. Wenzel einstimmig zum General-Vikarius des Ordens und der aufgeklärte Mann benutzte diese einflußreiche Stellung zur Abschaffung vieler Mißbräuche und zur Verbreitung freierer Grundsätze. Bereits 1521 wurde auf einer Ordens-Synode zu Wittenberg die Privatmesse, die Anbetung der Heiligen, die Indulgenz und das Klostergelübde abgeschafft. Er wurde darüber hart angefeindet und trat, um seine Lossagung von der römischen Kirche offenkundig darzuthun, im Jahre 1523 in den ehelichen Stand. Luther selbst verrichtete die Trauung. Dies geschah zu Altenburg, wo Linck das Evangelium predigte, und zwar weil ihm die Domherren und Geistlichen die Kirchen nicht öffnen wollten, unter einer Linde vor dem großen Hospital, dann in einem Bürgerhause, hierauf in der Franziskanerkirche, und zuletzt in der großen Pfarrkirche. Nachdem er sein Vikariat niedergelegt, begab er sich nach Nürnberg, um hier mit Thomas Jäger (Venator) und Wolfgang Volprecht die Reformation einzuführen. Dies Werk förderte er in der kunstreichen Stadt mit so entschiedenem Glück, daß bereits 1524 in der Sebalduskirche am 1. Juni und in der Lorenzkirche am 21. Juni der römische Cultus abgeschafft, die evangelische Lehre eingeführt, das Abendmahl in beiderlei Gestalt ausgetheilt, deutsch gesungen und über die Episteln und Evangelien gepredigt wurde. Linck blieb in Nürnberg bis zu seinem 1547 erfolgten Tode und stand mit den ausgezeichneten Männern jener Stadt, mit Bilib. Pirkheimer, Hieron. Ebner, Lazarus Spengler, Melchior Pfinzing, Hieron. Baumgärtner und George Peßler in freundschaftlichem Verkehr, mit vielen auswärtigen Gelehrten aber, wie mit Luther, Melanchthon, Camerarius, Coban Hesse und Anderen in fleißigem Briefwechsel.

Was Linck in Franken für die evangelische Kirche gethan hatte, das that Johann Brenz für dieselbe in Schwaben. Mit Gelehrsamkeit, Scharfsinn und seltenen Geistesgaben verband er Redlichkeit der Gesinnung, Eifer für die erkannte Wahrheit und unermüdlichen Fleiß. Sein Vater war Stadtschultheiß zu Weil in Schwaben, wo er den 24. Juni 1499 geboren ist. In seinem elften Jahre besuchte er die Schule, und vom dreizehnten an die Universität zu Heidelberg. Zwei Jahre darauf ward er schon Baccalaureus der freien Künste. Seine Jugendgenossen waren Melanchthon, Bucer, Schnepf und Frecht, deren Liebe und Vertrauen ihm stets geblieben ist. Schon hier begann er gleich nach Mitternacht seine Studien und zog sich dadurch eine Schlaflosigkeit zu, die ihn sein ganzes Leben hindurch geplagt hat. Er las über Philosophie und erklärte den Homer und Sueton. Durch Luthers Disputation in Heidelberg, im Jahre 1518, fühlte er sich zu diesem Glaubenshelden mächtig hingezogen und durch fleißige Unterredungen mit ihm klärte er seine Religionsbegriffe auf. Dies geschah noch mehr, als er Luthers und Melanchthons Schriften las, besonders des Letzteren theologische Sätze. Er ward dadurch tiefer in die heilige Schrift hineingeführt und erklärte dieselbe in seinen Vorlesungen mit solcher Erbaulichkeit und Gelehrsamkeit, daß die größten Hörsäle die Zahl seiner Zuhörer nicht fassen konnten. Um dem Neide und den Anfeindungen der Theologen zu entgehn, trat er in den geistlichen Stand und erhielt ein Kanonikat bei der Kirche zum heiligen Geist. Im Jahre 1522 berief man ihn zum Prediger nach Schwäbischhall, mit einer Besoldung von fünfzig Gulden. Trotz aller Widerstrebungen der Franziskaner breitete er die evangelische Lehre in der Stadt aus, schaffte die Messe ab und vertheilte das Abendmahl in beiderlei Gestalt. Bei dem ausbrechenden Bauernkriege kam er in große Gefahr. Das unruhige Landvolk belagerte die Stadt und bedrohte sie mit Sturm. Die zagenden Bürger wollten die Thore öffnen und mit den Bauern gemeinsame Sache machen. Aber Brenz redete mit solchem Nachdruck über das ruchlose Beginnen der Empörer, daß die Bürger mit bewaffneter Hand über dieselben herfielen und sie in die Flucht schlugen.

Im Jahre 1525 hatte Oekolampadius sein Buch über die Bedeutung des heiligen Abendmahls herausgegeben und demselben ein Sendschreiben an die geliebten Brüder in Schwaben hinzugefügt. Dies sahen einige Schwäbische Prediger als eine Aufforderung an, sich wegen ihrer Meinung in der Lehre vom heiligen Abendmahl öffentlich zu erklären. Sie versammelten sich deshalb in Halle bei Brentius, und setzten nach einer freundschaftlichen Unterredung in Aller Namen eine Schrift auf, in welcher sie sich nachdrücklich gegen die Lehre des Schweizers erklärten. Dadurch ward Brenz in einen Streit verwickelt, den er weder gesucht noch vorhergesehen, in dem er aber große Mäßigung, Liebe zur Wahrheit und viele theologische Gelehrsamkeit bewiesen hat. Im Jahre 1529 wohnte Brenz dem Religionsgespräch in Marburg und im folgenden Jahre dem Reichstage zu Augsburg bei und nahm an allen Verhandlungen der evangelischen Theologen lebhaften Antheil. Nach seiner Heimkehr verheirathete er sich und arbeitete nach einer an ihn ergangenen Einladung vom Herzog Ulrich von Würtemberg an der Reformation der Universität Tübingen. Von seinem fortgesetztem, gründlichem Bibelstudium zeigen die zahlreichen Commentare über fast alle Bücher des alten und neuen Testamentes, die schnell auf einander folgten. Seine Katechismen wurden in Schwaben fleißig gebraucht und seine Predigten gern gehört und gelesen. Bei der allgemeinen Besorgniß, die man damals hegte, die Türken möchten in Deutschland einfallen, ließ er zwei und zwanzig Predigten „vom Einfall der Türken" drucken, gab auch eine Anweisung heraus, wie sich Geistliche und Laien bei dem Ueberfall der Ungläubigen verhalten sollten. Wie früherhin bei den Religions-Verhandlungen zu Marburg und Augsburg, war er auch bei den folgenden zu Hagenau, Worms und Regensburg gegenwärtig. Einen Ruf nach Tübingen als Professor der Theologie, den er 1543 erhielt, lehnte er ab und blieb bei seiner Gemeinde, um fortwährenden Drangsalen und Verfolgungen entgegen zu gehn. Ein kaiserliches Kriegsheer drang im Schmalkaldischen Kriege 1547 in Halle ein. Brenz Haus wurde besetzt, seine Büchersammlung von einem spanischen Bischofe durchsucht, er selbst mit Gefängniß und Tod bedroht. Der Hartbedrängte floh in Bauernkleidern aus der Stadt, kehrte aber in dieselbe zurück, als die Kaiserlichen sie verlassen hatten. Dem Interim (das er ein Interitum nannte) widersetzte er sich mit allem Nachdruck und reizte dadurch von neuem den Zorn des Kaisers. Ein Bevollmächtigter desselben erschien in Halle, versammelte den Rath der Stadt und forderte den Eid der Verschwiegenheit über die Mittheilungen, die er im Namen des Kaisers zu machen habe. Hierauf eröffnete er ihnen den Befehl, Johann Brentius in gefängliche Haft zu nehmen und in das kaiserliche Hoflager zu bringen. Der vorsichtige Pfarrer erhielt davon Kunde, rettete sich in einen nahen Wald und ward durch den Herzog von Würtemberg auf dem Schlosse Wittlingen verborgen.

Brenz suchte mit seiner kranken Gattin und sechs Kindern Sicherheit in Basel und ward von seinen Freunden unter dem Namen Huldreich Engster als Amtmann auf das Schloß Hornberg im Schwarzwalde gebracht. Nach einem kurzen Aufenthalt in der einsamen Burg riefen ihn Eduard VI nach England, Herzog Albrecht nach Preußen und die Stadt Magdeburg an ihre Hauptkirche. Er aber wollte das Vaterland nicht verlassen und folgte 1550 der Einladung des Herzogs Christoph von Würtemberg nach Tübingen. Hier war die evangelische Gemeinde durch das Interim in Zerrüttung gekommen und Brenz konnte nur durch sein Ansehn und seine Beharrlichkeit die Getrennten wieder vereinen. Ueberhaupt hatten die spanischen Truppen im Würtembergischen sehr arg gehauset und Armuth, Verwirrung und böse Sitten zurückgelassen. Im folgenden Jahre erhielt Brenz von seinem Landesherrn den Auftrag, ein evangelisches Glaubensbekenntniß aufzusetzen, das der Kirchenversammlung zu Trident übergeben werden sollte. In gleicher Absicht hatte der Churfürst Moritz mehrere angesehene sächsische Theologen in Meißen unter Melanchthons Leitung versammelt. Würtemberger Theologen überbrachten hier die Schrift von Brenz, die von Melanchthon mit Liebe aufgenommen wurde. Der Herzog Christoph aber ließ diese Confession durch seine Gesandten der Kirchenversammlung übergeben. Brentius selbst langte im März 1552 zu Konstanz an; allein die Bischöfe ließen sich in keine Unterredung mit ihm ein und wegen des hereinbrechenden Krieges kehrte er mit den Gesandten in die Heimath zurück. Der Herzog ernannte ihn 1553 zum Propst der Kirche zu Stutgard und zum Kanzler der Universität Tübingen; 1557 wohnte er dem Religionsgespräch zu Worms, und bald darauf dem zu Elsaßzabern bei. Auf seinen Vorschlag und nach seinen Entwürfen wurden sämmtliche Klöster des Herzogthums in Schulen verwandelt. Sie blieben alle unter seiner fortwährenden Aufsicht und Leitung. Seine rüstige Gesundheit gestattete ihm eine ununterbrochene Thätigkeit bis in sein hohes Alter. Er predigte, schrieb und reisete, bis ein hitziges Fieber den 11. Septbr. 1570 sein unruhiges Leben endete. Für die Reformation hat er in seinem Vaterlande segensreich gewirkt, weshalb er auch von Luther ein besonderes Rüstzeug Gottes für Verbreitung der reinen Lehre genannt wurde. „Es ist, sprach derselbe, keiner unter den Theologen unserer Zeit, der die heilige Schrift so zu erklären und zu behandeln wüßte, als Brentius, also daß ich sehr oft mich über seinen Geist verwundere und an meinem eigenen Vermögen verzweifle. Ich glaube, daß keiner von uns zu thun vermöchte, was Brentius in der Auslegung des Evangeliums Johannes gethan hat. Wiewohl er seinen Gedanken bisweilen nachhänget, so bleibet er doch stets auf dem rechten Sinn und Meinung, und schreitet nicht hinaus über die Einfalt des göttlichen Worts; darum mag man es ihm wohl zu Gute halten." Bei seinen beiden Landesherrn

Ulrich und Christoph stand er in hohen Gnaden und der letztere verordnete, daß ihm Brenzes Auslegung des Propheten Jesaias unter sein Haupt im Sarge gelegt werde. Er war eifrig in Vertheidigung der Wahrheit, ohne streitsüchtig zu sein, ruhig und wohlgemuth in Gefahr, auch da für die gute Sache immer noch thätig, wo sie schon viel Gebiet verloren hatte.

Ein eben so treuer Freund und einflußreicher Beförderer der Reformation war Georg Spalatin, ein edler wahrhaft frommer Mann von gediegenem Sinn und Charakter, wie wir deren so vielen in der Geschichte der Reformation begegnen. Zu Spalt, einem Städtchen in Franken an der Rezat, 1482 geboren, sandte der Vater (ein Rothgerber Namens Burkhard) den talentvollen Knaben auf die Schule zu St. Sebald in Nürnberg, wo er einen guten Grund zu seiner wissenschaftlichen Bildung legte. Im Jahre 1499 bezog er die Universität Erfurt, erwarb sich dort die Würde eines Baccalaureus und begab sich 1502 auf die neugestiftete Universität zu Wittenberg, wo er bei der ersten Promotion zum Magister befördert wurde. Drei Jahre darauf kehrte er nach Erfurt zurück, um dort die Rechtswissenschaft und Geschichte zu studiren. Doch dies Studium gab er bald auf und wandte sich zur Theologie, die damals alle lebhafte Gemüther mächtig anzog. Bereits 1507 ward er Pfarrer zu Hohenkirchen im Gothaischen und ein Jahr später Präpositus in dem nahegelegenem Kloster Georgenthal. Nachdem er die Erziehung zweier Braunschweig-Lüneburgscher Prinzen geleitet, berief ihn Churfürst Friedrich der Weise zu seinem Hofkaplan und Geheimschreiber.

Von dieser Zeit an begleitete Spalatin seinen Fürsten zu den Reichstagen in Augsburg, Frankfurt, Worms, Köln und Nürnberg, wurde mit den wichtigsten Staatsgeschäften beauftragt und zeigte bei großer Gewandheit, Umsicht und Klugheit eine redliche Gesinnung, feste Treue und eine rastlose Thätigkeit für den Fortgang der Reformation. Luther liebte ihn wie einen Bruder und setzte in seine Einsichten ein großes Vertrauen. Bei schwierigen Unternehmungen und in bedenklichen Lagen hörte er gern auf seinen Rath. Sanftmüthig und gelassen wußte der weltkluge Freund oft das auflodernde Feuer des kräftigen Glaubenshelden zu mäßigen. Beim Churfürsten redete er ihm immer das Wort und wehrte falsche Anklagen und Verläumdungen ab. In den heißen Tagen zu Worms und Augsburg stand er ihm mit Rath und That zur Seite, wußte die aufgeregten Gemüther zu besänftigen, zur rechten Zeit nachzugeben und heimlich aber sicher für die gute Sache zu wirken. Luther hätte ohne Spalatin sein großes Werk nicht ausführen können. Als General-Superintendent von Altenburg und Oberkirchenaufseher durch ganz Meißen und Voigtland hat er mit großer Treue und rastloser Thätigkeit für das Wohl der neu aufblühenden Kirche gearbeitet. Luther, Melanchthon und alle Freunde der

Reformation trauerten tief um den treuen Gehülfen, als er am 16. Januar 1545 aus dem Leben schied. Noch sind 415 Briefe Luthers an seine getreuen Amtsgenossen vorhanden und es ist sehr zu beklagen, daß der größte Theil der Spalatinischen Briefe verloren gegangen ist.

Auf dem Reichstage zu Augsburg hatten die deutschen Reichsstände sehr ernste Beschwerden gegen den römischen Stuhl erhoben und die Nothwendigkeit einer durchgreifenden Reform mit aller Entschiedenheit nachgewiesen. Ungeheure Summen, unter allerlei Namen und Vorwänden erpreßt, wanderten jährlich nach Rom; die höhere Geistlichkeit betrieb einen grenzenlosen Luxus und der ganze Clerus war in die tiefste Sittenlosigkeit versunken; Bann und Interdict wurden um jede Kleinigkeit verfügt und das arme Volk durch die Indulgenzen bis aufs Blut ausgesogen. Da war keiner der Fürsten geneigt, den Bann gegen den freimüthigen Zeugen der Wahrheit zu vollziehen; sie freuten sich im Gegentheil des edlen Rüstzeuges für evangelisches Licht und Recht. Friedrich der Weise schützte den hochgepriesenen Lehrer der Wahrheit, seiner neugestifteten Universität Stolz und Zierde, gegen Gewalt und Unrecht. Auch war er, wie viele Tausende von dem Ernst und der Wahrheit, von der Kraft und Klarheit, von dem trostreichen Inhalt und dem biblischen Geist der Lutherischen Schriften durchdrungen. Diese Schriften hatten eine allgemeine Verbreitung gefunden. Sie wanderten von Hand zu Hand, von Haus zu Haus, wurden nachgedruckt und selbst von den Kanzeln empfohlen; denn der niedere Clerus, der unter dem Druck der hierarchischen Gewalten seufzte, freuete sich des herzhaften Angriffs auf die römische Curie. Selbst die Juristen, absonderlich aber die Humanisten vermehrten die Zahl der Anhänger Luthers.

Die deutschen Reichsfürsten hatten nach Maximilians I Tode dem Churfürsten Friedrich dem Weisen die Kaiserkrone angetragen. Er lehnte sie ab und lenkte die Wahl auf Maximilians Enkel, den König von Spanien, der unter dem Namen Karl V am 23. Oktober 1520 den Kaiserthron bestieg. Damals 20 Jahr alt (er war am 24. Februar 1500 zu Gent geboren), angegriffen von einem früheren ausschweifenden Leben, folgte er den Rathschlägen seiner beiden Oberkammerherrn, Wilhelm von Croi und Herrmann von Chievers. Aber kaum in Deutschland angekommen, zeigte er eine eigene Willenskraft und die Anlagen eines herrischen, ehrgeizigen Charakters. Er nahm ein kluges aber edles Betragen an, gewann durch seine Sitten, ritterliche Tugend und den Ausdruck des Wohlwollens. Hinter der spanischen Grandezza und einem verschlossenen Ernst barg sich ein ungemessener Ehrgeiz und das Streben nach der Vergrößerung der Macht des Hauses. Jedesmalige Zeitumstände bestimmten seine auf festen Prinzipien ruhende Politik. Wo immer Pläne des Ehrgeizes und Eigennutzes gesponnen werden, bleiben Lug und Trug nicht aus. Der gute Haken krümmte sich früh in Karls V Charakter. Seinen ersten Reichstag berief er nach Worms, um den Reichsständen sich in seiner kaiserlichen Würde zu zeigen, die Angelegenheiten Deutschlands zu ordnen und die Religionsstreitigkeiten zu schlichten. Die päpstlichen Gesandten drangen in den Kaiser, Luther nicht nach Worms kommen zu lassen, damit die Gegenwart eines verdammten Ketzers die fürstliche Versammlung nicht beflecke. Und allerdings beleidigte es die bisherige Sitte, daß ein vom Papste schon verurtheilter Ketzer noch von einer weltlichen Obrigkeit, besonders von den versammelten Fürsten einer ganzen Nation verhört werden sollte. Aber Friedrich der Weise verlangte, daß Luther nicht ungehört verurtheilt werde, denn es gelte die Sache Gottes und die Besserung der Kirche Christi, die Gewalt leide. Dem jungen Kaiser war es sehr willkommen, dem Papst sogleich seine Macht fühlen zu lassen. „Die religiösen Bewegungen hatten für den Kaiser ein hohes Interesse, sagt Ranke, aber zunächst nur deshalb, weil sie den Papst berührten und bedrohten und für das Verhältniß zum römischen Hofe neue Gesichtspunkte, ja man darf wohl sagen, neue Waffen darboten. Von allen politischen Verhältnissen des Kaisers war dieses ohne Zweifel das wichtigste."

So wurde denn Luther unter kaiserlichem sicheren Geleit nach Worms gefordert. Wie sehr auch seine Freunde für ihn zitterten und Huß's Schicksal gedenkend, von der Reise abmahnten, so jauchzte doch die Seele des muthigen Zeugen der Wahrheit hoch auf. Die unsterblichen Worte: „und wären so viele Teufel in Worms als Ziegel auf den Dächern, so wollte ich doch mitten unter sie treten," — werden den Streitern Gottes für alle Zeiten ein Aufruf zum muthigen Kampf und zur freudigen Aufopferung für die heilige Sache des Glaubens und der evangelischen Freiheit sein. Luthers Reise nach Worms war ein Triumphzug, überall begleitet von dem Jubel des Volks, sein Einzug in die Reichsstadt glich dem eines großen Feldherrn oder hochgeehrten Fürsten. Bereits am Abend des folgenden Tages wurde er in die Reichsversammlung geführt. Der Anblick der erhabenen und prächtigen Versammlung, der Kaiser im Glanz seiner Majestät, die Churfürsten und Herzöge, die Prälaten und Fürsten der Kirche, zahlreiche Feldherrn und Staatsmänner, Abgesandte der Städte und Gelehrte, prunkend im Glanze von tausend Kerzen — wie hätte dies nicht den armen Mönch in seiner schlechten Kutte einschüchtern sollen! Die Titel seiner Bücher wurden verlesen und er gefragt, ob er deren Inhalt vertheidigen oder widerrufen wolle. Luther bat sich Bedenkzeit. Das wurde ihm von Vielen für Verzagtheit ausgelegt. Aber am andern Tage, den 18. April, erschien er in der vollen Kraft und Freudigkeit eines Glaubenshelden. Seine Antworten waren klar und bestimmt, seine Erklärungen freimüthig und unbefangen, seine Rede laut und wohltönend, seine Sprache deutsch und lateinisch, fließend und kräftig.

Wegen des geforderten Widerrufs des Inhalts seiner Schriften theilte er dieselbe in drei Klassen. Zuerst habe er Bücher über den christlichen Glauben verfaßt. Da er diesen auf die heilige Schrift begründet und ihn wahrhaftig, einfältig und in aller Demuth gelehrt, so würde es ein Verbrechen sein, diese göttliche Lehre zu verläugnen. Die zweite Art seiner Schriften betreffe die Gräuel des päpstlichen Stuhls und die argen Mißbräuche in der Kirche. Rom habe die Reichthümer der Welt, besonders die der deutschen Nation verschlungen und schändlich vergeudet. Solle er diese Bücher widerrufen, so würde er das gottloseste Regiment verstärken und schwere Sünde auf sich laden. Die dritte Klasse seiner Schriften wären polemischen Inhalts und da wolle er gern gestehn, daß er sich mitunter härter ausgedrückt habe, als es die Religion und sein Amt erlaubten. Aber auch hier könne er nichts widerrufen. Das würde seinen Gegnern nur neuen Muth machen und das Volk Gottes härter bedrängt werden als je vorher. Er schloß seine Rede, die eine volle Stunde gedauert hatte, mit den Worten: „Weil ich ein Mensch und nicht Gott bin, kann ich meinen Büchern nicht anders helfen noch sie vertheidigen, denn mein Herr und Heiland Jesus Christus gethan hat. Als der von dem Hohenpriester Hannas um seine Lehre befragt, von des Hohenpriesters Knecht einen Backenstreich empfangen hatte, sprach er: „habe ich übel geredet, so beweise es." Darum bitte ich durch die Barmherzigkeit Gottes Ew. Kaiserliche Majestät, Chur- und Fürstliche Gnaden, oder wer es thun kann, er sei hohen oder niedrigen Standes, wolle mich des Irrthums überführen. Werde ich aber nicht mit prophetischen und apostolischen Schriften, welches das lautere Wort Gottes ist und bleibt, überwiesen, so kann und werde ich die Wahrheit Gottes nimmermehr verneinen oder verläugnen. Bitte derhalben, diesen großen und wichtigen Sachen ferner weislich nachzudenken, damit man nicht Gottes Zorn über das römische Reich und die deutsche Nation bringe, der Alle, so sich wider Gott und sein Wort auflehnen, wie Pharao und viele gottlose Könige in Israel, plötzlich und schrecklich wegreißt."

Hier fiel ihm der Triersche Kanzler heftig ins Wort und warf ihm vor, daß er vieles vorgebracht habe, das gar nicht zur Sache gehöre. Man sei hier nicht zusammengekommen, um mit ihm zu disputiren, sondern verlange von ihm eine einfältige und runde Antwort auf die Frage: ob er seine Bücher widerrufen wolle oder nicht?" Darauf erwiderte Luther mit starker und feierlicher Stimme: „Weil denn eine schlechte, runde, einfältige Antwort von mir verlangt wird, so will ich eine geben, die weder Hörner noch Zähne haben soll; nämlich also: es sei denn, daß ich mit Zeugnissen der heil. Schrift oder mit öffentlichen, klaren und hellen Gründen überwunden und überwiesen werde (denn ich glaube weder dem Papst noch den Concilien, weil es offenbar und am Tage ist, daß sie oft geirrt und sich selbst widersprochen haben) und ich also von den Sprüchen selbst, die ich gebraucht und angeführt habe, überwunden werde, so daß mein Gewissen in Gottes Wort gefangen ist, so kann und will ich nichts widerrufen, weil weder sicher noch gerathen ist, etwas wider das Gewissen zu thun. Hier stehe ich! Ich kann nicht anders! Gott helfe mir! Amen!"

Aus diesen berühmten Heldenworten ist die Kraft und das innerste Wesen des Protestantismus hervorgegangen. Darauf ruhet, wie auf einem Felsen die ewige Wahrheit der evangelischen Kirche. Alle christliche Gottesgelehrte sind durch diese Worte zu einem treuen Bekennen und Festhalten ihres Glaubens begeistert worden. Ein tiefes Erstaunen hatte die ganze Versammlung ergriffen. Selbst der junge Kaiser war sehr bewegt und da er der deutschen Sprache nicht mächtig war, so wollte er dieselbe auch lateinisch hören. Luther hatte das Feuer der Rede durchglüht. „Des Getümmels und Wesens war ich gar nicht gewohnt, erzählt er selbst; ich war sehr heiß und schwitzte heftig. Herr Friedrich von Thun sagte zu mir: „Könnt ihr es nicht thun, so ist's genug, Herr Doctor!" Aber ich wiederholte alle meine Worte lateinisch." Der Kaiser bewunderte des Mönches Muth und konnte sich der Aeußerung nicht erwehren: „Der Mönch redet unerschrocken und mit getrostem Muth."

Wie viel Mühe man sich auch gab, Luthern zur Nachgiebigkeit zu bewegen, so scheiterten doch alle Künste der Römlinge an der Standhaftigkeit des glaubensstarken Mannes. Man wagte es nicht, gewaltsame Maßregeln gegen ihn zu ergreifen, da auch der „Bundschuh" öffentliche Drohungen gegen seine Widersacher hatte anschlagen lassen. Der Kaiser aber wollte sein sicheres Geleit nicht brechen, wie es einst der schwache Sigismund gegen Huß gethan, und ließ den wackern Mönch durch den Reichsherold in seine Heimath zurückgeleiten. Aber er trug dabei Arges in seinem Herzen. Er hatte mit dem Papst ein heimliches Bündniß zur Wiedereroberung Mailands und Genuas, und zur Vertreibung der Franzosen aus Italien geschlossen. Beide hatten sich gelobt, dieselben Freunde und Feinde, dasselbe Wollen und Nichtwollen zum Angriff und zur Vertheidigung zu haben. Dagegen hatte der Kaiser die Verfolgung und Ausrottung der neuentstandenen Ketzereien in Deutschland versprechen müssen. Luthers Achtserklärung war also bei ihm beschlossen, aber bei der günstigen Stimmung der Fürsten für den kühnen Zeugen der Wahrheit schwer durchzusetzen. Doch wußte sie der schlaue Karl, als die Churfürsten von Sachsen und von der Pfalz schon abgereist waren, durch einen Handstreich durchzusetzen.

Luther war mittlerweile geborgen. Friedrich der Weise hatte ihn auf seiner Heimreise zwischen Altenstein und Waltershausen durch Hans von Berlepsch, Amtshauptmann zu Wartburg, und Burkard von Hund, Herrn zu Altenstein, überfallen und auf der Wartburg in Sicherheit bringen lassen. An demselben Tage, an welchem der Kaiser das Bündniß mit Leo X abschloß (8. Mai 1521), ist auch die Achtserklärung ausgefertigt. Doch meinten die Italiäner, Kaiser Karl habe den verwegenen Ketzer eben nicht aus Gewissenhaftigkeit von Augsburg ruhig abziehn lassen, sondern weil er bemerkt, daß sich der Papst vor der Lehre Luthers fürchtete, so wollte er ihn mit derselben im Zaum halten. Auch wurde der Sieg, den der päpstliche Hof durch das Edikt von Worms über Luther und seine Lehre glaubte erlangt zu haben, der Anfang seiner folgenden Niederlagen. Eine große Stunde war eingetreten in die Geschichte des Menschengeschlechts. Die Reformation nahm ihren Anfang. Das kirchliche und politische Leben erhielt einen neuen Umschwung. Wäre Luther auf dem Standpunkt, den er nach 1519 einnahm, stehen geblieben, so würde diese welthistorische Epoche so nicht eingetreten sein. Er erklärte damals gegen den päpstlichen Kammerherrn von Miltitz: „Was die Gewalt und Oberhoheit des päpstlichen Stuhls vermag und wie weit sich dieselbe erstreckt, laß ich die Gelehrten ausfechten, denn daran der Seelen Seligkeit gar nichts gelegen und Christus seine Kirche nicht auf die äußerliche scheinbare Gewalt und Obrigkeit oder einige zeitliche Dinge, die der Welt und den Weltlichen gelassen sind, sondern in die inwendige Liebe, Demuth und Einigkeit gesetzt und gegründet hat." Damit wurde Luther wie Thomas a Kempis, Paul Sarpi und Andere durch das Wesen des Evangeliums zu dem einen lauteren Quell der Wahrheit, des Trostes und der Seligkeit hingeführt, aber eine neue Schöpfung, deren Wirkungen sich auf ganze Geschlechter und Jahrhunderte verbreiten sollten, wäre dann nicht von ihm ausgegangen. Von jenem Standpunkte aus, auf welchen ihn die Entwickelung seines inneren Lebens geführt hatte, leitete ihn Gott durch eine Verkettung von Umständen, zu Ansichten, Grundsätzen und Unternehmungen, an die er ursprünglich nicht aus der weitesten Ferne gedacht hatte. Wenn also Luther in dieser Hinsicht zu verschiedenen Zeiten sich auch verschieden erklärte, so zeigt grade dies, weshalb er von seinen Widersachern so oft und hart angefochten worden ist, daß sein Werk kein menschliches, durch Ueberlegung und Klugheit ersonnenes und planmäßig fortgeführtes Werk war, sondern ein Werk Gottes, dessen Umfang und Bedeutung Luther anfangs selbst nicht erkannte. Er war ein Werkzeug in der Hand Gottes, der alles herrlich hinausführt.

Zweites Buch.

Reformation in der Schweiz. Zwingli's Jugend; seine Studien, Aufenthalt in Glarus, Pfarrer am Münster zu Zürich. Der Ablaßkrämer Bernhard Samson und der Bischof Hugo von Landenberg. Zwingli's erste Reformations-Versuche. Die Disputation am 29. Januar 1523. Zwingli über Luther. Der Bischöfe von Costnitz, Basel und Lausanne Kampf gegen die Reformation. Die Wiedertäufer: Krieg gegen die katholischen Kantone. Zwingli's Tod. Leo Judä. Oekolampadius. Seine Erziehung und Gemüthsart. Sein erstes Auftreten in Basel und sein Klosterleben. Die Flucht auf die Ebernburg. Freundschaft mit Zwingli. Bedeutung der Einsetzungsworte beim heiligen Abendmahl. Wilhelm Farell. Sein Charakter und Schicksal. Kampf mit den Wiedertäufern. Reise nach Deutschland und Tod. Reformation in Bern. Bertold Haller. Seine und Meyers Verketzerung. Bern geht weiter im Reformationswerk. Heinrich Bullinger. Die fünf Kantone. Martin Bucer. Seine Jugend. Freundschaft mit Luther. Pfarramt in Straßburg. Seine Friedensliebe. Streit in der Abendmahlslehre. Bucer nähert sich den Sächsischen Theologen. Das Religionsgespräch in Wittenberg 1536. Collegium in Worms 1540. Bucer in Bonn. Seine Versetzung mit Paul Fagius nach Cambridge. Beider Tod. Bucers Schicksale nach dem Tode. Seine Verdienste. Unterschied der schweizerischen und sächsischen Reformation.

Wie in Deutschland durch Männer des Glaubens und des Geistes eine große Bewegung hervorgebracht und ein tieferes Leben angeregt wurde, so erhob sich auch in der Schweiz, in dem Lande der Kraft und hohen Muthes, das Volk zur Freiheit im Gebiete des Glaubens. Die Schweizerischen Eidgenossen hatten sich von Alters her gegen die Eingriffe des Papstes und des Klerus in die weltliche Gerichtsbarkeit mit Nachdruck zu verwahren gewußt. Der Grundsatz, der Geistlichkeit jeden bürgerlichen Einfluß zu wehren, ein Grundsatz, der bei der wachsenden Abneigung des Bürgerstandes gegen den Klerus immer mehr Festigkeit gewonnen, scheint die öffentliche Meinung zum Voraus der Reformation günstig gemacht zu haben. Dies war besonders in Zürich der Fall, dessen Bürger sich von jeher durch freie Denkart und muthigen Widerstand gegen die Hierarchie ausgezeichnet hatten. Die Geschichte der Reformation dieser Stadt stellt sowohl den Geist ihrer damaligen Regierung, als die Grundsätze Zwingli's, der hierbei den meisten Einfluß hatte, und derselben in den schwierigsten Unternehmungen seinen Geist, in den größten Gefahren seinen Muth einzuhauchen wußte, in ein sehr vortheilhaftes Licht. Zwingli hatte eine patriotische, republikanische Seele, die er nicht weniger in bürgerlichen als in religiösen Arbeiten zeigte; denn er begnügte sich nicht, seine Kirche auf den Weg der Wahrheit zu leiten, sondern er wollte auch dem Vaterlande alle für die Freiheit erforderliche Sitten und Tugenden geben. Seine Reden machten das lebhafte Gefühl der Nothwendigkeit einer Reformation recht eindringend. Sein Feuer begeisterte, seine Ruhe überzeugte die Menge. Ihn trieb derselbe Geist, der Luthers Seele bewegte. Heilige Liebe zur Wahrheit und brennender Haß gegen Ungerechtigkeit und Ueberwältigung bildeten die Grundzüge in Beider Charakter. Sie waren aber auch bei Beiden mit natürlicher Heftigkeit, wie mit Glaubensfreudigkeit verbunden. Luther ist ein Held seiner Kirche, dachte, fühlte, wirkte, lebte nur für sie. Aber Zwingli war auch Bürger und Tells Landsmann. Er wollte sein Vaterland groß und geachtet, er wollte es edel, tapfer und glücklich sehn. Die Religion griff in der Schweiz viel tiefer ein in das bürgerliche Leben als in Deutschland. Zwingli konnte entscheidender, kräftiger, durchgreifender auftreten. Rath und Bürgerschaft förderten seine Gedanken und Vorschläge zur That. Doch ist er so frei von Eigennutz und Selbstsucht wie Luther. Er selbst achtet sich nicht, wenn es die Vertheidigung evangelischer Wahrheit gilt. Beide Reformatoren hatten ihre Einsichten aus einer Quelle geschöpft, aus der heiligen Schrift und aus einem durch dieselbe erleuchteten Verstande. Für die Ehre des Einen wie des Andern ist es höchst gleichgültig, ob er diese Einsichten früher oder gleichzeitig lehrte und ausbreitete. Traten doch Beide, ohne gegenseitigen Verkehr und Bekanntschaft, in der Verfolgung eines großen Zweckes zusammen und bedienten sich zur Erreichung desselben gleicher Mittel. Johannes von Müller meint: „Meister Ulrich Zwingli hatte schon früher gegen die herrschenden Mißbräuche gezeugt; aber ohne Luthers verzehrenden Eifer und ohne desselben immer erneuerten Stoß auf den gemeinschaftlichen Feind würde der Schweizer mit anderen wohlmeinenden Predigern der Wahrheit unbemerkt, oder doch ohne revolutionäre Wirkung geblieben sein."

Ulrich Zwingli war zu Wildhausen, einem Bergdorfe in der Grafschaft Toggenburg am 1. Januar 1484 geboren. Sein Vater, Amman in diesem Orte, war allgemein geachtet. Aufgewachsen in der frischen, freien Waldluft, zwischen den ewigen Bergen, verhieß sein lebhafter Geist glückliche Naturanlagen. Sein väterlicher Oheim, Bartholomäus Zwingli, Pfarrer zu Wesen und Dekan des Kapitels, leitete seine erste Erziehung. Im zehnten Jahre kam er nach Basel, zu Georg Binzel, einem braven, gelehrten Manne. Hier zeigte er bei seiner Liebe zu den Wissenschaften ein schönes Talent für die Musik und übte sie wie Luther mit großer

Lust. Auf Binzels Rath ward Zwingli nach Bern zu Heinrich Lupulus gebracht, einem Gelehrten, der den Ruhm eines großen Sprachkenners und eines gebildeten Geschmacks hatte. Auf dem klassischen Boden entsprossen die Blüthen seiner Bildung und bei den ersten Versuchen in der Dichtkunst erhoben sich die Schwingen seiner Phantasie. Die Musik erheiterte sein Herz und die Geschichte seines Vaterlandes belebte den Sinn für Freiheit und Recht. Nach dem Verlauf zweier Jahre sendete ihn der Vater und Oheim nach Wien, um Philosophie zu studiren. Er lernte von derselben so viel, als nöthig war, um den Feind mit seinen eigenen Waffen besiegen zu können. Nach seinem Vaterlande zurückgekehrt, verfolgte er seine Bildung weiter auf der St. Martinsschule, las mit Eifer die lateinischen Schriftsteller, ward 1505 Magister der freien Künste und studirte in Basel unter Thomas Wyttenbach von Biel und Fabricius Capito aus dem Elsaß die Theologie. Diese aufgeklärten Männer verbreiteten hellere und gesundere Religionsbegriffe, erkannten den unsichern und schwankenden Boden der Scholastik und griffen den Ablaß und einzelne Lehren der Kirche freimüthig an. Zwingli wie Leo Judä, die gleichzeitig seine Schüler waren, sprachen allezeit mit der größten Achtung von Wyttenbach. Er gab ihnen Reuchlins und Erasmus Schriften in die Hände und leitete sie zu einem fleißigen Lesen der heil. Schrift an. Im Jahre 1506 erhielt Zwingli den Ruf als Pfarrer nach Glarus, und dieser Ruf wirkte so mächtig auf das fromme Gemüth des feurigen Schweizers, wie die Ernennung zum Doktor der Theologie auf den begeisterten Luther. Er predigte mit großer Freudigkeit und las die Bibel mit steigendem Eifer. Sie wurde ihm wie Luthern der einzige Schiedsrichter in allen Glaubenssachen, der höchste Gesetzgeber in der Kirche Christi. Nicht der Papst, nicht die Väter, nicht die Concilien, überall keine menschliche Autorität soll über den wahren Sinn der Schrift entscheiden; sie soll sich selbst erklären. Dieser Grundsatz bildete sich in ihm immer klarer und fester aus und wurde von ihm bei allen späteren Religionsgesprächen standhaft vertheidigt. Johann Faber, Vikarius des Bischofs von Constanz, appellirte bei der Disputation zu Zürich 1523 an die hohen Schulen zu Paris, Cöln und Freiburg. Zwingli aber erwiderte: „Ich will keinen anderen Richter haben, als die göttliche Schrift, wie dieselbe durch den Geist Gottes geredet und ausgesprochen worden. Ehe ihr mir Einen Artikel der Schrift umstoßet, muß das Erdreich brechen: denn sie sind das Wort Gottes." Auf den Einwurf, wenn eine Schriftstelle zweideutig wäre, und sie verschieden erklärt würde, so müßte doch Jemand den Streit entscheiden, antwortete Zwingli: „Die Schrift legt sich selbst aus durch den Geist Gottes; der Mangel rührt nur daher, daß man sie nicht mit ganzem Ernst erforschet und durchlieset. Die Väter haben den Arius und andere Irrlehrer allein mit der Schrift überwunden. Die Schrift bleibt sich allenthalben so gleich, daß jeder fleißige Leser, sofern er mit demüthigem Geiste dazu kommt, von dem heiligen Geiste selbst durch die Schrift unterwiesen wird, bis er auf die Wahrheit kommt. So oft Christus mit den gelehrten Juden disputirte, bezog er sich auf die Schrift. Daß Wahrheiten der Religion ehedem vor menschliche Richter und hohe Schulen gebracht worden, war die Ursache, weil die Priester nicht mehr studiren wollten, und größeren Fleiß auf die Wollüste, auf das Brettspiel u. dergl. wandten, als auf die Bibel. Daher ists gekommen, daß man diejenigen, die sich einen Schein der Weisheit erkauft oder angemaßt hatten, für gelehrt geschätzt und zu Richtern erwählt hat, obwohl sie von dem rechten Geist und von der göttlichen Schrift nichts gewußt haben. Jetzt aber ist durch die Gnade Gottes das heilige Evangelium durch den Druck ans Licht gekommen, daß man dasselbe deutsch und lateinisch findet, daraus ein jeder frommer Christ, der lesen kann, sich leichtlich berichten und den Willen Gottes lernen mag. — Das freie göttliche Wort und des Menschen Gewissen soll an kein Concilium gebunden sein, sondern über alle Menschen herrschen, urtheilen und alle gewiß berichten. Es sollen auch alle Menschen hören, was ihnen das Wort Gottes sagt; das Wort Gottes aber soll nicht hören, was ihm die Menschen sagen."

Zwingli wandte sich in einem ernsten, beweglichen Schreiben an den Bischof Hugo von Constanz, zeigte ihm die groben Irrthümer und Mißbräuche, durch welche die Kirche entstellt worden, und forderte ihn auf, vermöge seines bischöflichen Amtes dafür zu sorgen, daß das reine Wort Gottes ungehindert gepredigt und die Kirche wieder allein auf Christus gegründet und erbauet werde; „wo er das nicht thäte, so möchte allerlei Unordnung geschehn, da das Licht der Wahrheit nun einmal durchgebrochen sei und viele lernbegierige Jünger gefunden habe." Auf gleiche Weise äußerte er sich gegen den päpstlichen Legaten, den Kardinal und Bischof zu Sitten, Matthäus Schinner. Aber hier wie in Deutschland schwiegen diejenigen, deren eigentlicher Beruf es war, für die Wohlfahrt der Kirche zu sorgen und die Religion vor Verderbniß zu bewahren. Zwingli hörte darum nicht auf, gegen Mißbräuche und Irrthümer mannhaft zu kämpfen und folgte freudig dem Rufe zur Pfarrstelle bei dem großen Münster zu Zürich. Am Neujahrstage 1519, der zugleich sein fünf und dreißigster Geburtstag war, begann er seinen segensreichen Predigerdienst am Münster und erklärte in seinem ersten Vortrage: „mit Hintansetzung der scholastischen Theologie und alles eitlen Menschentandes werde er die von den Kirchenvätern gebrauchte altchristliche Predigtweise wieder einführen, die wichtigsten Bücher der heiligen Schrift der Ordnung nach erklären, sein Augenmerk auf richtige Kenntniß des Evangeliums und auf die Besserung der Sitten und Herzen richten, alle Heuchelei und Aberglauben aber zu Schanden machen." Er fing sogleich mit der Erklärung des Evangeliums Matthäi an, ging dann zur Apostelgeschichte über, erläuterte die Briefe des Paulus, die Psalmen, den Jesaias und die Genesis. Er drang mit allem Ernst auf Buße und Besserung des Lebens, auf Einstellung alter Mißbräuche, übler Sitten und schlechter Gewohnheiten, forderte die Obrigkeit zur unpartheiischen Verwaltung der Gerechtigkeit, zur Beschützung der Armen, der Wittwen und Waisen und zur Erhaltung eidgenossenlicher Freiheit und Unabhängigkeit auf. Dabei war seine Sprache so faßlich, seine Rede so feurig, sein Herz so warm, daß alles Volk zu seinen Predigten strömte. „Dies ist einmal, sagten der Säckelmeister Räuchli und Hans Füßli beim Nachhausegehn, dies ist einmal ein rechter Prediger der Wahrheit! der wird sagen, wie die Sachen stehen."

Zwingli fand bald Gelegenheit, seinen heiteren Muth und seinen heiligen Zorn in gleicher Weise zu bekunden, wie der unerschrockene Martin in Wittenberg. Auch die Schweiz durchzog ein unverschämter Ablaßkrämer, der Franziskaner Bernhard Samson, mit seiner Trödelbude voll Indulgentien und Freibriefen. Er hatte in Uri, Schwyz und Unterwalden, in Luzern und Bern gute Geschäfte gemacht, das unwissende Volk auf eine heillose Weise hintergangen und eine unersättliche Geldgier gezeigt. Mit großem Prunk zog er 1519 auch in Zürich ein, als eben dort eine Tagsatzung war. Er fand aber eine sehr laue Aufnahme, denn Zwingli hatte bereits seit Monaten gar gewaltig gegen den Ablaß gepredigt. Der Rath verbat sich die Eröffnung seiner Werkstatt, mit dem Bedeuten, daß man hiesigen Orts von seiner Waare durchaus keinen Gebrauch machen könne. Der Bischof von Konstanz, Hugo von Landenberg, hatte in seinem Sprengel den Pfarrern verboten, dem unberufenen Sündenkrämer die Kirchen zu öffnen, weil er die päpstliche Vollmacht von ihm nicht hatte beglaubigen lassen. Zwingli schrieb an den Bischof, bezeigte ihm seine Freude über das entschlossene Benehmen und forderte ihn auf, sich kühnlich gegen den Papst zu erheben und sich den unsterblichen Ruhm zu erwerben, unter den Bischöfen der erste gewesen zu sein, der das Evangelium angenommen und der Wahrheit den Weg gebahnt habe.

Zwingli und mehrere seiner Amtsgenossen überreichten dem Bischof von Costnitz 1522 eine Bittschrift, worin sie ihn baten, nichts wider die Predigt des Evangeliums zu verfügen und dem Klerus eine rechtmäßige Ehe zu gestatten. In Sachsen hätten die Geistlichen damit ohne weitere Nachfrage bereits den Anfang gemacht, und so möchte der Bischof die Geistlichen, welche in den Stand der Ehe treten würden, nicht zur Verantwortung oder Strafe ziehen. Allein der Bischof nahm dies Gesuch sehr unwillig auf, erließ ein scharfes Mandat gegen Diejenigen, welche an Fast- und Feiertagen Fleisch essen und kirchliche Satzungen verletzen würden. Er schickte eine ansehnliche Gesandschaft nach Zürich, welche den versammelten Rath im Namen des Bischofs ermahnte, bei den hergebrachten Ordnungen und Gebräuchen zu bleiben und keine Verletzung derselben zu gestatten.

Der Rath ließ Ulrich Zwingli und etliche andere Geistliche der Stadt herbeiholen, eröffnete ihnen den Antrag der bischöflichen Abgesandten und forderte sie zur Rechtfertigung auf. Diese gab der Pfarrer am Münster mit großem Nachdruck, und der Beschluß des Raths ging dahin: man lasse den Bischof bitten, durch eine Versammlung der Prälaten und gelehrten Männer des ganzen Bisthums die streitigen Artikel untersuchen und das Rechtmäßige festsstellen zu lassen.

Die katholische Parthei verdoppelte ihre Angriffe und der Bischof schärfte seine Befehle gegen die evangelischen Prediger. Eine feste Vereinigung aller Freunde der Wahrheit ward höchst nöthig. Zwingli schloß dieselbe mit zehn seiner Genossen, und da sein redlicher Charakter die Oeffentlichkeit suchte und liebte, so reichte er mit jenen Männern ein nachdrückliches Bittschreiben an den Bischof ein, worin sie frei bekannten: „Wir sind mit Gott fest entschlossen, das Evangelium ohne Unterlaß zu predigen, und zwar dermaßen mit Vorbedacht und Klugheit, daß niemand sich darob zu beschweren Ursach finden mag. Derohalben geziemt sich's, solch muthiges Unternehmen, das obwohl selten, doch nicht freventlich heißen kann, also zu begünstigen, daß du zu diesem Werke, das nicht unser sondern des Herrn ist, nicht allein Nachsicht, sondern auch Theilnahme und Hülfe beweisest. Zum andern flehen wir deine Gnade, Weisheit und Gelahrtheit an, verehrter Bischof, daß du, insofern wir dir aus der heiligen Schrift das göttliche Recht darthun, den Priestern, die darnach Verlangen tragen, ehelich zu werden erlaubst. Wir sind die ersten aus einer großen Anzahl, die solche Bitte wagen." Die Rechtmäßigkeit der Ehe für Geistliche wird durch Schriftstellen nachgewiesen und das Aergerniß geschildert, das aus dem Cölibatgesetz hervorgegangen ist. Zuletzt wird die dringende Bitte an den Bischof wiederholt, sich an die Spitze der Reformation zu stellen und die großen Gebrechen der Kirche abthun zu helfen, ehe es dazu zu spät sein werde. Eine Schrift ähnlichen Inhalts ließ er an die Eidgenossenschaft ausgehen. Wenn sich auch auf der einen Seite die Zahl der Reformationsfreunde vermehrte und das Verlangen des Volkes nach religiöser Freiheit stieg, so wurden doch auch die Stimmen der Gegner immer lauter, die Gemüther immer aufgeregter, die Mißverständnisse immer größer. Hadrian VI schlug gegen Zwingli einen andern Weg ein, als Leo X gegen Luther. Noch im Anfange des Jahres 1523 bezeugte er dem freimüthigen Schweizer sein vorzügliches Vertrauen, verlangte, daß er die Vorschläge seines Nuntius anhören möchte, und versprach ihm Gewinn und Ehre, wenn er auf dem rechten Wege und in guter Treue gegen den apostolischen Stuhl beharren wolle. Allein diese Anträge fanden keinen Eingang; die große Angelegenheit näherte sich vielmehr rasch ihrer Entscheidung.

Um die Gerechtigkeit seiner Sache darzuthun, Unglimpf und Verläumdung aber abzuwehren, bat Zwingli den versammelten Rath der Stadt um ein öffentliches Religionsgespräch mit den Sachwaltern des Bischofs vor Gelehrten und Ungelehrten. Er versprach, sich gern belehren zu lassen und den überwiesenen Irrthum einzugestehn, bat aber auch ihn bei dem zu schützen, was er als Wahrheit hinlänglich darthun werde. Der Rath bewilligte diese Disputation und erließ ein Manifest, worin alle Geistliche und sachkundige Leute aufgefordert wurden, am 29. Januar 1523 in Zürich zu den Religionsverhandlungen zu erscheinen. Zwingli aber verfaßte 67 Artikel über die streitigen Punkte und machte sie durch den Druck bekannt. Man betrachtet sie als die Grundlage der schweizerischen Reformation, wie Luthers 95 Streitsätze für die Grundlage der deutschen. Sie enthalten den Kern der evangelischen Wahrheit und greifen viel weiter und tiefer, als Luther in seinen Thesen; sie erscheinen als die reife Frucht eines vieljährigen gründlichen Nachdenkens. Beide Reformatoren sind überall gleichgesinnt und in den Hauptpunkten einig; doch findet sich von der Verschiedenheit in der Abendmahlslehre hier schon eine leise Spur. Zwingli erklärt: „Christus, der sich einmal am Kreuze dargebracht hat, ist das Opfer, das in Ewigkeit für die Sünde aller Gläubigen genugthut. Daraus folgt, daß die Messe kein Opfer, sondern ein Andenken an das am Kreuze einmal dargebrachte Opfer, und gleichsam das Siegel der durch Christum geleisteten Erlösung ist. Christus ist der einige Mittler zwischen Gott und uns." Zur Disputation erschienen der bischöfliche Haushofmeister, Ritter von Anwyl und der Vikar und Kanzler Faber, die gesammte Geistlichkeit des Kantons und viele vornehme und gelehrte Männer, nahe an sechshundert. Die Abgeordneten des Bischofs wollten sich in keine Disputation einlassen, unter dem Vorwande, daß sie nur gekommen wären, um entstandene Streitigkeiten beizulegen. Doch nöthigte Zwingli den Johannes Faber zur Widerrede und zeigte dabei eben so viel Gelehrsamkeit und Bibelkunde, als Gegenwart des Geistes, Munterkeit und gute Laune. Der Erfolg entschied für ihn und seine Sache. Der große Rath zu Zürich erließ die Verordnung: „Da Niemand von denen, welche Zwingli irrige Lehren und Ketzereien beigemessen, sich unterstanden habe, seine Lehrsätze aus der heil. Schrift zu widerlegen, so solle Zwingli mit Verkündigung des göttlichen Worts muthig fortfahren, alle Prediger aber sollten keine andere Lehre vortragen, als die sie aus der H. Schrift darthun könnten, und sich aller Schmähungen und Verketzerungen enthalten."

Faber hatte Zwingli aufgefordert, seine Behauptungen schriftlich aufzusetzen; er werde ihm dann wohl antworten. Das that Zwingli, der so wenig als Luther lange auf sich warten ließ. Seine Darstellung war klar, überzeugend und auf die Lehre Jesu und der Apostel begründet. „Sie begreifen, sagt er selbst, fast alle vorgekommenen Streitigkeiten, über die jeder aufgeklärt werden solle, wie einfältig er auch sei." Er dringt in dieser Schrift zuerst nachdrücklich darauf, daß jedermann der Kelch im Abendmahl gereicht werden müsse. Von Luthern spricht er bei dieser Gelegenheit mit der größten Achtung. „Meines Erachtens ist Luther ein so trefflicher Streiter Gottes, der die Schrift mit so großem Ernste durchforscht, als binnen tausend Jahren irgend einer auf Erden gewesen ist. Ich bin es zufrieden, wenn die Päpstler mich mit ihm einen Ketzer schelten. Mit dem männlichen, unbewegten Gemüthe, womit er den Papst angegriffen hat, ist ihm keiner gleich geworden, so lange das Papstthum gewährt hat. Was in dem ewigen, unveränderlichen Worte Gottes behalten wird, das trägt er reichlich hervor und zeigt den himmlischen Schatz den armen, irre geführten Christen; er achtet nicht, was Gottes Feinde dawider wagen und giebt nichts um ihr Sauersehen und Drohen. Ich habe absichtlich von seinen Schriften wenig gelesen; was ich aber gelesen habe, in so weit es Lehren, Meinungen und Sinn der Schrift betrifft, das ist so wohl besehen und gegründet, daß es Jedermann auf den rechten Weg bringen muß. In etlichen Dingen giebt er den Blöden zu viel nach, worin ich nicht seiner Meinung bin, wie bei der Ohrenbeichte. Predigt Luther Christum, so thut er es, eben wie ich es thue und wie eine unzählbare Menge Anderer, denen Gott ihr Maaß größer oder minder macht. Doch will ich keinen anderen Namen tragen, als meines Hauptmanns Christi, dessen Streiter ich bin; der wird mir Amt und Sold geben, so viel ihm dünkt, daß mir gut sei. Jetzt hoffe ich, daß Jedermann mich verstehe, warum ich nicht wolle lutherisch gescholten sein, da ich doch den Luther so hoch halte, als irgend einen Lebenden. Dennoch bezeuge ich vor Gott und allen Menschen, daß ich keinen Buchstaben all' meine Tage je an ihn geschrieben habe, noch er an mich, noch verschafft, daß geschrieben werde. Ich habe solches nicht unterlassen, daß ich jemand deshalb gefürchtet hätte, sondern weil ich damit allen Menschen habe zeigen wollen, wie gleichförmig der Geist Gottes sei, da wir so weit von einander entfernt, doch so einmüthig, ohne alle Verabredung, die Lehre Christi vortragen." Als Luther mit der Reichsacht belegt war und seine Lage verzweifelt schien, bot ihm Zwingli Sicherheit in der Schweiz an und verpflichtete sich, ihm den Schutz seiner Regierung auszuwirken. Selbst späterhin äußerte Zwingli, „es wären keine Leute auf Erden, mit denen ich lieber einig sein möchte, als mit den Wittenbergern. Gern will ich Luthern und die Seinigen für Brüder erkennen."

Zwingli setzte unter dem Schutz der Obrigkeit das Werk der Reformation fort, das Volk aber, das nie Maaß zu halten versteht, stürmte in seinem Unverstand gegen Bilder, Altar und Crucifix, ja sogar gegen Orgel und Kirchenmusik. Auf einer zweiten Synode, welche der Rath anordnete, redete der Commenthur Schmidt zu Küßnacht sehr beweglich über die Verblendung des unwissenden Volkes, das alle Religion für entbehrlich halte, jede Kirchenzucht verachte, das Heilige verspotte und ungestraft glaube sündigen zu dürfen. Auf dieser Synode offenbarte sich auch die Unwissenheit und Armseligkeit des Geistes im Clerus auf eine betrübende Weise und der Rath forderte Zwingli auf, eine Anleitung für die Seelsorger aufzusetzen, wie sie die evangelische Lehre einmüthig verkündigen sollten. Die neue Lehre, nur das übersinnliche, körperlose Wort verehrend, sahe in jedem Bilde papistischen Götzendienst und suchte sich bis zu reflectirenden Anbetung des dürren Begriffs hinaufzusteigern. So wurde auch den Worten im heiligen Abendmahl: „das ist mein Leib!" ein uneigentlicher Sinn beigelegt, so daß Christus nur habe sagen wollen: „das bedeutet meinen Leib." Wenn Christus beim Lucas (22, 20) sagt: „Das ist der Kelch, das neue Testament in meinem Blut, das für euch vergossen wird", so hat das neue Testament Kraft und Grund im Blute Christi, das für uns vergossen ist; das Blut ist aber nicht der Kelch, sondern nur das Zeichen, daß das Blut für uns vergossen ist. Zwingli hielt darüber eine eindringliche Predigt und nun wurden die Altäre abgebrochen, dafür Tische hingesetzt, Brot und Wein daraufgestellt und am grünen Donnerstage 1525 (13. April) das heilige Mahl in der neuen Weise gehalten.

Wenn die Züricher seit dem Kriege der Franzosen in Italien sich schon ein entschiedenes Uebergewicht im Schweizerbunde verschafft und dadurch den Neid der übrigen Cantone aufgeregt hatten, so benutzten dieselben Zürichs Abfall von der herrschenden Kirche sehr gern zu heftigen Anfeindungen und ließen scharfe Verordnungen gegen die Abtrünnigen ergehen. Der Pfarrer Oechsli zu Stein wurde um Mitternacht aufgehoben und eingekerkert, der Vogt Hans Wirth von Stammheim und sein ältester Sohn auf die Folter gespannt und hingerichtet, Niklaus Holtinger enthauptet. Mit Ausnahme von Schaffhausen schickten die Cantone Abgesandte nach Zürich, welche gegen die angefangenen Neuerungen in der Religion und Kirche ernste und drohende Vorstellungen machen mußten. Die Bischöfe von Costnitz, Basel und Lausanne setzten alles in Bewegung, um die Eidgenossen in treuer Anhänglichkeit an der römischen Kirche zu erhalten. Doch die Züricher setzten das angefangene Werk rüstig fort und Zwingli schrieb als ein evangelisches Glaubensbekenntniß das merkwürdige Buch: „von der wahren und falschen Religion", das er dem König von Frankreich, Franz I zueignete. Wie freudig auch dies Glaubensbekenntniß von den Anhängern der Reformation aufgenommen wurde, so erweckte es doch dem freimüthigen Manne von Seiten der Gegner Anfeindung und Verfolgung. Leidenschaft und Parteisucht brachten Haß und Erbitterung in den Kampf und es kam zuletzt zum blutigen Kampf. Die letzten Jahre von Zwingli's Leben sind eine Reihe von Verfolgungen, Gefahren und harten Bedrängnissen. Doch bewies er in denselben eine unerschrockene Wahrheitsliebe und einen beharrlichen Muth.

Die Wiedertäufer waren mit ihren aufrührerischen Gesinnungen bis in die Schweiz gedrungen. Konrad Gröbel und Felix Manz, aufgeregte Schwärmer, verbreiteten Thomas Münzers Lehren und Grundsätze in Zürich und richteten viel Irrsal an. Sie verwarfen das Ansehen der Obrigkeit, entzündeten die Einbildungskraft des einfältigen Volkes durch verkehrte Ideen von christlicher Freiheit und beriefen sich gegen alle Vorstellungen auf das innere Licht. Die Obrigkeit glaubte zu ernsten Maßregeln schreiten zu müssen. Sie ließ die Eingedrungenen über die Grenze bringen, belegte die Einheimischen mit Geld- und Gefängnißstrafen und ertränkte den fanatischen und widerspänstigen Manz.

Alle diese Unordnungen und Ausbrüche einer wilden Schwärmerei wurden von den katholischen Kantonen der Reformation zur Last gelegt und Zwingli und seine Glaubensgenossen immer heftiger angefeindet. Zu Luzern und Baden im Aargau wurden Zwingli's Bild und Schriften verbrannt, seine Lehre für teuflisch erklärt, über alle seine Anhänger der große Kirchenbann verhängt. Auf Johann Fabers Antrag wurde der evangelische Geistliche Johann Hüglin zu Lindau zum Feuer verurtheilt und ein anderer protestantischer Lehrer, Peter Spengler zu Freiburg im Breisgau, ersäuft. Doch die Wahrheit läßt sich nicht bannen, ersäufen und verbrennen. Sie breitete sich in der Schweiz immer weiter aus, überstieg die höchsten Alpen und fand in Basel, Schaffhausen, Appenzell und besonders in Bern eine gastliche Aufnahme. In der letzteren Stadt wollte sich der Rath nach der Sitte jener Zeit durch ein gelehrtes Religionsgespräch von der Wahrheit der evangelischen Lehre überzeugen. Zu Anfange des Jahres 1528 lud er alle einheimische und auswärtige Gelehrte, sowie die lieben Eidgenossen zu einer Disputation ein. Zwingli, Oekolampadius, Pellikanus und Haller standen an der Spitze der evangelischen Theologen. Aus Straßburg kamen Capito und Bucer, aus Costnitz Ambrosius Blarer und auch aus Nürnberg, Augsburg, Ulm und anderen deutschen Städten Gelehrte und Geistliche. Es waren deren 350. Der Erfolg dieser Disputation, die 18 Tage lang vom Morgen bis in die Nacht gedauert hatte, war die Einführung der Reformation in Bern. Diese ehrenwerthe Stadt trat mit Zürich in ein Burgrecht, in welches bald darauf auch Constanz, St. Gallen, Biel, Mühlhausen und Basel aufgenommen wurden. Luzern, Uri, Schwytz, Unterwalden und Zug, in der Geschichte jener Zeit die fünf Kantone genannt, schlossen, sobald sie Zürich und Bern zum Schutz vereinigt sahen, ein Gegenbündniß, um dem Eindringen der evangelischen Lehre allen möglichen Widerstand entgegenzusetzen. Die Härte, mit der sie jeden Versuch zur Reformation in ihrem Bereich niederdrückten; die Grausamkeit, mit welcher ihre Landvögte dazwischen fuhren mit Feuer und Schwert; der Vertrag mit Ferdinand von Oestreich, den sie zum Schutz gegen die reformirten Kantone schlossen: das zeigte den letzteren genugsam, was sie von dem hochgesteigerten Haß ihrer alten Eigenossen zu erwarten hatten. Zwingli hielt zur Aufrechthaltung der Freiheit und zum Schutz des evangelischen Glaubens einen offenen redlichen Krieg für das Gerathenste. So kündigte denn Zürich den katholischen Kantonen förmlich den Krieg an. Bern sandte seine Kriegsmänner zum Schutz und Trutz. Die fünf Kantone traten ihnen mit Heeresmacht entgegen. Man erwartete ein blutiges Gefecht. Da ging der Landammann von Glarus, Hans Elbi, in beider Lager und redete eindringliche Worte des Friedens. Es kam zum Waffenstillstand und nach zweien Tagen, den 25. Juni 1529, zum Frieden von Cappel. Er sollte in beiderseitigen Landen völlige Freiheit der Religionsausübung sichern. Aber die Flamme war nur unterdrückt, nicht ausgelöscht. Sie brach mit größerer Heftigkeit hervor, als Zürich die Aufhebung der Abtei St. Gallen verlangte, die fünf Kantone gegen reformirte Einwohner sich Gewalt und Unrecht erlaubten und den Kaiser zur Austilgung der neuen Lehre, zu einem Einfall in die Schweiz aufforderten. Der gegenseitige Verkehr wurde ganz abgebrochen.

Zwingli's Herz wurde mit Sorgen erfüllt, als er sahe, wie viele giftige Pfeile des Hasses auf seine mannhafte Brust abgeschossen, welche Unruhen, Zwiespalt und Feindschaft durch die Verkündigung des Evangeliums im lieben Vaterlande angerichtet wurden, und wie im Rathe zu Zürich noch viele Männer saßen mit zweideutiger Gesinnung und im Einverständniß mit dem Auslande. Er wollte Zürich verlassen. Bald aber ermannte er sich wieder und ergriff mit erhöhetem Muth das Schwert des Glaubens. „Was Gott will, schreibt er, kommt sicher zu Stande. Wird es uns nicht so gut, Zeugen des glücklichen Erfolgs zu sein, so müssen wir denken, wir haben gleiches Schicksal mit den Kriegern. Diejenigen erfechten allemal den schönsten Sieg, die im Treffen bleiben, wenn sie auch den glorreichen Ausgang der Schlacht nicht erlebt haben. Muthig also, wenn wir Gefahren und Mühseligkeiten zu überstehen haben, durch welche die gute Sache des Christenthums wieder in Aufnahme gebracht wird, sollten wir auch den blühenden Zustand desselben mit diesen unsern Augen nicht sehen. Es ist Einer, der uns sieht und die Streiter werthet. Andere mögen sich auf Erden der Früchte unserer Anstrengung freuen, wenn wir der himmlischen Belohnung genießen."

Der edle Streiter dachte wohl nicht, daß er mit diesen Worten seinen nahen Ausgang aus diesem wildbewegten Leben bezeichnet hatte. Die fünf Kantone hatten sich zum blutigen Kampf gerüstet. Die Züricher zögerten damit. Der gute Wille Vieler ward durch Untreue und Verrath Anderer gelähmt. Zwingli wußte das, und trauerte in seinem Herzen über das nahe Verderben. Das Heer der Katholischen wuchs mit jedem Tage. Die Harschhörner von Uri tönten durch das Gebirge; die Schützen aus dem Eschenthal rückten heran; Schiffe über dem Zugersee brachten junge Mannschaft. Ihre Zahl stieg bis achttausend. Zürich hatte bei Cappel nicht mehr als tausend Mann. Göldli, der sie anführte, hatte Befehl, nicht eher anzugreifen, als bis das Hauptpanner der Stadt angekommen sein würde. Ein Verräther gab von Allem dem Feinde Kunde. Ehe das Panner ausgezogen war, wurde die kleine Schaar vom überlegenen Feinde angegriffen. Zwingli eilte den Bedrängten mit etlichen Hundert zur Hülfe. Er betete voll Inbrunst und befahl Gott seine Seele und die Kirche. Boten riefen ihm zu, es sei zu spät, des Tages Schicksal schon entschieden. „So will ich hin zu diesen tapfern Leuten, sprach Zwingli, will mit und unter ihnen sterben oder sie retten helfen." Gegen Abend kam er auf dem Schlachtfelde an, mit einer Hellparte bewaffnet. „Biedere Leute rief er; seid tapfer und fürchtet euch nicht! Müssen wir gleich leiden, so ist doch unsere Sache gut. Befehlet euch Gott, der wird mit uns kämpfen! Seine Gnade walte über uns!" Die Ermüdeten kämpften herzhaft und leisteten tapferen Widerstand. Aber das Panner sank, bedeckt mit den Leichnamen vieler Edlen. Zwingli war einer der letzten auf der Wahlstatt. Von einem Stein zu Boden geworfen, erhob er sich mühsam. Bald sank er erschöpft, stützte sich aufs Knie und rief: „welch Unglück ist es denn? Den Leib können sie wohl, die Seele nicht tödten!" Betäubt sank er nieder. Plündernde trafen ihn auf den Rücken liegend, mit gefalteten Händen und gen Himmel gerichteten Augen. Hauptmann Juckinger von Unterwalden stach ihn mit dem Schwert in den Hals. Bald darauf verschied er. Es war der 11. Oktober 1531.

In Zwingli's Leben und Schriften wohnen evangelische Einfalt, Wahrheit und helvetische Biederkeit, ein feuriger durchdringender Geist und ein frommer Muth. Doch waren es nicht tiefgehende, gewaltige Gedanken, die seine Seele bewegten und über die Schranken beengender Gegenwart erhoben. Seine Liebe für Zürich, für dessen Ehre und Wohlfahrt brachte zu viel Weltliches und Aeußerliches in die Reformation. Darum konnte sein Gemüth bald gereizt und verstimmt werden. Seine Freimüthigkeit traf so viele persönliche Verletzungen; er hatte deßhalb mehr Feinde als sein redlicher Sinn verdiente. Seinen Schriften fehlt die letzte Hand. Er arbeitete zu viel und zu eilig, als daß er alles gehörig hätte durchdenken können. Viele Mißverständnisse ruhen in seinem oft unbestimmten Ausdruck und in dem Eigenthümlichen der schweizerischen Mundart. Die Wahrheit war die Seele seines Denkens, Empfindens und Wollens. Darum gestand er seine Fehler ohne Hehl und nahm Erinnerungen wohlwollend auf. Er liebte wie Luther Humor, Musik und gesellige Freuden, war heitern Gemüths und gönnte sich gern eine frohe Stunde.

Was Luthern Justus Jonas, das war Zwinglin Leo Judä, ein biederer Wahrheitsfreund, der dem Herrn mit Fleiß und Treue diente. Sein Vater, Johannes Judä, hatte ihn 1482 im Konkubinat erzeugt.

Den ersten Unterricht erhielt er zu Selstadt von dem damals berühmten Rector Crato und seine gelehrte Bildung auf der Hochschule zu Basel, besonders durch Wittenbach. Hier verband ihn gleiche Liebe für die Wissenschaften mit Ulrich Zwingli, dem er mit fester Treue ergeben blieb bis in den Tod. Eine Zeit lang bekleidete er das Diakonat zu St. Theodor in Basel, besuchte Zwingli häufig zu Einsiedel, wurde daselbst sein Nachfolger und folgte ihm auch 1522 nach Zürich als Pfarrer an St. Peter. Hier wurde er seines Freundes treuester Gehülfe in Ausbreitung der evangelischen Wahrheit und in Begründung der reformirten Kirche. Bei allen Berathungen, Verhandlungen, Religionsgesprächen und Einrichtungen war er ein thätiger Theilnehmer, predigte fleißig, dichtete mehrere Kirchenlieder, übersetzte Erasmus Paraphrase des neuen Testaments, hielt Vorträge über Luthers Erklärung des Vater Unser, schrieb einen großen und kleinen Catechismus, übersetzte viele Schriften seines Freundes ins Lateinische und gab mehrere nachgeschriebene Predigten desselben heraus. Sein Hauptwerk aber ist die deutsche und lateinische Uebersetzung der Bibel, woran er seine ganze Liebe und einen unermüdlichen Fleiß wandte. Sie beschäftigte ihn in den letzten Jahren seines Lebens Tag und Nacht, so daß er sich daran, nach der Aeußerung seines Sohnes, der das Leben des Vaters beschrieben, zu Tode gearbeitet hat. Mit der größten Uneigennützigkeit verband er einen sich aufopfernden Hang zur Wohlthätigkeit. Die Armen erhielten oft seinen letzten Bissen Brot. Wie sein Freund liebte er Musik und Geselligkeit. Er starb am 19. Juni 1542.

Der Melanchthon Zwingli's war Johann Oekolampadius (Hausschein), ein Mann von feinem Geiste und trefflicher Gelehrsamkeit, von ruhigem und ernstem Sinn und von mildem, wohlwollendem Herzen. Mit wahrer christlicher Demuth verband er festen Sinn und Glaubensmuth, mit einer innigen Liebe für seine Freunde schonende Nachsicht mit seinen Widersachern. Nur böswilliges Widerstreben gegen die Wahrheit konnte ihn in Harnisch setzen. Bei allen kirchlichen und politischen Wirren, bei allen Kämpfen mit seinen oft heftigen und leidenschaftlichen Gegnern blieb er gelassen und besonnen, das Ziel seines Strebens und Lebens immer fest im Auge behaltend. Dem tiefen Verderben seiner Zeit trat er mit hohem sittlichem Ernst entgegen und bewirkte viele heilsame Mandate und Einrichtungen zur Förderung eines christlichen Lebens. Dieser ehrwürdige Zeuge der Wahrheit stammte aus einem alten geachteten Schweizergeschlecht und wurde 1482 zu Weinsberg geboren. Auf den Wunsch der Mutter wurde der talentvolle Knabe dem gelehrten Stande gewidmet und vom Vater nach Heilbronn geschickt. Bereits in seinem zwölften Jahre konnte er die Universität Heidelberg beziehn, und in seinem vierzehnten Jahre den Grad eines Baccalaureus erhalten. Der darüber hocherfreute Vater sandte ihn nach Bologna, um ihn zum Rechtsgelehrten auszubilden. Bei seiner kontemplativen Gemüthsart paßte er nicht für die verworrenen weltlichen Händel und kehrte bald nach Heidelberg zurück, um dort Theologie zu studiren. Sein Geschmack war durch das Studium der Alten schon soweit gebildet, daß er sich von der trocknen Scholastik zu dem Studium der Bibel und zu den Schriften eines Gerson, Richard, Reuchlin und Erasmus wandte. Landgraf Philipp von Hessen wählte ihn zum Lehrer seiner jüngeren Söhne, doch das geräuschvolle Hofleben war nicht für den die Stille und das beschauliche Leben liebenden Hausschein. Er begab sich bald nach Tübingen und von dort nach Stuttgart zu dem gelehrten Reuchlin, von dem er Griechisch, und von dem spanischen Arzte, Matthäus Adrianus, Hebräisch lernte. Er schrieb wie Melanchthon eine griechische Grammatik.

An seinem Geburtsort hatten die Eltern ihrem lieben Johannes eine Pfründe gestiftet, die er sogleich antrat. Sein ernster, herzlicher und erbaulicher Vortrag erhob sich weit über das seichte Geschwätz armseliger Geistlicher, gegen welche er das bekannte Büchlein vom Ostergelächter schrieb. In Heidelberg hatte er den trefflichen Capito, Prediger in Bruchsal, kennen gelernt und mit ihm eine innige Freundschaft geschlossen. Als Capito nach Basel versetzt worden war, ruhte er nicht, als bis er den theuren Freund nach sich gezogen. Auf seinen Betrieb berief der Bischof von Uttenheim den Dekolampad 1515 zum Pfarrer an der Hauptkirche zu Basel. Er trat hier mit Erasmus in einen gelehrten Verkehr und leistete ihm bei der Herausgabe des neuen Testamentes wesentliche Dienste. Nur drei Jahre blieb er in Basel und folgte dann dem Rufe als Domprediger zu Augsburg. Hier reizte ihn die Nähe des freundlich gelegenen, zur friedlichen Stille einladenden Klosters Altenmünsters zum Mönchthum. Er ging ins Kloster, behielt sich aber den Rücktritt in die Welt vor. Auch fand er bald, daß Friede und Frömmigkeit in Klöstern nicht zu finden sind. Er studirte und schrieb fleißig und las besonders solche Bücher, welche die Beförderung eines heiligen Lebens zur Absicht haben. Da er auch Luthers Schriften las und dessen Abhandlung „von dem wahren Bekenntniß der Sünde" herausgab, wurde er der Ketzerei verdächtig und von dem Beichtvater des Kaisers, dem Franziskaner Glapio mit gefänglicher Haft bedroht. Seine Freunde hörten von der Gefahr und vermochten ihn zur Flucht. Er floh zu der Herberge aller Verfolgten und Bedrängten, auf die Ebernburg des Ritters Franz von Sickingen. Hier fand er Ulrich von Hutten, Schwebel, Aquila und Bucer und verlebte im Umgang mit ihnen glückliche Tage. Als aber dieser freisinnige Rittersmann im Kriege mit dem Churfürst von Trier seinen Tod fand, ging Oekolampad 1522 nach Basel, erhielt dort eine Professur der Theologie und ward Hülfsprediger an der Martinskirche. Er nahm diese Stellen unter der Bedingung an, daß er den gereinigten Religionsbegriffen gemäß lehren und das römische Ceremoniel aufgeben dürfe.

Luther schrieb unterm 20. Juni 1524 an Oekolampad, bezeigte ihm seine Freude, daß er das Klosterleben aufgegeben und ermahnte ihn, der erkannten Wahrheit getreu zu bleiben und das Evangelium freimüthig zu verkündigen. Oekolampad hielt Luthern in hohen Ehren und schrieb einem seiner Freunde: „ich lege auf viele Lehren des erleuchteten Mannes einen solchen Werth, daß wenn auch ein Engel vom Himmel ihm widersprächen, er mich doch nicht würde überreden können, von seiner Lehre abzustehen." Mit Zwingli machte er bald persönliche Bekanntschaft und verband sich fest mit ihm zur muthigen Bekämpfung aller Irrthümer und Mißbräuche der römischen Kirche. Doch schien dem milden Johann der tapfre Zwingli oft zu hitzig und er ermahnte immer zur Mäßigung. Dabei war er aber nicht Willens, der Wahrheit etwas zu vergeben. Allmählig brachte er immer mehr Licht in die Kirche, schaffte einen Mißbrauch nach dem andern ab; reichte das Abendmahl in beiderlei Gestalt, verrichtete die Sakramente in deutscher Sprache, entfernte die Heiligenbilder aus der Kirche und erklärte sich gegen Weihwasser, Umgänge und Todtenopfer. Bei seinen Vorlesungen über das alte und neue Testament prüfte er alle Lehren und Satzungen der Kirche nach den Aussprüchen der heiligen Schrift. Bei den Religionsgesprächen zu Zürich und Basel, an denen er lebhaften Antheil nahm, zeigte er eben so viel Ruhe und Friedfertigkeit als Einsicht und Gewandheit.

Als Carlstadt und Zwingli mit ihrer Meinung über den Sinn und die Bedeutung des heiligen Abendmahls hervortraten, legte auch Oekolampad die seinige unverholen dar. Lange schon hatte er über die Umwandlung des Brotes nachgedacht, geprüft, gezweifelt und seine Ansicht nur Einzelnen schüchtern und behutsam mitgetheilt. Jetzt trat er mit seiner Schrift: „über die ächte Auslegung der Worte des Herrn: das ist mein Leib" hervor. Er nahm das Wort „Leib" nur figürlich, als Zeichen und Sinnbild des Leibes, und suchte zu beweisen, daß diese Auslegung dem Sprachgebrauche und Zusammenhange angemessen sei. Mehre seiner Freunde, namentlich Erasmus, hatten die Erscheinung dieser Schrift verhindern wollen. Und für die Ruhe ihres Verfassers und den Frieden in der Kirche würde sie auch besser ungedruckt geblieben sein, denn sie hat dem sonst so friedliebenden Mann das Herz und Leben verbittert und viel Irrsal angerichtet. Zunächst traten die schwäbischen Geistlichen, an deren Spitze Brentius, gegen ihn auf, dann Theobald Billikan, Pfarrer in Nördlingen, Jakob Struthio, Pfarrer in Baaden, Jodocus Clichtovens, Canonicus in Chartre und Johann Fischer, Bischof von Rochester, mit der heftigsten Erbitterung aber Wilibald Pirkheimer, ihm sonst so freundlich zugethan. Luther, allezeit mit einem verzehrenden Feuer hervorbrechend, wenn er den Glauben, und darin sein innerstes Leben verletzt sah, griff den Basler Theologen und die Gegner der leiblichen Gegenwart Christi

4*

im Abendmahl mit den härtesten Worten an und glaubte sie in keiner Weise schonen zu dürfen. Oekolampad, sonst so ruhig und friedfertig, vertheidigte sich in gereizter Stimmung mit bittern und kränkenden Worten und so erhielt das verzehrende Feuer der Zwietracht immer neue Nahrung.

Nach dem Beispiel seiner Freunde Zwingli und Capito verheirathete sich Oekolampad mit einer jungen Wittwe, Wibrandis Rosenblatt, und wie er in derselben eine treue Gehülfin für sein häusliches Leben, so hatte er an Wilhelm Farell einen warmen Freund für sein Reformationswerk in Basel gefunden. Dieser französische Edelmann, lebhaften Geistes, eifrig in Erforschung der Wahrheit, bekannt mit der Bibel wie mit den alten Classikern, hatte Frankreich verlassen und sich nach Straßburg begeben, um seine Glaubensansichten im Umgange mit Capito und Bucer weiter auszubilden. Im Jahre 1524 kam er nach Basel und hielt dort ein öffentliches Religionsgespräch, in dem er mit Oekolampad das Ansehn der heiligen Schrift in Glaubenssachen, die Rechtfertigung allein durch den Glauben, die Ehe der Geistlichen und die Abschaffung der abergläubischen Gebräuche in der Kirche vertheidigte. Nach der Disputation gab die Obrigkeit den Befehl, daß die Geistlichen nichts andres als das Wort Gottes predigen und alle menschliche Satzungen fahren lassen sollten. Der Kampf zwischen der katholischen und evangelischen Parthei wurde immer heftiger, Streitschriften gingen hinüber und herüber und die Kanzeln wurden Kampfplätze feindseliger Polemik. Die Obrigkeit gebot endlich Frieden und gestattete Freiheit des Glaubens und jeder Parthei ihren kirchlichen Gottesdienst.

Farell litt von dem bischöflichen Vicarius und von der Universität so heftige Verfolgungen, daß er es für rathsam hielt, Basel zu verlassen. Seine heftige Gemüthsart und seine zu weit gehende Neuerungssucht, nicht ohne Beimischung von Eitelkeit, hatte ihm zum Nachtheil der guten Sache, viele Feinde und Widersacher erweckt. Als ein wahrer Apostel wanderte er unter steten Gefahren durch Städte und Flecken und erfüllte sie mit dem Worte Gottes, lehrte, vermahnte, schrieb und disputirte in fortwährender Unruhe, Kampf und Verfolgung. Im Jahre 1532 ging er zu den Waldensern ins Thal von Angrogne, wo er von den Brüdern den Auftrag erhielt, ihre geschriebene Bibel drucken zu lassen. Oekolampad focht mittlerweile den Kampf mit den Widertäufern, welche die Gegend von Basel beunruhigten, allein aus, und obgleich er dabei in Lebensgefahr kam, setzte er doch den Aufgeregten Milde und Sanftmuth entgegen. Dasselbe Betragen zeigte er gegen den unglücklichen Servet, der 1530 nach Basel kam und späterhin in Genf ein so trauriges Ende fand. Er schied die Sache von der Person, bekämpfte Servets Irrthümer, aber wich allen gehässigen Anfeindungen aus.

Im Jahre 1529 ging Oekolampad zum Religionsgespräch nach Marburg, von dessen Erfolg später die Rede sein wird. Auf der Heimreise besuchte er mit Bucer Ulm, Memmingen und Biberach und wurde überall mit großer Ehre und Freude aufgenommen. Dies war auch die letzte Erheiterung, die der fromme Streiter auf seiner mühseligen Laufbahn gefunden. Der Verlust seines theuren Freundes und Kampfgenossen, Ulrich Zwingli's, hatte ihn tief gebeugt. An ihm hing sein ganzes Herz; an seinem Muthe richtete er sich auf; in seiner Liebe fand er Ersatz für den Haß seiner Feinde. Nun war seine Kraft gebrochen und das Ende seiner Tage schnell herbei gekommen. Er fühlte das und nahm von den Seinen einen christlichen Abschied. Nachdem er die Kinder gesegnet, feierte er mit rührender Andacht mit den Seinen das heilige Abendmahl. „Dies Nachtmahl, sprach er, das ich jetzt mit euch esse, ist ein Zeichen meines wahren Glaubens an Jesum Christum meinen Herrn, Heiland und Erlöser. Ein treues Zeichen der Liebe, das er uns hinterlassen hat, soll auch mein letztes Lebewohl für euch sein." Am folgenden Tage berief er sämmtliche Kirchendiener zu sich, um Abschied von ihnen zu nehmen. Er empfahl ihnen rührend und herzlich die Angelegenheiten der Kirche, ermahnte sie zum Muth und Eifer in ihrem Dienst, warnte sie vor Uneinigkeit und Zwietracht, vor Menschenfurcht und Saumseligkeit. Am ersten December entschlief er sanft und still mit den Worten: „Hilf mir, Herr Jesus Christ!" Er war nur 49 Jahre alt geworden und hinterließ die Seinen in großer Armuth; aber sein Gedächtniß bleibet in Segen. Sein Geist war klar, sein Herz milde und allen Bedürftigen aufgethan. Er kannte seine Fehler und war von Herzen demüthig. Allen versöhnlich hat er nie einen Freund verloren. Luther schätzte ihn, wenn er auch seine Irrthümer beklagte; Melanchthon liebte ihn von ganzem Herzen.

Bern war seit dem ewigen Frieden, den die Eidgenossen 1516 mit Frankreich abgeschlossen hatten, dem französischen Interesse ganz ergeben und erhielt dadurch für die Schweiz eine besondere Wichtigkeit. In kirchlicher Hinsicht aber war es lange der Schauplatz papistischer Irrsale und mönchischen Betrugs gewesen. Besonders hatten sich die Dominikaner diese Stadt, deren Einwohner für sehr einfältig gehalten wurden, zu ihren heimlichen Umtrieben und wunderthätigen Erscheinungen ausersehen. Ein Schneidergesell, Johann Jetzer von Zurzach, ein schwachsinniger, leichtgläubiger Ordensgenoß, wurde als Werkzeug der Betrügereien gebraucht. Allein die Falschmünzerei war zu arg, das Spiel mit dem Heiligen zu grob, der Erfolg für Papst und Kirche zu gefährlich. Der päpstliche Bevollmächtigte, der Bischof von Castella, verurtheilte 1509 vier Mönche zur Ausstoßung aus dem Orden und übergab sie der Obrigkeit zur Bestrafung. Sie wurden am 31. Mai vor den Thoren von Bern verbrannt und Jetzer des Landes verwiesen. Dem Volke aber waren die Augen geöffnet und in der Stadt verbreitete sich ein lauter Unwille über das schändliche Spiel, das mit dem Heiligen getrieben worden. Der Boden war zur Reformation vielfach vorbereitet. Kaum eine andere Stadt hatte in kurzer Zeit die römischen Mißbräuche, den Uebermuth päpstlicher Gesandten, die Krämerei der Ablässe, den Betrug mit Reliquien, das schändliche Leben des Clerus und was mit all' diesem Unfug verbunden war, so reichlich und im Uebermaß erfahren, als Bern.

In der Nähe der Wunderhöhle des St. Beatus am Thuner-See verbreitete Johannes Haller im Kloster zu Interlacken die reineren Religionsbegriffe, die er seinem vertrauten Umgang mit Zwingli zu verdanken hatte. Zu gleicher Zeit arbeitete in Bern sein Verwandter Berthold Haller, Prediger und Stiftsgenoß, in Verbindung mit Sebastian Meyer, Doktor der Theologie und Priester am Münster, an der Läuterung des Glaubens, Abschaffung abergläubischer Gebräuche und Verbesserung der tief verfaulenen Sittlichkeit. Die ungewöhnliche geistige Bewegung der Zeit, der allgemeine Ruf Luthers, die Menge seiner Schriften, die von Basel aus verbreitet und von den Bernern begierig gekauft wurden, und noch mehr, was durch Zwingli und seine Freunde im Vaterlande selbst geschah, zogen Berthold Haller (geb. 1492 zu Aldingen in Schwaben) so mächtig an, daß er nichts sehnlicher wünschte, als den schweizerischen Reformator selbst kennen zu lernen. Er reiste nach Zürich und zwischen beiden Männern knüpfte sich eine enge Freundschaft und ein Briefwechsel, der bis zu Zwingli's Tode fortdauerte. Haller war ein sanfter, friedliebender Mann, wie Oekolampad, aber durchdrungen von der Kraft des evangelischen Glaubens, also daß die Sache der Ordnung und Gerechtigkeit allezeit seine eigene war. Seine Milde und Friedensliebe, seine Bescheidenheit und das Mißtrauen in die eigene Einsicht ging nicht selten in zögernde Aengstlichkeit über; hatte er aber den Kampfplatz betreten und eine Sache begonnen, dann verfocht er sie tapfer und entschlossen. Dabei stand ihm sein Amtsgenoß Sebastian Meyer, ein heftiger, ja stürmischer Mann, treulich zur Seite. „Offenbar ist, schreibt derselbe, daß wir in all' diesem Handel nichts anders suchen, denn daß sich männiglich nach der Form der apostolischen Kirche dem einigen Meister Christo Jesu, unserm Haupt und Heiland, mit solchem reinen Glauben untergebe, daß es mit der Lehre des heiligen Evangeliums und aller apostolischen Schriften recht und wohl zustimme."

Doch wurden Haller und Meyer der Ketzerei bezüchtigt und bei dem Bischof von Lausanne, Sebastian von Montfaucon, als falsche Lehrer verklagt. Dieser verlangte ihre Auslieferung. Der Rath der Zweihundert, vor welchem sich Haller mit siegender Beredsamkeit vertheidigt hatte, verweigerte das Ansinnen. Waren doch mehre Glieder der Regierung selbst Freunde und Beförderer der evangelischen Lehre. Doch blieb die Kirche zu Bern lange in einem zerrütteten Zustande, da die alte heidnische

Finsterniß gegen das eindringende Licht sich gewaltig wehrte. Der Rath schwankte von einer Seite zur andern und erließ Verfügungen, die bald wieder beschränkt oder aufgehoben wurden. Endlich im Jahre 1525 erließ derselbe in 35 Punkten ein Mandat, durch welches das Reformationswerk eingeleitet werden sollte. In dieser Verfügung heißt es: „Es soll jedermann freistehen vom Fegfeuer, kanonischen Stunden und ähnlichen Andachten zu glauben und zu halten, was er wolle; die verheiratheten Priester sollen in ihren Aemtern bleiben und die Ehe der Geistlichen gestattet sein; es soll schlechterdings kein Ablaß mehr für Geld verkauft werden; die römischen Buben (päpstliche Hofgeistliche) sollen sich bei Gefängnißstrafe keiner Pfründen im Berner Lande bemächtigen; die Clerker sollen wie die Laien von einem weltlichen Gericht gerichtet werden; das Lesen der heiligen Schrift und der Bücher, die mit ihr übereinstimmen, soll jedermann gestattet sein; der Clerus darf ohne Erlaubniß der Landesobrigkeit keine liegenden Gründe kaufen, noch Geld auf Zinsen leihen."

Nach der Rückkehr vom Kirchentage in Baden begann nun „die gemeine Reformation". Die Messe wurde „als ein eigennütziges verführerisches Gewerb" verboten, Heiligenbilder und Altäre aus den Kirchen geschafft, Klöster aufgehoben und zu Nutz der Kirchen und Schulen verwandt; die Beatshöhle wurde vermauert, das wunderthätige Bild in Büren verbrannt, das Zutrinken, Spielen, unzüchtiger Tanz und Kleidung bestraft. Alle „Vergehungen" an Klöster, Kirchen, Heilige, Altäre u. dergl. durften bis ins dritte Glied eingezogen werden. Man kannte im Reformiren kein Maß noch Ziel und manche Kirchenzierde und werthvolles Kunstwerk entführte die Neuerungssucht. Man machte den Bernern den Vorwurf: „sie haben viel gröber gehandelt, denn die von Zürich."

Die katholischen Kantone setzten alles in Bewegung, das Werk der Reformation zu hemmen und zu hintertreiben. Auf Hallers Leben wurden Anschläge gemacht und ihm die bösesten Dinge nachgesagt. Auf einer Tagsatzung zu Luzern gab man sich das Wort, beim alten Glauben zu bleiben und denselben auf alle Weise zu beschützen. Mehre Mitglieder des Berner Raths waren gewonnen und bereiteten dem redlichen Haller viel Herzeleid. Doch griff der Geist der Reformation immer weiter um sich. Der Probst von Wattenwyl heirathete die Nonne Clara Mey und fand bald Nachfolger. Es wurde viel gestritten und die Partheien traten heftig gegen einander. Da versuchte man nach dem Vorgange von Zürich Ergründung der Wahrheit und Ausgleichung der Streitenden durch ein allgemeines Religionsgespräch. Dies wurde auf den 7. Januar 1528 ausgeschrieben und auch die Bischöfe von Konstanz, Basel, Lausanne und Wallis dazu eingeladen. Sie lehnten aber ihr Erscheinen ab, der Bischof von Lausanne mit der Entschuldigung: er habe keine in der Schrift so bewanderte Geistliche, daß sie sich in gelehrte Untersuchungen und Disputationen entlassen könnten. Die papistischen Stände, die Bischöfe, ja selbst der Kaiser Karl V. gaben sich alle Mühe, das Colloquium zu hintertreiben. Es kam dennoch zu Stande und der Sieg entschied sich auf eine glänzende Weise für die Evangelischen. Die zehn Schlußreden, womit man die achtzehntägigen Verhandlungen krönte, sind voll Begeisterung und religiöser Freude.

Damit waren die Gährungen in den katholisch gebliebenen Landestheilen nicht gestillt, besonders im Oberlande und Haslithale, wo sie vom Kanton Unterwalden fortwährend angeschürt und unterhalten wurden. Doch hatte Haller noch die Freude, die Reformation im Bernerlande fest begründet zu sehn. Zum Gehülfen erbat er sich den rüstigen Heinrich Bullinger als Pfarrer am Münster zu St. Vincenz. Dieser aber zog es vor, Zwingli's Nachfolger in Zürich zu werden, wo er dem Kirchenwesen vierzig Jahre lang mit Ruhm und Seegen vorgestanden. So mußte denn der fromme, sorgenschwere, von Krankheit gebeugte Haller dem Werke bis zu seinem am 11. Februar 1536 erfolgten Tode allein vorstehn. Er that es mit Fleiß, Einsicht und Demuth. Es ist unglaublich, was die Reformatoren allesammt durch angestrengte Arbeit und nie rastenden Eifer in ihrem kurzen Lebenslauf gewirkt und gethan haben. Von diesem Fleiß haben unsere glaubenslosen Zeitgenossen gar keinen Begriff.

So hatten Zwingli und Bullinger in Zürich, Haller und Meyer in Bern, Oekolampadius in Basel, Badianus und Johann Keßler zu St. Gallen, Hofmeister in Schaffhausen, Hans Zwick zu Konstanz, Dorfmann zu Bünden und Thomas Wyttenbach zu Biel die Verbesserung der Kirche unter harten Kämpfen durchgeführt. Ein neues Leben erwachte in den Thälern und auf den Bergen. Die Männer der Freiheit erfuhren in ihrem Herzen die große Wahrheit: „Wen der Herr frei macht, der ist wahrhaftig frei." Einen treuen und tapfern Gehülfen hatten die Schweizer Reformatoren an Martin Bucer, der als Friedensstifter unter die Kämpfenden trat, als sie der Streit um Meinungen und Lehrformen zu entzweien drohte.

Martin Bucer, zu Schlettstadt im Elsaß 1491 geboren, trat bereits in seinem funfzehnten Jahre in den Dominikanerorden und ging auf Befehl seines Priors 1509 nach Heidelberg, um dort Theologie und Philosophie zu studiren. Damit verband er das Studium der heil. Schrift wie der griechischen und hebräischen Sprache. Erasmus und Luthers Schriften waren dabei seine Führer. Sein freier tapferer Sinn erwarb ihm die Gunst des Ritters Franz von Sickingen, der ihn dem Churfürsten von der Pfalz zum Hofprediger empfahl. Bei der Heidelberger Disputation im Jahre 1518 war Bucer Luthers eifriger Zuhörer und stattete seinem Landsmann Beatus Rhenanus von derselben einen genauen Bericht ab. Ein Augenzeuge, Heinrich Alting, versichert, daß Luther an dem feurigen, lernbegierigen Jüngling große Freude gehabt und in ihm der Kirche ein treffliches Rüstzeug verkündet habe. Bucer begleitete seinen Landesherrn auf einer Reise nach den Niederlanden und hier sprach er von den Irrthümern und Gebrechen der Kirche mit solchem Freimuth, daß allerlei Anschläge gegen sein Leben und seine Freiheit gemacht wurden. Er entzog sich denselben durch die Flucht und fand Sicherheit in der Burg Sickingens, auf dem Schloß Landsstein. Hier studirte er fleißig und ging 1521 nach Worms, um Luthern wieder zu sehn und zu sprechen. Der Glaubensmuth und die Standhaftigkeit dieses großen Mannes kräftigte ihn in dem Entschluß, sein ganzes Leben der Erforschung und Verbreitung der evangelischen Wahrheit zu weihen.

Bucer folgte der Aufforderung des Pfarrers zu Weissenburg, ihm in der Verwaltung des Pfarramtes Hülfe zu leisten; der Vicarius des Bischofs zu Speyer jagte sie indeß Beide aus dem Lande. Der Hartbedrängte ging nach seiner Heimath zurück und erhielt in Straßburg das Pfarramt zu St. Thomas und eine Lehrstelle am Gymnasium. Es gelang ihm in Verbindung mit mehren seiner Amtsgenossen in dieser alten Reichsstadt die Reformation zu begründen und dieselbe in einer „Erklärung über die in kirchlichen Sachen vorgenommenen Veränderungen" zu rechtfertigen.

Mittlerweile war der unglückliche Streit über die Abendmahlslehre zwischen den sächsischen und schweizerischen Theologen ausgebrochen. Die Straßburger Geistlichen wollten sich für keine Parthei entscheiden und Bucer insbesondere machte sich die Wiederherstellung des Friedens zur Aufgabe seines Lebens. Wie löblich diese Gesinnung auch war, so hat er sich doch dadurch vielfachen Mißdeutungen, Vorwürfen und Anklagen ausgesetzt. Die Friedensstifter haben in der Zeit der ersten Aufregung und des frischen Kampfes immer das Schicksal, von beiden Partheien verkannt und für wankelmüthig und treulos gescholten zu werden. Auch kam Bucer dabei mit seiner Ueberzeugung oft in Verlegenheit. Namentlich zog er sich Luthers gerechten Zorn zu, als er 1526 in der lateinischen Uebersetzung von Bugenhagens deutscher Uebersetzung der Psalmen und von Luthers Kirchenpostille diejenigen Stellen, welche das Abendmahl betrafen, den Vorstellungen Zwingli's gemäß abänderte. Bucer konnte nur zu seiner Entschuldigung sagen, daß er dadurch den Gebrauch dieser Bücher in der schweizerischen Kirche habe befördern wollen. Aber auf solche Weise konnte der Friede nicht gefördert werden. Der gläubige Schriftforscher erkannte auch die Wahrheit, die in der Behauptung der sächsischen Theologen liegt, und näherte sich Luthern wieder in der Liebe wie im Glauben. So zeigte er sich auch bei dem Religionsgespräch in Marburg sehr thätig und besonnen und auf dem Reichstage zu Augsburg vertheidigte er die evangelische Wahrheit gründlich und beherzt. Er hatte auch hier im Namen der vier Städte Straßburg, Costnitz, Memmingen und Lindau ein eignes Glaubensbekenntniß aufgesetzt. Diese vier Städte suchte er nach Zwingli's und Oekolampad's Tode mit den sächsischen Protestanten völlig zu vereinigen. Dies gelang ihm auch 1532 bei der Versammlung zu Schweinfurt. Sie unterschrieben die Augsburgische Confession, wie sie schon ein Jahr früher durch ihre Erklärung vom Abendmahl in den Schmalkaldischen Bund aufgenommen worden war.

Wie überhaupt die oberdeutschen Reichsstädte, so blieben auch die vier genannten Städte bei den strengen Lutheranern immer noch in dem Verdacht einer Hinneigung zu der schweizerischen Lehre. Der friedliebende Bucer suchte deßhalb eine vollständige Aussöhnung und ein inniges Einverständniß zu Stande zu bringen und veranlaßte 1536 eine Zusammenkunft der reichsstädtischen Theologen mit den wittenbergischen zu Eisenach, und da Luther wegen seiner Kränklichkeit nicht reisen konnte, zu Wittenberg. Dies Religionsgespräch ist eine der erfreulichsten Erscheinungen in der Reformationsgeschichte. Liebe zur Wahrheit, Eifer für das Wohl der aufblühenden Kirche und gegenseitiges Vertrauen herrschten in der Versammlung. Der Geist des Herrn war über dieselbe ausgegossen. Am 29. Mai unterschrieben alle Anwesenden ein Glaubensbekenntniß, worin sie erklärten: „daß mit dem Brot und Wein im heil. Abendmahl wahrhaftig und wesentlich der Leib und das Blut Christi zugegen sei, gereicht und empfangen werde; wiewohl sie keine Transsubstantiation oder wesentliche Verwandlung des Brotes und Weines in den Leib und das Blut Christi glaubten, auch nicht dafür hielten, daß der Leib und das Blut Christi räumlich (localiter) im Brot und Wein eingeschlossen, oder sonst fortbleibend auch außer dem sakramentlichen Genuß, damit vereinigt werde: so hielten sie sich doch fest überzeugt, daß durch die sakramentliche Vereinigung Leib und Blut Christi wirklich und wahrhaftig im Brot und Wein gereicht und von den Gläubigen empfangen werde. Sie glaubten, daß die Einsetzung dieses Sakramentes durch Christus geschehen, in der Christenheit kräftig und nicht abhängig sei von der Würdigkeit und Unwürdigkeit des Geistlichen, der das Sakrament reichet, auch nicht dessen, der es empfängt, daß es also auch der Unwürdige genieße, aber zum Gerichte." — Im Uebrigen erklärten sie einmüthiglich, daß sie der Augsburgischen Confession und deren Apologie gemäß in allen Artikeln lehren wollten.

Diese Erklärung wurde zur allgemeinen Freude mit Hand und Mund bekräftigt. Luther schrieb noch an demselben Tage an den Rath zu Straßburg, meldete den erfreulichen Ausgang der Verhandlungen, bat um die Zustimmung des Raths, der Geistlichkeit und Gemeinde, ermahnte zur rechten Einigkeit im Geiste und schloß mit den Worten: „Es soll, so Gott will, an mir nichts mangeln. So viel mir möglich ist, will ich thun und leiden zu einer rechten, gründlichen, beständigen Einigkeit. Die Erfahrung hat uns leider wohl gelehrt, was Uneinigkeit der Kirche fromme." — Bucer predigte in der Pfarrkirche zu Wittenberg vor einer großen Versammlung, die er zum Dank für die durch den heil. Geist gewirkte Vereinigung ermunterte und genoß mit sämmtlichen anwesenden Theologen das heilige Abendmahl. Damit hatte Bucer das Vertrauen der schweizerischen Theologen verscherzt und wohnte auch von dieser Zeit an allen öffentlichen Versammlungen der Lutheraner bei, aber immer versöhnend, ausgleichend und vermittelnd. Zu Schmalkalden 1537 unterschrieb er Melanchthons Buch vom Papste und auf der Versammlung zu Frankfurt a. M. 1539 zeigte er sich fest und entschlossen in der Stellung der evangelischen Kirche gegen die katholische, dagegen erweckte er bei dem Religionsgespräch in Leipzig den Verdacht der Nachgiebigkeit zur Beeinträchtigung der Wahrheit, eben so bei der Unterhandlung mit Georg Wicel und mit den Gesandten des Herzogs Georg von Sachsen zur Wiedervereinigung der evangelischen Kirche mit der katholischen, so daß er dadurch das Vertrauen des Churfürsten von Sachsen verlor.

Bei den Religionsgesprächen zu Worms und Regensburg im Jahre 1540 hatte Bucer den kölnischen Canonicus Johann Gropper kennen gelernt. Dieser empfahl ihn seinem Herrn, dem Erzbischof von Köln, Herrmann Grafen v. Wied, der die Reformation in sein Bisthum einzuführen entschlossen war. Der Churfürst beauftragte ihn mit dem Predigtamt und mit Vorlesungen über die Paulinischen Briefe im Franziskanerkloster zu Bonn, und gebrauchte ihn als ein tüchtiges und thätiges Werkzeug zur Förderung der Reformation in seinem weitreichenden Kirchensprengel. Als dieser Reformationsplan gänzlich gescheitert, der Erzbischof in den Bann gethan und seiner Würde entsetzt worden war, verfertigte Bucer für das Colloquium zu Regensburg im Jahre 1546 einen wohlgelungenen Entwurf zu einer allgemeinen Reformation der Kirche und zeigte im Kampfe mit den katholischen Streithelden eine solche Gewandheit, Gelehrsamkeit und Tapferkeit, daß der Churfürst von Sachsen mit ihm völlig ausgesöhnt wurde. Auch gegen das Interim erklärte er sich mit allem Nachdruck, so, daß er vor den Drohungen des Kaisers von Augsburg nach Straßburg fliehen, und als auch dieser Stadt das verhaßte Interim aufgedrungen war, seinen Wanderstab wiederum ergreifen mußte. Er folgte mit Paul Fagius der Einladung des Erzbischofs Thomas Cranmer, der unter Eduard III an der Einführung der Reformation in England arbeitete. Beide wurden als Lehrer der Gottesgelahrtheit bei der Universität zu Cambridge angestellt und fanden großen Beifall, besonders hielt der junge König den friedliebenden Bucer sehr in Ehren. Er forderte von ihm eine kurze Unterweisung in der christlichen Lehre, die ihm Bucer in den beiden Büchern vom Reiche Christi gab. Freimüthig äußerte sich darin der Freund evangelischen Glaubens über die Mängel der englischen Kirche, über die tiefgesunkene Kirchenzucht, über die große Unwissenheit des Clerus, über die schlechte Erziehung der Jugend und über die Dürftigkeit der Liturgie. Der vierzehnjährige Eduard begleitete diese vortreffliche Schrift mit seinen Bemerkungen. Bucer hielt im August 1550 mit den Doctoren Sedgwick, Young und Perne zu Cambridge über einige dogmatische Punkte eine scharfe Disputation und ließ sein Urtheil über die englische Liturgie drucken.

Große Anstrengungen, das ungewohnte Klima und die ganz veränderte Lebensart wirkten nachtheilig auf Fagius und Bucers Gesundheit. Der erstere starb am 13. November 1550 und der letztere am 27. Februar 1551. Der König, die Herzogin von Suffolk und alle Freunde der Reformation empfanden über Bucers Tod eine tiefe Trauer und bezeugten dieselbe durch ein ehrenvolles, glänzendes Begräbniß. Doch sollten seine Gebeine auch im Grabe die Ruhe nicht finden, die der vielgeplagte Mann im unruhigen Leben vergebens gesucht hatte. Nach Eduards Tode begannen die grausamen Verfolgungen der Protestanten unter der Königin Maria. Der Kardinal Pole sandte eine Kommission nach Cambridge, um diesen Sitz der Gelahrtheit von den eingeschlichenen Ketzereien zu reinigen. Alles beugte sich hier in knechtischer Unterwürfigkeit der herrschenden Gewalt. Auf den Antrag der Universität wurden die Gebeine Bucers und Fagius ausgegraben und unter Verwünschungen und lächerlichen Gebräuchen am 6. Februar 1556 in ihren Särgen an Pfähle gebunden und mit ihren Büchern verbrannt. Doch als vier Jahre darauf die Königin Elisabeth den Protestanten eine völlige Religionsfreiheit gewährte, wurde Bucers Andenken auf die ehrenvollste Weise erneuet.

Dieses Andenken wird immer in Ehren bleiben, denn er war ein Mann von seltenen Talenten, von großer Gelehrsamkeit, von dialektischem Scharfsinn und Unbescholtenheit der Sitten. Seine Thätigkeit ist wie die aller Reformatoren bewunderungswürdig. Er hatte eine große Gewandheit im Disputiren (eine Kunstfertigkeit, die damals einem evangelischen Theologen nicht erlaßen werden konnte), Gegenwart des Geistes, ein treues Gedächtniß, eine starke wohlklingende Stimme und ein edles männliches Ansehen. Seine Verdienste um die Ausbildung des protestantischen Lehrbegriffs und um die Ausbreitung der evangelischen Kirche kann ihm niemand streitig machen. Nur zogen ihm seine irenischen Bestrebungen und seine Ausgleichungsmethode nicht ganz mit Unrecht den Verdacht des Wankelmuths und unzeitiger Nachgiebigkeit zu. Melanchthon, ihm verwandt an Geist und Herz, hatte Bucer sehr lieb und trauerte tief über seinen Tod.

Die Reformation in der Schweiz hatte vom Anbeginn einen ganz anderen Charakter angenommen als die Reformation in Deutschland. Sie war radikaler zu Werke gegangen und hatte in Lehre, Cultus und Verfassung den historischen Zusammenhang mit der Kirche abgebrochen, während Luther und die deutsche Reformation nur abgelöst hatte, was ihr unvereinbar mit der göttlichen Offenbarung schien. Deshalb konnte Luther mit Recht als Abschiedswort bei dem Marburger Religionsgespräch ausrufen: „Die Schweizer haben einen andern Geist." Die Reaktion der katholischen Kirche in der Schweiz war kräftiger und weitgreifender als in Deutschland, der Widerstand ernster und nachdrücklicher, und ging zuletzt in einen planmäßigen Angriff über. Dieser wurde ihr um so leichter, als die evangelischen Kantone unter sich uneinig waren, nicht nach festen Principien handelten und das politische Interesse überall zu sehr vorherrschen ließen. Dies gab der Reformation in Zürich, Bern und Basel eine ganz verschiedene Gestalt und Richtung trotz der Bestimmungen des Landfriedens und der gemeinsamen Tagsatzung zu Baden. Man trat nicht immer fest und entschlossen auf und begnügte sich mit halben Maßregeln. Die katholischen Orte dagegen hatten ein festes, bestimmtes Ziel im Auge, stützten sich auf ihr altes gutes Recht und auf die Mehrheit ihrer Stimmen, kraft welcher sie mit einseitigen Verordnungen ohne Rücksicht auf die Protestationen der Gegenpartei fortfuhren. Erhebend aber ist es, in diesem Religionskampf Männern hellen Geistes, voll Kraft und voll Glaubens zu begegnen, die für die erkannte Wahrheit Gut und Blut freudig opferten, auf der einen Seite ein kleines Volk zu sehn, das für den Glauben seiner Väter Bedrängniß, Mangel und die Gefahren des Krieges erduldet, und auf der anderen Seite Senatoren, Geistliche und Volkslehrer, welche voll Seelenstärke im schweren, oft hoffnungslosen Kampf die edle Treue an errungene Wahrheit durch Hingabe ihres Lebens besiegeln. Die evangelische Freiheit des Gedankens und der Rede, des Gewissens und des Glaubens ist gerettet; aber Schweiß und Blut der Väter klebt daran — und noch ist der Kampf nicht beendet; er scheint vielmehr in unsern Tagen sich erneuen zu wollen.

Drittes Buch.

Luthers Aufenthalt auf der Wartburg. Fortschritte der Reformation. Tumult in Wittenberg. Schwärmer in Zwickau. Karlstadt. Luther kommt in Wittenberg an. Kampf mit Herzog Georg von Sachsen und Heinrich VIII, König von England. Karls V achtjährige Abwesenheit aus dem Reiche. Klagen der Stände über Bedrückungen und Mißbräuche. Landgraf Philipps Reformation der Kirche in seinen Landen. Kirchenvisitation in Sachsen. Luthers Verheirathung. Zwiespalt und Glaubensstreit. Der Bauernkrieg. Luther eifert gegen denselben und ermahnt den Adel zur Mäßigung. Friedrich der Weise stirbt; Johann der Beständige sein Nachfolger. Die Reichs- und Fürstentage, Religionsgespräche und Convente. Zusammenkunft der katholischen Fürsten in Dessau und der evangelischen in Torgau. Luthers Anordnung des Gottesdienstes und seine Catechismen. Die Reichstage zu Nürnberg und Speyer. Des Landgraf Philipp Versuch einer Union auf dem Convent zu Marburg. Der Reichstag zu Augsburg. Harte Kämpfe. Uebergabe des Glaubensbekenntnisses. Apologie der Augsb. Confession. Melanchthons reger Eifer und Luthers Glaubensmuth. Der Reichsabschied. Protestation gegen denselben seitens der evangelischen Stände.

Unterdeß Luther auf seinem Pathmos das neue Testament übersetzte, kleine Streifereien in die Umgegend machte, besonders nach dem romantischen Hellthale, und mit seinen Freunden, vor Allen mit Spalatin, in brieflichem Verkehr blieb, machte die Reformation in Wittenberg rasche Fortschritte, die leider bald in tumultuarische Gewaltthaten, in Umsturz alles Bestehenden ausartete. Andreas Bodenstein, aus Karlstadt bei Würzburg gebürtig, feurigen Gemüths und ehrgeizigen Strebens, Tiefsinn mit Muth vereinigend, ohne gründliche Gelehrsamkeit aber mit umfassender Kenntniß der Bibel, schaffte die Messe ab und reichte das Abendmahl unter beiderlei Gestalten, zerstörte die Altäre und warf die Heiligenbilder aus den Kirchen. Mit feuriger Beredsamkeit riß er die Zuhörer zu den ausschweifendsten Gedanken und Unternehmungen hin. Er entwickelte Ideen, welche positive Wahrheiten des Christenthums und Aussprüche der heiligen Schrift verdächtig machten und gerieth in das dunkle Gebiet der Schwärmerei. Karlstadt war etwas älter als Luther und schon 1504

Professor der Theologie an der Universität, später Kanonikus und Archidiakonus an der Stiftskirche zu Wittenberg, hatte auch als Dekan der theologischen Fakultät Luthern die Würde eines Doktors der heil. Schrift ertheilt. Seine Mystik wurzelte nicht wie bei Luther im Herzen und Gefühle, sondern wie bei Zwingli im Verstande und in der Erkenntniß. Wie herzhaft Luther auch vorwärts schritt auf dem Wege der Kirchenverbesserung, dem raschen Charakter und der unruhigen Gemüthsart Karlstadts ging er viel zu langsam. Darum griff er in des Freundes Abwesenheit das Werk gewaltiger aber auch destructiver an.

Der Sturm, der die Luft reinigt von vergiftenden Dünsten, wühlt auch die Tiefe des Meeres auf und bringt den Schlamm und allerlei böses Gethier auf die Fläche. So weckte Luthers mächtiger Geist manches böse Gelüste und schwärmerisches Ungethüm in den verdüsterten und verwilderten Zeiten. Aus dem Erzgebirge, von Zwickau aus, zogen dunkle Nebel herauf, das evangelische Licht in Wittenberg zu umschatten. Wilde Schwärmer, biblisch-mystische Phantasten stürmten gegen alles Bestehende in Kirche und Staat, und beriefen sich dabei auf das Zeugniß des ihnen inwohnenden Geistes und der durch sie redenden Weissagung. Sie verwarfen die Kindertaufe, den christlichen Cultus, die Macht der Obrigkeit, und die höchste Entscheidung der heil. Schrift, warfen Altäre, Bilder und Crucifixe aus den Kirchen und brachten durch ihren Zeugeneifer und die Entschiedenheit ihrer Behauptungen das Volk in aufrührerische Bewegung. An der Spitze dieser Schwärmer stand ein Tuchmacher Claus Storch, der berüchtigte Thomas Münzer, Marcus Stübner und Martin Cellarius. Die Obrigkeit ward dieser wilden Parthei kundig und verwies sie aus Zwickau. Da wandten sie sich nach Wittenberg, wo sich der kühne Karlstadt an ihre Spitze stellte und durch sein Ansehn den gährenden Volksgeist zu heftigen Ausbrüchen brachte. Der schüchterne Melanchthon schwieg, der bedächtige Churfürst zögerte und die Verständigen sehnten sich nach Luthers Gegenwart.

Dieser ließ nicht lange auf sich warten. Er hatte aus der Ferne die ungeheure Wichtigkeit der Sache erkannt, eilte gegen den ausdrücklichen Willen des Churfürsten (am 3. März 1522) nach Wittenberg und brauchte da mit aller möglichen Anstrengung den ganzen Einfluß seiner Person und die ganze Kraft seines Wortes, um den wilden Aufruhr niederzuschlagen und die gefährlichen Grundsätze zerstörender Neuerungssucht zu vertilgen. Acht Tage lang kam er nicht vom Predigtstuhl. Schon unterwegs hatte er an den Churfürsten geschrieben: „Ich kehre nach Wittenberg zurück in einem gar viel höheren Schutz, als ein Churfürst von Sachsen mir geben kann. Ich hab's auch nicht im Sinn, Ew. churfürstl. Gnaden Schutz zu begehren. Ja, ich halte, ich wollte Ew. churfürstl. Gnaden mehr schützen, denn sie mich schützen könnte. Dazu wenn ich wüßte, daß Ew. churfürstl. Gnaden mich könnte und wollte schützen, so wollt' ich nicht kommen. Dieser Sache soll noch kann kein Schwert rathen oder helfen. Gott muß hier allein schaffen ohne alles menschliche Sorgen und Zuthun. Darum wer hier am meisten glaubt, der wird hier am meisten schützen. Dieweil ich denn nun spüre, daß Ew. churfürstl. Gnaden noch gar schwach ist im Glauben, kann ich keinerleiwege Ew. churfürstl. Gnaden für den Mann ansehen, der mich schützen oder retten könnte." In Nürnberg sollte, besonders auf Antrieb des zornmüthigen Herzogs Georg von Sachsen, der einen giftigen Haß gegen Luther hegte, ein neuer Reichstag angesetzt und dort die über Luther ausgeschriebene Achtserklärung geschärft und exekutirt werden. In Beziehung darauf schreibt Luther seinem Churfürsten: „Ew. churfürstl. Gnaden wissen nur und zweifeln nicht daran, daß im Himmel ganz anders als zu Nürnberg über die Sache beschlossen ist. Ich habe das Evangelium nicht von Menschen, sondern allein vom Himmel durch unsern Herrn Jesus Christus, daß ich mich wohl hätte mögen einen Knecht und Evangelisten nennen und rühmen, wie ich denn hinfort auch thun will. Daß ich mich aber zu Verhör und Gericht erboten habe, ist geschehen, nicht daß ich daran zweifelte, sondern aus übriger Demuth, die Andern zu locken. Nun ich aber sehe, daß meine zu viele Demuth gelangen will zur Niedrigung des Evangelii und der Teufel den Platz ganz einnehmen will, wo ich ihm nur eine Hand breit räume, muß ich aus Noth meines Gewissens anders dazu thun. Ich habe Ew. churfürstl. Gnaden genug gethan, daß ich dieses Jahr gewichen bin, Ew. churfürstl. Gnaden zu Dienst. Denn der Teufel weiß fast wohl, daß ichs aus keinem Zag gethan habe. Er sahe mein Herz wohl, da ich zu Worms einkam, daß wenn ich hätte gewußt, daß so viel Teufel auf mich gehalten hätten, als Ziegel auf den Dächern sind, wäre ich dennoch unter sie gesprungen mit Freuden. Nun ist Herzog Georg noch weit ungleich einem einigen Teufel. Und sintemal der Vater der abgründlichen Barmherzigkeit uns durchs Evangelium hat gemacht freudige Herrn über alle Teufel und Tod und uns gegeben den Reichthum der Zuversicht, daß wir dürfen zu ihm sagen: herzliebster Vater! kann Ew. fürstl. Gnaden leicht ermessen, daß es solchem Vater die höchste Schmach ist, so wir nicht sollten vertrauen, daß wir auch Herrn über Herzogs Georgen Zorn sein werden. Das weiß ich ja von mir wohl, wenn diese Sache zu Leipzig also stünde, wie zu Wittenberg, so wollte ich doch hineinreiten, wenns gleich (Ew. churfürstl. Gnaden verzeih mir mein närrisch Reden) neun Tage eitel Herzog Georgen regnete und ein jeglicher wäre neunfach wüthender, denn dieser ist. Er hält meinen Herrn Christus für einen Mann aus Stroh geflochten, das kann mein Herr und ich eine Zeitlang wohl leiden. — Daß nun Ew. churfürstl. Gnaden begehrt zu wissen, was sie thun solle in dieser Sache, sintemal sie es acht, sie habe viel zu wenig gethan, antworte ich unterthäniglich: Ew. churfürstl. Gnaden hat schon allzuviel gethan und sollte gar nichts thun; denn Gott will und kann nicht leiden, Ew. oder mein Sorgen und Treiben. Er wills ihm gelassen haben, deß und keines Andern; da mag sich Ew. churfürstl. Gnaden nach richten. Glaubt Ew. das, so wird sie sicher sein und Frieden haben; glaubt sie nicht, so glaube doch Ich und muß Ew. Unglauben lassen sein Qual und Sorgen haben, wie sichs gebührt allen Ungläubigen zu leiden. Dieweil ich denn Ew. nicht folgen will, so ist Ew. Gnaden vor Gott entschuldigt, so ich gefangen oder getödtet würde. Vor den Menschen soll Ew. Gnaden sich also halten: nämlich der Obrigkeit als ein Churfürst gehorsam sein und kaiserliche Majestät lassen walten in Ew. churfürstl. Gnaden Städten und Ländern an Leib und Gut, wie sichs gebührt nach Reichsordnung, und ja nicht wehren und widersetzen, noch Widersatz oder irgend ein Hinderniß begehren der Gewalt, so sie mich fahen oder tödten will; denn die Gewalt soll niemand brechen noch widerstehen, denn allein Der, der sie eingesetzt hat: sonst ists Empörung und wider Gott." —

Welch ein kühner Muth! Welch starkes Gottvertrauen! Welche hohe Achtung vor der Macht und dem Rechte der Obrigkeit! Luther wollte die neue Schöpfung in der Kirche nicht durch sein eigenes Wirken und Schaffen hervorbringen, sondern die Wahrheit durch die ihr inwohnende Gotteskraft wirken lassen. Er betrachtete sich gleichsam nur als den Geburtshelfer der neuen Schöpfung. Er dämpfte in Wittenberg das Aufbrausen der wilden Leidenschaften durch seine kirchlichen Vorträge, in denen er eben so viel Mäßigung und Lehrweisheit, als wahre Volksberedsamkeit entwickelte. Doch schwebte er dabei in steter Gefahr. In einem Briefe aus dieser Zeit schreibt er: „Der Satan wüthet mit aller Macht, und alles um mich her drohet und tobt mit, ich weiß nicht wie viel Tod und Höllen. Bei meiner Heerde ist alles in Unordnung und äußersten Verfall gerathen, daher ich gezwungen worden, mich mitten in des Kaisers und Papstes Zorn und Grimm durch meine Wiederkunft nach Wittenberg hineinzuwerfen und wo möglich den Wolf aus meinem Schafstall wieder herauszutreiben. Ich habe keinen Schutz und Hülfe als im Himmel, und befinde mich mitten unter Feinden, die von Menschen Macht und Freiheit haben, mich alle Stunden ums Leben zu bringen. Ich tröste mich aber damit, daß ich weiß, Christus ist Herr über alles und der Vater hat ihm alles unter seine Füße gethan und folglich auch des Kaisers und aller Teufel Zorn. Will er mich nun tödten lassen, so geschehe es in seinem Namen; will er es aber nicht, wer will mich dann würgen?"

Zu Luthers zahlreichen Feinden hatte sich auch Heinrich VIII König von England gesellt, der ein eigenes Buch gegen des Reformators Schrift „von der Babylonischen Gefangenschaft" geschrieben hatte oder vielmehr hatte schreiben lassen. Es war ihm um die Gunst des Papstes zu thun, die er sich durch Vertheidigung der sieben Sakramente, durch Schmähungen gegen Luther und durch wüthende Verfolgung aller Anhänger der lutherischen Lehre zu erwerben suchte. Der gewaltige Streiter Gottes erwiederte des Königs Schmäh- und Schimpfreden auf eine so derbe und grobe Weise, daß man wohl wünschen muß, es wäre mit mehr Mäßigung und Würde geschehn. Es wurden ihm auch von seinen Freunden Vorwürfe darüber gemacht; er aber erwiederte: „ihr begehrt Ursach, warum ich dem Könige von England so hart geantwortet habe? Damit ihr meinen Widersachern begegnen könnet, laß ich euch wissen, daß ichs aus wohlbedachtem Muthe gethan habe und hinfürder die Lästerer und Lügenmäuler nicht mehr sänftiglich behandeln will. Ich werde mit Beiseitsetzung aller Güte und Gelindigkeit, der ich mich bisher, wiewohl vergeblich, bedient habe, auf ihre betrübte Hartnäckigkeit und verstockten Sinn tapfer schelten. Was ich jetzt thue, weiß man nicht, man wird es aber hernach erfahren." In der Folge that ihm jedoch sein Verfahren gegen den König Heinrich VIII. leid.

Vom Reichstage zu Worms begab sich Kaiser Karl V nach den Niederlanden und von dort nach Spanien, wo der Adel die vereinigten Städte überwältigt und die Franzosen aus dem Lande vertrieben hatte. Hier verweilte er fast acht Jahre und verschaffte durch seine lange Abwesenheit von Deutschland der Reformation einen erfreulichen Fortgang. An die Vollziehung der über Luthern ausgesprochenen Acht wurde nicht gedacht, obgleich Leo's X Nachfolger, Hadrian VI, der den Legat Franz Charegati 1522 zum Reichstage nach Nürnberg geschickt hatte, nachdrücklich darauf drang und der Herzog Georg von Sachsen ihn darin kräftig unterstützte. Statt dessen überreichten die Stände dem Legaten ein langes Verzeichniß von den in der Kirche herrschenden Gebrechen und Mißbräuchen und von der Gewaltthätigkeiten und Bedrückungen der römischen Curie. Sie erklärten, ehe diese nicht abgestellt wären, sei an die Vollziehung des Wormser Edictes nicht zu denken. Hadrian VI starb bereits am 28. Februar 1522 und sein Nachfolger Clemens VII suchte mit allem Eifer die lutherische Ketzerei zu unterdrücken und verlangte auf dem zweiten Reichstage zu Nürnberg 1524 durch den Kardinal Campagius die Vollziehung der Acht. Allein die Stände drangen auf ein allgemeines Concilium in Deutschland, auf welchem man sich über die Ausgleichung in der Lehre und über die Abschaffung der nicht länger zu duldenden Mißbräuche berathen und dann die höchstnöthige Reformation der Kirche feststellen sollte.

Staat und Kirche waren seit Jahrhunderten zu innig und fest verwachsen, als daß die Reformation der Kirche nicht auch auf die Neugestaltung des Staats und seiner politischen Verhältnisse hätte wesentlich einwirken sollen. „Es waren zwei große Ideen, sagt Ranke, welche den Geist der deutschen Nation beschäftigten, die eine einer zugleich nationalen, ständischen und starken Regierung, die andere eine Erneuerung und Verjüngung der religiösen Ueberzeugungen und Zustände und sie hatten jetzt Beide eine gewisse Repräsentation empfangen, berührten, unterstützten einander, und schienen eine politisch und geistig gleichbedeutende Zukunft anzukündigen." Und allerdings gab diese Zeit den letzten drei Jahrhunderten ihre geistige und politische Richtung. Tausend schlummernde Kräfte erwachten zu einem regen Leben. Die Gedanken bewegten sich in entfesselter Freiheit, ein Geist entzündete den andern; die engen Schranken, welche der Kirchenzwang um das Gebiet des Glaubens gezogen hatte, wurden niedergerissen und die Wissenschaft machte sich frei von den starren Formen scholastischer Schulweisheit. Aber freilich war es die Zeit des Kampfes, und die für die versinkende Herrlichkeit oder für das neue Reich des Glaubens stritten, konnten sich bei dem Zerwürfniß der Gemüther und bei den aufgeregten Leidenschaften der Segnungen der neuen Schöpfung nicht erfreuen. Alle Uebergänge sind Krisen und diese bringen alle Lebenskräfte in Aufruhr. Es schien bei dem mächtigen Wellenschlag der Zeit, als sollte der mehr als tausendjährige Thron päpstlicher Hirarchie umgestürzt werden. Die Säulen wankten, der Glanz erblich, die Furcht verwandelte sich in Spott. Der Glaube an des Papstes Macht und Heiligkeit war verschwunden, das Ansehn der sonst so mächtigen Priesterschaft tief gesunken. Der Bann wurde verspottet, der Tribut verweigert, der Beichtstuhl umgestoßen. Aus den Klöstern schlichen die Mönche furchtsam und verschüchtert, oder legten die Kutte ab und traten ins bürgerliche Leben. Bereits zu Ende des Jahres 1521 hielten die Meißnischen und Thüringschen Augustiner einen Convent zu Wittenberg, worin Jedem gestattet wurde, das Kloster zu verlassen. Ein ähnlicher Convent zu Grimma 1522 führte zu demselben Ergebniß. Auch an anderen Orten fanden zahlreiche Auswanderungen der Mönche und Nonnen aus den Klöstern statt, wenn auch mehr der Freiheit und des ehlichen Lebens willen, als aus Liebe zur evangelischen Wahrheit. Im Jahre 1524 hatten sämmtliche Augustiner zu Wittenberg bis auf Luther und den Prior Johann Brißger das Kloster verlassen; am 9. October legte auch Luther die Mönchskutte ab. Dem Kloster wurden keine Zinsen und Abgaben mehr gezahlt, und so überließ der Prior das Gebäude dem Churfürsten. Johann der Beständige schenkte es an Luthern und Churfürst August kaufte es von dessen Erben für 3700 Floren und überwies es der Universität.

Noch mehr Aufsehn machte Luthers Verheirathung mit der ehemaligen Nonne Katharina von Bora am 13. Juni 1525. Schon vor ihm waren Geistliche in den ehelichen Stand getreten, wie der Pfarrer auf der Glashütte bei Meißen, Jacob Seideler und der Propst zu Kemberg, Bernhard von Feldkirch. Aber des großen Reformators Heirath gab seinen Feinden reichen Stoff zu Spott und Hohn. Luther that diesen Schritt nicht ohne Kampf, dann aber mit Gebet und freudigem Herzen. „Wer sich der Ehe schämt, schreibt er, der schäme sich auch, daß er ein Mensch sei und heiße, oder mach's besser, denn es Gott gemacht hat. Adams Kinder sind und bleiben Menschen, darum sollen und müssen sie wieder Menschen von sich zeugen und kommen lassen. Lieber Gott, wir sehen es täglich, wie große Mühe es kostet, daß man in der Ehe bleibe und eheliche Keuschheit halte, und wollen noch erst außer der Ehe, als wären wir nicht Menschen, hätten auch weder Fleisch noch Blut, Keuschheit vornehmen? Aber es ist der Welt Gott, der Teufel, der den Ehestand so verläumdet und schmählich gemacht hat, und doch daneben in großen Ehren bleiben läßt Ehebrecher, Huren und Buben, daß es billig wäre, ihm und seiner Welt zu Trotz hinwieder ähnlich werden und seine Schmach um Gottes willen annehmen und tragen." — An Spalatin schreibt er: „Ich bin in so großen Abfall und Verachtung kommen durch diese meine Heirath, daß ich hoffe, es sollen sich die Engel darüber freuen und der Teufel weinen. Die Welt mit ihren Klüglingen kennt noch versteht dies Werk nicht, daß es göttlich und heilig sei, ja machen's an meiner Person gottlos und teuflisch; derhalben ich großen Gefallen daran habe, daß ihr Urtheil und Richten durch meinen Ehestand verdammt wird, daß sich daran stoßen und ärgern, so ohne Gottes Erkenntniß zu bleiben muthwillig fortfahren."

Trotz aller bösen Nachrede, die sich Luther durch sein ungebührliches Benehmen gegen Heinrich VIII und Herzog Georg, durch sein keckes und trotziges Auftreten gegen seine Feinde und Widersacher und durch seine Verheirathung mit einer Nonne zugezogen hatte, gewann die Reformation doch immer weitere Ausbreitung und innere Kräftigung, oft durch gewaltsame Schritte und ohne alle Schonung gegen das durch sein Alter ehrwürdig Gewordene. Nicht ohne Sorgen und Schmerzen sahen fromme und verständige Leute dies Zusammensinken der alten Kirche, dies Ueberschreiten alles Maaßes im Reformiren und Niederreißen, dies Verspotten geheiligter Gebräuche und Ceremonien. Das ist das Unselige jedes neuerwachten Lebens im Staat und in der Kirche, daß es in ein Aeußerstes übergeht und das rechte Maaß nicht finden kann. Es lag deshalb auf der Hand, daß eine Reaction nicht ausbleiben konnte. In Vollmacht des Kaisers schloß dessen Bruder, der Erzherzog Ferdinand, am 6. Juli 1524 zu Regensburg ein Bündniß mit den Herzogen von Baiern und mehren geistlichen Fürsten, in ihren Ländern das Edikt von Worms zur vollen Geltung zu bringen, den wittenbergischen Neuerungen nachdrücklich in den Weg zu treten und gegen die hereinbrechende Gefahr mit gesammter Kraft sich zu schützen.

Daß aber dies Bündniß für jetzt ohne Erfolg und Bedeutung blieb, lag in den Zeitumständen. Der Kaiser und der Papst hatten in Italien mit dem ritterlichen König Franz vollauf zu thun. Durch die siegreichen Fortschritte der Türken unter Soliman dem Prächtigen waren die östreichischen und andere deutsche Staaten mit der größten Gefahr bedroht. Die Reichsstände, zum Theil unter sich selbst uneins, bewachten die immer höher steigende Macht des Kaisers mit eifersüchtigen Augen, und auf dem päpstlichen Stuhl herrschte ein schneller Wechsel.

Unter diesen günstigen Umständen würde die Reformation der Kirche haben die glücklichsten Fortschritte machen können, wenn dieselbe nicht durch Zwiespalt und Glaubensstreit sich selbst geschwächt und in ihrer siegreichen Laufbahn aufgehalten hätte. Der ruhelose Karlstadt hatte Wittenberg verlassen und sich nach Orlamünde begeben, um dort seine kirchliche Neuerungen einzuführen. Er fand offene Ohren und thätige Hände, so daß der Bildersturm die ganze Saale entlang tobte. Luther ging auf Betrieb des Churfürsten nach Jena und predigte mit Nachdruck gegen die Ruhestörer. Karlstadt war bei der Predigt zugegen und bezog auf sich, was Luther gegen diejenigen, welche das Sakrament des Altars vernichten wollen, gesagt hatte. Er erbot sich zu einer Disputation, in welcher er beweisen wollte, daß es ein Irrthum sei, an die wirkliche Gegenwart des Leibes und Blutes Jesu Christi im Abendmahl zu glauben. Luther reichte ihm zum Zeichen der Fehde einen Goldgulden und Karlstadt rief alle Anwesenden zu Zeugen auf, daß ihn der Wittenberger Streitheld zum Kampfe herausgefordert habe. Seitdem ist nie wieder ein gutes Verhältniß zwischen beiden Reformatoren zu Stande gekommen. Karlstadt schloß sich an Zwingli und seine Parthei an und Luther wie Melanchthon reden in den härtesten Ausdrücken von dem ehrgeizigen Tumultanten. Diesen trieb ein ruheloser Geist von einem Ort zum andern, 1524 nach Straßburg, Basel und Rotenburg, 1525 nach Sachsen zurück, 1528 nach Dänemark, Ostfriesland, Straßburg und Zürich. Von Oekolampadius dringend empfohlen, wurde er von Zwingli 1530, zuerst in Zürich selbst und dann zu Altstetten im Rheinthale versorgt. Durch die Kappeler Schlacht vertrieben, wollte er wieder nach Ostfriesland ziehen, wurde aber Archidiakonus am großen Münster zu Zürich und endlich auf Bullingers Empfehlung 1534 Professor und Prediger in Basel, wo er bis an seinen Tod 1541 blieb und sein unruhiger, unbändiger Geist endlich allem Streit und Hader entzogen wurde.

Viel unheilvoller und gefahrdrohender als die innere Zwiespalt schienen dem Fortgang der guten Sache die Bauernkriege zu werden, welche jetzt ausbrachen und sich plötzlich wie eine verzehrende Flamme in Franken und Schwaben, am Rhein und an der Donau, am Bodensee und an der Weser ausbreiteten und auch Hessen, Sachsen und Thüringen verheerend ergriff. Die gewaltsamen Bedrückungen der Bauern hatten den höchsten Grad erreicht. Das üppige Leben der Fürsten, des Adels und der Geistlichkeit erheischte immer größere Abgaben, die mehr den Landmann als den Städter trafen. Der Anblick des glücklichen Schweizerlandes, wo die Macht des Adels gebrochen und Bürger und Bauern in Ehren und Wohlstande lebten; die Verfolgung der Männer, welche das Joch römischer

Tyrannei abgeschüttelt hatten und die apostolische Kirche in der Lauterkeit des göttlichen Worts wieder herstellen wollten; das Mißverständniß der Lehre von der evangelischen Freiheit und von der gleichen Berechtigung aller Gläubigen zur Seligkeit; der dämonische Geist, der sich dem gewaltigen Geist der Zeit, wie so oft in der Geschichte, beigemischt und seine Freude an Zerstörung, Rache und wilde Wuth hatte; die Schwärmerei, Wundersucht und Ueberspannung, die in der aufgeregten Zeit so viele Gemüther ergriffen hatte; die Uneinigkeit der deutschen Fürsten, die Abwesenheit des Kaisers und die Gewalten, welche den deutschen Staat konstituirten und an einander und unter sich selber irre geworden: das sind die Ursachen, die dieses gewaltige, schreckensvolle Naturereigniß des deutschen Staates herbeiführten.

Die Bauern des Abts von Kempten führten den blutigen Reigen an. Dann rotteten sich in Schwaben mehre wilde Haufen zusammen und bald loderte die Flamme des Aufruhrs überall empor. Ein verständiger Mann, der dem Aufstande den Schein der Rechtlichkeit geben wollte, setzte zwölf Artikel auf, welche die Forderungen des gedrückten und niedergetretenen Bauernstandes enthielten. Man übersandte dieselben Luthern in der Hoffnung, er werde diese Artikel billigen und die Sache des Volks vertreten. Er schrieb auch anfangs darüber mit vieler Schonung und redete ein scharfes Wort mit dem Adel deutscher Nation. „Wir mögen, ruft er den Vornehmen und Gewaltigen zu, niemand auf Erden danken solches Unrechts und Aufruhrs, denn euch Fürsten und Herrn, sonderlich euch blinden Bischöfen, tollen Pfaffen und Mönchen, die ihr noch heutiges Tages verstockt, nicht aufhört zu toben und zu wüthen wider das heilige Evangelium, obgleich ihr wisset, daß es recht ist und auch nicht widerlegen könnt. Dazu im weltlichen Regiment nicht mehr ist, daß ihr schindet und schatzt, eure Pracht und Hochmuth zu führen, bis der arme, gemeine Mann es nicht länger kann noch mag ertragen. Das Schwert ist euch auf dem Halse, noch meinet ihr, ihr sitzet so fest im Sattel, man werde euch nicht mögen ausheben. Solche Sicherheit und verstockte Vermessenheit wird euch den Hals brechen, das werdet ihr sehen. Ich hab's euch zuvor verkündigt, ihr sollt euch hüten vor dem Spruch Pf. 107: „er schüttet Verachtung über die Fürsten." Ihr ringet danach und wollet auf den Kopf geschlagen sein, da hilft kein Warnen noch Vermahnen. — Das sollt ihr wissen, liebe Herrn, Gott schafft's also, daß man nicht kann, noch will, noch soll eure Wütherei in der Länge dulden. Ihr müsset anders werden und Gottes Wort weichen. Thut ihrs nicht durch freundliche, willige Weise, so müsset ihrs thun durch gewaltige, verderbliche Unweise; thuns diese Bauern nicht, so müssens Andere thun. Und ob ihr sie alle schlüget, so sind sie noch ungeschlagen, Gott wird Andere erwecken, denn er will euch schlagen."

Mit den Bauern redete Luther anfangs glimpflich und erklärte ihre Artikel für natürlich, recht und billig. Aber er schilt sie, daß sie durch Ungeduld und Frevel gegen die Obrigkeit alles verdorben und des Himmels Zorn und Strafe auf ihre schuldigen Häupter gezogen hätten. „Es hat Kaiser und Päpst wider mich gesetzt und getobt. Nun, womit hab ich's dahin gebracht, daß jemehr Kaiser und Päpst getobt haben, jemehr mein Evangelium fortgegangen ist? Ich habe kein Schwert gezückt noch Rache begehrt, ich habe keine Rotterei noch Aufruhr angefangen, sondern der weltlichen Obrigkeit, auch die, so das Evangelium und mich verfolgt, ihre Gewalt und Ehre helfen, so viel ich vermögt." Der Mann mit dem hellen Verstande und dem starken Rechtsgefühl, ruft die Aufwiegler zur Ordnung und zum Gehorsam, zeigt ihnen aus der Schrift, daß die christliche Gleichheit nur im geistlichen Reiche herrsche, daß sie sich nicht einen evangelischen Haufen nennen dürfen und das Vorgeben, ihr Aufstand solle die Sache des Evangeliums fördern, eine Gotteslästerung und Frevel gegen den leidenden Gottessohn sei.

Diese ernste und väterliche Ermahnung traf die Empörer im blutigen Kampfe und fand eben so wenig Gehör als Beifall. Viele und große Gräuel wurden verübt, sowohl von den Truppen des schwäbischen Bundes, die der wilde Georg Truchses anführte, als auch von den Bauern, in deren Mitte der fanatische Thomas Münzer „mit dem Schwerte Gideons" getreten war. Er verkündete ein neues Gottesreich, die Vernichtung aller bestehenden Ordnung, die unbedingte Herrschaft eines Propheten, die Aufhebung des Unterschiedes der Stände und die Gleichheit und Brüderlichkeit aller Genossen des neuen Reiches. Ihm strömten aus Sachsen und Thüringen zahlreiche Haufen zu, die im Eichsfelde unerhörte Gräuel verübten. Luther, im höchsten Grade empört über die Frevelthaten der tollen Rotte, forderte in einer gewaltigen Zuschrift die Fürsten und Obrigkeiten auf, zuzuschlagen, so lange sich ein Arm rühren könne; Jeder solle die Straßenräuber heimlich oder öffentlich wie tolle Hunde erschlagen. „Steche (ruft er), schlage, würge, wer da kann." So schlug denn auch endlich die Stunde der Vergeltung. Der Landgraf Philipp von Hessen, vom Herzog Georg zur Hülfe gerufen, rückte ins Eichsfeld und traf auf einer Höhe bei Frankenhausen den neuen Propheten mit 8000 Mann. Sie wurden (am 15. Mai 1525) angegriffen, geschlagen und fast gänzlich vernichtet. Münzer hatte sich nach Frankenhausen geflüchtet und sich als ein Kranker ins Bett gelegt. Er wurde entdeckt und hingerichtet und starb auf eine klägliche Weise, feig, verzagt und in zitternder Furcht.

Auch an anderen Orten erlitten die zusammengelaufenen Schaaren eine Niederlage nach der andern und fast so schnell, wie sie entstanden, war die weitverzweigte Empörung gedämpft. Die furchtbare Katastrophe hinterließ leider andere Spuren als verheerte Felder, zerstörte Schlösser, niedergebrannte Dörfer und ungeheure Leichenhaufen. Durch die Wiedertäufer setzten sich die Volksunruhen fort, bis sie nach einigen Jahren im Bisthum Münster von neuem auf eine schreckensvolle Weise hervorbrachen. Der Befestigung und Ausbreitung des evangelischen Glaubens aber brachten sie unsäglichen Schaden. Man sahe den wilden Ausbruch entfesselter Leidenschaften als eine Frucht der Reformation an und waffnete sich mit aller Macht gegen dieselbe. Städte und Länder, die im Begriff standen, sie anzunehmen, hielten damit zögernd zurück. Luthern wurde von seinen Gegnern alle erdenkliche Schmach angethan. In den aufgewiegelten Landen wurde den Besiegten das evangelische Bekenntniß zum Verbrechen gemacht und ihnen keine Begnadigung gewährt. Ein Profoß des wilden Grafen Truchseß durchzog mit einer Anzahl Reiter Schwaben und Franken, die beschlossenen Exekutionen ins Werk zu setzen. Man hat ihm nachgerechnet, daß er in einem ziemlich engen Umkreise vierzig evangelische Prediger die Landstraßen entlang aufgehängt hat, zum Theil an Bäumen. In Leipzig wurden zwei Bürger blos deshalb mit dem Schwerte gerichtet, weil man lutherische Bücher bei ihnen gefunden.

Mitten unter den Gräueln des Bauernkrieges war Friedrich der Weise gestorben, den 5. Mai 1525, fromm, demüthig und Gott ergeben, nachdem er vorher das Abendmahl unter beiderlei Gestalt genommen. Sein Nachfolger, der Churfürst Johann, verfolgte den von seinem Bruder betretenen Weg in standhaftem und freudigem Glauben. Der Herzog Georg hoffte durch seinen Einfluß seinen Vetter, eben so seinen Eidam, den Landgraf Philipp von Hessen, vom Schutz und Bekenntniß des evangelischen Glaubens zur römischen Kirche zurück zu bringen. Aber er fand bei Beiden einen ernsten Eifer und eine festbegründete Liebe für die neuen Doctrinen. Es zeugt von der inwohnenden göttlichen Kraft der evangelischen Lehre, daß sie, wie in der ersten Zeit der christlichen Kirche, mitten unter den heftigsten Anfeindungen und Verfolgungen, immer tiefer wurzelte in den Herzen der Menschen. Die beiden Hauptstädte des schwäbischen Bundes, Augsburg und Nürnberg, die gegen die Bauern gewaltig gerüstet, gaben ihren Kirchen eine evangelische Einrichtung, und in dem so hart bedrängten würtembergischen Lande erklärten die Stände: „die Ruhe des Landes hängt davon ab, daß man dem Volke das lautere Gotteswort ohne menschlichen Eigennutz und Vorwitz predige." In den meisten norddeutschen Städten, am Rhein entlang und mitten in Deutschland predigten Geistliche das Evangelium und schafften viele abergläubische Gebräuche und Irrthümer ab. In Schleswig wurde die Reformation 1526 eingeführt. Die Domherren des dortigen Kapitels erboten sich auf dem Landtage zu Kiel, der Stadt 12000 Mark zu zahlen, wenn sie davon abstehen wolle.

Es hatte mit Luthers Auftreten die Zeit der Reichs- und Fürstentage, der Synoden und Convente, der Religionsgespräche und Landtage begonnen, deren Zahl vom Generalkonvent der Augustiner zu Heidelberg 1518 bis zum Reichstage zu Augsburg 1555 in Deutschland und in der Schweiz Legio ist. Nicht nur die Wichtigkeit der Sache und das lebhafte Interesse an einer Angelegenheit, die alle Gemüther erfüllte, veranlaßte diese Religionsgespräche und Disputationen, sondern auch der Parteigeist und der Wechsel politischer Ansichten. Kaiser und Papst suchten die evangelischen Stände und Städte bald durch Drohungen einzuschüchtern, bald durch Versprechungen zu gewinnen, bald durch diplomatische Künste zu überlisten.

Im Juli 1525 hielten der Churfürst Albrecht zu Mainz, Herzog Georg von Sachsen, Churfürst Joachim I von Brandenburg und Herzog Heinrich von Braunschweig eine Zusammenkunft in Dessau, wo die erzkatholische Fürstin Margaretha die Vormundschaft über ihre Kinder führte. Man gab sich das Wort, alles aufzubieten, um das Wormser Edikt in Ausführung zu bringen und die lutherische Ketzerei in ihren Landen mit Nachdruck zu verfolgen. Dagegen traten in demselben Jahre die Markgrafen Casimir und Georg von Brandenburg, der Pfalzgraf Friedrich und der Landgraf Philipp zu Koburg zum Schutz des evangelischen Glaubens zusammen. Auch in Ulm beriethen sich mehre Reichsstädte zu gemeinsamen Maaßregeln gegen die auf dem angekündigten Reichstage zu Augsburg festzustellenden Beschlüsse wider die Evangelischen. Dieser Reichstag kam zwar nicht zu Stande, indeß wurde doch daselbst beschlossen, daß die Prediger das Wort Gottes nach der angenommenen evangelischen Lehre verkündigen, jedoch jede Aufregung des Volks gegen die Katholiken vermeiden sollten.

Im Volke wie unter den Fürsten war eine große Bewegung. Man fühlte die Wehen einer neuen Geburt und fürchtete die Gefahren der Entbindung. Der obwaltende Zustand konnte so nicht bleiben und bei jedem Uebergang in einen anderen drohten Zwiespalt und Haß, Krieg und Verderben. Das Volk hegte Groll und Unwillen gegen den Clerus, der sich so wild und grausam gegen die Bauern bewiesen hatte, eben so gegen den Adel, der in seiner Rache kein Maaß und Ziel hatte finden können. Die Fürsten machten in ihrer Geldnoth allerlei Entwürfe auf die Säkularisation der geistlichen Güter und wollten im Reiche nur ein weltliches Regiment. Auch fürchteten sie die jetzt aufs höchste gestiegene Macht des Kaisers. Er hatte nach dem glänzenden Siege von Pavia seinen furchtbaren Nebenbuhler, den König Franz von Frankreich, in seine Hände bekommen und benutzte sein Glück zu einem vortheilhaften Friedensschluß. Nun wandte er alle Sorge auf die Ausführung seines großen Plans zur Begründung einer Universalmonarchie des habsburgischen Hauses. Zur Erreichung dieses Zwecks beförderte er die Zwietracht der deutschen Fürsten und sahe es sehr gern, daß sie ihre Kräfte im Parteienkampf aufrieben, um so leichter beide Theile zu überwältigen.

Mittlerweile setzte der wachsame, unermüdet thätige Luther das Werk der Reformation in Sachsen ruhig fort, wobei er an seinem Landesherrn einen eifrigen Beförderer fand. Die Messe wurde 1525 ganz eingestellt und der Gottesdienst nach den Bestandtheilen derselben in evangelischer Weise eingerichtet, so daß die Predigt die Seele und der Hauptbestandtheil desselben wurde. Er richtete einige Psalme und alte lateinische Kirchenlieder zu Gesängen ein, schrieb ein Taufbüchlein und reichte das Abendmahl dem Worte Gottes gemäß in beiderlei Gestalt. Für die Schulen schrieb er den kleinen, für die Lehrer und Prediger den großen Katechismus. Die Ordination der Geistlichen, die er den Bischöfen entzogen hatte, theilte er jedem ordinirten Pfarrer (späterhin den Superattendenten) zu und verrichtete die erste selbst 1525 an den M. Rorarius (Röhrer). Endlich wurde in den Jahren 1527 und 1528 auf seinen Betrieb vom Churfürst Johann dem Beständigen die Landes = Kirchenvisitation angeordnet, bei welcher Luther eine bewundrungswürdige Thätigkeit, Geduld und Klugheit entwickelte. Alles in der neuen Kirche fanden die Visitatoren in der größten Verwirrung und ein wunderliches Gemisch von Altem und Neuem, von Aberglauben und durchschimmerndem Lichte, im Volke grobe Unwissenheit und im Clerus Ungeschick und Borniertheit. Es fehlte überall an Pfarrern und die Gemeinden nahmen als solchen jeden verlaufenen Mönch an, besonders wenn er eine Frau mitbrachte. Hatte man auch in Wittenberg einige geschickte Pfarrer herangebildet, so mußten diese an die Städte abgeliefert werden. Auf dem Lande versagte man hie und da den neuen Geistlichen Abgaben und Zehend. Viele Adelige suchten sich mit den Gütern der Kirche zu bereichern und bemächtigten sich der Monstranzen, Crucifixe und der heiligen Gefäße. Da die Messen aufhörten und die Stiftungen verfielen, so verloren die Kirchen viel von ihren Einkünften. Luther schrieb darüber an den Churfürsten: „Das Klagen der Pfarrer aller Orten ist über alle Maßen viel. Da wollen die Bauern schlechterdings nichts mehr geben, und ist solcher Undank unter den Leuten für das heilige Gotteswort, daß ohne Zweifel eine große Plage vorhanden ist von Gott, und wenn ich's mit gutem Gewissen zu thun wüßte, möchte ich wohl dazu helfen, daß sie keinen Pfarrherrn und Prediger hätten." An Unterstützung vom Hofe fehlte es auch; alle Hülfe erstreckte sich auf Befehle an die Gemeinden, welche dieselben auf alle Weise zu umgehen wußten.

Zweierlei erkannte Luther nach seiner Kirchenreise durch einen Theil des Churfürstenthums für dringend nothwendig, die Einführung eines gleichmäßigen Gottesdienstes und eine Anweisung zum Unterricht in Kirchen und Schulen. Das erstere übernahm Luther, das andere Melanchthon. Luther schrieb seine „deutsche Messe oder Ordnung des Gottesdienstes". Damit wollte er aber die christliche Freiheit nicht beschränken und eine unabänderliche Form aufstellen. „Es ist gar nicht meine Meinung, schreibt er, daß ganz Deutschland eben so müßte unsre wittenbergische Ordnung annehmen. Fein wäre es wohl, wenn in jeglicher Herrschaft der Gottesdienst auf einerlei Weise ginge. Ob die anderen Herrschaften dasselbige auch hielten oder etwas Besonderes dazu thäten, sollte frei sein." Melanchthon setzte seinen „Unterricht der Visitatoren" auf. Diese musterhafte Schrift enthält nicht nur die Lehre der evangelischen Kirche, sondern auch eine Anweisung zum Unterricht in derselben. Sie wurde dem Hofe zur Genehmigung vorgelegt, dem es scheinen wollte, als wäre darin Luthers Lehre nicht rein und vollständig genug vorgetragen. Luther aber genehmigte alles und fand darin die evangelische Lehre dem Worte Gottes gemäß abgefaßt. In Verbindung mit den Theologen fügten die churfürstl. Räthe eine Instruction für die Visitatoren hinzu, wonach sie in den verschiedenen Districten des Landes das Kirchenwesen ordnen, die Prediger beaufsichtigen, über die Kirchengüter verfügen, Schulen anlegen sollten u. dergl. Nach einigen Jahren war das große Werk vollendet.

Schneller und durchgreifender waren die Maßregeln, welche der junge Landgraf Philipp von Hessen zur Umwandlung des Gottesdienstes in seinen Landen ergriff. Sein heller, durchdringender Verstand hatte die Wahrheit des evangelischen Glaubens bald erkannt, der kühne, entschlossene Sinn Luthers sein tapferes Gemüth begeistert. Es schmeichelte auch seinem Stolze, ein Schutzengel der neuen Kirche zu werden und gegen die Wuth der römischen Kurie, gegen das Machtgebot des Kaisers und gegen die Anfeindungen mächtiger Reichsstände muthig das Schild zu erheben. Binnen weniger Monate reformirte er Kirchen und Schulen nach dem Vorbilde Sachsens, setzte lutherische Prediger ein, hob die Klöster auf, verwandte die Güter derselben für die Universität Marburg, für gelehrte und Volks-Schulen und für Hospitäler. Er gestattete dem Adel nicht, sich mit Kirchengütern zu bereichern und zog auch für den Staat davon keinen geldlichen Gewinn. Der edelmüthige Fürst erkannte in der großen Sache der Reformation die höchste Aufgabe seiner Zeit und Seiner selbst und setzte daran alle seine Kräfte mit beharrlicher Ausdauer. Damit verband er eine Toleranz, die aus Weisheit und Gerechtigkeit hervorging. Was den großartigen Ueberblick der Weltverhältnisse und den Scharfblick, mit welchem er alle verhüllten Absichten, alle klugberechneten Manöver der Gegenpartei durchdrang und endlich das rechte Geschick betrifft, im günstigen Augenblick auch plötzlich schlagfertig dazustehen und durch die vollbrachte That zu überraschen: in dieser Hinsicht überragte Philipp der Großmüthige bis zu jenem verhängnißvollen Junitag in Halle alle deutsche Fürsten seiner Zeit. Erst als er vom Schauplatz seines Wirkens in seine fünfjährige Gefangenschaft abgeführt wurde, übernahm sein Schwiegersohn, Herzog Moritz, seine Rolle und führte sie mit glücklicherem Erfolge durch.

Der Landgraf war es auch, der sich dem Wormser Edikt am nach-

drücklichsten widersetzt hatte, weil der Kaiser in der Frankfurter Wahl=
kapitulation ausdrücklich hatte versprechen müssen, „Niemanden ohne Ursach
auch unverhört" in die Acht zu erklären. Mit demselben Nachdruck drang
er auf die beiden Nürnberger Reichstage (1522 und 1524) auf ein „frey
christlich Concilium." Er erkannte den hochfahrenden Sinn und die herri=
schen Absichten des Kaisers, und die Gefahr, welche die Verfassung des
deutschen Reichs und die Rechte der Fürsten bedrohte. Diese Gefahr
wuchs um so mehr, als Karl V auf dem Reichstage zu Speier (eröffnet
am 5. Juni 1526) eine genauere Verbindung der Anhänger des alten
Glaubens zu bewirken und die einzelnen Stände für seine Absichten zu
gewinnen suchte, nach dem Grundsatz: theile und herrsche! Der umsichtige
Philipp beobachtete jeden Schritt des Kaisers und jede Bewegung der
Reichsstände, welche der evangelischen Lehre entgegenstrebten. Nach der
Zusammenkunft der katholischen Fürsten in Dessau, die wohl nur einen
Bund für das Edikt von Worms zur Absicht hatten, drang der Landgraf
in den chursächsischen Hof zum Abschluß eines Gegenbündnisses, damit sie
nicht überfallen würden wie von Dieben in der Nacht. Der Churfürst
war anfangs bedenklich, als aber der Landgraf erklärte, wenn er von ihm
verlassen werde, so wolle er sich dem übermüthigen Feinde allein entgegen=
stellen, und falls er unterliegen müsse, für seinen Glauben freudig sterben,
da bot ihm der Churfürst die Hand zum Schutz= und Trutzbündniß, das
am 4. Mai 1526 zu Torgau abgeschlossen wurde.

Schon am 12. Juni traten vier Herzoge von Braunschweig=Lüneburg,
Herzog Heinrich von Meklenburg, Wolfgang Fürst zu Anhalt und zwei
Grafen von Mansfeld, und zwei Tage später, die Stadt Magdeburg dem
Bunde bei. Auf dem Reichstage zu Speier war den Ständen verkündet
worden, daß der Kaiser bald ins Reich kommen und die Religionsange=
legenheiten schlichten, auch auf ein allgemeines Concilium dringen werde;
bis dahin aber sollte nichts vorgenommen, verhandelt oder beschlossen wer=
den, was dem heiligen christlichen Glauben, der Kirchenlehre oder den
löblichen Gesetzen, altem Herkommen und Ceremonien zuwider ist; auch
sollten die Beschlüsse von Worms und Nürnberg aufrecht erhalten werden.
Darauf erklärten die Reichsstände, sowie die Mehrzahl der Stände, es sei
unmöglich, dem Wormser Edikt nachzukommen, wie dies schon auf dem
Reichstage zu Nürnberg allgemein anerkannt worden sei. Diese Proposi=
tion unterstützten sie mit solchen Argumenten und in einem Tone, wie ihn
die kaiserlichen Commissarien nicht erwartet hatten. Ueber den Reichs=
abschied gab der König Ferdinand seinen Verdruß durch ein strenges
Edikt für seine Erblande zu erkennen und der Kaiser rächte sich dadurch,
daß er dem Churprinzen von Sachsen Johann Friedrich seine Schwester
versagte, die diesem bereits verlobt war.

So kam ein neuer Reichstag heran, der am 1. Februar 1529 zu

Speier eröffnet wurde. Der Kaiser erklärte in seiner Vorlage, „daß bis zu einem allgemeinen Concilium, auf das er ernstlich bringen werde, kein Stand den andern des Glaubens halber vergewaltigen und treiben, daß aber auch nichts dem christlichen Glauben zuwider vorgenommen werden solle; den Artikel des vorigen Speierschen Abschiedes wegen des Wormser Edictes hebe er aus kaiserlicher Machtvollkommenheit auf und befehle, daß diesem seinem Willen gänzlich und unverweigerlich nachgegangen und derselbe dem Reichsabschiede einverleibt werden solle." Das geschah auch, aber die evangelischen Stände reichten am 20. April eine feierliche Protestation ein, worin sie öffentlich bezeugten, „daß sie für sich und die Ihrigen in alle Handlungen und Abschied, so wider Gott und sein heiliges Wort, ihrer Aller Seelen Heil und gut Gewissen, auch wider den vorigen Speyerschen Reichsabschied vorgenommen und beschlossen worden, nicht gewilligt, sondern dieselben für richtig und unbündig gehalten haben wollten." Unterschrieben war dieser Protest vom Churfürst Johann von Sachsen, Markgraf Georg von Brandenburg, Landgraf Philipp zu Hessen, Fürst Wolf zu Anhalt und von dem Lüneburgschen Kanzler D. Förster.

Dem wackern Landgraf Philipp ging die Zwiespalt zwischen den sächsischen und schweizerischen Theologen zu Herzen. Er wünschte nichts sehnlicher als ein Einverständniß zwischen Beiden, weil Eintracht jetzt nöthiger war als je. Er lud sie deshalb zu einem Religionsgespräch nach Marburg ein. Die Schweizer folgten der Einladung mit Freuden. Es war ihnen ein rechter Ernst um eine friedfertige Ausgleichung in den abweichenden Lehren, und Zwingli, Oekolampad, Bucer und Hedio gaben sich das Wort, Luthers Heftigkeit in keiner Weise zu reizen. „Es sind keine Leute auf Erden, mit denen ich lieber wollte eins sein, denn mit den Wittenbergern." Aber die Milde der Schweizer scheiterte an Luthers Lehre vom Sakrament des Altars. Er nannte seine Glaubensverwandte Ketzer und wollte sie nicht als Brüder anerkennen. So konnte freilich die vom Landgrafen erwartete Union der Reformatoren nicht zu Stande kommen. Außer der Zusicherung derjenigen Liebe, welche der Christ auch dem Feinde schuldig sei, wollte sich Luther nur auf das Versprechen einlassen, die bisherige bittere Polemik gegen die Schweizer fernerhin einzustellen. Der Landgraf drang jedoch auf ein höchst nöthiges Concordat und trug mit Zustimmung der versammelten Theologen Luthern auf, die Lehrpunkte, über welche eine Verständigung gewonnen sei, aufzusetzen. „Ich will die Artikel auf's Beste stellen, erwiederte Luther; sie werdens aber doch nicht annehmen." Er setzte am 4. Oktober 1529 die gewünschte Concordienformel in 15 Artikeln auf, und war sehr überrascht, als die Schweizer dieselben, bis auf eine Differenz im Artikel vom Abendmahl, ohne alle Widerrede unterzeichneten. Der Schluß lautete: „Und wiewohl wir uns, ob der wahre Leib und Blut Christi leiblich im Blut und Wein sei, dieser Zeit nicht verglichen haben, so soll doch ein Theil gegen den andern christliche Liebe, sofern Jedes Gewissen immer leiden kann, erzeugen, und beide Theile Gott den Allmächtigen fleißig bitten, daß er uns durch seinen Geist den rechten Verstand bestätigen wolle. Amen."

Diese Marburger Artikel sind durch die freie Kraft der Wahrheit aus einem noch nicht gehörig vorbereiteten Boden hervorgewachsen und obwohl sie nur ein Deckmantel sind, der die Blöße eines unausgesöhnten Zwiespaltes nothdürftig verhüllt, so verbürgen sie doch die Zukunft einer wirklichen Union. Was zu Marburg versucht und eingeleitet war, das wurde wenige Wochen nachher durch die Fürsten und Theologen von Sachsen und Brandenburg durchgeführt. Es galt den Versuch, eine Verbrüderung der lutherischen Fürsten und Städte mit den protestantischen Oberländern zu Stande zu bringen. Der Churfürst Johann von Sachsen und der Markgraf Johann von Brandenburg waren eben zu Schletz versammelt, um sich über eine solche Coalition zu berathen. Die gemeinsame Annahme einer bestimmten Bekenntnißformel schien dazu nöthig. Deshalb wurde Luther aufgefordert, eine solche kurze Bekenntnißschrift zu formuliren. Noch in Marburg machte sich Luther an diese Arbeit, indem er die dort aufgesetzten 15 Artikel erweiterte, umänderte und sie am 16. Oktober den zu Schwabach versammelten Ständen vorlegte. Da sie aber strengltherisch waren, so wollten sie die Gesandten von Ulm und Straßburg nicht unterschreiben. Weiterhin wurden die Schwabacher Artikel zur Augsburgischen Confession umgearbeitet, die Marburger Unionsakte ist also die eigentliche Quelle der hochwichtigen Augustana.

So war denn unter Kämpfen, Gefahren und Sorgen der Reichstag zu Augsburg herangekommen. Leider war von demselben für die Protestanten nicht viel Günstiges zu erwarten. Der Kaiser hatte den katholischen Fürsten schon erklärt: „er sei entschlossen, alles daran zu setzen, Reich und Länder, Leib und Leben, der lutherischen Gottlosigkeit, die ihm und der deutschen Nation zur ewigen Schande gereichen, Schranken zu setzen. Seine Vorfahren in Spanien und Deutschland seien treue Anhänger und Verfechter der römischen Kirche gewesen, und in dieser wolle er auch leben und sterben." Nach dem Frieden von Cambray hatte sich der Kaiser zu einer Zusammenkunft mit dem Papst Clemens VII nach Bologna begeben und demselben in tiefster Demuth die größte Ehrfurcht bezeugt. Er wohnte mit dem heiligen Vater in einem Palast und ließ sich von ihm in großer Pracht zum deutschen Kaiser und König der Lombardei krönen. Die Gesandten der protestantischen Stände wurden sehr geringschätzig, ja verächtlich, dagegen der Herzog Georg von Sachsen und der Markgraf von Brandenburg Jochaim I zu Innsbruck mit Auszeichnung und großer Gnade aufgenommen.

Auf dem Reichstage waren die Feinde der Reformation zusammengeschaart gegen das kleine Häuflein der Evangelischen. Alle Kräfte wurden gegen sie in Bewegung gesetzt und Jeder erwartete ihren nahen unvermeidlichen Untergang. Da aber zeigte sich, daß das Werk aus Gott sei und daß es Wurzel geschlagen hatte im Allerheiligsten des Glaubens. Wo dieser die Tiefen des menschlichen Geistes aufgeschlossen, giebt er dem Willen eine feste, entschiedene Richtung, hebt er über alle Bedenklichkeiten und Sorgen hinweg und geht in alle Gefahren mit beherztem Muth. Wohl bemerken wir in schwerer Bedrängniß, bei den Anfällen giftigen Hasses und bei den Drohungen gebietender Macht, ängstliches Sorgen und heimliche Unruhe. Aber wenn die Stunde der Entscheidung kam, wenn vor Kaiser und Reich das Zeugniß des Glaubens abgelegt und Christus und sein Evangelium bekannt werden sollte, dann war die Erklärung fest, freimüthig und entschlossen. Ohne Zögern erklärten dann Alle unerschrocken: „es sei nicht gerathen, in Sachen des Glaubens und Gewissens die leibliche Gefahr und irdische Wohlfahrt zu bedenken; sie seien entschlossen, für die erkannte Wahrheit Blut und Leben zu lassen." Dies die Sprache Johann des Beständigen, Georgs von Brandenburg, Philipps von Hessen, Wolfgangs von Anhalt, Heinrichs von Meklenburg, Franz von Lüneburg und der Grafen Gebhard und Albrecht von Mansfeld. Mit derselben Entschlossenheit erklärten sich die Städte Magdeburg, Straßburg, Nürnberg, Ulm, Kostnitz, Reutlingen, Windsheim, Memmingen, Lindau, Kempten, Heilbronn, Isney, Weißenburg, Nördlingen und St. Gallen, die sich alle dem Torgauer Bunde angeschlossen hatten.

Luther, der als ein Geächteter auf dem Reichstage nicht erscheinen durfte, verweilte in Coburg und ermuthigte die Kämpfenden, besonders den oft verzagten Melanchthon, zur Beharrlichkeit, Glaubenskraft und Geduld. Hier dichtete er auch das Schutz- und Trutzlied der evangelischen Kirche: „Ein' feste Burg ist unser Gott." Melanchthon aber verfaßte unter allen stürmischen Bewegungen des Reichstages und unter allen Sorgen seines bekümmerten Herzens das ewig denkwürdige Glaubensbekenntniß der protestantischen Kirche, das in schmuckloser Einfalt und offenkundiger Wahrheit das evangelische Licht und Recht mit Worten der Schrift klar, einfach und überzeugend darlegt. Der christliche Glaube und das kirchliche Leben wird der apostolischen Einfalt und Lauterkeit nahe gebracht, und die Uebereinstimmung der Lehre mit der alten Kirche nachgewiesen. Die Mißbräuche, die gerügt werden, sind so einleuchtend, so offenkundig, erscheinen so verderblich für Lehre und Leben, daß jeder Verständige die Abstellung derselben sofort wünschen muß. Mit Recht kann unsre Kirche auf diese ihre mit so großer Mäßigung, Ruhe und Milde, mit solcher Gründlichkeit und Klarheit, mit einem so freudigen und gewissen Geiste abgefaßte Confession stolz sein.

Am 25. Juni 1530 wurde dieses wichtige Glaubensbekenntniß in der

Kapellstube des bischöflichen Palastes, in welchem der Kaiser residirte, vor mehr als zweihundert Fürsten, Prälaten, Rechtskundigen und Theologen vom Kanzler Beyer in deutscher Sprache mit lauter Stimme vorgelesen. Sie erregte auch bei dem Kaiser eine große Aufmerksamkeit, öffnete Manchem der Gegner die Augen und gab den Protestanten ein neues Leben. Sie erschienen wie die Confessoren der alten Kirche, die vor Kaiser und Reich, ja vor der ganzen Christenheit ihr Glaubensbekenntniß öffentlich und freimüthig abgelegt hatten und nun bereit sind, für diesen Glauben mit Leib und Leben zu kämpfen. Sie hatten damit Selbständigkeit und inneren Halt, sie hatten Herz und Seele, Schild und Schwert bekommen. Des Glaubens Muth und Kraft stärkte sie für alle ferneren Kämpfe. In einer ganz anderen Gestalt erschien jetzt die evangelische Wahrheit als neun Jahre früher auf dem Reichstage zu Worms. Damals ein einzelner Mönch, arm und gering, vor Kaiser und Reich, der die heilige Sache, die er ans Licht gezogen, mit Freimuth und Gottvertrauen vertheidigte. Wenn auch geächtet, hatte er doch den Sieg davon getragen; denn viele schlummernde Gedanken waren erweckt, viele verborgene Kräfte aufgeregt und herrlicher Same gestreut in die Furchen der Zeit. Dieser Same war schnell gereift und der Glaube hatte Früchte getragen. Die evangelische Wahrheit hatte eine Gestalt gewonnen und war in einer sichtbaren Kirche hervorgetreten. Nicht mehr vereinzelt, sondern in einer großen Gemeinsamkeit wurde sie bekannt. Fürsten und Städte traten vor Kaiser und Reich, überreichten mit freudigem Muthe das Bekenntniß ihres Glaubens und erwiesen diesen Glauben als göttliche Wahrheit, übereinstimmend mit der Schrift und mit dem Glauben aller wahren Christen der Vor- und Mitwelt. Mochten nun auch Verfolgung, Haß, Kampf und Trübsal kommen. Dadurch konnten diejenigen nicht erschreckt und gebeugt werden, die sich im Bunde wußten mit dem gewaltigen Sieger, der die Welt überwunden.

Der Kaiser befahl den katholischen Theologen, die Confession der Protestanten zu widerlegen. Diese fiel aber nach mehren mißlungenen Versuchungen in der „Confutation" so jämmerlich aus, daß Melanchthon an Luther schrieb: „Die Unsern sind viel beherzter und freudiger, seitdem sie die kindisch abgefaßte Confutation gelesen haben; denn unter allen elenden und läppischen Schriften Fabers ist diese die kläglichste." Indeß wenn diese flache armselige Schrift auch nichts weiter bewirkt hätte, als die Erscheinung von Melanchthons herrlicher Apologie der Augsburger Confession, so wäre sie schon um deswillen ein dankenswerthes Werk. Diese Apologie gilt mit Recht für das Muster einer gelehrten, gründlichen und geistreichen Darstellung dogmatischer Lehrsätze und einer ernsten nachdrücklichen Abwehr unbilliger Satzungen und Lehren; sie hat auf die Ausbildung unsers protestantischen Lehrbegriffs einen wesentlichen Einfluß gehabt.

Dabei ist diese Schutzschrift ächt deutsch, d. h. redlich, klar und gründlich, so daß auch Solche, welche die Lehren des Glaubens anders auffassen, und den tiefen frommen Geist, der das Ganze durchweht, weniger beachten, von der meisterhaften Behandlung des Gegenstandes angezogen und festgehalten werden.

Der päpstelnde Kaiser verfolgte seine feindselige Gesinnung gegen die Evangelischen so unverholen, daß die protestantischen Fürsten den Ausgang des Reichstages voraussahen. Der Landgraf Philipp verließ deshalb eiligst Augsburg, worüber Karl V sehr erbittert war. Den evangelischen Ständen wurde nach langem diplomatischen Hin- und Herreden aufgegeben: sie sollten sich von der christlichen Kirche nicht trennen, sondern Lehre und Gebräuche wieder in den alten Stand bringen; die Mißbräuche über welche sie klagten, werde der Papst und Kaiser zu seiner Zeit abschaffen. Die Evangelischen erklärten sich bereit zu jeder friedlichen Ausgleichung, aber von Gottes Wort könnten und würden sie nicht weichen; von der christlichen Kirche seien sie nicht abgetreten und die einmal abgeschafften Mißbräuche könnten sie ohne Befleckung ihres Gewissens nicht wieder einführen; auch sei es unbillig, wenn kaiserl. Majestät verlange, daß sie als der geringere Haufe dem größeren nachfolgen müßten. Sie baten um die endliche Versammlung des so oft verheißenen Concils, und wollten sich unterdeß so verhalten, wie sie es vor Gott und kaiserl. Majestät zu verantworten sich getrauten.

Am 22. September wurde ein Reichsabschied verlesen, nach welchem der Kaiser den evangelischen Fürsten und Städten bis zum 15. April 1531 Frist geben wolle, sich zu bedenken, ob sie mit der christlichen Kirche, päpstlicher Heiligkeit, Ihrer Majestät und den andern churfürstlichen, fürstlichen und gemeinen Ständen des heil. römischen Reichs, auch anderen christlichen Häuptern und Gliedern der Christenheit bis zur Erörterung eines nächstkünftigen Concils sich vereinigen wollten oder nicht. Sie sollten aber ihre Sekte nicht weiter ausbreiten, die Messe nicht hindern, keine weitere Neuerungen anfahen und in ihren Landen und Gebieten in Glaubenssachen nichts Neues drucken, feilhaben oder verkaufen. Darauf erwiederten die evangelischen Stände: „sie seien keiner Sekte verwandt, sondern was sie glaubten und hielten, sei im Worte Gottes beständiglich und fest begründet, so daß es der rechte wahre Glaube und keine Sekte wäre; sie hätten niemand zu ihrem Glauben genöthigt und gedächten das auch ferner nicht zu thun." Aber trotz dieser Erklärung erschien am 19. November ein zweiter Reichsabschied, in welchem die ganze Reformation für verwerflich erklärt, derselben alle Gräuel des Bauernkrieges und alle Vergehungen der wiedertäuferischen Schwärmer aufgebürdet, die Absetzung aller verehlichten Priester verordnet und eine gänzliche Restitution unter Androhung der Reichsexekution befohlen wurde.

Spieker, Geschichte.

Die evangelischen Stände, an welche sich die Städte Frankfurt, Ulm, Augsburg und Schwäbisch-Hall angeschlossen, legten gegen diesen Abschied Protest ein und verließen den Reichstag. Sie hatten auf demselben zwei herrliche symbolische Bücher und die Ueberzeugung gewonnen, daß eine Ausgleichung mit der römischen Kirche nicht zu hoffen und die Reformation eine Angelegenheit des deutschen Volkes geworden sei. Luther aber, obgleich nicht selbst in Augsburg, hatte in dieser Zeit harter Bedrängniß einen unbesiegbaren Glaubensmuth entwickelt. „Nie war ein Mensch, sagt Ranke, von dem Gefühl der Unmittelbarkeit des göttlichen Wesens lebendiger durchdrungen. Er kannte die ewigen, siegreichen Mächte, in deren Dienst er stand, er kannte sie, wie sie sich geoffenbart und rief sie bei ihren Namen. Er trotzte auf das Wort, das sie in den Psalmen oder in dem Evangelium dem menschlichen Geschlecht gegeben. Er sprach mit Gott wie mit einem gegenwärtigen Herrn und Vater." Von Coburg aus sah er den stürmischen Bewegungen des Reichstages zu und führte in seinen Briefen jene kühne Sprache, die aus einem unerschütterlichen Herzen und einem felsenfesten Vertrauen zu Gott so frisch und kräftig hervorquillt. Wie die Gefahr wächst, steigt sein Muth. Auch hat er zu dieser Zeit das alte glaubensstarke Schutz- und Trutzlied der protestantischen Kirche: „Eine feste Burg ist unser Gott" gedichtet. „Auf der Papisten Wüthen und Dräuen, schreibt er, setze ich auch nicht einen Deut. Fallen wir, so fällt Christus mit, und ich will lieber mit Christus fallen, als mit dem Kaiser stehen. Aber er ruft uns zu: seid getrost; ich habe die Welt überwunden! Was fürchten wir denn nun die überwundene Welt, als sei sie die Siegerin?"

Viertes Buch.

Der Schmalkaldische Bund. Ferdinands Bündniß mit den katholischen Cantonen in der Schweiz. Die Wiedertäufer in Westphalen. Die 1534 vollständig erschienene lutherische Bibelübersetzung. Luthers Verdienst um die deutsche Sprache. Tod des Churfürsten von Sachsen Johann des Standhaften. Sein Sohn Johann Friedrich. Herzog Ulrich von Würtemberg. Verlängerung des schmalkaldischen Bundes. Das allgemeine Concilium und die schmalkaldischen Artikel. Das Nürnberger Bündniß. Regensburger Reichstag 1541. Das dortige Interim. Der Protestanten Gegenartikel. Herzog Heinrich von Braunschweig. Ausbreitung der Reformation. Reichstag zu Speier 1544. Besetzung des Bisthums Naumburg. Der Friede von Crespy; Karls V Rüstungen gegen die Protestanten. Luthers Tod. Das Tridentiner Concilium. Protestation der Evangelischen gegen dasselbe. Herzog Moritz von Sachsen. Streit mit dem Churfürst Johann Friedrich. Ueberwältigung des Herzogs Heinrich von Braunschweig. Bündniß Karls V mit Paul III. Des Papstes Bulle. Treulosigkeiten. Rüstungen der schmalkaldischen Bündner mit Feder und Schwert. Zwiespalt und Schwankungen. Werbungen. Karl V in Regensburg. Achtserklärung. Sebastian Schärtlin. Dessen erste Unternehmungen. Zögern und Schwanken. Des Kaisers Verhöhnung der schmalkaldischen Fürsten.

Der entschieden feindselige Abschied des Augsburger Reichstages nöthigte die evangelischen Fürsten zum entschlossenen Handeln. Das bisherige Zögern und Abwarten hatte der Gegenparthei Muth gegeben. Am 22. December 1530 kamen Johann von Sachsen, Ernst von Lüneburg, Philipp von Hessen, Wolfgang von Anhalt, Gebhard und Albrecht von Mansfeld, sowie Abgeordnete Georgs von Brandenburg und mehrerer Städte in Schmalkalden zusammen. Das Reichskammergericht hatte bereits begonnen, in Folge des Reichstagsabschiedes die Prozesse wegen Einziehung geistlicher Güter gegen die protestantischen Fürsten einzuleiten. Es war keine Zeit zu verlieren. Besonders auf des Landgraf Philipps Betrieb wurde 1531 ein genau gegliederter Bund zur gewaffneten Vertheidigung abgeschlossen, zu welchem die mächtigsten Städte im nördlichen und südlichen Deutschland traten. Der Churfürst von Sachsen und Landgraf von Hessen wurden zu Bundes-Hauptleuten erwählt. Mehre katholische

Fürsten, selbst der Churfürst von Baiern, waren unzufrieden mit dem herrischen Verfahren des Kaisers, namentlich wegen der durch Intriguen und Bestechungen durchgesetzten Wahl Ferdinands zum römischen König. Sie förderten den Bund der evangelischen Fürsten, um Karl V in Schach zu erhalten. Der kriegerische Sultan Solimann drohete mit einem Einfall in Deutschland, und in Italien sah es mit der Wiederherstellung des Königreichs und mit der Verdrängung der Franzosen sehr mißlich aus. Dem perfiden Papste war nicht zu trauen. Karl konnte und wollte deshalb so wenig den Augsburger Reichstagsabschied in Ausführung bringen, als früher den Wormser. Durch Vermittlung von Churmainz und Pfalz kam deshalb der Religionsfriede zu Nürnberg den 23. Juli 1532 zu Stande, in welchem beide Theile versprachen, sich bis zum allgemeinen Concilium ruhig zu verhalten und den Reichsfrieden in keiner Weise zu stören. Der Kaiser sicherte den Protestanten die Einstellung der Processe in Sachen der Religion. Doch galt der Friedensvertrag nur für Diejenigen, die sich bereits zur augsburgischen Confession bekannt hatten.

In der Schweiz hatten die 5 katholischen Orte mit Ferdinand von Oestreich ein Bündniß zum Schutz des Glaubens geschlossen. Die Kämpfe und Kriege, welche dies Bündniß herbeiführte, sind im zweiten Buche erzählt. In der unglücklichen Schlacht bei Kappel (11. Oktbr. 1531) lag auf der Wahlstatt um den erschlagenen Zwingli der Kern reformatorischer Männer. Wohl erhoben sich die evangelischen Städte wieder, aber innere Zwiespalt schwächte die Kraft, und die Einheit im katholischen Heere erhob den Muth der Sieger. Wenn auch der Religionsfriede vom 16. November einem jeden Kanton die freie Religionsübung gestattete, so wurde doch in den katholischen Orten nach römischer Weise jede Regung evangelischen Lebens niedergedrückt und der freie Geist in die alten Fesseln geschlagen.

Der Fanatismus der Wiedertäufer regte von neuem die Gemüther auf und führte auf die heillosesten Abwege, besonders in Westphalen. Sie hielten sich für Auserwählte, vom Geiste Gottes erfüllt, zum Aufbau des neuen Jerusalems berufen. Ihre sinnlich messianischen Hoffnungen bildeten sie nach alttestamentlichen und talmudischen Verheißungen und schwärmten von der Herrschaft der Auserwählten nach Vertilgung aller Irrgläubigen und der Erneuung der Erde zur paradiesischen Herrlichkeit. Münster wurde der Mittelpunkt dieser wilden Phantasten. Ihre Führer waren zuerst Bernhard Rothmann, Knipperdölling und Krechting. Sie fanden besonders im Handwerkerstande ihre Anhänger und Verehrer, und ermunterten diese zu Aufruhr und Waffengewalt. Luther und Melanchthon mahnten davon nachdrücklich ab und straften sie mit zürnenden Worten wegen ihres tollen Treibens. Dies steigerte sich noch in den Jahren von 1532 bis 1535, als die Archi-Propheten aus der niederländischen Schule,

Melchior Hofmanus, Johann Bockhold aus Leyden und Johann Matthiesen aus Haarlem hinzutraten. In dem ersteren bildeten Hochmuth, Fleischeslust, rohe Gesinnung und wilde Schwärmerei eine widerwärtige Mischung. Die Reichsstände zogen mit Heeresmacht gegen sie, unter Anführung des tapfern Grafen Franz von Waldeck, Bischofs von Münster und Osnabrück. Der grausame Krieg endete mit der Erstürmung Münsters und mit der qualvollen Hinrichtung der Hauptführer. Der Reformation konnte man dabei nichts zur Last legen, so wenig wie bei dem Bauernkriege, weil die evangelischen Stände nach vergeblicher Abmahnung an der Unterdrückung des Unfugs theilgenommen, ihr Kirchenwesen überall wohlgeordnet und mit der weltlichen Regierung in Einklang gebracht hatten.

Was der evangelischen Kirche einen innern Halt und eine erhöhete Glaubenskraft gegeben, das war die im Jahre 1534 bei Hans Lufft zu Wittenberg zuerst vollständig erschienene lutherische Uebersetzung der Bibel. Jedermann konnte nun selbst forschen und prüfen, die Lehren der Reformatoren nach dem Worte Gottes beurtheilen und in Christus den Weg, die Wahrheit und das Leben finden. Mit dieser herrlichen Verdeutschung der Bibel erhielt das deutsche Vaterland eins seiner kostbarsten Kleinode, worin sich des Deutschen tiefes, reiches und frommes Gemüth, sein gründliches Forschen und sein rastloser Fleiß, der ganze Wohllaut, die volle Kraft und Herrlichkeit der deutschen Sprache auf eine bewunderungswürdige Weise offenbart. Und hätte Luther von seinem Leben und Wirken nichts weiter zurückgelassen als dieses Werk, er hätte sich damit ein unsterbliches Verdienst erworben. Seitdem das Christenthum in deutschen Landen angepflanzt worden, ist uns keine größere Wohlthat Gottes widerfahren. Die evangelische Kirche konnte auch ihre Freude über dieses Kleinod nicht laut genug aussprechen. Wer ihr angehörte, gab das Kostbarste hin, um sich dafür eine Bibel zu kaufen. Sie bildete den Kern der Reformation, von dem Kraft und Leben nach allen Richtungen ausging. Luther hatte daran mit rastlosem Eifer, mit gewissenhafter Treue, mit gründlicher Erforschung der alten Sprachen und mit der vollen Kraft seiner gottbegeisterten Seele gearbeitet. „Das kann ich mit gutem Gewissen bezeugen, sagt er in seinem Sendschreiben vom Dolmetschen der heil. Schrift, daß ich meine höchste Treue und Fleiß darinnen gezeiget und nie keine falschen Gedanken gehabt habe. Ich habe keinen Heller dafür genommen noch gewonnen. So habe ich auch meine Ehre nicht darinnen gemeinet, das weiß Gott, mein Herr, sondern habe es zu Dienst gethan den lieben Christen und zu Ehren Einem, der droben sitzt, der mir alle Stunden so viel Gutes thut, daß, wenn ich tausendmal so viel und fleißig dolmetschte, dennoch nicht eine Stunde zu leben verdient hätte oder ein gesund Auge zu haben. Es ist alles seiner Gnade und Barmherzigkeit, was ich bin und habe, ja es ist seines theuren Blutes und Schweißes. Darum solls auch alles ihm zu Ehren dienen mit Freuden und von Herzen. — Ich habe mich dessen geflissen im Dolmetschen, daß ich rein und klar Deutsch geben möchte. Und ist uns wohl oft begegnet, daß wir vierzehn Tage, drei, vier Wochen haben ein einiges Wort gesucht und gefragt, habens dennoch zuweilen nicht funden. Im Hiob arbeiteten wir also, M. Philippus, Aurigallus und ich, daß wir in vier Tagen zuweilen kaum drei bis vier Zeilen konnten fertigen. Lieber, nun es verdeutschet und bereit ist, kanns ein jeder lesen und meistern, läuft einer jetzt mit den Augen durch drei oder vier Blätter und stößt nicht einmal an; wird aber nicht gewahr, welche Wacken und Klötze da gelegen sind, da er jetzt überhin gehet, wie über ein gehöffelt (gehobelt) Brett, da wir haben müssen schwitzen und uns ängsten, ehe wir solche Wacken und Klötze aus dem Wege räumten, auf daß man könne so fein daher gehen. Es ist gut pflügen, wenn der Acker gereinigt ist; aber den Wald und die Stöcke ausrotten und den Acker zurichten, da will niemand an." So wurde das herrliche Bibelwort für alle Frommen der Kern alles Trostes, die Krone aller Erkenntniß, die Quelle alles Heils, der Herold der göttlichen Gnade und der Verkündiger des ewigen Lebens.

Wenn man sagen kann: „der Stil ist der Mensch", so prägt sich in Luthers Sprache der Kernmensch voll Muth und Glaubenskraft, die edle Einfalt und Wahrheit des frommen Gemüths, die heitere Laune und der derbe Witz eines frischen und kecken Geistes aus. Daher der gewaltige Eindruck, den seine Schriften machten. „Luthers Sprache, sagt Jacob Grimm, muß ihrer edlen, fast wunderbaren Reinheit, auch ihres gewaltigen Einflusses halber, für Kern und Grundlage der neuhochdeutschen Sprachniedersetzung gehalten werden, wovon bis auf den heutigen Tag nur sehr unbedeutend, meistens zum Schaden der Kraft und des Ausdrucks, abgewöhnt worden ist. Man darf das Neuhochdeutsche in der That als den protestantischen Dialekt bezeichnen, dessen freiheitathmende Natur längst schon, ihnen unbewußt, Dichter und Schriftsteller des katholischen Glaubens überwältigte. Unsere Sprache ist, nach dem unaufhaltsamen Laufe aller Dinge, in Lautverhältnissen und Formen gesunken; was aber ihren Geist und Leib genährt, verjüngt, was von sich Blüthen neuer Poesie getrieben hat, verdanken wir Keinem mehr, als Luthern." Mit dieser Macht der Sprache hatte der Heros seiner Zeit die Geister durchdrungen, die Herzen gefesselt, die Augen geöffnet und das Band der Liebe um die Glaubensgenossen gezogen.

Zu dieser inneren Gemeinschaft der evangelischen Christen in deutschen Landen und zu dem immer mächtiger aufstrebenden Geiste der Freiheit, der sich überall zu einem kirchlich organisirten Leben zu gestalten suchte, kam der Unwille über die sich immer gewaltsamer äußernden Anmaßungen des Papstes und das Mißtrauen gegen die Herrschsucht des

Kaisers, der sichtbar eine Universalmonarchie anstrebte. Die Mißbräuche in der herrschenden Kirche, beleuchtet von der Klarheit des göttlichen Worts, der tiefe sittliche Verfall des Clerus wie des Volkes, die besonders in den freien Reichsstädten sich schnell verbreitende Bildung und Intelligenz, verschafften der Reformation, deren Nothwendigkeit sich nicht mehr zurückweisen ließ, einen Sieg nach dem andern. In Chursachsen war 1532 Johann Friedrich der Großmüthige seinem Vater, Johann dem Standhaften (der am 16. August gestorben) gefolgt. Die evangelische Kirche hatte an ihm eine feste Stütze. Er gehörte ihr mit ganzer Seele an und war von ihrer Kraft und Wahrheit innerlich durchdrungen. Sie gab ihm einen heldenmüthigen Sinn im Denken wie im Dulden. Herzog Ulrich von Württemberg war durch den schwäbischen Bund aus seinen Landen, deren sich Oestreich bemächtigt hatte, vertrieben. Der kühne, rasch und entschlossen handelnde Landgraf Philipp hatte ihn nach siegreichem Vorwärtsschreiten 1534 in sein Land wieder eingesetzt. Der Herzog hatte die evangelische Lehre liebgewonnen, außer Luther, Zwingli und Melanchthon viele durch Rechtschaffenheit und Gelehrsamkeit ausgezeichnete Theologen kennen gelernt und ließ es nun seine erste und theuerste Sorge sein, seinem Lande die Segnungen der Reformation zuzuführen. Er setzte sich mit Wolfgang Capito und Martin Bucer in Verbindung und berief den Simon Grynäus, Ambrosius Blarer und Erhard Schnepf ins Land. Ersterer sollte die Universität Tübingen, Blarer den oberen Theil des Landes, und Schnepf das Unterland reformiren. Das Volk kam ihnen dabei mit entschiedener Geneigtheit entgegen. Die Bischöfe von Costnitz, Worms, Speier, Augsburg und Würzburg aber, unter deren Sprengel bisher das Herzogthum vertheilt war, setzten Himmel und Erde in Bewegung, um das heilsame Werk der Reformation zu hintertreiben. Aber unter Kampf und Sturm schlug die neue Lehre immer tiefere Wurzeln im Lande.

Der Augsburger Reichstagsabschied, des Kaisers gewaltsames Verfahren gegen die Protestanten und die engere Verbindung der katholischen Fürsten hatte bereits im December 1530 die evangelischen Fürsten genöthigt, auf einer Zusammenkunft zu Schmalkalden auf Mittel zu denken, der drohenden Gefahr zu begegnen. Der Landgraf Philipp verlangte schon damals die Schilderhebung gegen den Kaiser und seine Verbündeten, ehe es zu spät sei, dem mit Macht gerüsteten Weltherrscher entgegen zu treten. Aber die Pietät der Fürsten gegen das Oberhaupt des Reichs ließ es zu keinem gewaltsamen Entschluß kommen. Auch mahnte Luther mit allem Ernst vom Kriege ab; nicht das Schwert, sondern das Wort Gottes sollte den Sieg erkämpfen. Indeß benutzten die protestantischen Fürsten und Städte des Kaisers Abwesenheit in Tunis, Neapel, Rom und Madrid, um sich immer mehr zu stärken und fester zu verbinden. Sie zogen Klöster, Dom= und andere Stifter ein, ordneten die neuen kirchlichen Angelegenheiten, beriefen evangelische Theologen und Prediger, legten Schulen an und bereiteten sich zu dem Kampf, der nach des Kaisers Rückkehr unvermeidlich schien. Der Schmalkaldische Bund wurde 1536 auf zehn Jahre verlängert. Er war ansehnlich verstärkt durch den Beitritt der Herzoge Ulrich von Würtemberg, Heinrich von Sachsen (Bruder des 1539 verstorbenen bittern Feindes und Widersachers der Reformation, Herzogs Georg), Barnims und Philipps von Pommern, dreier Fürsten von Anhalt, Königs Christian III von Dänemark, des Markgrafen Johann von Cüstrin, der Grafen von Nassau=Saarbrück und von Schwarzburg, sowie der freien Städte Eslingen, Braunschweig, Goslar, Göttingen, Eimbeck, Augsburg, Frankfurt, Kempten, Hannover, Hamburg und Minden. Früher schon gehörten dem Bunde an die Städte Magdeburg, Straßburg, Nürnberg, Ulm, Costnitz, Bremen, Reutlingen, Heilbronn, Lindau, Memmingen, Isny, Biberach, Windsheim und Weißenburg, sowie der Churfürst Johann von Sachsen, der Landgraf Philipp von Hessen, der Herzog Ernst von Braunschweig, Fürst Wolfgang von Anhalt und die Grafen Gebhard und Albrecht von Mansfeld. Mehre andere Fürsten, die gleichfals die Reformation angenommen hatten, wie der Churfürst Joachim II von Brandenburg, waren Freunde des Bundes, ohne sich jedoch förmlich als Bundesgenossen einschreiben zu lassen. Allerdings ein mächtiger Bund, der selbst dem Kaiser Achtung gebieten konnte.

Dazu kam, daß in vielen katholischen Ländern die Hinneigung zu den Grundsätzen der religiösen Reform sehr stark war, daß selbst am Hofe des Königs Ferdinand und der Herzoge von Baiern Herren und Edelleute sich befanden, welche die Sache der Evangelischen förderten. Ein gleichzeitiger Schriftsteller sagt von König Ferdinands Hofe: „es giebt wenig Leute am Hof, an denen man nicht einen Geruch der neuen Lehre spüre." Den Geist kann man nicht bannen durch Interdicte und die Wahrheit ist nicht durch Schlagbäume zu hemmen. Franz I suchte bei seinen Rüstungen gegen Karl V, um der wachsenden Macht Oestreichs Schranken zu setzen, die evangelischen Stände in sein Interesse zu ziehn. Daß die Gegner der Reformation dies alles nicht ruhig mit ansehen würden, ließ sich erwarten. Im Herzen des Kaisers war längst beschlossen, zur gelegenen Zeit über die protestantischen Stände herzufallen und nach ihrer Ueberwältigung auch die katholischen unter die Füße zu treten. Ein schwerer, harter Kampf, ein Kampf auf Leben und Tod war vorherzusehn.

Um den Papst Paul III in Spannung zu erhalten, drang der Kaiser auf ein allgemeines Concilium. Das hatten die Stände längst gefordert und auch die Reformatoren waren damit einverstanden. Aber in Rom hatte man alle Ursach, ein solches Concilium zu fürchten. Die Klagen der Völker waren oft so laut und stürmisch geworden; die Reihe auf=

gezählter Sünden, Mißbräuche, Gelderpressungen und Uebelthaten war so lang und bedenklich; die katholischen Theologen, gegenüber den protestantischen, erschienen so unwissend und ungeschickt: daß von einer Kirchenversammlung zur Ausgleichung theologischer Streitigkeiten für die römische Kirche nur eine völlige Niederlage vorher zu sehen war. Indeß schrieb doch Paul III auf den Mai 1537 ein Concilium nach Mantua aus, weil ein solches wegen des französischen Krieges in der Lombardey unmöglich war. Auch verlangten die Stände ein Nationalconcilium in Deutschland, und den in Schmalkalden versammelten Bundesgliedern wurde von den anwesenden Theologen unterm 15. Februar 1537 ein Bekenntniß vorgelegt, worauf man die Kirchenversammlung begründen wollte. Diese Schmalkaldischen Artikel waren von Luther aufgesetzt und heben die Gegensätze wider die katholische Kirche aufs schärfste hervor. Von evangelischen Theologen waren 35 zugegen, von den sächsischen nur Luther, Bugenhagen, Spalatin und Melanchthon. Der Anhang „von der Gewalt und Oberkeit des Papstes" ist von Melanchthon in deutscher Sprache auf Befehl des Churfürsten verfertigt. Der Mann des Friedens hatte nämlich unter die Artikel die Bemerkung gesetzt: „dem Papste, wenn er das Evangelium frei läßt, könnte wohl um des gemeinen Friedens willen eine Superiorität über die Bischöfe nach menschlichem Rechte zugestanden werden." Mit diesem Zusatz war Luther sehr unzufrieden. Darum verlangte der Churfürst von Melanchthon einen Tractat über des Papstes Primat und der Bischöfe Jurisdiction. Es wurde darin durch Thatsachen nachgewiesen, daß Beide nicht aus göttlichem Rechte eingesetzt sind. Von den Fürsten und Ständen wurden diese Artikel nicht unterzeichnet, weil man dies nur bei ihrer Uebergabe für nöthig hielt. Da diese nun nie erfolgt ist, so unterblieb auch die Unterschrift. Luther war auf dem Convent sehr verstimmt, weil er an Steinschmerzen litt. Er reiste mit dem Seegen ab: „Gott erfülle euch mit dem Hasse des Papstes!"

Die katholischen Stände konnten bei der wachsenden Macht des Schmalkaldischen Bundes nicht ruhig bleiben. König Ferdinand stellte dem Kaiser die Nothwendigkeit einer festen Verbindung zur Abwehr etwaiger Gewalt Seitens der Protestanten vor. Karl V schien damals Gedanken des Friedens gehabt zu haben und zur Erweiterung der Nürnberger Zugeständnisse geneigt zu sein. Er sandte seinen Geheimen Rath und Vicekanzler Dr. Matthias Held nach Deutschland mit dem Auftrage, in Verbindung mit König Ferdinand ein friedliches Verhältniß herbeizuführen, entweder durch ein National-Concilium, oder durch zeitgemäße Concessionen und durch Sicherstellung der Abgewichenen vor jeder Gewalt, wenn sie den Landfrieden halten und sich, dem Nürnberger Frieden gemäß, den übrigen Reichsständen anschließen wollten. Dem Papste sei die Versicherung zu geben, daß man nie etwas bewilligen werde, was der Kirche und dem heiligen Glauben zuwider laufe, daß man aber auch Deutschland nicht in noch größere Verwirrung dürfe gerathen lassen.

Aber Dr. Held, ein ehemaliger Beisitzer des Kammergerichts, voll bitteren Hasses gegen die Protestanten, ein ehrgeiziger, leidenschaftlicher und händelsüchtiger Mann von schlechten Sitten und Grundsätzen, suchte überall feindselige Gesinnungen gegen die neue Lehre und Kirche zu verbreiten und ein katholisches Bündniß gegen die Schmalkaldischen Bündner zu Stande zu bringen. Er suchte den König Ferdinand für diese Idee zu gewinnen, eilte von einem katholischen Hofe zum andern, wußte auch die eifrigsten katholischen Fürsten im März 1538 zu einer gemeinsamen Berathung zu Speier zu versammeln, konnte sie aber doch zur Annahme seiner kriegslustigen Vorschläge nicht bewegen. Zuletzt kam dennoch am 10. Juni 1538 das sogenannte Nürnberger Bündniß zum Schutz des katholischen Glaubens zu Stande zwischen dem Herzog Georg, den Braunschweig'schen Fürsten Albrecht, Heinrich und Erich, den süddeutschen Fürsten von Baiern, Mainz und Salzburg, und dem König Ferdinand, zugleich im Namen des Kaisers. Es war jedoch nur eine Nachbildung des Schmalkaldischen Bundes und sollte sich nicht auf weltliche, sondern nur auf kirchliche Gegenstände erstrecken.

Auf dem Reichstage zu Worms, der am 25. Oktober 1540 eröffnet wurde, schlug der hinterlistige Granvella den Protestanten eine Reformationsformel vor, die ganz unverdächtig schien, aber den Schalk im Hintergrund hatte. Die evangelische Parthei erkannte diesen Schalk und trat ihm entschlossen entgegen. Eben so wenig ließ sie sich zur Annahme des vom Papst vorgeschlagenen Conciliums zu Trient bewegen. Da der Kaiser seinen Zweck nicht erreichen konnte, befahl er, die Verhandlungen abzubrechen und die Fürsten auf einen Kaiser- und Reichstag nach Regensburg zu entbieten. Das Benehmen Granvella's, wie sehr er auch durch schmeichelnde Freundlichkeit und glatte Worte zu täuschen suchte, hatte die Evangelischen überzeugt, daß sie sich nur durch kräftige und entschlossene Maßregeln vom Verderben retten könnten. Und doch blieb es bei allgemeinen Bestimmungen. Der einzige Landgraf Philipp drang zur Waffenrüstung und zürnte auf Luther, der immer zum Frieden ermahnte.

Der Regensburger Reichstag währte vom 8. April bis Ende Mai 1541. Der Kaiser versicherte, daß es seine redliche Absicht sei, einen freundlichen und christlichen Vergleich wegen der Religion zu Stande zu bringen und daß er den Verhandlungen der Theologen über die streitigen Glaubenspunkte persönlich beiwohnen wolle. Bei diesen Disputationen waren Wortführer katholischer Seits: der alte Streitheld Dr. Eck, der Decan von Meissen Julius von Pflugk, und Johann Gröpper, Canonicus in Cöln; evangelischer Seits: Melanchthon, Bucer und Johann Pistorius, Pfarrer zu Nidda in Hessen. Bald hatten sich unter den Ständen drei Partheien gebildet, unter deren leitenden Einfluß die disputirenden Theologen standen. Die streng lutherische war vertreten durch den Churfürst Johann Friedrich und durch Melanchthon, der bei aller Friedensliebe festhielt an den Grundlehren des evangelischen Glaubens nach dem lutherischen Lehrbegriff, die römische durch den Legat und Orator Cantarini, durch Eck und mehre Mitglieder des heiligen Bundes, die vermittelnde durch Granvella als kaiserlichen Commissar, Gropper, Gerhard Volbruck und Churfürst Joachim II von Brandenburg. Diese letztere Parthei hatte eine Vermittelungsschrift in 31 Artikeln aufgesetzt, welche als Grundlage bei den Disputationen dienen sollte. Die Schrift (nicht von Wicelius, wie Etliche vermuthen, sondern von Gropper, wie Eck und Melanchthon bezeugen) hat nachmals den Namen des ersten oder Regensburger Interims erhalten, weil sie einen Vereinigungsentwurf für die beiden Religionsparteien enthielt, der „unterdessen" gelten könne, bis ein Concilium die streitigen Punkte würde untersucht und ausgeglichen haben. Es ist auch mit großer Umsicht und Mäßigung geschrieben und konnte allerdings die streitenden Partheien näher führen. Auch wurden alle Punkte mit großer Schärfe und Gründlichkeit, und mit Ausnahme des tumultarischen Eck, mit großer Ruhe und gegenseitiger Schonung erörtert.

Die Hauptlehre der Protestanten „von der Rechtfertigung" wurde so vorgetragen: „Es ist die feste und reine Lehre, daß der Sünder durch den lebendigen und wirksamen Glauben gerechtfertigt werde; denn durch diesen werden wir Gott angenehm um Christi willen. Wir nennen aber den lebendigen Glauben diejenige Bewegung des heiligen Geistes, durch welche die ihr altes Leben wahrhaftig Bereuenden zu Gott aufgerichtet werden, und die in Christo versprochene Barmherzigkeit wahrhaftig ergreifen, so daß sie recht innerlich empfinden, daß sie die Vergebung der Sünden und die Versöhnung wegen des Verdienstes Christi aus freier Gnade empfangen haben. — Der rechtfertigende Glaube ist zwar derjenige, der durch die Liebe thätig ist; es ist aber doch gewiß, daß wir durch diesen Glauben in soweit gerechtfertigt werden, als er die Barmherzigkeit und Gerechtigkeit ergreift, die uns wegen Christus und seines Verdienstes zugerechnet wird. Wir werden durch den Glauben an Christum und durch seine Verdienste gerechtfertigt, nicht wegen unsrer Würdigkeit oder guten Werke." — Der wahren Kirche räumten die Protestanten das Recht ein, die Schrift recht zu verstehen und auszulegen, weil sie, wie Paulus sagt, die Gabe der Auslegung habe; aber Concilien und Kirchenväter können irren und waren auch theilweise in Irrthum befangen. Das Licht der Wahrheit ist zu Zeiten in der Kirche verdunkelt gewesen. „Damit aber niemand der Sachen ungewiß wäre oder zweifelte, wo er die Kirche Christi finden solle, hat Christus ganz gewisse Zeichen gegeben, durch die wir ein so großes Haus, welches die Kirche Gottes ist, erkennen sollen. Diese Zeichen sind:

die gesunde Lehre Christi, der rechte Brauch der Sakramente und das Pfand der Liebe und des Friedens, zu den Ephesern am vierten und zu den Römern am zwölften Kapitel."

Bei der Lehre von den Sakramenten wird gesagt, daß sie erstens sollten Zeichen und Losungen sein der großen Versammlung Gottes, welches die Kirche ist, und dann, daß sie uns sein sollten gewisse, kräftige und wahrhafte Zeichen seines natürlichen Willens und Gnade. „Derhalben die Sakramente nicht allein solche Zeichen sind, daß sie etwas Verborgenes bedeuten und anzeigen, sondern daß sie auch Instrumente der Gnade Gottes sind, dadurch uns Gott heiliget und der gegebenen und empfangenen Gnade sicher und gewiß macht, den Glauben in uns erwecket, zur Liebe und heiligen christlichen Sitten und Leben reizet, ermahnet und fördert." Beim Abendmahl wird die Transsubstantiation verworfen, aber gelehrt: „Das Sakrament des Leibes und Blutes Christi hat das Wort, welches ist die allmächtige Rede unsers Herrn Christi, durch dessen Kraft in diesem Sakrament nach der Consekration der wahre Leib und das wahre Blut des Herrn wahrlich und wesentlich da sind, also, daß Brot und Wein ihr natürlich Wesen verlieren und in den Leib und das Blut Christi verwandelt werden, und werden dem Gläubigen unter der Gestalt des Brotes und Weines ausgetheilt, laut dieser Worte des Herrn: Nehmet hin und esset u. s. w." Die Herzählung aller Sünden in der Beichte ist nicht nöthig, um Vergebung derselben zu erlangen.

Der Artikel von der Ordnung des Kirchenregiments war sehr behutsam und schonend abgefaßt. Es wurde nicht nur mit Cyprians Worten gelehrt, daß nur Ein bischöfliches Amt sei, welches jeder Bischof an seinem Theile ganz habe, sondern auch von dem Papste weiter nichts behauptet, als daß er als erster Bischof (Primus inter Pares) anerkannt werden müsse: „nicht, als wenn er die übrigen an Würdigkeit des Priesterthums übertreffe, sondern weil er weiter zu sorgen habe als die andern und im Kirchenrathe über Andere sei, um Einigkeit in der Kirche zu erhalten." Hinsichts der Ceremonien und Kirchengebräuche heißt es: „die christliche Freiheit stehet vornehmlich in dem, daß wir durch die Gnade Christi und Begabung des heiligen Geistes vom Zwange des Gesetzes erlöset, selbstwillig thun, was das Gesetz, recht und ordentlich zu leben gebeut, und wissen, daß unsere Gerechtigkeit, die denn geistlich sein soll, an den äußerlichen Ordnungen und Haltungen nicht hanget, sondern daß solche Ordnungen sind eingesetzt, zu erhalten und zu befestigen den Glauben der Schwachen und die Liebe. Wo es aber die Sache fordert, mag man sie ohne Sünde brechen, doch also, daß nicht Aergerniß oder Verachtung dabei sei." Die Ehe des Clerus war zwar nach den alten Kirchengesetzen erlaubt, streitet aber mit den neueren, woraus dann folgt, daß wenn bei dieser Verschiedenheit der Kirchengesetze die neueren ihre Gültigkeit behalten sollen, nothwendig auch die alten Strafgesetze wider die unzüchtigen Cleriker vollstreckt werden müßten. Was über die Verehrung der Heiligen, Processionen, von der Oelung, von der Kirchenzucht gesagt wird, zeugt von großer Behutsamkeit und Feinheit und von großer sophistischer Kunst, durch die sich aber die Augsburgischen Confessionsverwandten nicht täuschen ließen. Sie überreichten Gegenartikel, worin sie sich von vielen aufgestellten Lehren und Behauptungen lossagten. Diese sind von Melanchthon und D. Creuziger aufgesetzt und Luther zeigte sich damit ganz einverstanden. Er schreibt darüber an den Churfürst Johann Friedrich: „Die Unsern haben fein darauf geantwortet und sonderlich gefällt mir, daß die zween Teufel, Satisfaction und Missa, von M. Philipp so recht wohl bezahlet. Gott, der es angefangen ohne unsre Kraft und Verstand, wirds hinausführen wie er weiß."

Luther wurde von allen Vorgängen auf dem Reichstage in Kenntniß gesetzt und stand in brieflichem Verkehr mit seinem Landesherrn, mit D. Brück und Melanchthon. Mit des Landgraf Philipp großer Nachgiebigkeit und Friedensliebe war er sehr unzufrieden und schrieb darüber an den Churfürst: „Ich sorge, der Landgraf lasse sich ziehen und zöge uns gern mit sich. Aber er hat uns, meine ich, genug und wohl gezogen in seiner Sache; er soll mich nicht mehr ziehen. Eher wollte ich die Sache wiederum zu mir nehmen und wie im Anfang allein stehen. Wir wissen, daß es Gottes Sache ist, der hats angefangen, bisher selbst geführt und wird es hinausführen. Wer nicht nach will, der bleibe dahinten, der Kaiser, der Türke dazu und alle Teufel. Sie sollen hie nichts gewinnen, es gehe uns darüber wie Gott will."

Um den Reichstag nicht wieder erfolglos zu schließen, sandten der Churfürst von Brandenburg und Georg von Anhalt mit Vorwissen des Kaisers, den Fürst Johann von Anhalt, Matthias von Schulenburg und Alexander Alesius, Professor zu Frankfurt a. d. O., zu Luther nach Wittenberg, überreichten ihm einen Credenz als Geschenk der versammelten Fürsten und baten ihn: „Weil der Doctor durch göttliche Gnade und Erleuchtung am ersten diese Lehre wieder an den Tag gebracht, so ersuchen ihn auch vor allen Andern hochgedachte Chur= und Fürsten mit gnädigem Begehr, er wolle helfen fördern, daß darin möchten christliche, leidliche Mittel getroffen werden, damit diese heilsame Lehre auch weiter gebracht und weniger gewehret würde; denn zu verhoffen, da die Lehre vom Hauptartikel (von der Justification) weiter gebracht, müssen alsdann die andern Mißbräuche auch fallen. Und zu besorgen, wo nicht Einigkeit gemacht, daß daraus viel Unheil erfolgen möchte. — Dieweil nun der Doctor sich hat vernehmen lassen, so die Lehre frei und rein gelassen und geduldet, auch das Volk die Communion erlangte, wäre in andern Artikeln wieder Geduld zu haben: so zweifelten gedachte Chur= und Fürsten nicht, der Doctor werde hierin nichts erwinden lassen und neben ihnen, die es herzlich treu meinen, das Beste fördern. Und so es je zu endlicher Vergleichung nicht möchte kommen, daß gleichwohl die verglichenen Artikel bleiben und die andern mit einer bequemen Maaß aufgeschoben würden. Denn so der Reichstag ohne einige Frucht aufgehen sollte, wollten viele Leute erschrecken und hernach Zerrüttung aller Polizei, auch unter den Unsern Schismata zubesorgen seien."

Diese Zuschrift wurde Luthern am 10. Juni übergeben und am 12. reichte er seine Antwort ein, die auch maßgebend für die augsburgschen Glaubensverwandten wurde. Aber der Kaiser eilte zum Schluß des Reichstages. Die Theologen hatten sich über die vier Artikel von ursprünglicher Gerechtigkeit, Erbsünde, Freiheit und Rechtfertigung, die Luther immer als die Grundfesten des Glaubens aufgestellt hatte, vereinigt. Julius Pflug und Melanchthon waren im Begriff, sich die Hände zu reichen. Aber der Churfürst von Sachsen sahe in der Nachgiebigkeit der katholischen Parthei nur eine heimlich gelegte Falle, der römische Legat erhielt harte Vorwürfe wegen überschrittener Vollmacht und der König von Frankreich erschrak über die Versöhnung der Partheien in Deutschland, der Kaiser aber rüstete sich zum Kriege gegen Frankreich. Er verpflichtete deshalb in aller Eil die Protestanten auf die verglichenen Artikel, wozu sich jedoch die Katholiken nicht verstehen wollten, und schloß den Reichstag am 28. Juni, alles Andere auf das nahe Concilium oder auf einen andern Reichstag verschiebend.

Karl V unternahm noch im Herbst 1541 die unglückliche Expedition gegen Algier, kam im December nach Italien zurück und rüstete sich zum Kriege gegen Frankreich. König Ferdinand wurde von den Türken hart bedrängt. Er berief im Februar 1542 die deutschen Fürsten zu einem Reichstage nach Speier und bat dringend um Hülfe gegen den Erbfeind der Christenheit. Die protestantischen Fürsten verstanden sich erst dazu, als ihnen ein sicherer Friedensstand auf 5 Jahre zugesichert war. Ueberhaupt standen die Aussichten für die Protestanten mehrere Jahre lang überaus günstig. Der ungestüme Herzog Heinrich von Braunschweig, ein wüthender Gegner der evangelischen Lehre, hatte schon seit langer Zeit die beiden zum Schmalkaldischen Bunde gehörigen Städte Goslar und Braunschweig aufs härteste geplagt. Der Bund entschloß sich, den Städten Frieden zu verschaffen, rüstete ein Heer von 15000 Mann aus, überfiel den wilden Herzog, ehe er es meinte, schlug ihn in die Flucht, nahm sein ganzes Land in Besitz und führte darin, zur Freude des Volks, die Reformation ein. — Die Oberpfalz war schon längst evangelisch, 1543 folgte auch die Unterpfalz und drei Jahre darauf unter Friedrich II auch die Churpfalz. Der Churfürst und Erzbischof von Cöln, Herrmann von Wied, ließ sich 1543 von Bucer und Melanchthon einen Plan zur Einführung der Reformation vorlegen und theilte diesen dem Erzbisthum mit, fand aber beim Kapitel, bei der Universität und bei den Landständen den entschiedensten Widerspruch. Mit dem päpstlichen Banne belegt, mußte er 1547 der Churwürde und dem Erzbisthum entsagen. Einen gleichen mißlungenen Versuch der Reformation hatte der Bischof von Münster, Graf Franz von Waldeck gemacht. Selbst dem Churfürst von Mainz, Erzbischof Albrecht, kam einmal der Gedanke, sein Erzstift nach dem Beispiel seines Vetters, des Herzogs Albrecht von Preußen, zu säkularisiren. Für die Bischöfe lag in der Aussicht, wie der Markgraf Albrecht, Großmeister des deutschen Ordens, erbliche Fürsten zu werden, eine große Versuchung zum Uebertritt in die evangelische Kirche.

Auf dem Reichstage zu Speier, der vom 20. Februar bis Ende Mai 1544 dauerte, hielt der Kaiser die protestantischen Fürsten mit erheuchelter Gnade hin, versprach dem Churfürsten von Sachsen, dem Erbprinzen die Tochter Königs Ferdinand zur Gemahlin, und dem Landgraf Philipp das Kommando eines Heeres im Kriege gegen Frankreich zu geben. Beim Schluß des Reichstages wurde den Protestanten die Verlängerung des Friedensstandes bis zu einem allgemeinen nahe bevorstehenden Concilium in Deutschland zugesichert. Mittlerweile vermehrten sich die Evangelischen, besonders in den Rheinlanden und Westphalen, wie in Neuburg durch den Pfalzgraf Otto Heinrich und in Jülich, Cleve, Berg durch den Herzog Wilhelm. Von weltlichen Fürsten war allein noch Baiern, des eigenen Volks und der Stände sich mühsam erwehrend, eine Stütze des Papstthums.

Im Jahre 1541 war das Bisthum Naumburg erledigt worden. Das Kapitel erwählte den eben so gelehrten als milden Theologen Julius von Pflug. Der Churfürst aber wollte einen evangelischen Bischof haben und ernannte dazu den Pfarrer Nicolaus von Amsdorf. Die weltlichen und ökonomischen Angelegenheiten des Stiftes übertrug er einem seiner Beamten. Darüber beschwerte sich der Convent beim Kaiser, der in zwei Mandaten dem Churfürsten und den Städten Naumburg und Zeiz befahl, der Installirung des rechtmäßig gewählten Bischofs Julius von Pflug durchaus keine Hindernisse in den Weg zu legen. Dennoch verharrte der Churfürst bei seiner Bestimmung und Luther, der seinen Freund Amsdorf am 20. Januar 1542 weihete, schreibt in seiner guten Laune: „Wir armen Ketzer haben abermal eine große Sünde begangen wider die höllische unchristliche Kirche des allerhöllischten Vaters, des Papstes, daß wir einen Bischof im Stift Naumburg ordinirt und eingeweiht haben ohn allem Chresem, auch ohne Butter, Schmalz, Speck, Ther, Schmeer, Weihrauch, Kohlen und was derselben großen Heiligkeit mehr ist, dazu wider ihren Willen, jedoch nicht ohne ihr Wissen. Für welche große schreckliche Sünde wir wohl gerne wollten demüthiglich bitten um Ablaß und Vergebung, so mangelts uns an den zwei größten Stücken der Buße: erstlich, daß uns solche große Sünde nicht will noch kann reuen oder leid sein, so doch ohne Reue und Leid keine Sünde vergeben werden kann, wenngleich auch das päpstliche Ablaß mit seinem ganzen grundlosen Ablaßkram und Schatz möchte verkauft oder umsonst mitgetheilt werden. Zum andern sind wir auch so schwach (wiewohl sie es werden verstockt heißen) im Glauben, daß wir schlecht nicht glauben können, daß uns solche schreckliche Sünde möchte von ihnen vergeben werden."

Der Kaiser hatte mit Frankreich 1544 den ehrenvollen Frieden zu Crespy und der römische König mit den Türken einen fünfjährigen Waffenstillstand geschlossen. Nun war die längst gewünschte Zeit gekommen, in welcher Karl V seinen Lieblingsplan ausführen konnte, die Schmalkaldischen Bündner zu überwältigen, dann die katholischen Fürsten zu demüthigen und sich zum souveränen Kaiser und Herrn von Deutschland zu erheben. Auf dem Reichstage zu Worms hatte sich der päpstliche Legat gegen den kaiserlichen Minister beklagt, daß sein Herr mit den Ketzern so säuberlich umginge und ihnen so viele Rechte einräume. Der schlaue Diplomat eröffnete ihm im Vertrauen, daß der Kaiser gern auf sie losschlagen würde, wenn er nur auf treue Hülfe rechnen könne. Diese sagte der Legat seitens des Papstes an Geld und Truppen zu, worüber es bald zu einem förmlichen Vertrag kam. Den Frieden zu Crespy hatte der Kaiser nur auf die „gehorsamen" Reichsstände erstreckt. Die Protestanten konnten gar leicht zu den ungehorsamen gestempelt werden und der Kaiser einen scheinbaren Vorwand zu einem gerechten Kriege gegen dieselben gewinnen. Er machte zu demselben bedeutende Zurüstungen und zog von allen Seiten Truppen heran. Die Hinrichtungen evangelischer Prediger in den Niederlanden verkündeten seine Gesinnung. Als auf dem Reichstage zu Regensburg 1546 die evangelischen Fürsten den Kaiser nach dem Zweck dieser Kriegsrüstungen fragten, erhielten sie die Antwort: er suche Einigkeit und Frieden; wer sich darin füge, werde mit allem Glimpf behandelt werden; die sich aber dem widersetzten, würden sich die Folgen ihres Ungehorsams selbst zuzuschreiben haben. Dem Churfürsten wie dem Landgrafen schien es unglaublich, daß sie mit den Ungehorsamen gemeint sein sollten, da sie sich allezeit, und oft mehr als rathsam und nützlich war, dem Kaiser unterwürfig gezeigt hatten. Sie veranlaßten deshalb den Pfalzgrafen Friedrich, bei dem Kaiser anzufragen: wen er denn mit den ungehorsamen Fürsten bezeichne? Er antwortete darauf: „Es sind diejenigen, die unter dem Schein der Religion gegen mich Praktiken treiben, die Rechtspflege des Reiches nicht leiden wollen, geistliche Güter einziehen und sie zu ihrem eigenen Vortheil verwenden." Die Spanier sprachen es ohne Hehl aus, der Kaiser werde die Zähne zeigen und Jemanden tüchtig beißen; es sei um ein paar Meilen in den Böhmischen Wäldern zu thun, so könne man auf ebner Straße nach Sachsen gelangen. Als kein Zweifel mehr war, wen die Rüstungen galten, trafen die Genossen des Schmalkalder Bundes Anstalten zur entschlossenen Gegenwehr.

Mitten unter diesen Kriegsrüstungen starb Luther in seiner Vaterstadt, wohin ihn die Grafen von Mansfeld zur Ausgleichung eines Familienstreites gerufen hatten, den 18. Februar 1546. Sein sehnlichster Wunsch, keinen Religionskrieg über Deutschland ausbrechen zu sehn, war ihm erfüllt worden. Er starb lebenssatt und lebensmüde, und sehnte sich oft abzuscheiden und bei Christo zu sein. Der stete Kampf mit Feinden und Widersachern, mit der Finsterniß und Lüge, mit Schmerzen des Leibes und der Seele hatte seine Kräfte aufgezehrt und sein Gemüth verbittert. Seine letzte Schrift gegen den Papst ist die heftigste und feindseligste, die er geschrieben, voller Haß und Schmähworte. Den Kampf mit Zwingli über die Abendmahlslehre hatte er 1544 erneuert und es nagte an seinem Herzen, als er auch unter seinen Amtsgenossen und Freunden eine Hinneigung zu jener Lehre entdeckte. Er eiferte gegen die Juristen, welche die heimlichen Eheverlöbnisse der Jugend in Schutz nahmen. Es betrübte ihn, daß das große Werk der Reformation zeitweise einen ganz verkehrten Gang nahm und seine Segnungen auf Gesinnung, Sitte und Leben so wenig offenbaren wollte. Als in Wittenberg der Luxus so gewaltig überhand nahm und sein Eifern dagegen gar keinen Erfolg hatte, verließ er die Stadt mit dem Vorsatz, nie wieder in dieselbe zurückzukehren. Nur die dringende Bitte der Universität, das Versprechen der Besserung seitens der Stadt, und die Ermahnungen des Churfürsten vermochten ihn zur Rückkehr. Die bevorstehende Trübsal und den schweren Kampf der Kirche sah er voraus: „Die Kirche stehet allezeit, schreibt er, in sehr großer Gefahr und muß immer solches Unglück gewarten, daraus sie nach menschlicher Vernunft nicht kommen kann. Und dieses ist ihr gemein Wort und rechter Titel, daß sie sagt: „Herr, hilf uns, wir verderben!" Sie verderbet aber doch nicht. Sie wird stets von den Wasserwogen und Ungestümigkeit des Meers hin- und hergetrieben, daß sie vor ihren Augen anderes nicht stehet, denn eitel Verderben, daß wir schreien: „wir verderben!" und ist doch gleichwohl bei Gott noch immer Hülfe." Noch bei seiner letzten Geburtstagsfeier am 10. Nov. 1545 äußerte er: „So lange ich lebe, wird's, ob Gott will, keine Gefahr haben und guter Friede in Deutschland bleiben; wenn ich aber sterbe, so betet. Es wird wahrlich Betens brauchen und unsre Kinder werden müssen nach den Spießen greifen, und wird in Deutschland übel stehen." In einer seiner letzten zu Eisleben gehaltenen Predigten „über den Glauben" sagt er, der Glaube habe seinen Ursprung im Paradiese genommen, sei von Enoch und Noah und allen heiligen Propheten fortgepflanzt, endlich von Christus und den Aposteln gepredigt worden; dagegen habe sich bald von Anfang der Böse, der da herrschet in der Luft, mit seinen Winden und Wellen erhoben, und die Jahrtausende her sich mäch-

Spieker, Geschichte. 7

tige Reiche und Throne erbaut: jetzt nun habe er sich wieder auf's Neue in seinem letzten Grimm und Zorn mit allen seinen Stürmen aufgemacht, aber der Mann, der in dem Schiffe schlafe, werde zu seiner Zeit durch das Gebet der Gläubigen aufgeweckt werden und den Meeren und Stürmen gebieten; der rechte und älteste Glaube werde auch der letzte sein bis an's Ende der Tage.

Was wir bei vielen großen Männern erfahren, daß der Geist kurz vor seinem Erlöschen noch einmal aufstrahlt und leuchtende Funken um sich sprüht, so war es auch bei Luther. In seine letzten Tage leuchtet noch die jugendliche Kraft und Frische seines Geistes. Erhabene Gedanken wechseln mit kindlichen Scherzen, helle Blicke in die Zukunft mit Vorgefühlen der nahen Seligkeit. Ein seltener Mensch, wie ihn nicht jedes Jahrhundert aufzuweisen hat; eben so groß durch seine Tugenden wie durch seine Thaten. Dabei ein Mensch in allen seinen Beziehungen, in allen seinen Gebrechen und Fehlern, in seinen leidenschaftlichen Erregungen und stürmischen Gefühlen, in seiner trauten Liebe zu seinem Herrn „Käthe" und in seinen heiteren Spielen mit den Kindern. Wie sein Verhältniß zu Gott so fest und sicher, man möchte sagen so naiv und trotzig ist, so ergötzt das Spiel, das er mit dem Teufel hat, den er ächt burschikos behandelt und ihm manchen Possen spielt. Auf Befehl des Churfürsten wurde sein Leichnam nach Wittenberg gebracht und in der Schloßkirche beigesetzt.

Das vielbesprochene und oft erheischte Concilium kam endlich zu Stande. Papst Paul III schrieb es aus unterm 19. November 1544 und eröffnete es zu Trient am 15. März 1545. Er hatte sich endlich dazu genöthigt gesehn, theils um den wiederholten dringenden Forderungen des Kaisers und der Reichsstände zu genügen, theils um die Verhandlung über kirchliche Gegenstände den weltlichen Händen zu entreißen und der um sich greifenden Ketzerei mit Nachdruck entgegen zu treten. Nachdem der Papst den beklagenswerthen Zustand der Kirche geschildert, fährt er fort: „Derohalben als wir in solchem Sturmwetter der Ketzereien, Spaltungen und Kriege und bei solchem Wüthen und Wallen des Meeres der Welt, das Schifflein Petri zu regieren berufen wurden und uns dazu für zu schwach und unvermögend erachteten, haben wir unsere Sorge auf Gott den Herrn geworfen und gebeten, daß er uns Kraft, Rath und Weisheit verleihen wolle. Demnächst haben wir uns erinnert, daß unsre mit trefflicher Weisheit und Heiligkeit begabten Vorfahren oftmals in den höchsten Nöthen der Kirche das heilsame und bequeme Mittel der allgemeinen Concilien und Zusammenkünfte der Bischöfe gebraucht; so haben auch wir uns vorgenommen, ein solches allgemeines Concilium zu halten."

Der Kaiser forderte die katholischen und protestantischen Stände auf, auf diesem Concil sich durch gelehrte Theologen und Rechtsanwalte vertreten zu lassen und drohete, die Ungehorsamen und Widerspenstigen zu strafen. Die Stände des Augsburg'schen Bekenntnisses aber erklärten, daß sie bei ihrem Glauben festiglich bleiben, daß sie das Tridentinische Concilium nicht besuchen und in die Satzungen desselben nicht willigen würden. Die Gründe dieser Weigerung setzten sie in einer eigenen Denkschrift auseinander. Sie versichern, daß nur der ernste, strenge und unwandelbare Wille und Befehl Gottes sie treibe, die reine evangelische Lehre in ihren Kirchen zu predigen und alle Gläubigen darin zu bestärken und zu befestigen. Nimmermehr könnten und würden sie dulden, daß dem wahrhaftigen Dienste Gottes abergläubische und heidnische Lehren und Satzungen beigemischt würden. Auch könnten diejenigen kirchlichen Würdenträger, welche durch ihr schändliches Leben die Religion entwürdigten, der Kirche keine Ordnungen geben und über die Lehren derselben nicht richten. „Sage mir, heißt es in dieser Rechtfertigungsschrift, ob jetzt in unsern Zeiten die epikureischen Päpste, Bischöfe und Cardinäle dem Haufen der Sadducäer zu jener Zeit nicht gleich sind? welche ihre Messe, Vigilien und andere falsche, erdichtete Gottesdienste um's Geld verkaufen. Allein daß wir mehr Zucht und Schein bei den Juden, denn jetzt in unsern Zeiten zu Rom unter den Cardinälen und Bischöfen und in den Stiften und Klöstern sehen; denn dieselben hatten ihre ehelichen Frauen und hielten ehrliche Hauszucht, waren auch nicht so gar müßige Leute wie jetzt unsre Mönche und Pfaffen sind." —

Die heiligen Väter hatten gleich anfangs den Protestanten den Zugang zu ihrem Sanhedrin dadurch verschlossen, daß sie über die Hauptlehren des evangelischen Glaubens das Anathem aussprachen. Die beiden ersten Decrete des Conciliums begleiteten die protestantischen Theologen in einer Druckschrift mit kurzen kräftigen Randglossen, von denen wir nur eine mittheilen: „Ihr wollt den Laien nicht zulassen, die heil. Schrift zu lesen, so haben die gemeinen Pfaffen mit Messelesen, Singen, Viele auch mit Ueberessen, Uebertrinken, Spielen und Huren zu schaffen. Bischöfe und Kardinäle jagen, kriegen, sind an Königshöfen oder mit weltlicher Regierung behaftet. Doctores, die disputiren, lauern auf die feisten Pfründen."

„Und ob Jemand die heilige Schrift wollte rein herfürbringen, den verdammt ihr als einen Ketzer zum Galgen, Feuer oder Wasser. Und das ist kein Wunder, denn euer Leben das Licht der heiligen Schrift mit nichten dulden noch leiden mag." Das konnte freilich nur böses Blut machen und keine Annäherung herbeiführen. Auf diese war es aber auch gar nicht abgesehn. Den Päpsten sind die Concilien von jeher verhaßt gewesen und Pauls III Absicht bei Genehmigung des Kirchentages war keineswegs die Fortschaffung herrschend gewordener Mißbräuche und Sünden in Kirche und Clerus, sondern in Verbindung mit dem Kaiser die Vernichtung des

Schmalkaldischen Bundes und die Ausrottung der deutschen Ketzerei. Als aber der Schaden Josephs bald zu Tage kam, Karl V zu den Waffen gegriffen hatte, eilte der Papst mit der Aufhebung des Concils unter dem Vorwande einer heranrückenden Pest.

Zwischen dem Churfürst von Sachsen Johann Friedrich und dem Herzog Moritz von Sachsen war wegen der Herrschaft Wurzen eine Fehde ausgebrochen. Dieser Herzog Moritz war der Sohn Herzog Heinrichs, der nach dem Tode seines Bruders Georg, des unerbittlichen Feindes der Protestanten, das Herzogthum überkommen und die Reformation eingeführt hatte. Moritz war am 21. März 1521 zu Freiberg geboren, erhielt seine erste Bildung mit seinem jüngeren Bruder August in der Stadtschule seiner Vaterstadt von dem Rector Johann Rivius, einem der reinen Lehre des Evangeliums zugethanen Manne. Er setzte seine Studien und ritterlichen Uebungen in Leipzig fort und zeigte schon früh einen, nach großen Dingen strebenden Geist. Am Hofe seines Oheims in Dresden fand er eine gute Aufnahme, bald aber ward der Herzog Georg mißtrauisch gegen seinen Neffen, als er dessen Unternehmungsgeist und aufstrebenden Ehrgeiz entdeckte. Im Jahre 1538 starb Hugo, der letzte Burggraf von Leißnig, und Georg zog als Lehnsherr dessen Besitzungen mit der Herrschaft Penig ein. Moritz erbat sich diese Güter, auf welche er eben so nahe Ansprüche zu haben glaubte, erhielt aber von dem zürnenden Oheim die Antwort: „Moritz, du thust, als ob dir ganz Sachsenland gerecht wär!" Der junge Fürst, dadurch gekränkt, verließ Dresden und begab sich an den glänzenden Hof des Churfürsten Albrecht von Mainz. In seinem edleren Streben widerte ihn das üppige und schwelgerische Leben, das dort alle sittliche Kraft aufzehrte, an und er ging nach Torgau, wo der Churfürst Johann Friedrich damals Hof hielt. Zu ihm, dem Haupt des ganzen Sächsischen Hauses, dem Vorsteher des Schmalkaldischen Bundes und dem mächtigsten Beschützer der evangelischen Kirche in Deutschland, hegte er ein besonderes Vertrauen.

Johann Friedrich hatte zwar die treue Anhänglichkeit an die Sache der Reformation, die Rechtlichkeit und persönliche Tapferkeit wie sein Vater und Oheim, aber nicht den klaren, unbefangenen Blick, die gediegene Festigkeit und das Kriegsgeschick derselben. Seine Unentschlossenheit und ängstliches Zögern, wenn es ein rasches, entschiedenes Handeln galt, verleitete ihn oft zu halben Maaßregeln und ungewissen Schritten und brachte der guten Sache unersetzlichen Schaden. Der scharfblickende, großgesinnte Jüngling erkannte bald die Schwächen seines Oheims und dieser sahe mit Besorgniß den raschen, hochstrebenden Sinn des jungen Helden. Einst speiste Luther beim Churfürsten in Torgau; dieser fragte ihn, was er von seinem Vetter halte. Luther faßte den Jüngling scharf ins Auge und sagte, zum Churfürst gewendet: „Seht wohl zu, gnädiger Herr, daß ihr euch nicht einen jungen Löwen auferzieht."

Als Herzog Georg kinderlos gestorben war und sein Bruder Heinrich am 17. April 1539 die Regierung angetreten hatte, begab sich Moritz zu seinem Vater nach Dresden, der ihm die Einführung der Reformation, nach der das Land schon lange sich gesehnt hatte, auftrug. Moritz verfuhr dabei eben so kräftig als schnell. Herzog Heinrich, der die Ruhe liebte, überließ alle Regierungssorgen seiner Gemahlin Katharina und den Räthen Anton von Schönberg und Hans von Schleinitz. Diese mißbrauchten das Vertrauen des Herzogs und bedrückten das Land mit Abgaben. Moritz, darüber entrüstet, verließ Dresden und ging zum Landgraf Philipp nach Kassel. Zu dem kühnen, entschlossenen Fürsten faßte er ein volles Vertrauen und zu dessen Tochter Agnes eine feurige Liebe. Er vermählte sich mit derselben am 9. Januar 1541. Sein Vater war über diese Heirath so erfreut, daß er beschloß, die Regierung niederzulegen und sie dem Sohne zu übergeben. Als dieser sich zur Reise nach Dresden rüstete, überraschte ihn die Nachricht von dem Tode des Vaters, der am 18. August erfolgt war.

Herzog Moritz erste Verfügungen und Einrichtungen zeigten von Einsicht, Willenskraft und Gerechtigkeitsliebe. Er wollte frei und selbständig regieren, und daß er bei seinen Anordnungen den Churfürsten nicht um Rath fragte, erweckte dessen Eifersucht und Unwillen. Dieser brach in offenkundigen Zorn aus, als der junge Fürst sich weigerte, dem Schmalkaldischen Bunde beizutreten. Diesem aber konnte es bei seinem Scharfblick nicht verborgen bleiben, daß der Bund bei den sich widerstrebenden Kräften keinen inneren Halt hatte, und daß in die Sache des Glaubens so viele politische Beziehungen und Bestrebungen gemischt waren. Am allerwenigsten konnte er zum Haupte und Heerführer des Bundes Vertrauen fassen. Er versammelte deshalb die Stände und erklärte ihnen, daß er dem evangelischen Glauben unerschütterlich treu bleiben, dem Schmalkaldischen Bunde aber nicht beitreten werde. Der Churfürst war darüber im höchsten Grade entrüstet und nannte des Herzogs Erklärung einen Verrath an der evangelischen Kirche. Sein Zorn brach zu Anfange des Jahres 1542 in einen offenen Krieg aus. Bei der Theilung des Sächsischen Hauses in die Albertinische und Ernestinische Linie im Jahre 1485 war die Schutzgerechtigkeit über das Stift Meißen beiden Hauptlinien gemeinschaftlich verblieben und beide hatten nur in Gemeinschaft das Recht, den zum Stift gehörigen Orten Steuern aufzulegen oder andere Verrichtungen der Landeshoheit zu vollziehen. Demungeachtet hatte der Churfürst die von den Reichsständen dem Kaiser auf das Jahr 1542 bewilligte Türkensteuer in Wurzen, einer dem Stift gehörigen Stadt, eigenmächtig ausgeschrieben, ohne den Herzog Moritz zu befragen. Dieser machte darüber dem Churfürsten Gegenvorstellungen, die unbeachtet blieben. Als aber der Bischof von Meißen sich weigerte, einseitig ausgeschriebene Steuern zu zahlen, so bemächtigte sich der Churfürst der Stadt Wurzen mit bewaffneter Hand. Auf diese Gewaltthat griff auch Moritz zu den Waffen und beide Heere rückten in der Charwoche (im April 1542) bei Oschatz gegen einander in's Feld.

Da trat Luther mit ernster Ermahnung und mit prophetischem Eifer zu den Fürsten und schalt sie in seiner derben Weise wegen dieses Hausaufruhrs, da Vater und Sohn, Bruder und Vetter einander anfallen und auf solch löblich Fürstenthum ewige Schmach und Nachrede bringen. „Ist doch das Städtchen Wurzen nicht werth der Unkosten, schreibt der Mann Gottes, so bereits darauf gegangen, schweige solches großen Zorns so mächtiger Fürsten und trefflicher Landschaften, und würde bei vernünftigen Leuten nicht anders angesehen, denn als zween volle Bauern, die sich schlügen im Kretschmar um ein zerbrochen Glas, oder zween Narren um ein Stücklein Brot, ohne daß der Teufel und seine Glieder aus solchem Funken gern ein groß Feuer aufbliesen und also den Feinden eine Freude, den Türken ein Gelächter, dem Evangelio eine sonderliche Schande aufthaten, damit der Teufel rühmen möchte durch seine Lästermäuler: „siehe da, das sind evangelische Fürsten, so aller Welt den Weg zum Himmel weisen wollen und alle Menschen die Wahrheit lehren, und sind solche Narren und Kinder worden, daß sie selbst noch nicht wissen, geringe weltliche Sachen mit Recht und Vernunft vorzunehmen; pfui die Evangelischen an." Auch der Landgraf Philipp legte sich in's Mittel, und so kam am Ostermontage (den 10. April) zu Grimma ein Vergleich zu Stande, der aber doch in Beider Herzen einen Stachel zurückließ.

Der Herzog Moritz, dem es um Kriegsruhm und erweiterte Macht zu thun war, schloß sich enger an Kaiser Karl V und erbot sich zu Kriegsdiensten. König Ferdinand ward in Ungarn von den Türken wieder hart bedrängt und erhielt auch auf dem Reichstage zu Nürnberg 1542 von den Ständen die Zusage einer stattlichen Hülfe. Die Schmalkaldischen Bundesgenossen hatten sich dabei die Bestätigung ihrer Rechte und Religionsfreiheiten ausbedungen, Ferdinand aber durch den Widerspruch der katholischen Stände sich bewegen lassen, gegen seine Zusicherung im Reichsabschiede diesen Umstand wegzulassen. Deshalb verweigerten die protestantischen Stände und Städte ihren schon bewilligten Beitrag. Die Reichsarmee wurde dadurch so geschwächt, daß der Churfürst von Brandenburg Joachim II, der das Bundesheer anführte, der Macht der Türken nicht gewachsen war und nach einem mißlungenen Feldzuge mit den Trümmern des Heeres nach Deutschland zurückkehrte. Moritz hatte sich in diesem Kriege rühmlich ausgezeichnet. Gegen die Erklärung der Schmalkaldischen Fürsten und trotz der Abmahnung seiner Landstände zog er im Juni desselben Jahres mit einem selbstgeworbenen Heere gegen die Türken in's Feld. Er würde hier seinen Tod gefunden haben, wenn ihn sein treuer

Diener, Sebastian von Raibisch, nicht mit Aufopferung seines Lebens gerettet hätte.

In den beiden folgenden Jahren leistete Moritz dem Kaiser wesentliche Dienste im Kriege gegen Frankreich und setzte sich dadurch immer fester in dem Vertrauen des herrschsüchtigen Monarchen. Dabei beschäftigte ihn fortwährend die treue Sorge für das Wohl seines Landes. Er befestigte die Städte Leipzig, Dresden und Pirna, erleichterte den Unterthanen die Abgaben, verbesserte die Rechtspflege und stiftete aus den eingezogenen Klostergütern die Fürstenschulen zu Meißen, Pforte und Merseburg (später nach Grimma verlegt), aus denen seit drei Jahrhunderten so viele ausgezeichnete Gelehrte, Theologen, Staats- und Geschäftsmänner hervorgegangen sind. Mit besonderem Eifer nahm er sich des Religionswesens an, ließ mit Zuziehung der Stände 1543 eine neue Kirchenordnung abfassen und errichtete zwei Landeskonsistorien, das eine zu Dresden und das andere zu Leipzig.

Eine Diversion in seinem Regentenleben machte ein erneuerter Kampf mit dem streitlustigen Herzog Heinrich von Braunschweig. Der Schmalkaldische Bund hatte anfangs dessen erobertes Land verwaltet und es dann dem Kaiser zur Sequestration übergeben. Dagegen lehnte sich der Herzog auf, warb ein kleines Heer und brach damit in sein Land ein. Moritz suchte ihn auf dem Wege der Güte zu einer friedlichen Ausgleichung zu bewegen. Der stürmische Streitheld wies aber alle Vorschläge zurück und so vereinigte denn Moritz seine Truppen mit den Chursächsischen und Hessischen, überfiel den wilden Braunschweiger, schlug dessen Truppen in die Flucht, nahm den Herzog gefangen und lieferte ihn an den Landgrafen aus.

Unterdeß war der Schmalkaldische Krieg ausgebrochen. Nach dem Bündniß, das Karl V mit dem Papste abgeschlossen hatte, sollte dieser zur Unterdrückung der evangelischen Lehre 200,000 Kronen zahlen, eine Macht von 12,000 Mann zu Fuß und 500 zu Pferde aufstellen, die Kosten zum Unterhalt derselben auf ein halbes Jahr tragen und dem Kaiser außer dem halben Ertrag aller Spanischen Kirchengüter für das laufende Jahr, noch eine halbe Million Kronen vom Verkaufe dortiger Klostergüter bewilligen. Theuer genug hatte also der Papst die Hülfe des Kaisers zum Kreuzzug gegen die verhaßten Ketzer bezahlen müssen. Dagegen hatte Karl versprochen, diejenigen, welche nicht in das Concilium willigen und ihren Irrthümern nicht entsagen wollten, mit Kriegsgewalt zu der alten katholischen Kirche und zum Gehorsam gegen den römischen Stuhl zurück zu bringen, auch ohne Bewilligung des heiligen Vaters keine Uebereinkunft, welche der römischen Kirche irgend nachtheilig sein könnte, mit Jenen zu treffen, die dem neuen Mißglauben anhängig sind. Diesen Vertrag hatte der schlaue Spanier zu derselben Zeit abgeschlossen, als er den protestantischen Fürsten die friedlichsten Gesinnungen heuchelte. Darum wollte auch

Karl, daß über die Convention die größte Verschwiegenheit beobachtet werde. Ihm war daran gelegen, daß man den Krieg nicht als einen Religionskrieg und ihn selbst als einen Diener des Papstes ansehe, der sich als ein Mittel für fremde Zwecke gebrauchen lasse. Ihm war es um die Unterdrückung Deutschlands, dem Papste um die Unterdrückung der Ketzer zu thun. Zur Ueberwältigung deutscher Freiheit würde Paul III nicht so große Opfer gebracht haben. Als nun der Kaiser die oberdeutschen Städte ermahnte, mit den Aufrührern in Sachsen und Hessen nicht gemeinschaftliche Sache zu machen, weil sein Krieg mit der Religion nichts zu thun habe und ihnen die zugesicherte Glaubensfreiheit unverkümmert verbleiben solle, da machte der Papst in seinen nach allen Richtungen ausgesandten Bullen den mit dem Kaiser abgeschlossenen Vertrag bekannt. Der Kaiser erschien nun als ein Verfechter der katholischen Kirche, als ein Feind des evangelischen Glaubens, als ein treuer Anhänger des päpstlichen Stuhls, aber auch als ein zweideutiger, wortbrüchiger Mann, der zur Erreichung seiner herrschsüchtigen Zwecke alles für erlaubt hielt. Der Papst wollte die protestantischen Fürsten und Städte gegen den Kaiser erbittern und aufstacheln, damit er lange Zeit mit den Rebellen in Deutschland zu thun habe und sich um die Verhandlungen in Trient und um die Begebnisse in Italien nicht bekümmern könne.

Nichts war darum dem heiligen Vater willkommner als die Wuth, welche in den evangelischen Ländern durch seine Bulle des großen Ablasses, die er unterm 4. Juli 1546 zu dem Kriegszuge gegen die Protestanten hatte ausgehen lassen, aufgeregt worden war. Nachdem er in dieser Bulle über die Hartnäckigkeit der Ketzer einen tiefen Seelenschmerz affektirt, sagt er: „Als wir nun an der Leute Besserung verzweifeln und sehen, daß sie verstockte Feinde der Kirche Gottes, auch alle Gottseligen mit gräulichem Kriege anzugreifen entschlossen sind, sich auch unterfangen, mit aller ihnen zu Gebote stehenden Macht alle Anderen in den Schlamm der Gottlosigkeit zu treiben, in den sie selbst versunken sind: hat es sich aus Eingebung des heiligen Geistes begeben, daß unser geliebtester Sohn in Christo, Carolus, Römischer Kaiser, allezeit Mehrer des Reichs, ein ganz großmüthiger, gottseliger Fürst, sich entschlossen hat, das Schwert gegen diese Feinde Gottes und Ungehorsamen zu gebrauchen. So wollen denn auch wir dieses gottselige, löbliche Vorhaben und diesen rühmlichen Eifer für die Wohlfarth der Christenheit mit allem unsern und der Römischen Kirche Vermögen kräftiglich unterstützen zur Beförderung des Heils der Gläubigen, zum Schutze der Religion, zu Ehren Gottes und zu gemeinem Fried und Nutzen. „Nach den angeordneten Gebet-, Buß- und Andachtübungen zur Vertilgung der Ketzer und ihrer irrgläubigen Lehren soll nun den christkatholischen Seelen der vollkommene Ablaß zu Theil werden. Damit wir die Christgläubigen zu der himmlischen Belohnung anreizen, so verleihen und geben wir im Herrn, vertröstet auf die Macht des allmächtigen Gottes und der Apostel Petrus und Paulus den allervollkommensten Ablaß und Vergebung aller Sünden Allen und Jeden, welche die vorgemeldeten Dinge thun und dem Pomp der heiligen Procession, die ihnen verkündigt wird, nachfolgen, ihr Gemüth und Gedanken zu Gott kehren und mit dem Gebete zur Ausrottung der Ketzereien und um allgemeinen Frieden anhalten werden."

Daß die offenkundige Treulosigkeit des Kaisers eine große Bewegung in den Gemüthern der Evangelischen hervorbringen mußte, liegt auf der Hand. Aber in der Politik jener Zeit war nichts als Betrug, Hinterlist und Falschheit. Einer suchte immer den Andern zu hintergehen und zu überlisten; der roheste Egoismus lag allen Verträgen und diplomatischen Verhandlungen zum Grunde. Worte und That, Gesinnung und Handlung, Versprechen und Halten standen fortwährend im Widerspruch. Die Leute konnten zuletzt nicht mehr redlich handeln. Als der Herzog Moritz bereits im Dienste des Kaisers stand, ging er in den Plan seines Schwiegervaters ein, in den Schmalkaldischen Bund zu treten und in fester Eintracht mit den mächtigsten Gliedern des Bundes die Leitung des Krieges gegen den Kaiser zu übernehmen. Philipp eilte mit dieser frohen Botschaft zum Churfürst Johann Friedrich, war aber nicht wenig erstaunt, als ihm der Churfürst erwiederte, daß er sich mit diesem Hitzkopf, der gegen ihn so feindselig aufgetreten sei, nicht eher in Unterhandlungen einlassen werde, als bis er völlige Satisfaction erhalten, auf keinen Fall aber ihm die Feldherrnstelle anvertrauen werde. — Auf dem letzten Reichstage zu Regensburg, den Karl am 27. Januar 1546 eröffnete, um sich den Schein zu geben, als wolle er durch ein erneuertes Religionsgespräch (katholischer Seits der spanische Theolog Peter Malvenda, Cochläus und einige deutsche Theologen, evangelischer Seits Bucer, Brentius, Major und Schnepf) die endliche Vereinigung der getrennten Partheien versuchen, in der That aber nur, um Zeit für die Rüstungen gegen den schmalkaldischen Bund zu gewinnen, erheuchelte er gegen die Protestanten mit großer Freundlichkeit die Willfährigkeit zu einem dauerhaften Vergleich. Philipp von Hessen, bisher der muthigste Verfechter der evangelischen Freiheit, der immer zum Kriege gerathen und gedrängt hatte, nahm plötzlich die friedfertigsten Gesinnungen an und verstand sich sogar zu einem geheimen Bündnisse mit dem Kaiser, wodurch in alle Unternehmungen des schmalkaldischen Bundes ein gefährliches Zögern und Schwanken kam. So kämpften von allen Seiten List, Betrug und Selbstsucht gegen einander.

Als nach der Erscheinung der päpstlichen Bulle über des Kaisers kriegerische Absichten kein Zweifel mehr obwalten konnte, rüsteten sich die schmalkaldischen Bündner mit Schwert und Feder. Eine Menge von Flugschriften trugen den Samen der Erbitterung und Begeisterung durch ganz

Deutschland. Die Protestanten klagten den Kaiser des Verraths an und wiesen nach, wie sein Streben vom Reichstage zu Worms an auf ihre Unterdrückung und Ausrottung gerichtet gewesen sei und wie nur durch Gottes gnädige Schickung bald der Türke, bald der König von Frankreich ihn an der Ausführung dieses Plans gehindert habe. Der Papst wurde daran erinnert, wie deutsche Landesknechte vor einigen Jahren Schrecken in Italien verbreitet und Rom belagert und geplündert hätten. Wenn der Papst Processionen, Bußübungen, Anrufung der Heiligen und Messen zum Segen der kaiserlichen Waffen anordnete, so erging von den Evangelischen ein „Unterricht, was die Pfarrherrn dem Volke in diesen geschwinden Läuften vortragen sollten", damit der Himmel den evangelischen Glauben beschütze. In den Städten wie in den Dörfern sollten die Pfarrer immer unter dem Volke wandeln und zum Gebet, zur Buße, zur Mäßigkeit, zu einem züchtigen Leben und Enthaltung von allen Lustbarkeiten ermahnen. Zu der Predigt, Litanei und christlichem Gesange sollten aus jedem Hause mindestens zwei Personen, besonders der Hausvater, in der Kirche erscheinen und mit der christlichen Gemeinde für die gegenwärtige Noth fleißig und emsig beten. „Nach gethanem Gebet soll der Küster zum Beschluß etwan einen geistlichen Psalm oder das Vater Unser, oder: „Erhalt uns Herr bei deinem Wort", und „Verleih uns Frieden gnädiglich" singen. Es wurde den Pfarrern ein eigenes Gebet mitgetheilt, welches der versammelten Gemeinde nach der Predigt vorgesprochen werden sollte. Mittags zwölf Uhr soll die Betglocke angezogen werden wie zur Zeit der Türkenkriege. Der Hausvater tritt dann mit Weib, Kind und Gesinde zusammen, und kniet zum Gebet nieder für Erhaltung des reinen Glaubens und zur Abwendung der fremden mörderischen Nationen, die ihre Unzucht ausüben und ihre Abgötterei bestätigen wollen. „Dort zu Rom sitzt auf seinem Stuhl das Kind des Verderbens, der Mensch der Sünde, und hat seine Freude daran, daß die Deutschen gegen einander in Waffen sind und ihr eigenes Blut vergießen." Der einige Grund des Krieges ist des Teufels Wüthen gegen Christus und seine Kirche. — Diese Anweisung der Pfarrer ließ der Fürst Georg von Anhalt, als Coadjutor in geistlichen Sachen und Dompropst von Magdeburg, auch in Herzog Moritz Landen und im Magdeburgschen ausschreiben. Ein christlich Gebet, „darinnen der Churfürst von Sachsen seine Unschuld jetzigen Krieges vor Gott und aller Welt öffentlich bekennet, wurde in allen evangelischen Landen verbreitet. Es spricht sich darin ein fester Glaubensmuth und ein freudiges Vertrauen auf Gottes Hülfe aus. „Mein Schild ist Gott, heißt es in diesem Gebet, der den frommen Herzen hilft, den tückischen aber, so ihr arges Herz und mördliche Schalkheit künstlich bergen, ist er feind. — Wohlan! Mein Gott ist auch ein Krieger und hat auch seinen Harnisch; sein Schwert ist schon gewetzet und sein Bogen gespannt. Er hat tödtliches Geschoß darauf gelegt und wo solche Pfeile treffen, muß ewiges Verderben folgen. Siehe, Kaiser und Papst habens bös im Sinn und gehen mit Unglück schwanger, aber sie sollen einen Fehl gebären. Sie haben beide zusammen eine Grube gegraben, sollen aber auch beide in solche Grube fallen. Ihr Unglück wird über ihren eigenen Kopf kommen und ihr Frevel auf ihren Scheitel fallen. Ich aber danke dem Herrn um seiner Gerechtigkeit willen und will loben den Namen des Herrn, des Allerhöchsten."

Nach seiner spanischen Politik schrieb Karl V an den Herzog Ulrich von Würtemberg und an die bedeutendsten süddeutschen Städte, versicherte sie seiner besonderen Huld und Gnade, und ermahnte sie, seinen guten Absichten, durch Bekämpfung der Rebellen Frieden und Sicherheit in Deutschland zu bringen, nicht entgegen zu treten, da er gegen die Evangelischen nur Gedanken des Friedens habe. Jedermann aber erkannte alsbald seine Absicht, den Schmalkaldischen Bund zu trennen, um mit den übrigen desto leichter fertig zu werden. Man antwortete durch stärkere und eiligere Kriegsrüstungen. Bei zweien protestantischen Fürsten fand der Kaiser mit seinen Schmeichelreden Eingang, bei den beiden Markgrafen von Brandenburg Albrecht und Johann. Albrecht, Markgrafs Casimir von Anspach Sohn (geb. 28. März 1522) war ein wilder kriegslustiger Fürst, dem jeder Kampfplatz, auf dem er sich weidlich tummeln konnte, willkommen war, und Johann, Joachims II Bruder, Besitzer der Neumark, ein Protestant mit Leib und Seele, dabei ein schmalkaldischer Bundesgenoß, hegte einen persönlichen Haß gegen den Landgraf Philipp, weil er seinen Schwiegervater, den Herzog Heinrich von Braunschweig, fortwährend in gefänglicher Haft hielt.

Churfürst Joachim II, der auf die Gunst des Kaisers einen großen Werth legte, hatte die Bestätigung seiner Kirchenordnung nur unter der Bedingung erhalten, daß er dem Schmalkalder-Bunde nicht beitrete. Herzog Wilhelm von Baiern hatte mit dem Kaiser ein Neutralitäts-Bündniß geschlossen, in der Weise, daß er den Bündnern die Betretung seiner Länder nicht gestatten und ihnen keinen Kriegsbedarf zuführen oder verkaufen wolle. Der König von Dänemark, der sich dem Bunde auch angeschlossen, hielt sich ganz entfernt, weil man ihm 1544 die Hülfe nicht geleistet hatte, auf die er Anspruch gemacht. Viele Städte behielten ihre eigenthümliche Politik bei und wollten sich das Recht, nach Lage der Sache handeln zu dürfen, nicht beschränken lassen, wie Nürnberg, Regensburg, Nördlingen und andere. Im Bunde selbst herrschte Eifersucht und Zwiespalt. Die oberländischen Stände machten den beiden Bundeshäuptern Vorwürfe, daß sie über Gelder des Bundes eigenmächtig verfügt und in wichtigen Angelegenheiten selbständig gehandelt hätten, ohne die Bundesglieder zu fragen. Baiern machte Ansprüche auf die Churwürde, die der Churfürst von der Pfalz inne hatte; der Bund wollte sich gegen diese

Ansprüche nicht geradezu erklären, und so hielt sich der Pfalzgraf Friedrich auch fern von der Gemeinschaft mit den Verbündeten.

Markgraf Albrecht, der in Oberdeutschland für den Kaiser Völker anwarb, hatte großen Zulauf. Um ihm den Markt zu verderben, stellte der Herzog Ulrich von Würtemberg auch überall Werbungen an. Seinem Beispiele folgten die übrigen Stände des schmalkaldischen Bundes in den umliegenden Gegenden, und so brachten sie in sehr kurzer Zeit zwei ziemlich ansehnliche Heere zusammen, die sie schon am 21. Juni bei Ulm mustern konnten. Das Heer des Herzogs bestand aus 24 Fähnlein (jedes zu 300 bis 500 Mann), unter welchem der Kern des schwäbischen Adels Dienste genommen. Herzog Ulrich war so glücklich, den Freiherrn von Heydeck, einen tüchtigen und erfahrenen Kriegsmann, dem der Kaiser seine Dienste angetragen, für sich zu gewinnen, dem er auch die Führung seines Heeres übergab.

In Verbindung mit den rheinischen und schwäbischen Städten war der Herzog Ulrich stark genug, den Kaiser in seinem Lager zu überfallen und durch einen kühnen Handstreich einem blutigen Kriege vorzubeugen. Dazu riethen auch mehre entschlossene Kriegsmänner. Der Anschlag würde gewiß gelungen sein, denn der Kaiser lagerte mit kaum 8000 Mann bei Regensburg. Der Herzog wies ihn aber zurück, weil es mit den Vertragsartikeln des Bundes streite, den ersten Angriff zu machen, weil er die Ankunft der beiden Bundeshäupter abwarten wollte und weil er hoffte, der Kaiser werde sich wohl zu friedlichen Gesinnungen bewegen lassen, wenn er die Protestanten so stark gerüstet sehe. Das hoffte auch der unermüdliche Friedensmittler zwischen beiden Partheien, der Churfürst Friedrich von der Pfalz, der sich mit neuen Vorschlägen dem Kaiser nahete, um die drohende Gefahr von dem deutschen Vaterlande abzuwenden. Als er aber damit kalt und schnöde zurückgewiesen wurde, meldete er den beiden Bundeshäuptern, daß der Krieg unvermeidlich sei.

Nun zogen die „beiden Oberhauptleute des christlichen Verständnisses" (wie sie sich nannten), der Churfürst von Sachsen und der Landgraf von Hessen mit Heeresmacht heran und rechtfertigten diesen Schritt in einem wenig ehrerbietigen Schreiben an Karl V (von dem sie sehr verletzend sagen: „der sich nennet einen römischen Kaiser") mit den triftigsten Gründen. In einer besonderen Schrift zeigten sie, wie der Kaiser seine Wahlkapitulation gebrochen, gegen Deutschland fälschlich gehandelt, auf Anstiften des Antichrists zu Rom die wahre christliche Religion ausrotten und die Freiheit und das gute Recht der Deutschen unterdrücken wolle. An demselben Tage, wo der Kaiser zwei seiner Nichten mit dem Herzog von Cleve und mit dem Erbprinz von Baiern unter großen Festlichkeiten vermählte, am 20. Juli 1526, unterzeichnete der Kaiser das Mandat, durch welches die Reichsacht über die beiden Bundeshäupter ausgesprochen wurde,

„weil sie sich nicht allein wider uns und unsre kaiserliche Hoheit aufgelehnt, sondern auch andere unsere und des heiligen Reiches Stände, Glieder und Unterthanen zu gleichmäßigem Ungehorsam und unziemlichen, in Rechten verbotenen Conspiration und Anhang aufgewiegelt, angewiesen, gereizt, bewegt und wirklich gebracht u. s. w." Sie werden beschuldigt, alle Bemühungen des Kaisers, Frieden im deutschen Reiche zu erhalten, verhindert, unter erdichtetem Vorwande andere Reichsstände mit Krieg überzogen, sich deren Länder bemächtigt, viele geistliche Stifte und weltliche Herrschaften aufgehoben und an sich gezogen, dem Kaiser und dem Reiche Stände und Unterthanen abwendig gemacht, die Reichstage nicht besucht und andere Stände vom Besuch derselben abgemahnt, Bündnisse und Verschwörungen mit auswärtigen Fürsten abgeschlossen und gegen das Kammergericht sich aufgelehnt zu haben: das alles unter dem Vorwande der Religion, die doch das Auflehnen gegen die Obrigkeit bestrafe. Alle diejenigen, welche den geächteten Fürsten Beistand leisten und ihr rebellisches Wesen fördern würden, sollten auch mit der Reichsacht belegt und ihrer Freiheiten und Rechte als Reichsglieder verlustig gehn. Nach seiner Capitulation hätte der Kaiser der Achtserklärung müssen Urtel und Recht vorangehen lassen, aber da nun der Krieg eröffnet war, wollte Karl den deutschen Fürsten die Macht eines souveränen Kaisers fühlen lassen. Am Tage der Achtserklärung trafen zwölf Fähnlein Spanier und 500 Reiter, die Markgraf Albrecht geworben, in Regensburg ein.

Die oberländischen Städte Augsburg, Ulm, Würtemberg, Konstanz hatten sich den wackern, kriegserfahrenen Sebastian Schärtlin von Burtenbach zum Feldherrn erwählt. Der alte Held hatte schon unter Maximilian gedient, gegen Türken und Franzosen tapfer gekämpft, besonders in der Schlacht bei Pavia sich ausgezeichnet, und unter Bourbon Rom gestürmt. Er besaß einen so hellen Blick, wußte so schnell den rechten Punkt zu treffen, war zu einem entschlossenen Handeln so unbedenklich, daß die Evangelischen sich keinen bessern Feldherrn hätten wählen können. Es hat oft seinen tiefsten Zorn erregt, wenn der eigensinnige und mißtrauische Churfürst, der heftige und doch unentschlossene Landgraf und die zur Leitung der oberdeutschen Städte verordneten Kriegsräthe seine schönsten Pläne hinderten und durchkreuzten. Als er seine kleine Schaar von etwa zwanzigtausend Mann versammelt hatte, wollte er die Truppen, die dem Kaiser aus Italien zugeführt wurden, von den Grenzen Deutschlands abhalten und dann den Kaiser bei Regensburg, wo derselbe kaum achttausend Krieger um sich hatte, überfallen. Zu dem Ende rückte er auf den großen Werbeplatz des Kaisers in Schwaben, wo der Marchese von Marignan gegen zweitausend Mann zusammengebracht hatte. Er kam ganz unerwartet am später Abend beim Städtchen Füßen an und wollte den Rekruten bei Tagesanbruch durch seine Sängerinnen (Falkonette) einen guten Morgen bieten. Diese aber hatten sich in der Nacht aus dem Staube gemacht und sich auf das Baiersche Gebiet geflüchtet. Schärtlin hätte sie leicht erreichen können, aber da kam vom Kriegsrath der Befehl, keinen Fuß auf Baierschen Grund und Boden zu setzen, weil der Herzog Wilhelm erklärt habe, daß er in diesem Fall gegen den Bund die Waffen ergreifen werde. Der Kriegsrath von Gültlingen, der beim Heere angekommen, erließ folgende Proklamation an dasselbe: „Ihr lieben Landsknechte, der Römische Papst, des Teufels Statthalter, untersteht sich abermals, ein Feuer anzuzünden, wodurch Deutsche Nation, worin wir Alle geboren, verbrannt werden und gar in die Erde gehen soll. Dahin treibt ihn der große bittre Haß, welchen er gegen die wahre Religion trägt, und seine Rachgierigkeit wegen des Schadens, den er vor etlichen Jahren, da Rom erobert und geplündert wurde, von den Deutschen erlitten. Deshalb hat er den großmächtigsten Kaiser Karl erweckt, gegen unsre Fürsten und andere Stände, die sich in ein christliches Bündniß zusammengethan, einen Krieg vorzunehmen, in Hoffnung, er werde mit Gewalt grausamer Tyrannei ihnen seine gottlose und teuflische Religion aufzwingen. Denn gewisse Kundschaft ist vorhanden, daß der hochfertige und lästerliche Teufelsknecht einen erlesenen Haufen zu Roß und Fuß allbereits bei einander habe, welchen er dem Kaiser zuschicken wolle; auch geht die Sage, daß die Hispanier nunmehr im Anzuge seien. Es ist aber Niemand, der nicht verstehe, welchen großen jämmerlichen Schaden unser gemeines Vaterland von ausländischem Kriegsvolk zu erwarten habe. Darum sollt ihr euch in allen Sachen dermaßen halten, daß der herrliche und weltberühmte Name, welchen unsre Voreltern durch manchen Krieg gegen ausländische Nationen mit großer Mannheit und viel Blut erworben haben, auch auf unsre Nachkommen möge erben und gereichen. Das Uebrige wollen wir dem allmächtigen Gott heimstellen, welcher in solcher christlicher Gegenwehr uns jedes heilsame Mittel zukommen lasse."

Im Heere herrschte der Geist des Muths und der Entschlossenheit und bei gehöriger Leitung würden sie auch Tüchtiges geleistet haben. Schärtlins Plan ging dahin, den aus Italien heranrückenden Truppen den Weg zu verschließen. Sie konnten nur über die Tyroler Gebirge kommen. Der Paß über dieselben wurde von der Ehrenberger Klause, einem festen Schlosse, beherrscht. Nach schnellen Märschen überrumpelte Schärtlin die Klause, legte eine kleine Besatzung hinein und bemächtigte sich der Stadt und Feste Insbruck. Nun wollte er einen kleinen Streifzug nach Trient machen, und die auf dem Concil versammelten geistlichen Herren auseinander treiben. Da kam von dem Kriegsrath der Verbündeten der Befehl, Tyrol zu räumen und sich mit dem gesammten Bundesheer zu vereinigen. Man wollte sich den König Ferdinand nicht zum Feinde machen, weil man sich wirklich mit dem Gedanken trug, Ferdinand werde sich nicht für seinen Bruder, den Kaiser, erklären. Mit großem Verdruß und nach langem Zögern befolgte der einsichtsvolle Feldherr diesen bedachtlosen Befehl. Ein Kriegsgefährte vergleicht die Stimmung Schärtlins bei diesem Befehl mit der Stimmung Hannibals, als er von seiner Vaterstadt aus Italien abberufen ward. Um die Vereinigung des heranrückenden Sächsischen Heeres mit dem oberländischen zu erleichtern, bemächtigte sich Heydeck der Städte Dillingen und Donauwörth, wo auch am 4. Aug. die Vereinigung beider Heeresmassen erfolgte.

Die Verbündeten waren nun stark genug, etwas Entscheidendes zu unternehmen. Aber Unentschlossenheit und Uneinigkeit ließen dem Kaiser hinlängliche Zeit, aus den Niederlanden und Italien die entbotenen Truppen an sich zu ziehn und zum Angriff überzugehn. Gegen seine Wahlkapitulation, nach der er sich verpflichtet hatte, keine fremde Truppen in's Reich zu ziehn, waren 10,000 Italiäner und 8,000 Spanier, mehr als die Hälfte seiner Heeresmacht, zu ihm gestoßen. Die Verbündeten waren nach ihrer Vereinigung über 60,000 Mann stark. Der Landgraf forderte den Churfürst von Sachsen auf, ihm die Führung des Krieges allein zu überlassen, weil das Doppelkommando, noch mehr der eingesetzte Kriegsrath, alle Unternehmungen lähmen und stören, und die höchstnöthige Einheit in allen Kriegsoperationen hindern werde. Aber Johann Friedrich wollte seiner Würde als Haupt des Bundes nichts vergeben, und da er wegen seiner Korpulenz sehr schwerfällig war, so brachte er diese Schwerfälligkeit in alle kriegerische Unternehmungen.

Als hätte der Kaiser bei seiner Kriegführung die Fahrlässigkeit und Uneinigkeit der Verbündeten mit in seinen Operationsplan aufgenommen, mit solcher Nichtachtung behandelte er sie. Wie er keine Vorkehrungen getroffen, sich gegen einen möglichen Ueberfall bei Regensburg zu sichern, so ließ er auch Geschütz und Kriegsbedarf von Wien die Donau herauf ohne alle Bedeckung kommen. Ein schwaches Streifkorps hätte sich dessen bemächtigen können. Anfang Augusts verließ Karl Regensburg, zog drei Regimenter deutscher Truppen an sich und ging dann dem Kriegsvolk entgegen, das von Italien her auf der Straße von Innsbruck und Kufstein im Anzuge war. „Wie in den alten Zeiten der Salischen und Hohenstaufischen Kaiser, sagt Ranke, waren die Italienischen und Deutschen Kräfte in einen einzigen Krieg verwickelt. Nur zog dies Mal kein Kaiser nach dem Süden, um einen Papst zur Anerkennung seiner Macht zu nöthigen, sondern umgekehrt, südeuropäische, größtentheils päpstliche Schaaren, was seit vielen Jahrhunderten nicht geschehn, zogen nach Norden gewendet über die Alpen, um die Abtrünnigen des Papstes, die auch dem Kaiser widerwärtig geworden, im Bunde mit ihm zu unterwerfen." Die Verbündeten hatten sich auch an die Republik Venedig gewandt mit der Aufforderung, dem päpstlichen Heere den Durchgang durch ihr Gebiet zu verhindern.

Sie stellten ihr die Gefahr vor, die den kleinen Staat bedrohe, wenn dieses Heer bei der Rückkehr vom Kaiser oder Papst, die beide trugvoll und tückisch wären, zu Gewaltstreichen gegen das ihnen verhaßte Venedig gemißbraucht würde.

Befehlshaber der Italienischen Hülfsvölker war der Enkel des Papstes, Octavio Farnese, umgeben von Offizieren, die in den Kriegen zwischen dem Kaiser und Frankreich ihre Schule gemacht hatten. Der Bruder des Papstes, der Cardinal Farnese, begleitete das Heer als Legat. Wie er aber zu seinem großen Verdruß und Erstaunen sah, daß der protestantische Gottesdienst, zu dessen Vertilgung der Papst die Hülfstruppen gesendet, selbst im Lager des Kaisers öffentlich geübt wurde, und seine Vorstellungen darüber bei Karl V kein Gehör fanden, kehrte er mit lautem Unwillen nach Italien zurück. Der Papst hatte sich erboten, in höchsteigener Person dem Heere wie in den Kreuzzügen das heilige Kreuz voran zu tragen, und allen Gläubigen, welche die Sache Gottes fördern würden, den Ablaß zu ertheilen. Das aber verbat sich der Kaiser, weil er den Schein vermeiden wollte, als habe er des Glaubens wegen die Waffen ergriffen. Karl hatte nun ein stattliches Heer zusammen, von welchem der alte Feldherr Avila, der in allen Kriegen des Kaisers in Italien, Frankreich und Tunis mit Auszeichnung gefochten, rühmte, er habe nie ein so vortreffliches Kriegsheer gesehn.

Aber auch die Verbündeten hatten eine große Macht aufgestellt. Ausgezeichnete Kriegsmänner, reich an Erfahrung und Einsicht, führten tapfere, kriegsgeübte Truppen. Die Bundesobersten hielten zwischen der Donau und dem Lech eine dreitägige Rast und ordneten ihre Truppen mit den oberländischen, so daß Schärtlin mit seinen Schaaren dem Landgrafen, und Hans von Heydeck dem Churfürsten beigegeben wurde. Aber diese Mischung schuf und nährte einen bösen Geist im Heere, den Geist der Eifersucht und Zwietracht. Philipp, der nach Kriegsruhm dürstete, wäre gern an der Spitze einer so großen Macht der alleinige Heerführer gewesen und würde dann wohl Siegreiches ausgeführt haben. Johann Friedrich, eifersüchtig und mißtrauisch, tapfer, aber zur Kriegsführung ungeschickt, wollte sich dem Landgrafen in keiner Weise unterordnen und blickte bei allen Unternehmungen zurück nach seinem lieben Sachsenland. Schärtlin, unbedenklich durch seine reiche Kriegserfahrenheit und seinen raschen Unternehmungsgeist der Tüchtigste von Allen, fand bei seinen wohlerwogenen Plänen Widerspruch und kam oft zur Verzweiflung.

Der Kaiser hatte in Regensburg eine Besatzung von viertausend Deutschen Landsknechten und dreihundert Spaniern zurückgelassen und bei Landshut ein Lager bezogen. Da endlich setzten sich die Verbündeten in Bewegung. Wären sie dem Kaiser zuvorgekommen und hätten jenen wichtigen Ort genommen, so war dem feindlichen Heere die Straße durch Tyrol verschlossen und den heranrückenden Spaniern und Italiänern der Zugang abgeschnitten. Doch war der Kaiser noch so schwach, daß er von der Macht der Verbündeten leicht hätte erdrückt werden können. Schärtlin war auch der Meinung, daß man schleunig nach Landshut ziehen und dort den Kaiser angreifen solle. Er hatte auch den Churfürst dafür gewonnen. Der Landgraf aber war entschieden dagegen, weil der Weg dorthin höchst beschwerlich und durch Sümpfe und Moorgegenden für ein großes Heer unzugänglich sei. „Ich sah wohl, erzählt Schärtlin in seiner Lebensgeschichte, der Landgraf wollte den Fuchs nicht beißen; ihm waren alle Furthen und Graben zu tief und die Moräste zu breit." Ranke aber sagt: „Man sollte nicht immer wiederholen, dem Landgrafen seien alle Wasser zu tief, alle Moore zu breit gewesen. Er hatte bessere Gründe. Der venezianische Gesandte Mocenigo erzählt, der Kaiser habe gehofft, sie zwischen seinem Heere und seinem Waffenplatze Regensburg einzuschließen."

Noch vor Ankunft der Italiänischen und Spanischen Truppen am elften August, hatten die Bundesobersten, einer altdeutschen Sitte gemäß, zum Kaiser einen jungen Edelmann, begleitet von einem Trompeter, mit dem Fehdebrief an einem weißen Stabe, gesandt. Sie erwarteten von dem ritterlichen Kaiser eine ehrenhafte Erwiederung dieser löblichen Sitte. Der Edelknabe und Trompeter wurden in das Zelt des schrecklichen Herzogs von Alba geführt. Dieser sagte ihnen, daß sie verdienten, an den Bäumen aufgehängt zu werden; der Kaiser werde den Fehdebrief aus den Händen geächteter Verräther nicht annehmen, sie möchten ihn deshalb ihren treubrüchigen Herren zurückgeben und sich sofort aus dem Lager entfernen. Würden sie sich je wieder sehen lassen, so sollten sie statt der goldenen Kette, womit die Kriegsherolde geschmückt werden, einen Strick um den Hals bekommen." Nachdem ihnen die kaiserliche Achtserklärung eingehändigt worden, wurden sie mit Schimpf und Schmach aus dem Lager geführt. Die Bundesobersten, wie tief sie sich auch durch diese schnöde Behandlung verletzt fühlten, thaten doch nichts, um die Schmach zu rächen, was sie bei einer großen Ueberlegenheit an Heeresmacht durch einen raschen Entschluß so leicht hätten thun können. Als hätten sie ein böses Gewissen, so thaten sie bei jedem Schritt vorwärts wieder zwei Schritte zurück. Hätten sie nur wenigstens Ingolstadt genommen, was sich Schärtlin mit Sturm zu nehmen verpflichtete, so würden sie dem Kaiser eine gefährliche Diversion gemacht haben. Aber sie verließen sich auf die Neutralität des Herzogs Wilhelm von Baiern, der ihnen sein Wort gegeben, dem Heere der Verbündeten wie dem des Kaisers freien Paß und Zufuhr von Lebensmitteln und Kriegsbedarf zu gestatten. Bei der Treubrüchigkeit jener Zeit hatte aber der Herzog Wilhelm mit dem Kaiser schon eine heimliche Convention geschlossen, nach welcher er den Verbündeten die Kriegführung in aller Weise zu erschweren versprochen hatte.

Spieker, Geschichte.

Fünftes Buch.

Karl V bezieht das Lager von Ingolstadt. Der Verbündeten Unentschlossenheit. Beschießung des kaiserlichen Heeres. Abzug der Verbündeten. Maximilian von Büren und Christoph von Oldenburg. Der Kaiser ergreift die Offensive. Lager bei Nördlingen. Sebastian Schärtlin verläßt das Lager. Roth im kaiserlichen und schmalkaldischen Heere. Herzog Moritz von Sachsen vollzieht die Acht an Churfürst Johann Friedrich im Einverständniß mit König Ferdinand von Böhmen. Friedensvorschläge vom Kaiser stolz zurückgewiesen. Der Churfürst von Sachsen und Landgraf von Hessen eilen in ihre Länder. Karls Eroberungen und Kontributionen in Schwaben; er überwältigt den Herzog Ulrich von Würtemberg. Harte Bedingungen. Der Churfürst Johann Friedrich erobert sein Land wieder und nimmt den Markgraf Albrecht von Brandenburg gefangen. Bündniß mit den Böhmischen Ständen. Der Papst ruft sein Contingent zurück. Karl V in Sachsen; des Churfürsten Sorglosigkeit. Schlacht bei Mühlberg und ihre Folgen. Todesurtheil über Johann Friedrich. Vertrag mit demselben. Der Kaiser in Wittenberg, verleiht dem Herzog Moritz die Churwürde und das Land des gefangenen Churfürsten. Joachim II. Verhandlungen mit dem Landgraf Philipp von Hessen. Karl geht nach Halle. Sein treuloses Benehmen gegen den Landgrafen. Dessen Gefangenschaft. Moritz und Joachim zürnen dem Kaiser. Bremen, belagert vom Herzog Erich von Braunschweig. Bündniß der norddeutschen Städte. Der Graf von Mansfeld und Herzog von Oldenburg. Schlacht bei Drakenberg. Reichstag von Ulm.

Der Kaiser war von Landshut nach Regensburg gegangen, hatte sich dort mit schwerem Geschütz versehn, hatte am 24. Aug. die Donau überschritten und bei Ingolstadt ein Lager bezogen. Die Verbündeten wollten den Kaiser bei Regensburg aufsuchen und ihm dort eine Schlacht liefern, ehe er sich mit den Truppen vereinigen konnte, die ihm der Graf Maximilian von Büren aus den Niederlanden zuführte. Als sie aber erfuhren, daß Karl bereits Regensburg verlassen und sich bei Ingolstadt gelagert habe, zogen sie ihm nach und fanden das feindliche Lager nur mit einer schwachen Verschanzung umgeben. Die Kaiserlichen erwarteten nichts anderes als eine Schlacht und waren dazu gerüstet. Schärtlin freute sich darauf und wußte dem Heere seine Freude mitzutheilen. Alle versprachen bei dem Sturm auf das nicht sonderlich befestigte Lager bis auf den letzten Mann auszuhalten. Nach seiner scherzhaften Weise hatte sich Schärtlin die Sache in der Ordnung der katholischen Messe ausgedacht. Die zwölf Apostel (12 große Feldschlangen) sollten den Chor eröffnen, das churfürstliche Geschütz das Kyrie Eleyson anstimmen, die Würtemberger das Gradual machen, die oberländischen Fußvölker das Hallelujah und die Sequenz mit einander singen, und dann würde wohl das Requiem für die Gebliebenen im eroberten Lager angestimmt werden können.

Vor dem feindlichen Lager breitete sich eine weite Ebene aus, groß genug, um der Verbündeten gesammte Macht zu entwickeln. Sie waren dem Feinde an Truppenzahl weit überlegen, das Heer brannte vor Kampfbegier; eine so günstige Gelegenheit zu einer gewiß siegreichen Schlacht konnte so leicht nicht wiederkommen. Auch war keine Zeit zu verlieren, um nach langem Zögern endlich etwas Entscheidendes zu thun. Allein der Churfürst war zu keiner Schlacht zu bewegen. Er fürchtete die Tapferkeit der Kerntruppen, die Karl um sich versammelt, die vielen geübten und kriegserfahrnen Offiziere, die Schlauheit des Kaisers, der sie nur in eine Falle locken wolle, und den ungewissen Ausgang der Schlacht. Sleidan erzählt, der Landgraf habe geäußert, wenn er freie Hand hätte, würde er so rasch verfahren wie bei der Wiedereroberung der Würtembergschen Lande; durch einen herzhaften Angriff wolle er mit einem Schlage dem Kriege ein Ende machen. Schärtlin aber behauptet, auch der Landgraf habe sich ernstlich gegen eine Schlacht erklärt, der Entschluß und Plan zu demselben sei von ihm ausgegangen. Man vereinigte sich endlich zu dem Beschluß, am folgenden Tage das feindliche Lager einzuschließen und mit grobem Geschütz zu beschießen.

Dies wurde auch ausgeführt. In der Frühe des Morgens brach der Landgraf auf, führte die Truppen über die feuchte und sumpfigte Ebene und besetzte mit seinem Geschütz eine Höhe, welche das Lager beherrschte. Eine Stunde später kam der Churfürst an. Bald rückte auch das ganze Kriegsvolk zu Roß und zu Fuß mit sämmtlichem Geschütz in Schlachtordnung. Ein dichter Nebel, der das Heranrücken des Heeres verhüllt hatte, zerstreute sich und der heiterste Morgen enthüllte den ahnungsvollen Tag. Der Kaiser verhielt sich ganz ruhig, zog seine Soldaten hinter die Verschanzungen und rüstete sie zum herzhaften Empfang des Feindes, wenn er einen Sturm wagen sollte. Das Lager wurde den ganzen Tag über von der Artillerie beschossen, der zahlreichsten, die bisher irgend eine Armee mit sich ins Feld geführt hatte. Der Kaiser ritt durch die Reihen und Glieder, redete die Truppen in ihrer Landessprache an, begab sich an die gefährlichsten Orte und zog sich zuletzt in sein Zelt zurück, wo er mit Alba Entwürfe für mögliche Eventualitäten berathete. Er hatte auch den Astronom Peter Azian im Zelte bei sich und ließ sich an einem Globus den

Lauf der Planeten erklären. Da schlug eine Kugel neben ihnen nieder. Axian sprang erschrocken auf, der Kaiser aber bat ihn, in seiner Erklärung ruhig fortzufahren. Er hatte jeden Augenblick den Angriff der Gegner erwartet. Als aber der Mittag herangerückt und kein Sturm erfolgt war, da wußte er, daß er von einem so unbesonnenen Feinde nichts zu fürchten hatte. Am Abend zogen sich die wohlgesinnten Bündner in ihr Lager zurück, Karl aber ließ sein Heer die ganze Nacht an der Befestigung seines Lagers arbeiten, damit dem Feinde am folgenden Tage die Lust zum Stürmen vergehen möchte, wenn dieser kühne Gedanke noch in seine heldenmüthige Seele kommen sollte.

Mit welchen Erwartungen war der Morgen dieses Tages in beiden Lagern begrüßt worden! Wäre die Schlacht geschlagen und für die Verbündeten siegreich gewesen und thatkräftig benutzt worden, so war für Karl V der ganze Plan des Lebens vernichtet und alle seine herrschsüchtigen Entwürfe waren in eine schimpfliche Flucht verwandelt. Deutschland bekam vielleicht eine andre Gestalt und Geschichte und die evangelische Kirche ein höheres Leben. Diese aber sollte noch durch Trübsal geläutert und durch wiederholte Kämpfe in sich gekräftigt werden. Wie viel hängt in der Weltgeschichte oft von dem Willen eines einzigen Menschen ab! Wäre der Churfürst von Sachsen zu einer entscheidenden Schlacht eben so muthvoll entschlossen gewesen, wie der Landgraf von Hessen und Schärtlin von Burtenbach, so wäre sie bei der großen Ueberlegenheit an Macht, bei der Kampfeslust und dem Kriegsgeschick der Truppen und bei der Führung herzhafter Feldherren mit der höchsten Wahrscheinlichkeit gewonnen — und alles anders geworden. Als der Landgraf beim nächtlichen Mahl dem zürnenden und erbosten Schärtlin einen goldnen Becher Wein auf das Wohl der Todten zutrank, die ihr Geschütz heute niedergestreckt hatte, antwortete dieser: „Gnädiger Herr, ich weiß nicht, welche weidliche Leute unser Geschoß heute zu Todten gemacht; aber ich weiß wohl, daß keiner der Lebenden im feindlichen Lager den Fuß hinter sich gezogen hat." Es war also mit den sechstausend Kugeln, die ins Lager geworfen und etwa vier= bis fünfhundert Mann getödtet hatten, nichts gewonnen. Eben so wenig nützte es, daß die Verbündeten noch mehre Tage herausfordernd in Schlachtordnung standen, Zeit und Kraft in unbedeutenden Gefechten verloren und einzelne Kugeln ins Lager warfen.

Karl V war ganz erstaunt, als er den stattlichen wohlgerüsteten Feind am vierten Tage mit Sack und Pack abziehen sah. Er ritt mit Alba aus dem Lager, um sich von diesem schmählichen Rückzuge selbst zu überzeugen. Die Nähe des Grafen Maximilian von Büren mit 7000 Reitern und 10,000 Mann Fußvolk hatte die Verbündeten zu diesem Rückzug vermocht. Sie wollten ihm entgegen gehn und seine Vereinigung mit Karl V hindern. Der Herzog Christoph von Oldenburg hatte schon früher mit einer beträchtlichen Macht am Rhein Posto gefaßt, um dem Graf Büren den Uebergang über den Rhein zu verhindern, dieser aber operirte so schlau und so schnell, daß er mit Hülfe des Churfürsten von Mainz bei Bingen über den Rhein ging und am 10. September ohne den geringsten Verlust mit seinem ganzen Corps ins kaiserliche Lager einrückte. Der Herzog von Oldenburg stieß nun auch zum Hauptheer der Verbündeten, so daß beide Mächte gleich stark waren, etwa 55,000 Mann.

Der Kaiser konnte nun die Offensive ergreifen. Er bemächtigte sich zunächst der Städte Neuburg, Dillingen, Donauwörth, Nördlingen und verschiedener anderer Städte, die an den Hauptflüssen liegen, welche sich in die Donau ergießen, wodurch er sich zum Meister einer ausgedehnten Landesstrecke machte. Die Verbündeten zogen dem Kaiser immer nach; es kam auch zu kleinen Scharmützeln, nie aber zu einer entscheidenden Schlacht. Der Churfürst und Landgraf vermieden sie sorgfältig, wie günstig sich dazu auch manche Gelegenheit darbot, weil sie fürchteten, der Kaiser möchte bei einem unglücklichen Ausgang in ihre Länder fallen. Im Heere nahm eine große Unzufriedenheit überhand. Es trat ein großer Geldmangel ein, weil eine bedeutende Summe, die in Frankreich negociirt wurde, ausblieb und weil die Truppen des nutzlosen Umherziehens satt und müde wurden. Dazu kam der Zwiespalt zwischen dem Landgrafen und Schärtlin, der immer schroffer und verletzender wurde. Der oberländische Feldherr erklärte dem Landgrafen, er sei des elenden Krieges und der schlechten Maaßregeln satt und müde, kein rechtschaffener Kriegsmann könne dabei mit Ehren dienen. „Ich will mir gefallen lassen, schloß er seine Erklärung, was Eure Gnaden wohlgefällt, mag aber an Ehre und Schande keinen Theil haben." Bald darauf ward der wackre Krieger von altem Schrot und Korn von der Stadt Augsburg zurückgerufen, um den bedrohten Ort zu beschützen.

Bei Nördlingen trafen endlich beide Heere in der Entfernung von einer Stunde zusammen. Ein dichter Nebel verbarg sie gegenseitig. Als Karl davon Nachricht erhielt, verließ er die Sänfte, in welcher er sich des Podagra's wegen tragen ließ, bestieg das Pferd und ließ das Heer in Schlachtordnung treten. Als der Nebel sich gelegt, erblickte er das Schmalkaldische Heer in vollem Marsch auf Nördlingen. Das Vordertreffen kommandirte der Churfürst, das Mitteltreffen der Landgraf und das Hintertreffen die Grafen Malsburg und Rittberg. Sie marschirten in bedeutenden Zwischenräumen. Der Landgraf besetzte, als er den Feind erblickte, die Höhen, welche durch einen kleinen, aber zum Uebersetzen beschwerlichen Fluß gedeckt war, und sandte Eilboten zum Churfürsten, schnell zurückzukommen, und zum Nachtrapp den Marsch zu beschleunigen. Der Kaiser sahe, daß er mit Vortheil nicht angreifen könne, und befahl dem Graf von Büren, der schon bis zum Flusse vorgerückt war, wieder umzukehren, und so kam es wieder nicht zur Schlacht. Bei dem Scharmutziren mit der Reiterei fand der Herzog Albrecht von Braunschweig seinen Tod.

Der Landgraf hatte den Churfürst zu dem Entschluß vermocht, das kaiserliche Heer zu überfallen, Karl hatte aber in der Nacht das Lager abgebrochen und war nach Donauwörth marschirt. Das Bundesheer folgte ihm und lagerte sich auf den verschanzten Höhen. Der Herzog von Alba ließ den Landgraf auffordern, von den Anhöhen und Bergen in die Ebene herabzusteigen und ein Treffen zu wagen. Philipp ließ ihm sagen: „er und seine Bundesgenossen hätten 5 Tage lang bei Ingolstadt mitten auf freiem Felde gestanden und eine Schlacht erwartet, eben so dem Kaiser bei Nördlingen in Schlachtordnung den Kampf angeboten, aber eben so vergeblich." Karl bezog nun das Lager bei Sontheim und Breitz und die Verbündeten verschanzten sich im Lager bei Giengen. Darin blieben sie sechs Wochen lang thatenlos stehen.

In der ersten Dämmerung eines herbstlichen Morgens verließ Sebastian Schärtlin das Lager, in welchem er statt ruhmvoller Lorbeeren so viel Verdruß und Undank geerntet hatte. Siebenzig tapfre Reiter und hundert Hakenschützen begleiteten ihn. Drei Fähnlein Knechte waren zur Vertheidigung von Lauingen, das von den Kaiserlichen bedroht wurde, vorausgeschickt. Ein dichter Nebel hatte sich über die Erde gelagert. Plötzlich sah sich der alte Held unter den feindlichen Feldwachen. Der schlaue Kriegsmann stellte sich, als gehöre er zu ihnen und kam glücklich bis unter die Mauern der Stadt, die ihm mit großem Jubel die Thore öffnete. Er zog in nächtlicher Weile mit seiner kleinen Schaar nach Augsburg, das seiner Hülfe sehr bedurfte, und kam nach manchem rühmlichen Scharmützel mit den Spanischen Reitern glücklich in Augsburg an. Er sammelte hier ein kleines Heer, mit welchem er dem Feinde viel Abbruch that und im kleinen Krieger immer Sieger blieb.

Der Herzog Ulrich von Würtemberg wußte, daß ihm das härteste Schicksal bevorstand, wenn Karl aus diesem Kriege als Sieger hervorging. Er bot deshalb alle Kräfte auf, ein stattliches Heer auf die Beine zu bringen, wollte die Landsknechte von Ulm und Schärtlins Truppen damit vereinigen und Letzterem das Kommando über das neugeschaffene Heer geben. Die Bundesobersten sollten aus ihrem Lager bei Giengen hervorbrechen und beide wollten dann das feindliche Heer in die Mitte nehmen. Dazu waren aber die immer fahrlässiger werdenden, jedem großen Entschluß entfremdeten Heerführer der Bundestruppen nicht zu bewegen. Sechs Wochen lang lagen sie dem Kaiser gegenüber und erschöpften ihre Kraft in kleinen zweck- und nutzlosen Gefechten. Der Unmuth der oberländischen Bundesgenossen stieg auf's Höchste. Auf Würtemberg und die Städte fiel die ganze Last des Krieges. Sie verweigerten fernere Geldzahlungen und verlangten endlich eine entscheidende That. Da auch aus

Frankreich kein Geld eingegangen, so wuchs die Geldnoth mit jedem Tage; die Landsknechte erhielten keinen Sold und liefen schaarenweise davon. Andere erklärten dem Landgrafen, sie würden keine Waffe ergreifen und nicht aus der Stelle gehn, wenn ihnen nicht der rückständige Sold gezahlt werde.

Das war dem Kaiser alles hinterbracht worden, und er sahe ruhig der Zeit entgegen, wo sich das Schmalkaldische Heer ohne Schwertstreich auflösen werde. Den Vorwurf, den man früher den protestantischen Heerführern gemacht, daß sie bei großer Ueberlegenheit und in günstigen Zeitpunkten doch keine Schlacht gewagt, konnte man auch jetzt dem Kaiser machen. Wenn er auch einigemale einen nächtlichen Ueberfall versuchen wollte, so ließ er sich doch immer durch die Wachsamkeit des Feindes und verdoppelte Scharwachten davon zurückschrecken. Seine Truppen, besonders die beutesüchtigen Spanier, machten oft Streifzüge ins Land und plünderten die nahen Ortschaften. Das bekam ihnen oft schlecht und viele von ihnen wurden gefangen oder fanden ihren Tod. Die gefangenen Spanier und Deutschen gab Schärtlin gegen Lösegeld frei, die Wälschen aber ließ er ersäufen. Die Noth in Karls Lager war größer als in dem der Verbündeten. Der Geldmangel war hier empfindlicher. Die fremden Truppen hatten noch gar keine Löhnung erhalten. Eine große Zahl der Italiänischen und Spanischen Truppen, welche den deutschen Winter und die deutsche Kost nicht vertragen konnten, erkrankten. Nach kalten Nächten fand man oft erstarrte Leichen der Italiäner ganz schwarz um ein ausgebranntes Feuer. Es kamen die anhaltenden Herbstregen, so daß das Wasser oft einen Fuß hoch im Lager stand. Die Ruhr raffte Hunderte von Menschen fort, so daß das kaiserliche Heer durch Scharmützel und Krankheiten mehr als 15,000 Mann verloren hatte.

Die katholischen Städte und Landschaften, in welchen die ungebetenen Gäste hauseten, wünschten sie über alle Berge und verweigerten fernere Lieferungen an Fourage und Proviant, wenn sie nicht mit den Waffen in der Hand gefordert wurden. Die Heerführer, und selbst der Herzog Alba, drangen in den Kaiser, die Winterquartiere zu beziehen, um so mehr, da der Monarch am Podagra viel Schmerzen litt. Aber er wußte wohl, welche Ueberraschung dem Feinde im heimischen Lande bereitet wurde und welche Drangsal und Noth die Bundeshauptleute in ihre eigenen Länder zurückrufen würde. Er sahe auch voraus, daß wenn die Verbündeten erst genöthigt sein würden, sich zu trennen, sie niemals wieder zu einer gemeinsamen Heeresmacht zusammentreten würden.

Und diese Nöthigung zur Auflösung des Schmalkaldischen Bundesheeres hatte der Herzog Moritz von Sachsen herbeigeführt. Dieser ruhm- und ländersüchtige Fürst hatte bereits im Januar 1546 mit Karl V und dessen Bruder Ferdinand ein heimliches Bündniß geschlossen, nach welchem er dem Kaiser in dem bevorstehenden Kriege treuen Beistand zu leisten versprach, wogegen ihm wohl die Sächsische Churwürde als Lohn seiner Dienste in Aussicht gestellt worden sein mag. Als nun über Churfürst Johann Friedrich und über Landgraf Philipp die kaiserliche Acht verhängt worden war, ertheilte Karl V dem Herzog Moritz von Sachsen und dem Markgraf Albrecht von Brandenburg den Befehl, diese Acht zu vollziehen, dem ersteren an den Churfürst von Sachsen, dem letztern an den Landgraf von Hessen. Der Kaiser schrieb dem Herzog Moritz, er habe ihm diesen Akt der strafenden Gerechtigkeit aufgetragen, weil dies als nächster Erbe des Churfürsten sein eigner Vortheil erheische und es ihm schmerzlich sein müsse, die Sächsischen Länder in fremden Händen zu sehn. Aber auch als sein Kaiser und Herr befehle er ihm die Vollstreckung des Urtheils, nach der Treue und dem Gehorsam, mit welchem er ihm verpflichtet sei. Würde er sich in Vollziehung dieses Befehls fahrlässig bezeigen, so würde er sich als ein Mitschuldiger seines Verwandten eine gleiche Strafe zuziehen.

Moritz hatte sich wahrscheinlich dieses strenge Mandat erbeten, um einigermaßen bei dieser Gewaltthat gerechtfertigt zu erscheinen. Auch wollte er darüber den Rath seiner Landstände hören. Diese riethen ihm, die Aussöhnung beider streitenden Partheien zu versuchen, und wenn diese mißlänge, sich eine gehörige Sicherheit für die freie Ausübung des evangelischen Glaubens zu verschaffen und dann in allen übrigen Punkten sich dem Befehle des Kaisers zu fügen. Sie wollten noch ein Schreiben an den Churfürst abgehen lassen, worin sie ihn aufforderten, den Kaiser zu bitten, seine Länder nicht in feindselige Hände, sondern seine Einwilligung zu geben, daß der Herzog Moritz dieselben ruhig und ohne Widerstand in Besitz nehme. Dieses Schreiben begleitete der Herzog mit der Versicherung seiner Ehrerbietung und Treue an seinen Schwiegervater, den Landgraf Philipp, um es beim Churfürst zu befürworten. Dieser aber sandte die Schriften mit Aeußerungen seines höchsten Unwillens zurück, verwies dem Schwiegersohn seine Verrätherei, seinen ungemessenen Ehrgeiz und sein strafbares Verfahren gegen die evangelischen Glaubensgenossen, deren Verfolgung und Ausrottung der Zweck des von Karl begonnenen Krieges sei. Moritz war jedoch schon zu weit gegangen, als daß er sich durch Gründe oder Vorwürfe von der Ausführung seines Planes hätte abhalten lassen. Der ganze Operationsplan war auch schon mit König Ferdinand verabredet. Dieser hatte ebenfalls die Böhmischen Stände in Prag versammelt und ihnen vorgestellt, wie nothwendig ihre Mitwirkung bei der Vollstreckung der Achtserklärung des Churfürsten Johann Friedrich sei. Auf viele Landestheile desselben, welche er von der Böhmischen Krone zur Lehn trage, hätten sie gerechte Ansprüche. Diese könnten leicht geschmälert werden, wenn Herzog Moritz die Acht allein vollstrecke. So wurde denn auch König Ferdinand ermächtigt, gegen den Churfürsten vorzuschreiten.

Die beiden Exekutoren waren über die Theilung der Beute schon einverstanden und dem Herzog Moritz die Churwürde zugesichert. Das Dokument darüber hatte der Standesherr von Carlowitz aufgesetzt und dem Könige vorgelegt. Dieser übersandte es dem Kaiser, der es am 27. Oktober im Lager zu Sensheim unterzeichnete. Mit der Churwürde war dem Herzoge die Oberherrlichkeit über die beiden Stifter Magdeburg und Halberstadt und der größte Theil der Länder seines Vetters zugesichert. Und dieser sein ehrenwerther Vetter hatte ihm sein Haus und Land vertrauensvoll zum Schutze übergeben, als er in den Kampf für den evangelischen Glauben zog. Diesen, erklärte der Herzog, werde er nimmermehr verläugnen, sondern gegen Jeden männiglich schützen. Er legte auch im Oktober 1546 den Ständen auf dem Landtage zu Freiberg eine Erklärung des Kaisers vor, daß er die Evangelischen nicht bedrängen und das Wort Gottes frei lassen wolle. Doch ging es auf diesem Landtag ziemlich stürmisch zu und die Stände verlangten vom Kaiser eine größere Bürgschaft zum Schutz der evangelischen Kirche.

Nunmehro führte Moritz mit Lebhaftigkeit und Nachdruck aus, was er heimlich und mit List ersonnen. Mit etwa zwölftausend Mann fiel er plötzlich in einen Theil der churfürstlichen Länder ein, schlug in zwei hitzigen Treffen die kleine Schaar Bewaffneter, welche der Churfürst zum Schutz des Landes zurückgelassen hatte, und bemächtigte sich des ganzen Churfürstenthums mit Ausnahme der Städte Wittenberg, Gotha und Eisenach, die sich weigerten, dem Eroberer die Thore zu öffnen. Am 30. Oktober überschritt auch König Ferdinand die Böhmische Grenze und fiel mit seiner leichten Reiterei von Ungarn und Böhmaken über das im Voigtlande und Thüringen in aller Eile zusammengeraffte Landvolk auf den Höhen von Adorf her, zerstreute es und verbreitete Schrecken über das Land, das sehr arg mitgenommen wurde. Moritz versprach den Städten seinen Schutz, auch Sicherheit für ihren Glauben, wenn sie ihm den Huldigungseid leisten würden. Hierauf unterwarfen sich die Städte Borna, Altenburg, Torgau und Zwickau. Moritz vereinigte sein Heer mit den Truppen Ferdinands und schickte sich zur Belagerung der Städte an, die ihm die Huldigung versagt hatten.

Die Zeitung von den siegreichen Fortschritten der beiden Verbündeten brachte in das kaiserliche Lager große Freude, in das Schmalkaldische aber Erstaunen, Schrecken und Betrübniß. Moritz' Name wurde mit Flüchen und Verwünschungen genannt und er als Verräther deutscher Freiheit, als ein Frevler an den heiligsten Familienbanden öffentlich gebrandmarkt. Ein Manifest, durch welches er sein Betragen rechtfertigen wollte, wurde mit Spott und Hohn, mit Schimpf und Fluch von den Anhängern der ver=

bündeten Fürsten kommentirt. Hätten diese Fürsten nicht den Kopf verloren und mit der Festigkeit Karls V ausgeharret, so konnte noch alles gut werden. Im Lager des Kaisers war Krankheit, Sterben, Geldnoth, Unzufriedenheit, Mangel an Lebensmitteln. Die Zeit der Capitulation mit dem Papste war abgelaufen und den katholischen Fürsten waren längst die Augen aufgegangen über des Kaisers monarchische Bestrebungen. Hätte man des Herzogs von Würtemberg Anerbieten angenommen und mit Schärtlin sich treu und fest verbunden, so konnte mit dem nächsten Frühjahr die Sache für den Kaiser noch sehr bedenklich werden; aber Allen war der Muth gesunken.

Johann Friedrich wollte mit seiner Heeresmacht sofort nach Sachsen eilen, um dem treulosen Vetter sein Erbland wieder zu entreißen. Aber die Abgeordneten des Bundes, die in Ulm versammelt waren, drangen in ihn zu bleiben und die große Angelegenheit des Bundes nicht seinem eigenen Vortheil zu opfern. Es wurde ein Kriegsrath gehalten. Drei Wege standen offen, sich aus der peinlichen Lage zu helfen: eine offene Feldschlacht, ein Winterlager und der Friede. Man wählte das Letztere und Unglücklichste. Dem Kaiser wurden unter schmachvollen Bitten, in der demüthigsten Weise die Vorschläge zum Frieden gemacht. Des Landgrafen Obrister Adam von Trott sandte sie durch einen Trompeter in's feindliche Lager an den Markgraf Johann von Brandenburg. Das war ein Triumph für den Kaiser und süße Nahrung für seinen Stolz. Er ließ das Schreiben seinen Truppen vorlesen und den Fürsten durch den Markgrafen sagen: „es gäbe keinen anderen Weg zur Einleitung des Friedens, als wenn beide Fürsten sich selbst und alle ihre Anhänger, ihr ganzes Heer und Land und alle Unterthanen der Gnade und Ungnade des Kaisers hingäben." Nach langen Berathungen kam endlich am 16. November der Abschied von Giengen zu Stande, nach welchem man mit der Hauptmacht zunächst nach Würzburg und Bamberg gehen, dort sich durch gute Verpflegung kräftigen und durch Kriegskontribution Geld verschaffen, dann aber nach Sachsen ziehen wolle. In Oberdeutschland sollten um Ellwangen achttausend Mann Fußvolk und tausend Reiter die Winterquartiere beziehen, weil man voraussetzte, Karl würde dasselbe thun. Im Frühjahr sollte dann der Krieg wieder mit aller Macht eröffnet werden. In musterhafter Ordnung zogen die beiden Fürsten am 23. November aus dem Lager; der Kaiser konnte ihnen nicht den geringsten Abbruch thun. Nicht ein Mann, nicht ein Wagen ging verloren. Bei Heydenheim trennten sich beide Fürsten. Johann Friedrich zog auf die Schwäbische Reichsstadt Gemünd, die ihm den Durchzug versagte. Der Churfürst erzwang denselben und legte der Stadt eine schwere Geldbuße auf, wie er denn auf dem ganzen Zuge tüchtig brandschatzte. Der Erzbischof von Mainz mußte 40,000, die evangelische Stadt Frankfurt 9000 Gulden zahlen. Der reiche Abt von Fulda und alle katholischen Städte und Stifter, die er auf seinem Zuge berührte, wurden für die leere Kriegskasse gewaltig in Anspruch genommen. Den größten Theil seiner Truppen gab der Landgraf dem Churfürsten mit, führte die oberländischen Heerhaufen in das Würtembergsche Land und ging dann mit wenigen Leuten in sein Land.

Der Winter war mit großer Strenge eingebrochen. Die Italiänischen Truppen wollten in dem unheimischen Deutschland nicht bleiben. Farnese war schon mit einem Theil derselben auf dem Zuge nach der Heimath. Das kaiserliche Heer war sehr geschwächt und Karl selbst krank. Der Kriegsrath drang in den Kaiser, die Winterquartiere zu beziehn. Er aber, der so lange gezögert, bis er die Verbündeten zur Demüthigung und Trennung gebracht, wollte nun den Krieg, troß des harten Winters, mit aller Macht fortführen und zu einem siegreichen Ende führen. Er besetzte gleich nach dem Abzuge der Verbündeten Nördlingen und Rothenburg, Heilbronn und Hall, und wandte sich dann zu den wichtigeren Schwäbischen Städten. Von entscheidenden Folgen war jedoch die Unterwerfung der wichtigen Reichsstadt Ulm, der Siß des Schmalkaldischen Kriegsrathes. Sie mußte 100,000 Gulden zahlen, die schönsten Stücke ihres Geschützes herausgeben und zehn Fähnlein Landsknechte aufnehmen. Nach dem Beispiel dieser wichtigen Stadt ergaben sich die übrigen ohne Schwertstreich. Ein panischer Schrecken hatte alle ergriffen. Das Winterlager der oberdeutschen Städte war gar nicht zu Stande gekommen. Die Bürger von Augsburg vertrieben den braven Schärtlin aus ihrer Stadt und unterwarfen sich allen Bedingungen, die der Kaiser so gnädig war, ihnen vorzuschreiben. Der Churfürst Friedrich von der Pfalz, ein schwacher charakterloser Fürst, hatte dem Kaiser Neutralität und Förderung seiner Angelegenheiten versprochen und doch einmal den Verbündeten 400 Mann zu Pferde zugesandt. Um den Kaiser zu versöhnen, eilte er zu ihm und demüthigte sich vor ihm auf die kriechendste Weise.

Karl rückte dem Herzogthum Würtemberg immer näher und fing an, durch das Weinsberger Thal vorzudringen. Der Herzog Ulrich, nichts weniger als ein muthiger, kriegserfahrner Fürst, dachte keinen Augenblick an Gegenwehr, entließ vielmehr seine Kriegsleute, entfloh nach Hohentwiel und überließ das Land seinem Schicksal. Es war der zwanzigste December, an welchem dieser ruhelose Fürst zum zweitenmale sein Land mit dem Rücken ansehen mußte. In dieser Verlassenheit ergab sich eine Stadt nach der andern der kaiserlichen Gnade. Karl V erließ ein hartes Schreiben an den Herzog Ulrich, worin er ihm alle politische und moralische Sünden seines früheren Lebens vorrückte und ihm nur dann die Gewährung seiner Gnade versprach, wenn er sich mit allen seinen Besitzungen, Hab, Gut und Leuten unbedingt dem Willen seines Herrn und Gebieters hingebe; würde er damit säumen, so werde er und sein Land nach dem strengsten Kriegsrecht behandelt werden. Seinen Eroberungen im Würtembergschen ließ Karl ein Manifest vorausgehn, in welchem er das ganze Land von allen Pflichten gegen ihren rechtmäßigen Landesherrn lospricht und beim geringsten Widerstande mit Verheerung und Tod droht. Um dieser Drohung Nachdruck zu geben, sandte er den blutigen Alba ins Land, der auch nicht unterließ, Schreck und Entsetzen zu verbreiten. Die Spanier hauseten auf eine schreckliche Weise; raubten und plünderten, wohin sie kamen. Ueberall ließ Alba dem Kaiser als Landesherrn huldigen.

Der Herzog Ulrich bat den Churfürst Friedrich von der Pfalz um Vermittelung und machte die demüthigsten Vergleichsvorschläge. Auf diese ließ sich der Kaiser gar nicht ein, sondern verlangte die unbedingteste Unterwerfung. Der Herzog ertheilte seiner getreuen Stadt Stuttgart die Vollmacht, sich ohne allen Widerstand zu ergeben und dem anrückenden kaiserlichen Feldherrn die Schlüssel der Stadt entgegen zu bringen. Das geschah auch, aber dennoch war die Stadt nur mit Mühe vor Brand und Plünderung zu schützen. Der kaiserliche Obrist Duardo räumte das Schloß aus und ließ viele Wagen mit reicher Beute zur Stadt hinausfahren. Der Herzog mußte sich endlich zu dem Heilbronner Vertrag vom 3. Januar 1547 verstehen, wonach er in Person einen Fußfall vor dem Kaiser thun und um Verzeihung seiner Schuld bitten, 300,000 Floren Kriegskosten zahlen, die Festungen und Städte Hohenasperg, Schorndorf und Kirchheim den kaiserlichen Truppen einräumen, dem Schmalkaldischen Bunde entsagen und in Allem sich dem Willen des Kaisers unterwerfen mußte. Ulrich ritt in das Lager des Kaisers, als er eben die Truppen musterte; sein abgerichtetes Pferd beugte die Kniee tief zur Erde und sein Herr sprach die Bitte um Vergebung aus. Bei aller Spanischen Grandezza überzog doch das strenge Gesicht des Kaisers ein leises Lächeln. Als alle Bedingungen erfüllt und die Kriegsgelder gezahlt waren, zogen die kaiserlichen Truppen ab, die Festungen aber verblieben noch mehre Jahre dem Kaiser. Um seine leeren Kassen zu füllen, ließ sich derselbe von den Städten stattliche Kontributionen zahlen, von Augsburg 150,000 Gulden, von Ulm 100,000, von Frankfurt 80,000, von Memmingen 50,000 Gulden u. s. w. Außerdem mußten den Ministern und Generälen große Geschenke gemacht werden. In allen Capitulationen und Verträgen war nie die Rede von der Religion, um jeden Schein zu vermeiden, als führe er den Krieg des Glaubens wegen.

Unterdeß war der Churfürst Johann Friedrich in Sachsen angekommen. Mit einer Macht von 20,000 Mann hatte er in Thüringen die schwachen Heerhaufen, die Moritz hie und da aufgestellt, bald zerstreut. Nicht nur sein eigenes Gebiet hatte er wieder erobert, sondern auch einen großen Theil von dem Besitzthum seines treulosen Vetters. Das Volk hing an seinem alten Landesvater mit großer Liebe. Man sah in ihm einen standhaften Verfechter und Märtyrer des Glaubens, dagegen in Herzog Moritz einen zweideutigen, treulosen Fürsten, dem zur Erweiterung seiner Macht die Verläugnung des Glaubens nicht schwer fallen würde. Moritz beklagt sich selbst, daß er kein Vertrauen beim Volke finde und daß er fürchten müsse, ein aus Landeskindern geworbenes Heer werde zum Churfürsten übergehn. Darum wurde diesem die Wiedereroberung seines Landes so leicht. Nur Leipzig konnte er trotz einer dreiwöchentlichen Belagerung nicht bekommen. Man beschuldigte die Generäle, daß es ihnen mit der Eroberung der Stadt nicht Ernst gewesen sei, weil viele Schätze des Landes dahin gerettet wären. Es waren über 1400 Kugeln in die Stadt geworfen, die viel Schaden angerichtet. Man sagte in Beziehung auf jenen Verdacht: „Leipzig liegt haußen, Leipzig liegt drinnen; also kann Leipzig nicht Leipzig gewinnen."

Herzog Moritz befand sich in großer Bedrängniß, denn König Ferdinand hatte sich nach Böhmen zurückziehen müssen, weil die dortigen Protestanten sich empört und den Kaspar Pflug von Schlackenwalde zum König ausgerufen hatten. Er bat deshalb den Kaiser dringend um Hülfe. Dieser sandte ihm ein Hülfskorps von 18,000 Mann zu Fuß und 2000 Reitern (nach Andrer Angaben von 10 Fähnlein und 1200 Reitern) unter Führung des Markgrafen Albrecht. Dieser schlug sein Hauptquartier in Rochlitz auf, wo die verwittwete Herzogin Elisabeth residirte. Moritz wollte sich mit ihm vereinigen und dann den Churfürst Johann Friedrich in seinem Lager bei Oldenburg überfallen. Dieser aber hatte durch treue Kundschafter erfahren, daß Markgraf Albrecht, der ein gewaltiger Trinker war, sich nächtlich in Fastnachtsfreuden ergehe und auf seine Leute sich nicht verlassen könne. Er machte sich deshalb in der Nacht zum zweiten März mit seinem Heere auf, besetzte in der Frühe des Morgens die Höhen, welche Rochlitz beherrschten, nahm die Brücke, die über die Mulde führt, eroberte die Stadt und machte den Markgraf selbst zum Gefangenen. Seine Leute mußten schwören, binnen sechs Monaten gegen den Churfürsten nicht zu dienen. Viele traten in die Rethen seines Heeres.

Es schien, als solle für den Churfürsten noch eine schönere Zukunft aufgehn. Die böhmischen Stände waren im offenbaren Aufstande und schickten Gesandte in das Lager des Churfürsten, um mit demselben ein Trutz= und Schutzbündniß abzuschließen. Die erbgesessenen Vasallen in der Lausitz, die König Ferdinand zu sich entboten, zogen dem Churfürsten zu, und die Sechsstädte schwuren, nie gegen Johann Friedrich zu streiten. Das ganze Gebiet des Herzogs Moritz war bis auf wenige feste Plätze in seinen Händen. Der Landgraf hatte immer noch eine streitbare Macht von 15,000 Mann. Die Masse der Bevölkerung war auf des Churfürsten Seite; die Gesinnung im Lande gab ihm eine feste Stellung. Die niederdeutschen Städte, namentlich Magdeburg, Bremen,

Hamburg, Lübeck, Lüneburg und Braunschweig, bald darauf auch Goslar, Hildesheim und Hannover, gaben dem Churfürsten die Zusicherung, daß sie bei Gottes Wort und bei der erlangten Freiheit Deutscher Nation fest und treu verharren wollten. Mit dem Papste war der Kaiser gänzlich zerfallen und der alte Nebenbuhler desselben, König Franz, erbot sich zu einer nicht unbedeutenden monatlichen Geldsteuer für die fernere Dauer des Krieges, und die Curatoren des Testaments Heinrichs VIII von England, der am 28. Januar 1547 gestorben war, versprachen so viel zu leisten wie Frankreich. Welche Aussichten für Johann Friedrich, wenn er nur den Krieg in die Länge zu ziehen vermochte! Der Churfürst war aber nicht der Mann, der aus solchen politischen Constellationen hätte Vortheil ziehen können. Zeugniß davon giebt, daß er unter so günstigen Umständen dem Kaiser neue Friedensvorschläge machte. Er wandte sich damit an den Churfürst von Brandenburg Joachim II, um durch den König Ferdinand die Sache zu vermitteln. Melanchthon schrieb unterm 16. Febr. an den Fürst Georg von Dessau und bat ihn, seinen Einfluß bei Joachim II anzuwenden, um den Frieden ernstlich zu betreiben. Es finden sich auch im Berliner Staatsarchiv „Vermittelungsvorschläge", die aber keinen Eingang gefunden zu haben scheinen. König Ferdinand bat seinen Bruder wiederholentlich und dringend, mit stattlicher Heeresmacht nach Böhmen zu kommen, weil der Aufstand anfange sehr gefährlich zu werden. Karl sandte seinen geheimen Rath Piero Colonna nach Prag, um die Lage der Sache zu erforschen und darüber zuverlässig zu berichten. Auch dieser drang in den Kaiser, nach Böhmen zu kommen; „seine Person sei mehr werth als 25,000 Mann." Allein seine Heeresmacht war sehr zusammengeschmolzen. Um Besoldung zu ersparen, hatte er den Grafen von Büren mit seinem Corps nach den Niederlanden zurückgeschickt. Der Papst, der sich in seinen Erwartungen gänzlich getäuscht und von dem Kaiser so arg hintergangen sah, befahl seinem Enkel Farnese, mit allen seinem Kommando anvertrauten Völkern sofort nach Italien zurückzukehren. Es war gar nicht seine Absicht, Karls Macht zu vermehren und sein Streben nach der Souveränetät in Deutschland zu fördern. Er wollte die Vertilgung der Protestanten und dazu hatte der Monarch gar keinen Schritt gethan.

Der Kaiser schrie über Verrath und Treulosigkeit und fügte seinen Vorwürfen Drohungen hinzu. Paul III rechtfertigte sein Benehmen durch ein öffentliches Manifest, wodurch er Oel ins Feuer goß. Karl hatte in alle eroberten Städte eine Besatzung legen müssen, konnte also seinem Bruder so wenig als dem Herzog Moritz die erflehte Hülfe senden. Er mußte erst durch neue Werbungen sein Heer verstärken. Zudem nahm die Verschwörung in Genua, die eine weitere Verzweigung in Italien fürchten ließ, seine ganze Aufmerksamkeit in Anspruch. Er hatte erfahren, daß der Herzog von Parma um die Verschwörung Fiesco's gewußt habe, mußte also annehmen, daß dem Papst ein Unternehmen, das sein eigner Sohn gefördert hatte, nicht unbekannt gewesen sei. Vielleicht hatte selbst Frankreich bei der Sache die Hand im Spiel, und da der Kaiser wegen seines Krieges in Deutschland fast alle seine Truppen aus Italien herangezogen, so fürchtete er, daß die Flamme des Krieges in Italien von neuem ausbrechen und seine dortigen Länder verzehren möchte. Auch aus diesem Grunde konnte er gegen den Churfürst Johann Friedrich nicht eher etwas unternehmen, als bis er über die Ereignisse in Italien beruhigt war.

Als der Kaiser sich überzeugt hatte, daß für jetzt aus jenem Lande nichts zu fürchten sei, beeilte er sich, den Marsch nach Sachsen zu neuen Triumphen zu unternehmen. Er sammelte alle seine Truppen, 30,000 Mann zu Fuß und 5000 auserlesene Reiter (nach andern 17,000 Mann zu Fuß und 10,000 Mann zu Pferde), um Nürnberg, wo er mit großem Triumph empfangen wurde. Er mußte hier einige Tage Rast halten, weil seine Gesundheit sehr geschwächt und die Witterung rauh und ungestüm war. König Ferdinand, der Herzog Moritz und sein Bruder August erwarteten den Langersehnten bei Eger. Moritz und August hatten ihre kleine Schaar mit der des Königs vereinigen wollen, kaum aber die Böhmische Grenze überschritten, als die Stände in Prag ihnen schrieben, wenn ihnen daran gelegen sei, mit heiler Haut wieder nach Hause zu kommen, so möchten sie eiligst umkehren. Das geschah auch auf durchwühlter Landstraße und Hohlwegen mit großen Gefahren und Verlusten. Nur wenige Trümmer der erschöpften Schaar brachten sie nach Eger zu Ferdinand.

Karl V wollte seinen Gegner überraschen, denn nichts ist einem Feldherrn gefährlicher als vermeinte Sicherheit. Darum sandte er seinem Heere eine Schaar leichter hungarischer Reiter voraus, die alle Reisende auf den Landstraßen auffangen und zurücktreiben, und jede Nachricht, die von der anrückenden Macht ins Meißnerland kommen könnte, abschneiden mußten. So kam der Hochgebietende unter strömendem Regen am siebenten April in Eger an, als ihn der Sächsische Hof noch krank und leidend in Ulm glaubte. Moritz und Ferdinand waren ihm entgegen geritten und konnten ihm kaum eine Handvoll Leute zuführen. Heiter und voll froher Hoffnungen feierten Alle das Osterfest in Eger. Das Hochamt hielt der Bischof von Arras mit großem Pomp. Unbegreiflich, daß der Sächsische General Thumshirn, der nur einige Meilen von Eger stand, von dem Allem nichts erfuhr.

Des Churfürsten Lage war eine sehr bedenkliche. Anfangs hatte er den Entschluß gefaßt, wenn der Kaiser mit überlegener Macht nach Sachsen kommen würde, die festen Plätze mit sicherer Mannschaft zu besetzen und mit seiner Familie und dem Heere sich nach Magdeburg zurückzuziehn. Der

Rath dieser alten Feste hatte sich auch zu seiner und des Heeres Aufnahme sehr gern bereit gezeigt. Aber seine mit den Böhmischen Ständen eingegangene Verbindlichkeit nöthigte ihn zur Behauptung des Meißner Landes. Er erwartete ein Hülfskorps aus Böhmen und hatte seine Macht überall hin zersplittert, so daß er nur 4000 Mann Fußvolk und 2000 Pferde bei sich hatte. Man wußte nicht, wohin der Kaiser seinen Zug nehmen werde und erwartete jede Stunde die Nachricht, daß die Böhmen dem Kaiser in die Flanken fallen oder wenigstens sein weiteres Vorrücken hindern würden. In solcher Hoffnung überließ man sich im churfürstlichen Lager einer großen Sorglosigkeit. Das Einzige, was man that, war das Abbrechen der Meißner Brücke, das Versenken der Fähren und die Behauptung des rechten Elbufers.

Der Kaiser fürchtete nichts so sehr, als daß sein Gegner sich in seine stark verproviantirten Festungen werfen und ihn zu Belagerungen nöthigen würde; aber Johann Friedrich, dessen ganze Kriegsfähigkeit in einer ausgezeichneten persönlichen Tapferkeit bestand, hielt es für schimpflich, dem Feinde ohne Schwertstreich das Feld zu räumen. Karl hatte am 13. April die Sächsische Grenze überschritten und war über Plauen, Altenburg, Colditz, Oschatz und Lommatzsch auf die Elbe losmarschirt. Nach einem zehntägigen Marsch gönnte er sich und dem Heere am 23. April einen Ruhetag. Als ihm gemeldet wurde, der Churfürst habe bei Mühlberg ein Lager bezogen, befahl er seinen Truppen, ehe die Nacht hereinbreche, mit Geschütz und Pontons abzuziehen, um am folgenden Morgen eine Schiffbrücke über die Elbe schlagen zu können. Als er an den Strom gekommen war und die Zelte des feindlichen Lagers sah, befahl er, Anstalten zur Ueberschiffung der Truppen zu treffen. Die Elbe war in dieser Gegend dreihundert Schritte breit, vier bis sechs Fuß tief und die Strömung sehr stark. Die Generäle, selbst der entschlossene Alba und der kühne Moritz, stellten dem Kaiser die Unmöglichkeit vor, über den Strom zu kommen, da das jenseitige Ufer, das steil aufstieg, mit reichem Geschütz besetzt war. Aber alle diese Hindernisse schreckten den Kaiser von dem gewagten Unternehmen nicht ab. Er brannte vor Ungeduld an den Feind zu kommen, in der Besorgniß, Johann Friedrich werde das Lager abbrechen und sich in Wittenberg einschließen.

Als man dem Churfürst die Nachricht brachte, der Kaiser sei am jenseitigen Ufer angekommen und beabsichtige einen Ueberfall, erklärte er das für unmöglich und sagte, er habe zu seinem Schutz drei Verbündete: die breite Elbe, einen dichten Wald und das feste Wittenberg, diese würden ihn nicht im Stich lassen. Ein dichter Nebel lagerte sich plötzlich über die Gegend und die anrückenden kaiserlichen Truppen kamen in Verwirrung und verfehlten die rechten Wege. Karl ward ungeduldig und zürnte dem Himmel. Der Churfürst bereitete sich zum Gottesdienst und glaubte sich nach den gemachten Vorkehrungen ganz sicher. Es war der Sonntag Misericordias Domini (der 24. April) und der Churfürst in der Kirche zu Mühlberg. Der Nebel hatte sich verzogen; die Sonne war wie mit einem blutrothen Schleier umzogen. Ein Corps Spanischer und Italiänischer Infanterie kam zuerst an die Elbe und schoß mit seinen langen Musquetonnern hinüber auf die Sächsischen Vorposten. Man hatte sich einiger Kähne bemächtigt und begann die Schiffbrücke anzulegen. Als dies die Sachsen sahen, zündeten sie ihrerseits die Kähne und die unter dem Schutz der Kanonen liegende Schiffbrücke an und trafen Anstalten zum Abmarsch. Der Churfürst hatte in der Kirche von dem Hergang der Sache Meldung bekommen, wartete aber noch das Ende der Predigt ab und kam erst ins Lager, als Karl schon das rechte Elbufer bestiegen hatte.

Mit der höchsten Unruhe sahe der Held die Anstalten des Feindes zum Abzuge. Er wußte seine Soldaten mit seinem Feuer zu begeistern und wollte der Erste sein, mit seinem stattlichen Roß durch den Fluß zu schwimmen. Die Seele des Feldherrn theilte sich dem Heere mit und so scheuten seine Leute keine Gefahr und stürzten sich in den reißenden Strom. Zwölf Spanier entkleideten sich, schwammen, die Schwerter zwischen den Zähnen, zum jenseitigen Ufer, bemächtigten sich der zum Theil brennenden Kähne und brachten sie zur Förderung der Schiffbrücke an das westliche Ufer, nachdem sie einige Sachsen, die das verhindern wollten, getödtet hatten. Dadurch im Muthe gesteigert, dringen tausend Spanische Hakenschützen fast ganz entkleidet in das Wasser, um die feindlichen Vorposten vom Ufer zu drängen und die aufgepflanzten Kanonen zu unterlaufen. Der Herzog Alba brachte einen Bauer aus dem benachbarten Dorfe, dem die Sachsen Tages vorher zwei Pferde genommen und der nun aus Rache eine Fuhrt in der Elbe zeigen wolle, wo das Wasser kaum vier Fuß tief und der Boden fest sei. Herzog Moritz untersuchte die Fuhrt, fand die Angabe richtig und nach kaum einer Stunde waren 4000 Reiter und 2000 Hakenschützen, die sich hinter den Reitern auf die Pferde gesetzt, am rechten Elbufer. Das Wasser reichte den Reitern bis an den Sattel. Mit der schweren Kavallerie folgten eiligst der Kaiser und König Ferdinand.

Der Churfürst hatte den Befehl zum Rückzug nach Wittenberg gegeben und schon war die Bagage und Artillerie in Bewegung und ein Theil der Infanterie im Marsch, als der Kaiser seine angekommenen Truppen in Schlachtordnung stellte, durch die Glieder ritt und sie zum herzhaften Angriff ermahnte. Johann Friedrich, bei Berathungen bedenklich und unentschlossen, wenn es zum Handeln kam, besonnen und tapfer, nahm die Schlacht an, ordnete die Truppen mit voller Ruhe des Geistes, lehnte beide Flügel an den Wald, um durch die zahlreiche feindliche Kavallerie nicht umgangen zu werden und belebte den Muth seiner kleinen Schaar durch sein entschlossenes Benehmen. Georg von Reckenrod,

Spieker, Geschichte. 9

dem Kaiser verhaßt, weil er im französischen Heer gegen ihn gefochten, kommandirte das Fußvolk und ermahnte zur Tapferkeit. Karl griff mit der leichten Kavallerie zuerst an, wurde aber zurückgeworfen; glücklicher war Moritz, der mit der schweren Kavallerie in die Reihen brach, dieselben trennte und in große Unordnung brachte. Artillerie hatten beide Theile nicht, weil die Sächsische schon auf dem Wege nach Wittenberg war und die kaiserliche nicht über den Fluß gebracht werden konnte. Der Churfürst machte mit der Infanterie eine rückgängige Bewegung und nahm tiefer im Walde eine neue Stellung, unterdeß er die Reiterei zum Angriff der feindlichen kommandirte. Er sahe die große Ueberlegenheit des Feindes und gab die Hoffnung des Sieges auf. Seine Absicht war, die Schlacht bis zum Abend hinzuhalten und unter dem Schutz der Nacht sich nach Wittenberg zurückzuziehn. Aber der Angriff der feindlichen Kavallerie, von den Herzogen Alba und Moritz geleitet, war zu heftig, als daß ein langer Widerstand möglich gewesen wäre.

Der Kaiser war Zeuge von dem hohen Muth des jungen Sächsischen Fürsten, der mitten im dichtesten Gefecht mehre seiner ritterlichen Landsleute vom Pferde hieb. Ein churfürstlicher Schütze drängte sich an ihn und zielte nach seinem Leben; die Büchse versagte, und so entging Moritz diesmal noch dem Schicksal der Schlachten. Die geschlagene Sächsische Reiterei warf sich auf die Infanterie, welche vergebens wieder eine feste Stellung zu gewinnen suchte; die ungarischen Husaren hatten sich schon mitten unter sie gedrängt. Der Churprinz Johann Friedrich schlug sich mit fürstlicher Tapferkeit gegen die mit dem Feldgeschrei „Hispania" andringende Reiterei. Aufgefordert, sich zu ergeben, hieb er um sich, sank aber, an Kopf und Hand verwundet, vom Pferde und erschoß noch im Sinken einen Feind. Churfürstliche Reiterei drängte heran, befreite den Prinzen von der Uebermacht, setzte ihn wieder auf sein Roß und rettete ihn glücklich nach Wittenberg, wo er mit 400 Flüchtigen ankam.

Weniger glücklich war sein Vater, der Churfürst. Die ganze Fläche vor der Lochauer Haide, von Kostdorf bis Falkenburg und Beiersdorf bot einen traurigen Anblick von Todten, Verwundeten, Fliehenden und weggeworfenen Waffen dar. Da wandte sich auch der unglückliche Fürst mit schwerem Herzen zur Flucht. Wegen seiner starken Korpulenz hatte er die Schlacht von einem Wagen aus geleitet. Man hob ihn auf einen großen Friesischen Hengst, auf dem er seiner schützenden Feste zuritt. Mitten in der Haide ward er von einem Haufen Deutscher, Spanischer und Ungarischer Reiter überfallen. Er wehrte sich mit großer Tapferkeit und wurde in der linken Wange verwundet. Ein Vertrauter des Herzogs Moritz, der edle Thilo von Trodt, drängte sich durch den Haufen und forderte den Churfürst auf, sich zu ergeben. „Ja Euch, einem Deutschen Ritter, ergebe ich mich zum Gefangenen." Damit zog er zwei Ringe vom Finger und übergab sie dem Ritter. Dieser führte den Gefangenen zum Herzog Alba, der ihn zum Kaiser geleitete, welcher an einer offenen Stelle im Walde Rast gemacht hatte.

Das Panzerhemd und den Brustharnisch mit Blut bedeckt, das immer noch aus der Wunde im Gesicht floß, erschöpft und athemlos, erregte sein Anblick ein tiefes Mitleid. Alba hob ihn vom Pferde und der Fürst sprach, als er den Kaiser erblickte: „Herr Gott, erbarme dich meiner!" Er wollte vor dem Sieger niederknieen und zog seine Blechhandschuhe aus, um dem Kaiser die Hand zu reichen. Dieser ließ das Eine nicht zu und nahm das Andre nicht an. „Großmächtigster, allergnädigster Kaiser", redete ihn der Tiefgebeugte an. „So, fiel ihm der stolze Sieger ins Wort, bin ich nun Euer gnädigster Kaiser? Vor Ingolstadt war ich nur Karl von Gent und gewesener Kaiser. Du sollst Deinen Bescheid bekommen." Der Churfürst erwiederte: „Ich bin Ew. kaiserl. Majestät Gefangener, bitte um ein fürstlich Gefängniß." — „Wie Ihr es verdient habt!" war die Antwort. Noch barscher fuhr der König Ferdinand den gefangenen Fürsten an. „Ihr seid ein seiner Mann, sprach er, wolltet uns und unsre Kinder verjagen und in Armuth bringen. Es ist meinem Bruder nicht um die Religion, sondern um die Rebellion zu thun." Auch der junge Herzog Ernst von Braunschweig, Sohn des Landgrafen Philipp von Hessen, der in dieser Schlacht gefangen war, wurde dem Kaiser vorgestellt. Beide übergab derselbe dem Herzog Alba, der sie dem Alphons Vives zur Bewachung anvertraute. Mit leuchtender Freude sahe der Beichtvater des Kaisers, der Fürstbischof von Hildesheim, auf den „gefangenen Eber", und meinte, da die Ketzerschaar ihr Haupt verloren, werde sie wohl zu Kreuze kriechen. Er betrachtete diesen Krieg als einen Kreuzzug und war am Morgen mit den Reitern in vollen Waffen durch die Elbe geschwommen.

Erst gegen Abend kam der Herzog Moritz von der Verfolgung des Feindes zurück. An dem Ruhm des Tages gebührt ihm der größte Antheil, wenn es anders ein Ruhm ist, den Vetter und das Haupt seines Hauses aus seinem rechtmäßigen Erbe vertrieben zu haben. Zwanzig Stunden lang hatte er zu Pferde gesessen, in der Schlacht mit übermäßiger Anstrengung gearbeitet und wo die größte Gefahr war, sich gegenwärtig gezeigt. Bei seiner Rückkehr fand er den Churfürst gefangen und konnte nun erst als Würdenträger des Reichs sich betrachten. Der unglückliche Fürst trug sein Schicksal mit Würde und Ergebung. Anfangs war sein Herz voll Trauerns, weil man ihm gesagt, sein Sohn sei in der Schlacht gefallen. Als er aber erfuhr, der Prinz habe sich nach Wittenberg gerettet, finden wir ihn gefaßt und gottergeben. Wohl mußten es trübe, sorgenvolle Gedanken sein, die seine Seele füllten, wenn er gedachte, welche gewaltige Folgen dieser unheilvolle Tag für Thron und

Volk, für das Reich und die Kirche haben mußte. Das Vertrauen auf den Regierer unsrer Schicksale stärkte ihn und gab ihm Kraft, Alles zu dulden und zu tragen, was die Zukunft auch bringen mochte.

Karl bezog ernst und still sein Lager. Schmeichler begrüßten ihn mit den Worten: „ich kam, sah" — und, fuhr er rasch einfallend fort: „Gott siegte!" Und es mochte wohl sein Ernst sein; denn einen so raschen und glänzenden Erfolg mochte er wohl am Morgen dieses Tages nicht erwartet haben. Der Soldat legt bei wichtigen Gelegenheiten und an entscheidenden Tagen großen Werth auf Erscheinungen in der Natur als bedeutungsvolle Vorzeichen. Als die Hakenschützen durch die Elbe gingen, wiegte sich ein Adler langsam in der Luft und als sie zum Angriff sich aufstellten, sprang ein Wolf aus dem Walde, den sie verfolgten und erlegten. Die Sonne war Tage lang blutroth, am Morgen des 24. April verhüllte sie ein dichter Nebel, und als die Reiterei sich anschickte, die Elbe zu überschreiten, blickte sie hell und klar auf die Erde. Der Sieg hatte den Kaiserlichen kaum sechzig Mann gekostet; von den Leichen erschlagener Sachsen war das Schlachtfeld und die Lochauer Haide bedeckt. Sämmtliches schweres Geschütz, Kriegsgeräth und reiche Beute war in die Hände der Sieger gefallen.

Zwei Tage gönnte der Kaiser seinen Truppen Rast und Erholung, dann zog er nach Torgau, das ihm sofort seine Thore öffnete. Johann Friedrich betrat das Schloß, in dem er so heitere und glückliche Tage verlebt hatte, mit schwerem Herzen. Treue Diener waren ihm zwar von seiner Gattin zur Wartung und Pflege von Wittenberg gesandt, aber Hakenschützen bewachten mit ängstlicher Sorgfalt Wagen und Zimmer. Um keine Zeit zu verlieren und seinen Sieg zu vollenden, zog Karl V sofort vor Wittenberg. Er hoffte, die Bürger würden in der ersten Bestürzung sich seinen siegreichen Waffen unterwerfen; diese aber zeigten sich entschlossen, die evangelische Glaubensstadt bis auf den letzten Blutstropfen zu vertheidigen. Viele getreue Sachsen hatten sich mit Waffen und Lebensmitteln in die Feste geflüchtet; sie hatte einen großen Vorrath von Proviant und Munition, hohe Mauern und Wälle, tiefe Gräben, feste Thürme. Die Gemahlin des Churfürsten Sybilla von Cleve, berühmt wegen ihrer Tugenden und hohen Verstandes, verlor die Zeit nicht in Thränen und Klagen, sondern zeigte eine rastlose Thätigkeit in der Pflege der Verwundeten, in der Ermuthigung der Einwohner, in der Verstärkung der Befestigungswerke. Bei letzterem Geschäft fand sie treuen Rath und Hülfe bei dem Grafen von Beichlingen und dem Oberst Georg von Reckenrod.

Am vierten Mai traf der Kaiser vor Wittenberg ein und überzeugte sich beim Rekognosciren der Festung, daß er sie ohne eine förmliche Belagerung nicht werde in seine Hände bekommen können. Er forderte deshalb die Stadt unter Versprechungen und Drohungen zur freiwilligen Uebergabe auf, erhielt aber die Antwort, daß man sie bis auf den letzten Mann vertheidigen und lieber Hungers sterben wolle, als sie zu übergeben. Der Kaiser, den die Zeit drängte und dem es an allem Belagerungszeug fehlte, ließ der Churfürstin und den Kindern durch einen Herold ankündigen, daß, wenn bis zu einem bestimmten Tage die Stadt nicht übergeben sei, er ihnen das Haupt des hingerichteten Gatten und Vaters übersenden werde. Da auch hierauf eine abschlägige Antwort einging (der Commandant erwiderte, er werde mit dem in Wirtenberg gefangenen Herzog Albrecht eben so verfahren, wie der Kaiser mit dem Churfürsten) und der gefangene Fürst durchaus nicht zu bewegen war, die Uebergabe zu befehlen, so ließ der Kaiser ein Kriegsgericht über ihn halten, in welchem wirklich das Todesurtheil über ihn ausgesprochen wurde. Als ihm dies Urtheil schriftlich mitgetheilt wurde, saß er mit seinem Mitgefangenen, dem Herzog Ernst von Braunschweig, eben beim Schachspiel. Er ließ sich aber dadurch im Spiel nicht stören, sondern legte das Schreiben, dessen Inhalt er schon kannte, ruhig zu den übrigen Briefen und sagte: „Vetter, gebt Acht auf Euer Spiel! Ihr seid matt."

Der Bischof von Arras ward zu dem Gefangenen gesandt, um zu prüfen, welchen Eindruck die Ankündigung seines Todes auf ihn gemacht habe, und welche Opfer er wohl zu bringen geneigt sei, wenn ihm das Leben geschenkt werde. Er fand den schwergeprüften, festen Herrn in einer ruhigen, fast heiteren Stimmung der Seele. „Ich kann nicht glauben, sagte er, daß der Kaiser dermalen mit mir handeln werde; ist es aber gänzlich also bei der kaiserlichen Majestät beschlossen, so begehre ich, man soll mir es fest zu wissen thun, damit ich, was meine Gemahlin und meine Kinder angeht, bestellen möge." Der Bischof erwiderte, er wisse ja, daß die Sentenz laute, er solle als ein Geächteter, ihm zur Bestrafung und Andern zum Exempel durch das Schwert vom Leben zum Tode gebracht und dieses Urtheil auf der dazu im Felde aufgerichteten Bühne an ihm wirklich vollzogen werden. Der Kaiser werde aber vielleicht Gnade für Recht ergehen lassen, wenn er um diese Gnade flehe, die ihm vorzulegenden Bedingungen annehme und namentlich sich den Beschlüssen des Tridentinischen Concils unterwerfe. Darauf erwiderte der glaubensstarke Fürst: „Ich will bei der Lehre und Bekenntniß, die ich zu Augsburg neben meinem Vater, auch anderen Fürsten und Ständen öffentlich übergeben, beständig verharren und lieber die Chur, Land und Leute, auch den Hals dazu hergeben, als davon mich abreißen lassen." Wie groß, edel und heldenmüthig steht hier der geächtete, gefangene, zum Tode verurtheilte Fürst neben dem übermüthigen, rachsüchtigen, despotischen Kaiser! Der Bischof versichert, im Stücke des Glaubens habe er den Churfürst so hitzig und eifrig gefunden, wie einen Mann.

So wie der Churfürst von Brandenburg, Joachim II, erfuhr, was im Lager vor Wittenberg vorging, eilte er zum Kaiser und machte ihm die dringendsten Vorstellungen wegen des über den Churfürst ausgesprochenen Todesurtheils. Er wies ihn auf das Staatsrecht des deutschen Reichs, nach welchem der Kaiser keinen Fürsten zum Tode verurtheilen dürfe ohne Zustimmung eines abgehaltenen Fürstentages, daß er durch diese Gewaltthat das ganze Reich gegen sich empören werde, um so mehr, da er auch die Reichsacht ohne Zustimmung der Stände über einen Reichsfürsten nicht hätte verhängen dürfen. Die Herzöge von Cleve und Sachsen, der Bischof von Arras und der Marquis de Saluce suchten ebenfalls den Kaiser von seinem blutigen Vorsatz abzubringen. Sie stellten ihm vor, wie er in der öffentlichen Achtung sinken würde, wenn er den eifrigsten Verfechter des evangelischen Glaubens hinrichten ließe, da er doch diesem Glauben in allen seinen Proklamationen Schutz und Sicherheit versprochen habe; welcher Haß auf den neuen Churfürsten fallen und wie es ihn selbst betrüben müsse, wenn ein Fürst seines Hauses wie ein gemeiner Verbrecher hingerichtet werde; welch einen dunklen Fleck in den Annalen seines preiswürdigen Lebens diese blutige That ausfüllen würde. Es mag auch wohl nicht seine Absicht gewesen sein, sie zu vollziehen. Die Drohung sollte nur ein Schrecken sein für die Familie des Fürsten und für die Bürger Wittenbergs zur schleunigen Uebergabe der Festung und zur Erlangung größerer Vortheile von dem Gefangenen.

Karl versprach Begnadigung, wenn Johann Friedrich folgende Bedingungen eingehen würde: 1) Verzichtleistung für sich und seine Nachkommen auf das Churfürstenthum. 2) Uebergabe seiner Festen Wittenberg und Gotha. Die Besatzung erhält freien Abzug mit Zurücklassung ihrer Fahnen. 3) Markgraf Albrecht erhält seine Freiheit wieder, die auch dem Herzog Ernst von Braunschweig zu Theil werden soll, wenn er sich vor dem Kaiser durch einen Fußfall demüthigen wird. 4) Der König Ferdinand erhält das Herzogthum Sagan, und den Grafen von Mansfeld Solms, sowie dem Hochmeister von Preußen werden die Güter zurückgegeben, die ihnen der Churfürst in diesem Kriege abgenommen. 5) Auf Magdeburg, Halberstadt und Halle giebt der Gefangene jeden Anspruch auf. 6) Nie darf der Fürst einem Bündniß gegen den Kaiser, sein Haus und seine Verbündeten beitreten. 7) Johann Friedrich bleibt des Kaisers Gefangener, so lange es diesem gefällt. Er kann ihn auch nach Spanien senden. 8) Alle Länder, welche Johann Friedrich bisher besessen, werden mit der Churwürde seinem Stamm-Vetter Herzog Moritz verliehen. 9) Dieser giebt den Söhnen des gefangenen Fürsten ein jährliches Einkommen von 50,000 Meißnischen Gulden oder statt dessen die Städte Weimar, Jena und Eisenach. 10) Der Kaiser gestattet, daß dem Gefangenen Stadt und Amt Gotha als ein großmüthiges Geschenk des

Churfürsten Moritz zurückgegeben werden; doch müssen vorher die Festungswerke niedergerissen werden.

Welche Demüthigung! Welche Verluste! Welch ein Wechsel des Schicksals! Johann Friedrich zögerte lange, diese harten Bedingungen anzunehmen. Nur die Bitten und Thränen seiner Familie und das Vertrauen zu dem Gott der Gnade, der ein Schutz des Gerechten ist, der das Kreuz in Segen und den Schmerz in Freude verwandelt, der den Hoffärtigen vom Thron stürzt und dem Demüthigen Gnade giebt, vermochten ihn, sich in die Nothwendigkeit zu fügen und den bleischweren Vertrag zu unterschreiben. Die Bürger Wittenbergs, als sie solches erfuhren, waren außer sich vor Schmerz und zu Allem entschlossen, wenn sie ihren lieben Landesvater behalten könnten. Sie gingen zu ihrem Pfarrer, dem Dr. Bugenhagen, und fragten, was zu thun sei? „Gehet selbst zum Churfürsten, rieth dieser; Sr. Gnaden hat uns lieb und wird uns nichts Schädliches rathen." Der unglückliche Herr ermahnte zur Geduld und Ergebung.

Am 19. Mai wurde dieser Vertrag vollzogen. Der Churfürst befahl nun seinem Kanzler Jobst von Haim, sich mit den kaiserlichen Commissarien in die Stadt zu verfügen und den dortigen Obersten und Befehlshabern sein unterschrieben und untersiegelt Mandat zur Uebergabe der Festung vorzuzeigen und dann Stadt und Feste den genannten Commissarien zu übergeben. Der Kaiser war von diesem Moment an wie umgewandelt, voller Milde und Güte. Die Churfürstin begab sich mit den Prinzen und Hofleuten in Trauerkleidern in das Zelt des Kaisers, wollte einen Fußfall thun, was der Kaiser nicht zugab, und wurde von ihm mit großer Herablassung und Freundlichkeit behandelt. Er gestattete sehr gern den Besuch des gefangenen Gemahls, der ein eigenes großes Zelt bewohnte, in welchem er ihn durch Spanische Pagen bedienen und fürstlich bewirthen ließ. Nach dem Abzug der Sächsischen Besatzung am 23. Mai nahmen vier kaiserliche Fähnlein Besitz von Wittenberg. Karl hielt am folgenden Tage seinen Einzug mit allem militärischen Prunk, versprach den Bürgern, daß keine Spanische Truppen die Stadt betreten sollten und gestattete dem Churfürst, mit seiner Familie das Schloß zu bewohnen. Er machte der edlen Fürstin seine Aufwartung und sagte ihr viel Tröstliches und Ermunterndes.

Der Kaiser ließ sich die schöne Schloßkirche öffnen, in welcher Friedrich der Weise, Johann der Beständige und Luther ihre Ruhestätte gefunden. Als er auf Luthers Grabstein trat, riethen ihm der Herzog Alba und der Cardinal Granvella, das Grab öffnen und die Gebeine des Erzketzers verbrennen zu lassen. „Lasset ihn liegen, sprach der Kaiser; er hat seinen Richter gefunden. Ich führe keinen Krieg mit den Todten" — *non gero bellum cum mortuis.* Er verbot auf's Strengste, daß sich Keiner an Luthers Grab vergreifen solle. Als er vernahm, daß seit dem Einzuge seiner Truppen der evangelische Gottesdienst eingestellt sei, ward er sehr unwillig und sprach: „Wer richtet uns das an? Ist hier in unserm Namen der Dienst Gottes unterlassen, so gereicht uns dies nicht zum Gefallen. Haben wir im Oberlande doch nichts gewandelt in der Religion; warum sollten wir es hier thun?" Mit freudiger Ueberraschung hörten die lutherischen Geistlichen diese Rede, predigten nun täglich und hatten viele von den Kaiserlichen zu andächtigen Zuhörern.

Von ganz besonderer Bedeutung war es, daß an demselben Tage, an welchem Karl siegreich in Wittenberg einzog, sein alter Rival an Kriegsruhm und Herrschermacht, der König von Frankreich, Franz I, in die Gruft der Kapets gesenkt wurde. Er war am 31. März gestorben. Zwei Monate früher war auch Heinrich VIII von England zu seinen Vätern gegangen. So stand der stolze gewaltige Karl V auf dem Glanzpunkte seines Glücks und seiner Größe. Er durfte hoffen, nun auch das Ziel seiner Wünsche, die Souveränetät über Deutschland und seine Fürsten, zu erlangen. Im Vorgefühl dieser Macht hatte er dem mächtigsten und länderreichsten unter den Deutschen Fürsten seine Macht fühlen lassen. Ein zweiter von gleicher Bedeutsamkeit sollte dieselbe noch schmerzlicher empfinden, der Landgraf Philipp von Hessen — nach dem Churfürst von Sachsen der gewaltigste unter den Schmalkaldischen Bundesgenossen. Dieser stand mit seiner Macht bei Weißenfels; Karl war mit seinem Heere nach Halle gezogen. Die unheilvolle Schlacht bei Mühlberg hatte den Landgraf in großen Schrecken gesetzt. Er fühlte sich der Macht des Kaisers nicht gewachsen, um so weniger, als der Chursächsische General Thumbshirn, nachdem er die Niederlage seines Landesherrn erfahren, sich nicht dem Landgrafen angeschlossen, sondern auf Umwegen nach Niedersachsen marschirt war und sich bei Bremen mit dem Grafen Albrecht vereinigt hatte. Der bedrängte Fürst gab deshalb den Vorschlägen der Churfürsten Joachim II und Moritz zu einer Capitulation mit dem Kaiser sehr gern Gehör. Der Kaiser erklärte den beiden Fürsten, daß er vor Allem auf die gefängliche Haft des Landgrafen bestehen müsse; worauf ihm die Fürsten bemerklich machten, daß doch ein großer Unterschied sei zwischen einem Fürsten, der nach verlorner Schlacht mit den Waffen in der Hand gefangen wäre, und einem Fürsten, der an der Spitze einer wohlbewaffneten Macht kapitulire. „Darum will ich auch nicht wie bei Johann Friedrich auf ewiges Gefängniß bestehn" — war die Antwort des Kaisers.

Bei den weiteren Verhandlungen, zu deren Beschleunigung sich Philipp nach Leipzig begeben hatte, bestand der Kaiser darauf, daß sich der Landgraf ihm auf Gnade und Ungnade ergeben und alle seine Festungen mit sämmtlichem Geschütz überliefern solle. In diese Forderung wollte Philipp nicht willigen, weil er dann ganz schutzlos sei und vor der Rache des Kaisers das Schlimmste zu fürchten habe. Er verließ Leipzig, begleitet vom Herrn von Ebeleben, dem vertrautesten Rathe des neuen Churfürsten Moritz. „Wüßte ich nur, sprach er zu demselben, daß der Kaiser mich frei wieder heimziehen und in dem Besitz einer meiner Festungen ließe, so wollte ich zu ihm kommen, mich vor ihm demüthigen, alle anderen Festungen schleifen und ihm alles Geschütz überlassen." Mit dieser Erklärung eilte der Rath zu den beiden Churfürsten und diese sandten ihm die mit dem Kaiser verabredeten Artikel, die freilich hart waren, aber doch der Hoffnung Raum gaben, er werde im Besitz seines Landes und seiner Würden bleiben, er habe gefängliche Haft und Beschwerliches nicht zu fürchten. Philipp berieth sich mit seinen Ständen und diese glaubten, er werde bei der Bürgschaft der beiden Churfürsten keine Gefahr laufen. Den Herzog Heinrich entließ er seiner Gefangenschaft, um sich dadurch die Gunst des Kaisers zu erwerben. Bei einiger Entschlossenheit hätte er für sich einen günstigen Umstand benutzen können. In Karls Heer war ein gewaltiger Zwiespalt zwischen den Deutschen und Spaniern ausgebrochen. Beide Völkerschaften hatten sich von einander getrennt, besondere Lager bezogen und wollten gegen einander zu Felde ziehn. Karl begab sich in's Lager der Deutschen und wußte sie durch freundliche Worte und Versprechungen zu beschwichtigen. Da wo der Haß in lichten Flammen stand, hätte vielleicht eine Verbindung mit Philipp und seinem Heere von wichtigen Folgen sein können.

Joachim II und Moritz waren dem Landgrafen bis Naumburg entgegen geritten. Am 18. Juni zog er mit hundert Reitern und stattlicher Begleitung in Halle ein. Eine Stunde später kam auch der Herzog Heinrich von Braunschweig mit seinen Söhnen an, wie Tags vorher der Markgraf Albrecht dem Kaiser seine Ehrfurcht bezeigt hatte. Wie wandelbar Hoheit und Glück! Die beiden mächtigen Häuser des Schmalkaldischen Bundes in der Gefangenschaft und tiefer Erniedrigung, und die sie besiegt und gefangen, in Freiheit und größten Ehren! Am folgenden Morgen ritt Philipp, von seinem Schwiegersohn begleitet, in die Moritzburg. Hier legte ihm Granvella die äußerst harten und schmachvollen Gnadenpunkte zur Unterschrift vor. Darunter befand sich der Zusatz: „Die Erklärung aller Worte des Vergleichs sollen allein dem Kaiser zustehen." Da die Vermittler nichts davon geschrieben, so verweigerte der Landgraf die Unterschrift. Auf Granvellas Beschwichtigung setzte er mit sichtbarem Widerstreben seinen Namen darunter. Bei der Forderung, sich in allen Religionssachen den Schlüssen des Tridentiner Conciliums zu unterwerfen, fuhr Philipp heftig auf, und es entstand ein lauter Streit. Da hieß es plötzlich, der Kaiser sei schon im Saal und erwarte den Landgrafen. Die Thüren öffneten sich und auf einem goldenen Stuhl unter einem rothsam=

metnem Baldachin saß der Gewaltige in kaiserlichem Schmuck, umgeben von Fürsten, Spanischen Granden, dem Adel von allen Nationen.

Der Landgraf trat ein, bekleidet mit einem schwarzsammetnen Kriegsrock, begleitet von Joachim und Moritz. Philipp trat vor den Sessel des Kaisers und kniete nieder. Mit ihm kniete der Hessische Kanzler Günderode und las in den demüthigsten Ausdrücken die Abbitte vor mit dem Gelübde, Alles treulich zu vollbringen, was einem gehorsamen und dankbaren Fürsten und Vasallen gegen seinen Kaiser gezieme, auch mit den Seinigen jedes Wort des aufgenommenen Vergleichs genau zu erfüllen. Der Landgraf konnte sich bei dieser Vorlesung eines ironischen Lächelns nicht enthalten. Das bemerkte der Kaiser und sagte sehr zornig: „Wart! ick werd di lachen lehren!" Auf einen gegebenen Wink mußte der Vicekanzler Dr. Georg Seld die Antwort vorlesen, worin es hieß: „der Kaiser könnte ihm zwar die schreckliche Strafe, die seine Verbrechen verdienen, fühlen lassen, aber getrieben von seiner Milde und Großmuth und bewogen durch die Fürbitte verschiedener Fürsten, wolle er in Rücksicht auf sein demüthiges Geständniß und Reue, nicht nach der Strenge der Gerechtigkeit mit ihm verfahren und keine höhere Strafe verfügen, als in den Artikeln, die er selbst unterschrieben, angegeben ist." Der Kaiser wandte sich seitwärts, ohne den Unglücklichen eines Blicks zu würdigen, oder das Aufstehen zu befehlen. Der Landgraf erhob sich und nahete sich dem Kaiser, um ihm die Hand zu küssen. Der Churfürst, der voraussah, daß Karl ihm diese Vertraulichkeit nicht gestatten werde, hielt ihn davon zurück.

Die beiden vermittelnden Fürsten luden den Landgraf ein, mit ihnen beim Herzog Alba zu Abend zu speisen. Dieser schlaue, herzlose Spanier nahm ihn mit großer Ergebenheit und Ehrerbietung auf. Auch der Bischof von Arras war mit an der Tafel. Nach derselben setzte sich der Landgraf an's Brettspiel. Als er sich empfehlen wollte, erklärte Alba, daß er auf Befehl des Kaisers als Gefangener im Zimmer bleiben müsse. Der Churfürst von Brandenburg sprang entrüstet auf, Herzog Moritz war erschrocken und der Landgraf wie versteinert. Dann aber ergoß er über diese schändliche Treulosigkeit seinen Zorn in die heftigsten Schmähungen gegen die Fürsten, gegen Alba und den Kaiser. Joachim und Moritz betheuerten, daß sie von dieser Gewaltthat keine Ahnung gehabt hätten. „Unser Lebelang, sprachen sie, haben wir ehrlich und aufrichtig gehandelt, wie es Deutschen Fürsten ziemt, was wir zugesagt, haben wir fleißig gehalten und vermeinet, es sollten auch Andre uns in gleicher Weise Treue halten. Wir sind unschuldig und wollen morgen den Kaiser auf andre Gedanken und Wege zu bringen suchen. Unsre eigne Ehre ist durch diese Wortbrüchigkeit schwer gekränkt." Moritz blieb zur Beruhigung seines Schwiegervaters die ganze Nacht bei ihm.

Am andern Tage begaben sich Joachim und Moritz zum Kaiser und es kam da zu heftigen Erörterungen. Sie stellten ihm vor, wie sie vor Deutschland und der ganzen Welt mit ewiger Schande gebrandmarkt wären, wenn der Schein auf ihnen haften sollte, als hätten sie sich zu Werkzeugen des Betruges und Verrathes gebrauchen lassen. Sie hätten für seine Freiheit gutgesagt und würden keinen Schritt zu der Aussöhnung gethan haben, wenn sie eine Ahnung von dieser Hinterlist gehabt. Karl erwiderte darauf kalt und verächtlich, er habe nur versprochen, Philipp nicht in ein ewiges Gefängniß zu nehmen; was sie mit ihm verhandelt, könne ihn nicht binden. Indeß wolle er erwägen, was rathsam sein möchte, wenn die Punkte des Vertrags vom Hessenlande in allen Stücken erfüllt und die Kriegssteuern pünktlich bezahlt sein würden. Damit brach der Kaiser das Gespräch ab und ließ die Fürsten stehn, in deren Herzen von dieser Stunde ein Stachel zurück blieb. Sie gaben dem bitter Getäuschten ihr Wort, dem Kaiser überallhin zu folgen und mit ernsten Mahnungen und Bitten fortzufahren, bis er seine Freiheit wieder erlangt hätte. Der stolze und übermüthige Karl ging nach Naumburg und schleppte die gefangenen Bundeshäupter wie im Triumph hinter seinem Siegeswagen her. In Naumburg traten die genannten Reichsfürsten noch einmal mit den kräftigsten Vorstellungen zum Kaiser, erhielten aber die Weisung, ihn nicht länger mit dergleichen Bitten zu belästigen, sie könnten dadurch nur bewirken, daß der Gefangene nach Spanien in ein sicheres Gewahrsam gebracht würde. Das meldeten die Fürsten dem Landgrafen und baten ihn, sie ihres Wortes zu entbinden, da ihre Gegenwart in der Heimath nothwendig sei; er möchte nur schleunigst alle eingegangenen Verbindlichkeiten erfüllen, weil der Kaiser seine Freiheit davon abhängig gemacht. Karl erkannte wohl, wie gefährlich ihm bei der Verfolgung seines Plans ein Mann werden könne, der mit bitterm Haß gegen ihn erfüllt, die noch reichlich vorhandenen feindlichen Kräfte sammeln und mit Muth und Entschlossenheit in's Feld stellen konnte. Wie deshalb auch der Landgraf eilte, seine Festungen zu schleifen, sein Geschütz abzuliefern, die Kriegssteuern zu zahlen, er blieb gefangen. Sleidan erzählt, der redliche Herr von Ebeleben, der die Unterhandlungen geleitet, sei darüber vor Gram gestorben.

Anfangs hatte der Kaiser den Gedanken, nach Oberdeutschland zu ziehn und dort die letzten Ueberreste des Schmalkaldischen Bundes zu vernichten. Unter allen Städten Norddeutschlands hielt Bremen am treuesten und festesten am evangelischen Glauben. Ein Haufen raubsüchtiger Landsknechte plünderte und raubte unter dem Vorwande der Religion, angeführt von Gröningen und Brisberg, in Niedersachsen auf eine heillose Weise und belagerte das getreue Bremen. Sechs Wochen lang lagen diese Mordbrenner vor der starkbefestigten Stadt, mußten aber beschämt wieder abziehen. Sie vereinigten sich am 20. April mit Herzog

Erich, der als kaiserlicher Majestät Feldhauptmann die widerspenstige Stadt unter gewaltigen Drohungen zur Uebergabe auf Gnade und Ungnade aufforderte. Bremen antwortete mit dem Donner des Geschützes. Es war entschlossen, gegen die Belagerer, die 29,000 Mann stark waren, sich zu vertheidigen, bis der unterste Stein zu oberst gekehrt sein würde. Ihr Muth ward belohnt. Nach wiederholten Stürmen und Ausfällen kam unerwartete Hülfe und Rettung.

Anfangs April hatten die niedersächsischen Städte Magdeburg, Braunschweig, Hamburg und Bremen ihr Schutz= und Trutzbündniß erneuet und an den Graf Mansfeld und Herzog Christoph von Oldenburg Werbegelder geschickt, um ihre Kriegsschaaren zu vermehren. Nach der Schlacht von Mühlberg hatten sich ihnen die abgesonderten Sächsischen Truppenkorps unter Thumbshirn und Planitz angeschlossen und so konnten sie schon etwas Tüchtiges unternehmen. Sie drangen zunächst in die Lande des Herzogs Erich, verschafften sich durch Brandschatzung Waffen und Gelder und wollten nun den Herzog in seinem Lager vor Bremen überfallen. Dieser wartete den wohlgemeinten Besuch nicht ab, hob die Belagerung am 22. Mai auf, steckte die Brücken und umliegenden Ortschaften in Brand und zog nach der Graffschaft Hoya. Hier trafen die Vorposten beider feindseligen Heere bei Drakenborg unerwartet auf einander. Erich nahm eine feste Stellung auf dem Kröpelsberge und erwartete den Angriff. Dieser wurde im protestantischen Heere, das letzte, das für den theuren Glauben kämpfte, vorbereitet. Nach Gebet und Gesang und frommer Ermahnung der Geistlichen wurde mit der Losung: „Gott sei mit uns!" der Berg gestürmt. Der Kampf war kurz, aber heftig und entscheidend. Herzog Erich mußte die Flucht ergreifen und alles Geschütz, Gepäck und Rüstwagen im Stich lassen. Von seinen Leuten lagen 3500 Todte auf dem Schlachtfelde, 2500 geriethen in Gefangenschaft. Die Sieger zogen nach Bremen, wo sie mit großem Jubel aufgenommen wurden.

Diese letzte protestantische Macht wollte Karl V aufreiben, um bei neuen Unternehmen den Rücken gesichert zu haben. Aber die Unruhen in Böhmen, die Ausführung seiner Ideen im Reich und in der Kirche und die Machinationen des Papstes nahmen alle Zeit und Kraft in Anspruch. Auch erregten die heimlichen Rüstungen in Frankreich Besorgnisse. Um der Reichsverfassung eine andre Gestalt zu geben, die Einheit der Stände zu hindern und besonders die Macht der freien Städte zu brechen, suchte er einen Bund zu Stande zu bringen, ähnlich dem erloschenen Schwäbischen, an dessen Spitze das Haus Oestreich stehen sollte, wie drittehalb Jahrhundert später Napoleon an der Spitze des Rheinbundes. Innerhalb dieses Bundes hoffte er ohne Verletzung der alten Formen einen neuen Staat zu erbauen, in welchem der Kaiser unumschränkter herrschen konnte als in dem alten. Deshalb hatte er schon aus dem Lager zu Wittenberg ein Ausschreiben an die Stände des Reichs zu einer Versammlung in der Reichsstadt Ulm ergehen lassen. Hier kamen nun zwar die Gesandten von mehren Reichsständen zusammen, aber des Kaisers und seines Bruders Ferdinand schöne Reden von der Nothwendigkeit eines starken Bundes zur Unterdrückung von Aufruhr und Meuterei in Deutschland fanden keinen Eingang. Die Absichten des Kaisers bei dieser Bundesliebe lagen zu offen auf der Hand, als daß sie nicht auch die katholischen Fürsten erkannt haben sollten. Sie nahmen deshalb die Nähe der Pest zum Vorwande, den Reichstag aufzulösen und versprachen, denselben noch vor dem Schluß des Jahres in Augsburg fortzusetzen.

Sechstes Buch.

Der Reichstag von Augsburg 1547. Belohnung des Herzogs Moritz mit der Sächsischen Churwürde. Johann Friedrich und Philipp von Hessen in der Gefangenschaft. Das Tridentiner Concilium. Verlegung desselben nach Bologna. Das Augsburger Interim. Die Verfasser desselben: Julius von Pflug, Michael Heding und Johann Agricola. Agricola's Kampf mit Luther und Melanchthon. Bucer. Beschaffenheit und Inhalt des Interims. Katholische Tendenzen desselben. Die Priesterehe und das Abendmahl in beiden Gestalten. Churfürst Moritz beräth sich mit seinen Theologen. Das Gutachten derselben. Das Interim wird dem Papste vorgelegt. Anrede des Kaisers an die Reichsstände; Mittheilung des Interims. Moritz von Sachsen, Johann von Brandenburg und die freien Städte protestiren gegen dasselbe. Des gefangenen Churfürsten Johann Friedrich und seiner Söhne Erklärung. Standhaftigkeit desselben. Des Landgrafen Philipp Annahme des Interims. Des Kaisers Verfahren gegen Augsburg, Ulm, Straßburg, Regensburg, Magdeburg und Braunschweig. Die Niedersächsischen Städte. Die Fürsten von Anhalt und Zweibrück und die Grafen von Mansfeld.

Der Reichstag zu Augsburg, der am 1. September 1547 eröffnet wurde, war einer der glänzendsten. Von den Fürsten, Reichsgrafen und Abgeordneten der Städte fehlten wenige, und diese nur unter den triftigsten Rechtfertigungsgründen. Sie fürchteten Alle den Zorn des Kaisers, der ganz die Sprache eines hochgebietenden Herrn führte. In der Stadt selbst lagen zwölf Fähnlein Spanier, in der ganzen Umgegend zahlreiche Truppen aller Art. Karls Einzug in Augsburg war der eines Triumphators. Gleich nach demselben befahl er, daß die beiden Hauptkirchen der Stadt den Evangelischen abgenommen und zum katholischen Gottesdienst wieder eingerichtet werden sollten. Die Priester weiheten die durch den ketzerischen Gottesdienst entheiligten Kirchen von Neuem und hielten die Messen mit großem Prunk. In seiner Eröffnungsrede verlangte der Kaiser, daß die Stände hinfort ihm die Anordnung des Kammergerichts und die Anstellung von zehn neuen Besitzern überlassen sollten, weil durch die letzten aufrührerischen Bewegungen alle Justiz im Reiche gänzlich verfallen sei.

Eins seiner ersten Geschäfte auf dem Reichstage war die feierliche Belehnung des Herzogs Moritz mit der Sächsischen Churwürde und deren Regalien als Erzmarschal des Reichs auf freiem Markte. Der Kaiser auf erhabenem Throne, alle Erzämter mit ihren Insignien, der Hof mit seinen Aemtern, die geistlichen Würdenträger mit allem kirchlichen Pomp, lange Züge der Ritter, zehn Fürsten und Grafen mit den Lehnsfahnen, zahllose Trompeter und Posaunenbläser, Herzog Moritz selbst mit 130 Pferden — alles in der größten Pracht, prangend von Gold, Sammet und Seide. Der Kaiser wollte sich einmal dem Reiche zeigen in seiner ganzen Macht und Herrlichkeit. Der alte Churfürst von Sachsen Johann Friedrich sah aus seinem Fenster dem glänzenden Schauspiel mit großer Seelenruhe zu. Er sagte zu seinem Kanzler, der neben ihm stand: „Wie freut sich doch Herzog Moritz' Gesindel über die genommene Chur! Der Allmächtige gebe, daß sie hinfort derselben so geruhiglich genießen, daß sie Mein und der Meinen nicht mehr bedürfen." Der großmüthige Herr wurde in Augsburg sehr anständig behandelt. Seine Wohnung war durch einen verdeckten Gang mit der des Kaisers verbunden und er bekam fortwährend Besuche von dem Herzog Alba und anderen Großen des kaiserlichen Hofes. Er hatte seinen Kanzler, seinen Hofprediger, seine eigene Küche, wurde nur von Deutschen bewacht, durfte im Garten spazieren und dergleichen.

Dagegen wurde der Landgraf sehr übel behandelt, woran freilich zum Theil seine heftige, auffahrende Gemüthsart schuld sein mochte. Er wurde von Spaniern bewacht, die sich oft in seine Stube einquartirten, des Nachts beim Ablösen sein Bett untersuchten, und ihn durch Trommelschlag weckten. Die Churfürsten von Brandenburg und Sachsen hörten nicht auf, um seine Freilassung zu bitten. Auch kam die Landgräfin selbst mit ihren Kindern nach Augsburg und flehten fußfällig um des Kaisers Gnade. Er gab hinhaltende Versprechungen, behielt den Fürsten aber im strengen Gewahrsam. Die Gattin und Söhne erließen ein Schreiben an alle Reichsstände, um seine Erledigung zu bewirken. Unter diesen Umständen hielt es Karl für nothwendig, sein Betragen gegen den Landgrafen zu rechtfertigen. Es fehlt der Schrift nicht an scheinbaren Rechtsgründen und dialektischen Sprachkünsten, aber die Hauptsache verschwieg er — die Furcht vor seiner Rache und seiner heftigen Gemüthsart.

Was auf dem Reichstage hinsichts der staatlichen Einrichtungen, des Landfriedens, des Kammergerichts, der Rechtsentscheidungen, der Belehnungen und der Einverleibung der Niederlande mit Deutschland geschehen, müssen wir hier übergehen und nur erörtern, was in religiöser und kirchlicher Beziehung berathen und beschlossen worden ist. Der Kaiser hatte in seinem Souverânetätsgefühl auf das Tridentinische Concil einen wesentlichen Einfluß ausüben und den Einfluß des Papstes auf die Deutsche Kirche beschränken wollen. Er erkannte die Mißbräuche in der Kirche, die Sittenlosigkeit des Clerus, die ehernen Grundsätze und die unersättliche Herrschsucht der päpstlichen Hierarchie recht gut und hatte sich von der Wahrheit vieler Lehren des evangelischen Glaubens wohl überzeugt. Er wünschte eine Verbesserung der Kirche an Haupt und Gliedern und eine Wiedervereinigung der getrennten Partheien. Aber sein Leben, seine Macht, seine kaiserliche Würde, auch wohl seine Ueberzeugung wurzelten in der römisch-katholischen Kirche. Um aber die Kirche über den Papst zu erheben und sein Recht wie seine Pflicht als oberster Schutzherr der Kirche zu üben, drang er auf ein allgemeines Concil, gegen welches die Päpste aus guten Gründen immer eine entschiedene Abneigung gezeigt haben.

Dies Concil kam endlich nach langem Zögern zu Stande und wurde, da es besonders die Versöhnung der in Deutschland streitenden Partheien galt, in eine Deutsche Stadt gelegt, was dem Papste ein Gräuel war. Er fürchtete den Einfluß des Kaisers und die evangelische Macht und Gelahrtheit der ketzerischen Theologen — wie es denn überhaupt etwas Unerhörtes war, daß Ketzer auf einer Kirchenversammlung erscheinen und auf derselben mitreden durften. Darum war des Tridentiner Concils erstes Geschäft, alle Lehren der Protestanten zu verdammen, womit denn freilich alles Disputiren aufhörte. Damit hörten aber auch die Geschäfte der heiligen Väter auf und wie es an die Abschaffung der tausendfältigen Gebrechen und Sünden der Kirche und des Clerus kam, ruheten sie auf ihren Lorbeeren aus. Der Kaiser, im Schmalkaldischen Kriege vollauf beschäftigt, konnte auf die Verhandlungen der ehrwürdigen Versammlung nicht einwirken, aber er hat sie keinen Augenblick aus seinen Gedanken verloren. Er hat selbst gesagt, im Laufe des Krieges habe er mehr an das Concilium gedacht als an den Krieg selber. Unter allerlei nichtigen Vorwänden suchte der Papst das Concil nach Italien zu verlegen, weil er wohl einsahe, der Kaiser wolle dasselbe mehr zu einer Operation gegen die päpstliche Macht als zur Unterdrückung der Protestanten benutzen. Als ein päpstlicher Legat auf die Verlegung des Concils nach Bologna hindeutete, ward der Kaiser so zornig, daß er ihm sagte, wenn er nicht wolle in die Etsch geworfen sein, solle er ihm mit dergleichen Reden nicht wieder kommen.

Dennoch befahl Paul III am 11. März 1547 die Verlegung der Kirchenversammlung nach Bologna. Als Karl'n diese Nachricht gebracht wurde, gerieth er gegen seine Gewohnheit in einen so heftigen Zorn, daß er sein Baret vom Kopfe nahm und es zur Erde warf. Den Spanischen, Deutschen und Neapolitanischen Bischöfen befahl er, nicht von der Stelle zu gehn und dem Papste erklärte er in den heftigsten und entschlossensten Ausdrücken, daß er nie ein Concilium in Bologna anerkennen und nicht ruhen würde, als bis sämmtliche Bischöfe nach Trient zurückgekehrt wären. Um nun dem Papste zu zeigen, daß man auch ohne seine oberherrliche Autorität und ohne ein allgemeines Concil Vergleiche und Feststellungen in Religions= und Kirchensachen machen könne, ging er in den schon auf dem Reichstage zu Regensburg gemachten, jetzt vom König Ferdinand erneueten Versuch ein, durch einstweilige Bestimmungen und festgestellte Glaubensformeln die Religionsstreitigkeiten in Deutschland zu bewältigen und die getheilten Kräfte zu anderweitigen politischen Zwecken zu vereinen. So entstand das sogenannte Augsburger Interim, mit welchem Kaiser Karl V eine Brandfackel in die Kirche geschleudert und ein Feuer angezündet hat, das die neuentstandene Glaubensgemeinschaft zu verzehren drohte. Hat dasselbe aber auch viel Kampf und Streit, viel Irrsal und Zwiespalt angerichtet, so hat es doch auch das evangelische Leben gehoben und gekräftigt. Es fanden sich Tausende treuer Zeugen, die sich lieber einkerkern, verjagen und mißhandeln ließen, als daß sie ihren Glauben verläugnet und von der erkannten Wahrheit abgewichen wären. Unsre Väter lernten die Lehren ihrer Kirche besser verstehen, tiefer erforschen und klarer darstellen. Sie wurden ihres Glaubens gewisser. Auch die liturgischen Elemente des evangelischen Gottesdienstes sind bei den Interims=Streitigkeiten zeitgemäßer entwickelt und kräftiger herausgestellt worden.

In der ersten feierlichen Versammlung der Väter zu Bologna am 16. Januar 1548 ließ der Kaiser durch seinen Abgeordneten erklären, wie er alle ihre Handlungen und Beschlüsse, alle ihre Verhandlungen und Reden für ungültig und nichtig, für thöricht und eitel erkläre, und wie er als Schutzherr und Schirmvogt der Kirche die Sorge für das Wohl derselben mit allem Nachdruck auf sich nehmen würde, wenn das Concilium zu Trient nicht sofort wieder aufgerichtet würde. Dieselbe Erklärung ließ er zu Rom angesichts des Papstes, der Kardinäle und fremder Botschafter wiederholen. Von diesem Schritte machte er dem Reichstage Anzeige und fügte hinzu, da das Concilium bis zu seiner Umgestaltung längere Zeit in Unthätigkeit bleiben würde, die Unordnungen und Zerrüttungen in der Deutschen Kirche aber sofort abgestellt werden müßten, so wolle er einige fromme und gelehrte Männer auswählen, welche „mit Beseitigung alles Affekts, in alleiniger Erwägung, wie sehr das Wohl des ganzen Vaterlandes und jedes Einzelnen dabei betheiligt sei" an einem Vergleich der beiden Religionstheile arbeiten sollten. Die Fürsten waren von der Furcht vor dem Zorn des Kaisers so eingeschüchtert, daß sie erklärten: „sie unterwürfen sich in Religionssachen völlig der Resolution des Kaisers."

Die drei Männer, denen der Kaiser dieses Geschäft übertrug, waren

Julius v. Pflug, Bischof von Naumburg, gelehrt und duldsam, Michael Helding, Weihbischof von Mainz, ein eifriger Katholik, nicht ohne gelehrte Kenntnisse, aber beschränkten Geistes und frivoler Lebensweise und Johannes Agricola, Hofprediger des Churfürsten Joachim II von Brandenburg, der Reformation abhold, weil sie nicht von ihm ausgegangen war. Der Churfürst hatte ihn dem Kaiser aus besonderem Eifer für die Wiedervereinigung der getrennten Partheien empfohlen, wie denn der Unionseifer ein eigenthümlicher Zug in dem Charakter der Hohenzollernschen Fürsten ist.

Den ersten Entwurf zum Interim hatte auf den Grund des Regensburger Interims Julius von Pflug gemacht. Er war aus einer edlen Familie in Meißen, in Eytern, einem Gute seines Vaters geboren und genoß eine sehr sorgfältige Erziehung. In Leipzig waren Peter Mosellanus und Richard Crocus seine Lehrer. Auf seinen Reisen in Italien bildete er sich zu Bononien und Padua unter der Anleitung der beiden Brüder Ramulus und Lazarus Bonamico weiter aus, besonders in den alten Sprachen und in der Scholastik, und kehrte als gelehrter Theolog nach Deutschland zurück, wo er alsbald Canonicus zu Mainz und Propst zu Zeitz wurde. Auf dem Colloquio zu Regensburg 1541 zeichnete er sich durch seine Gewandtheit im Disputiren aus und ward in demselben Jahre von dem Kapitel zu Naumburg einstimmig zum Bischof gewählt. Der Churfürst von Sachsen, Johann Friedrich, versagte die Bestätigung und verlangte einen evangelischen Bischof. Er setzte dem Stifte den Superintendent von Magdeburg, Nicolaus von Amsdorf, vor, der auch von Luther investirt wurde. Pflug beklagte sich über seine Zurücksetzung beim Kaiser, der ihm die kräftigste Unterstützung zusagte und ihm schrieb: „Deine Sache ist die meine — tua causa erit mea." Nach der Schlacht von Mühlberg vertrieb Karl den Nicolaus von Amsdorf und setzte den vertriebenen Julius von Pflug ein. Bei seiner Huldigung gab er dem Rathe und Volke zu Zeitz die Zusicherung, „daß sie in ihrer Religion nicht gefährdet sein sollten, und daß er sich nach Gebühr gegen sie bezeigen werde." Und er hat redlich Wort gehalten, denn er war ein friedliebender, toleranter Mann, der Keinen in seinem Amte belästigte und den evangelischen Gottesdienst durchaus nicht beschränkte. In einem Briefe an Paul III beklagt er sich, daß die katholischen Pfarrer so träge, unwissend und liederlich sind und lieber die Schänken und Schauspielhäuser, als die Kirchen besuchten; daß die Schulen ganz darnieder lägen und keine Mittel noch Lehrer vorhanden wären, sie aus ihrem tiefen Verfall zu erheben; dagegen ständen die Schulen der Protestanten in der schönsten Blüthe, hätten gelehrte und tüchtige Lehrer, und die Kirchen würdige und beredte Geistliche; in seiner Diöcese seien alle bis auf einen verheirathet. Da alles in seinem Sprengel zur protestantischen Kirche übergegangen war und er sich recht eigentlich als ein Episcopus in partibus infidelium fühlte, so bat er den Papst, ihn durch den Tausch mit Sidonius, der ja doch nie in seinen Kirchensprengel komme, nach Merseburg zu versetzen. Während der Verhandlungen darüber starb er am 3. September 1564. Den Städten Zeitz und Naumburg hinterließ er schöne Vermächtnisse.

Der zweite Redakteur des Interims war Michael Helding, 1506 zu Eßlingen in Schwaben geboren, bürgerlicher Herkunft. Seine Studien hatte er in Tübingen gemacht, wo er auch die Magisterwürde erhielt. Seine gelehrte Laufbahn eröffnete er mit einem Lehramte in Mainz, erhielt aber bald wegen seiner guten Kanzelgaben ein Pfarramt, ward Doktor der Theologie und Suffragan des Bischofs Sebastian zu Mainz. Er kam auf den Gedanken, nach Sidon zu gehen und dort das Evangelium zu predigen. Der Papst ertheilte ihm dazu die Erlaubniß und ernannte ihn zum Titular-Bischof von Sidon, wovon er den Namen Sidonius erhielt. Er hat sein Bisthum nie zu sehen bekommen, und Flacius sagt von ihm: „er ist ein Larvenbischof, weil er geschworen, er wolle nach Sidon ziehen, die Kirche Christi alda zu weiden, und doch sein Lebelang nie hingekommen, hat auch nie daran gedacht." Er kannte wohl die Gebrechen seiner Kirche und die Mißgestalt des Papstthums, suchte aber des äußern Vortheils wegen das alte Wesen durch menschlichen Grund und Schein zu stützen. Er war überhaupt ein Lebemann, liebte die Freuden der Tafel und den Umgang mit dem schönen Geschlecht, soll auch nach Flacius' Angabe sieben Töchter gehabt haben. Bei Karl V, wie beim König Ferdinand, stand er in großer Gunst, erhielt durch den Ersteren das Bisthum Merseburg und durch den Letzteren die Stelle eines Besitzers vom Kammergericht zu Speyer. Er wohnte dem Tridentiner Concilium, dem Colloquium zu Worms und mehren Reichstagen bei und war in seinem ganzen Leben unstät und flüchtig. Es ist ihm zum Vorwurf gemacht worden, daß er das Grabgewölbe Kaiser Rudolph's zu Merseburg in einen Weinkeller verwandelt hat. Seinen Tod fand er 1564 zu Wien und seine Ruhestätte in der dortigen Stephanskirche. Er hat eine Sammlung von Dekreten Mainzer Concilien, eine paraphrastische Erklärung der Messe, einen Katechismus, eine Postille über den Propheten Jonas und die Proverbien, und eine Anleitung zur christlichen Frömmigkeit herausgegeben.

Der dritte Helfer am Interim war Johann Agricola, ein eitler, ruhmsüchtiger Mann von guten Fähigkeiten und mäßiger Gelehrsamkeit. In Eisleben geboren am 20. April 1492, erhielt er den Beinamen Islebius. Sein Vater soll ein Schneider gewesen sein und Schnitter geheißen haben. Den Grund zu seinen Studien legte er in der Schule seiner Vaterstadt. In Wittenberg fand er eine gute Aufnahme bei Luther, der ihn an seinen Tisch und 1519 zur Disputation mit nach Leipzig nahm, um dort das Protokoll zu führen. In demselben Jahre erwarb er sich mit Melanchthon das Baccalaureat der Theologie, hielt Vorlesungen mit vielem Beifall, trat auch als Schriftsteller auf und wurde in vielen Reformationsgeschäften gebraucht, namentlich zur Förderung und Ausbreitung der evangelischen Lehre von Luther nach Frankfurt gesandt. Auf des Reformators Empfehlung erhielt er das Rektorat der von den Grafen von Mansfeld in seiner Vaterstadt gegründeten Gelehrtenschule mit einem Gehalt von 120 Goldgulden. Damit verband er ein Predigtamt an der Nicolaikirche, und seine Vorträge fanden so großen Beifall, daß der Hofprediger Michael Cölius jeden Sonnabend von Mansfeld nach Eisleben kam, um sich an seinen Predigten zu erbauen. Graf Albert von Mansfeld setzte ein großes Vertrauen in seine Einsicht und nahm ihn 1526 mit auf den Reichstag zu Speier, wo er sich auch die Gunst des Churfürsten zu verschaffen wußte. Die hohe Meinung, die er dadurch von sich bekam, verleitete ihn zu dem Wagniß, Melanchthon zu einem theologischen Kampf herauszufordern. Veranlassung dazu gab die Lehre von der Bekehrung des Menschen, wie sie der Lehrmeister Deutschlands in seinen Visitationsartikeln vorgetragen hatte. Zur Ausgleichung dieses Streites beschied der Churfürst Beide nach Torgau, wo der sanftmüthige Melanchthon unter Luthers Vermittelung sehr gern die Hand des Friedens bot.

Im Jahre 1530 befand sich Agricola auf dem Reichstage zu Augsburg, wo er vor den evangelischen Fürsten einigemale predigen mußte, auch an den Berathungen der Theologen Theil nahm. Nach Eisleben zurückgekehrt, begann er mit seinem Collegen, dem nachherigen Apostaten Georg Wizel, einen heftigen Streit über die Lehre von der Rechtfertigung und von guten Werken. In den darüber gewechselten Streitschriften belegen sich beide mit garstigen Schmähworten. Wizel nennt seinen Gegner „Ackerling, Freßling und Schnitter", und dieser nennt Alle, so wider ihn schreiben, „müßige, muthwillige Buben, bellende Hunde, wilde Bachanten." „Er sei, wer er ist, Ackerling oder Eckerling, Zertling oder Freßling, Schnüttling oder Knipperdolling, so gilt mir's gleich viel." — In einem Mansfelder Kirchendokument wird gesagt: „die Grafen von Mansfeld sandten Johann Agricola mit Michael Cölius und dem Seeburgschen Hofprediger Wendelin Faber nach Schmalkalden mit der Vollmacht, die dort aufgesetzten Glaubensartikel in ihrem Namen zu unterschreiben." Agricola ist aber nicht in Schmalkalden gewesen, sondern hat jene Artikel in Wittenberg unterschrieben. Luther sagt in seinen Tischreden: „Ich habe dem Menschen (M. Eisleben) so viel vertraut, daß ich ihm die Lehre, den Predigtstuhl, Kirche, mein Weib, Kind, Haus und Heimlichkeit befohlen habe, da ich gen Schmalkalden 1537 zog." Bereits im Jahre 1536 hatte Agricola von den Grafen zu Mansfeld seinen Abschied gefordert, weil er sich in Eisleben nicht genugsam geehrt und besoldet glaubte. Er begab sich nach Wittenberg und fand mit Weib und Kindern bei Luther eine freundliche Aufnahme, der ihn in seinem Hause eine gute Zeit lang mit Kost und Nahrung unterhielt und ihm dann eine bequeme Wohnung bei Melanchthons Schwiegermutter (der Wittwe des Bürgermeisters Hieronymus Crapp) verschaffte. Graf Albert von Mansfeld beschuldigt ihn in einem Schreiben an den Churfürsten von Sachsen der Undankbarkeit, des Geizes, der Trunkenheit und eines leichtfertigen Lebens, sowie der Vernachlässigung seines Amtes. Doch gab ihm dieser eine ansehnliche Pension, obgleich er weder bei der Universität, noch bei irgend einer Kirche angestellt war. Luther sagt davon: „Unser gnädigster Herr hat befohlen, daß er (Agricola) in der Kirche öffentlich predigen soll, auf daß man höre, was er lehret. Der Churfürst dringt nicht ohne Ursach so hart darauf, giebt ihm nicht vergebens eine so große, stattliche Besoldung; darum will er, daß er soll rein sein."

Wie früher mit Melanchthon, fing Agricola auch mit Luther, seinem Lehrer und Wohlthäter, einen gelehrten Streit an, blos, um sich einen Namen zu machen. Es war der antinomistische Streit über die Entbehrlichkeit des göttlichen Gesetzes zur Buße. Er erklärte sich zwar nach einer Gegenschrift Luthers zur Zurücknahme seiner Irrthümer bereit, beklagte sich aber doch beim Churfürsten 1540, daß Luther nicht aufhöre, in den härtesten Ausdrücken gegen die Gesetzstürmer zu Felde zu ziehn. Der Churfürst ernannte eine Commission zur Untersuchung und Beilegung der Sache. Agricola entzog sich aber derselben durch die Flucht nach Berlin, wo er beim Churfürsten Joachim II eine gute Aufnahme fand. Er hatte etwas Gewinnendes in seinem Benehmen und besaß eine gewisse Wohlredenheit. Als Joachim von der Zerfallenheit Agricola's mit Luthern hörte, schrieb er an Melanchthon: „er beklage die Zweiung beider rechtgläubiger Männer recht sehr und wünsche nichts mehr, als die Aussöhnung und das gute Einverständniß derselben, und dies um so mehr, da Luther mit seinen heftigen Ausfällen nicht sowohl den Agricola, als andre unverschämte Gesetzstürmer gemeint habe; auch spreche Agricola von Luther und den Wittenbergern mit der größten Achtung, darum möge Melanchthon Alles thun, die Sache beizulegen." Dazu war der milde Friedensstifter sehr gern bereit und erwiederte dem Churfürsten: die Versöhnung werde sogleich erfolgen, wenn Agricola entweder gerichtlich oder in einer besonderen Schrift erkläre, daß er sich übereilt habe, seinen Irrthum erkenne und bereue und seine Schmähungen gegen Luther zurücknehme. Dies geschah. Agricola gab am 9. December 1540 die Erklärung in Druck, daß er seine Irrthümer und Uebereilungen, sowie die harten Worte, durch welche er die Männer in Eisleben und Wittenberg gaärgert, bereue und besonders Luthern um Verzeihung bitte, daß er ihn, den er wie seinen lieben Vater verehre und dessen Unterricht er so unendlich viel zu verdanken habe, so bitter gekränkt; er wünsche nichts sehnlicher, als mit ihm immer in Frieden und Eintracht zu leben; er wolle auch bis an's Ende seines Lebens die reine und wahre Lehre vom Gesetz Gottes halten und alle Irrthümer der Antinomianer verdammen und verwerfen.

Wie es aber dem Agricola mit dieser Erklärung kein rechter Ernst war, so wurde auch Luther dadurch nicht versöhnt. Er äußert im Gegentheil in allen seinen Briefen einen bittern Haß, nennt ihn verächtlich „Grickel, Göckel, Jäckel, Gickel" und spottet über seine läppische Eitelkeit. Bei seinem Churfürsten aber stieg der kluge Weltmann so sehr in der Gunst, daß ihn derselbe nach Strattners Tod 1540 zu seinem Hofprediger, zum General-Superintendent der Mark und zum Visitator sämmtlicher Kirchen des Landes ernannte. Daß er ihn nun als Mitarbeiter an der Unionsbrücke angestellt wünschte, liegt sehr nahe. Der eitle Mann war auch darüber so erfreut, daß er sich rühmte, sobald er zur Reise nach Augsburg den Wagen besteige, werde dem Evangelium in ganz Europa Thür und Thor aufgethan; er ziehe dahin als Reformator aller Deutschen Lande.

Das waren nun die Männer, die das neue Glaubens- und Einigungswerk durchführen sollten. Waren auch in ihnen die drei Richtungen vertreten, welche die Geister jener Zeit in Bewegung setzten, so war doch ein rechtes Einverständniß des Glaubens bei so wesentlichen Abweichungen in den Haupt- und Grundlehren des Christenthums nicht möglich. Es mußte ein unseliges Mittelding entstehen, das keiner Parthei genügen konnte. Man hatte auch Bucern für die Sache zu gewinnen gesucht. Schon gegen Ende des Januars mußte er auf Einladung des Churfürsten Joachim heimlich nach Augsburg kommen. Aber er konnte sich mit einem Werke nicht einverstanden erklären, das schon so reichen Auflösungsstoff in sich trug. Er weigerte sich auch beharrlich, es zu unterschreiben. Helding war der Vertreter der römisch-katholischen Kirche, jedoch angehaucht von dem Geiste der Neuzeit; Julius v. Pflug hatte Erasmus' Lehren und Grundsätze in sich aufgenommen, und Agricola wurde als Repräsentant der lutherischen Kirche betrachtet. Nun hätte Joachim gern auch einen Vertreter der schweizerischen Kirche beim Unionswerke gesehn. Dazu sollte eben Bucer gewonnen werden. Aber Karl V würde seine Mitwirkung schwerlich gestattet haben. Seine Pläne gingen zunächst nur auf Deutschland, und die Schweizer galten ihm für Freigeister.

Was nun dies merkwürdige Dokument selbst betrifft, so besteht es aus 26 Artikeln, von denen die acht ersten die Lehre betreffen, nämlich: vom Stande des Menschen vor und nach dem Sündenfalle, von der Erlösung durch Christum, von der Liebe und guten Werken, von der Rechtfertigung, von den Früchten und dem Nutzen der Rechtfertigung, von der Weise, durch welche der Mensch die Rechtfertigung bekommt, vom Vertrauen der Vergebung der Sünden. Die übrigen Abschnitte handeln von der Kirche, von den Merk- und Erkennungszeichen der wahren Kirche, von der Macht und der Würde der Kirche, von den Dienern der Kirche, namentlich von dem obersten Bischofe, dem Papste, und den übrigen Bischöfen, von den Sakramenten im Allgemeinen, dann insbesondere von der Taufe, von der Firmung, von der Buße, vom Sakrament des Altars, von der heiligen Oelung, von der Priesterweihe, von der Ehe, vom Opfer der Messe, vom Gedächtniß der Heiligen im Opfer der Messe, von der Fürbitte, die darin begehret wird, und von der Anrufung der Heiligen, von der Kommunion, wie sie beim Opfer der Messe gehalten werden soll, und von den Ceremonien und dem Gebrauch der Sakramente, von der Feier der Sonntage und Kirchenfeste, von den Fasten und der Kirchenzucht.

Wenn auch die Bearbeiter dieser Vereinigungsformel ihre Ausdrücke mit ungemeiner Vorsicht und Sorgfalt gewählt und anstößige Vorstellungen gemildert und beschönigt hatten, so konnten sie doch die eigentliche, dem Protestantismus höchst gefährliche Tendenz der Schrift nicht verhüllen. Vorstellungen und Gebräuche, die dem evangelischen Lehrbegriff zuwider waren, der ganze katholische Ritus, die Messe, Anrufung der Heiligen, die Gewalt der Bischöfe und die Herrschaft des Papstes in der Kirche sollten den Evangelischen wieder aufgenöthigt werden. Nur die Priesterehe und der Genuß des Abendmahls in beiden Gestalten war den Protestanten nachgegeben. Alles Uebrige, was mit so viel Mühe und Arbeit, mit deutschem Muth und ausharrender Glaubenskraft seit dreißig Jahren erkämpft und in so vielen Reichsabschieden zugesichert worden war, wurde umgestoßen und für ungültig erklärt. Das gaben nun freilich die Apologeten des Interims nicht zu und Julius Pflug sagt in einer Rechtfertigungsschrift desselben: „Wiewohl ein jeder ehrlicher und vernünftiger Mann, der seinen Affekt hintansetzen und das Werk mit unpartheiischem Gemüthe bewegen kann, die kaiserliche Declaration sammt der Reformation in Allem also geschaffen befindet, daß er derhalb Gott seinem himmlischen Vater billig danke: so will ich gleichwohl um's Besten willen stückweis anzeigen, wie obgedachte Declaration den vorgefallenen Mißverstand in unsrer christlichen Religion säuberlich und mit rechtem Grunde abschaffen und dagegen christliche Vergleichung aufrichte."

Was aber hier so glimpflich Mißverstand genannt wird, war eine recht tiefe Einsicht in die Grundwahrheiten des christlichen Glaubens, von welchen die römische Kirche abgewichen war. Das tritt gleich in der Lehre von der Rechtfertigung durch den Glauben hervor. Zur Rettung der guten Werke heißt es: „Aus diesem großen Gottesgeschenke (der Liebe) fließen wie aus einem Brunnen alle guten Werke, welche so nöthig sind, einem jeden Gerechtfertigten zur Seligkeit, daß, wo er sie nicht thut, so verliert er die Gnade Gottes und wird als ein unnützer Reben ausgeschnitten von Christo und in's Feuer geworfen." — Es werden auch die ungebotenen freiwilligen Werke, so über das Gesetz geschehn, als verdienstlich gerechtfertigt, wodurch die Lehre von dem Schatze überflüssiger guter Werke, und somit die Lehre vom Ablaß gerettet wird. Der vierte Abschnitt lehrt: Gott macht den Menschen gerecht nach seiner Barmherzigkeit, ohne dessen Verdienst, und doch soll ein Jeder sich immer und allein an Christi Verdienst halten. „Also kommen zusammen Christi Verdienst und die eingegebene Gerechtigkeit, zu welcher wir erneuet werden durch die Gabe der Liebe, nämlich die eingegebene (inhärirende) Gerechtigkeit, auf daß wir dadurch nüchtern, gerecht und gottselig leben in dieser Welt und erwarten der seligen Hoffnung und Zukunft der Herrlichkeit des großen Gottes und unsers Seligmachers. Aber der Verdienst Christi, daß er der Gerechtigkeit, so in uns ist, eine Ursach sei, und nachdem wir Alle in vielen Stücken oft straucheln und fallen, und uns von wegen unsrer Schwachheit und Unvollkommenheit viel Dinge zu handen stoßen und begegnen, die unsre Herzen betrüben und zur Verzweiflung bewegen möchten, daß wir in demselbigen Verdienste und theuren Blute Christi uns wiederum erholen sollen, darinnen wir finden, wodurch wir die Hoffnung zum ewigen Leben auf's Stärkste befestigen mögen."

Es war wohl für die Verfasser des Interims eine schwierige Aufgabe, die Artikel von der Justifikation, welche bereits von dem Tridentiner Concilium verworfen und verdammt waren, zu retten und den Protestanten annehmbar zu machen. Noch schwieriger war es, die Lehre von der Kirche und den sieben Sakramenten, besonders die Messe, von welcher die römische Kirche gar nicht lassen konnte, zu retten. Zu der Macht und dem Wesen der Kirche wird gerechnet: das alleinige Recht Canones zu setzen, das Wort Gottes in der heiligen Schrift auszulegen und zu erklären, die zwingende Gewalt des Bannes und der Schlüssel, der Exkommunikation und des Abschneidens vom Leibe Christi wegen Ketzerei, Schisma und Abfall vom christlichen Glauben — „sie müssen als Glieder, die vom ganzen Leibe abgeschnitten sind, zu ihrer selbst Verderbniß verfaulen, und sind nicht würdig, daß sie an einem Theile des Leibes Christi bleiben möchten, welches Einigkeit sie so schändlich zerreißen und trennen." Vom Papst wird gelehrt, daß er als oberster Bischof allen anderen Bischöfen mit voller Gewalt vorgesetzt sei, um Schismata und Trennungen zu verhüten, „und das nach der Prärogativ und Fürzug, der Petro verliehen ist. Wer nun den Stuhl Petri inne hat als oberster Bischof, der soll mit dem Recht, damit es Petrus von Christo empfangen, die ganze Kirche regieren und verwalten."

Die letzte Oelung wird auf die Anordnung des Apostels Jacobus 5, 14 begründet. „Wie groß aber in der Kirche das Zeugniß dieses Bruders des Herrn sein solle, ja auch dies Gebot, das er gegeben hat, als ein Legat und Apostel Christi, das hat freilich Christus so fest wollen gehalten haben, als hätte er es selbst gethan. Darum wer dies Sakrament verachtet, der verachtet Christum selbst und seine Gnade, welche er uns durch diese heilige Oelung gleich als darreicht; und diese Verachtung ist um so schädlicher, je größer die Gefährlichkeit ist, darinnen der Kranke liegt, nicht allein seines Leibes, sondern auch seiner Seelen, in welche Gefährlichkeit ihn die Gewalt der Finsterniß führen, sintemal sie in den letzten Zeiten des Lebens alle ihre Macht und Gewalt versuchen, des Menschen Seligkeit auszulöschen, und unterstehen sich, sein Herz mit unglaublichen Schrecken zu schwächen und zur Verzweiflung zu dringen."

Die Ehe ist ein Sakrament um der Gnade Christi willen, die ihr nie mangelt. Das Band der Ehe hat solche Kraft zu binden, daß kein Band menschlicher Vereinigung mehr und fester zu vereinen und zu verpflichten vermag. „Dieweil Christus den Ehestand durch seine Gnade gebessert hat und etwas enger zusammen gebunden, also daß gleichwie Christus ein einiger Bräutigam ist seiner einigen Braut, und das mit unzertrennlicher Verpflichtung: also soll auch ein Mann eines Weibes Mann sein, und das mit ewiger Zusammenfügung, gleicherweise als Christus mit seiner einigen Kirchen und Gespansen ewiglich verbunden ist. Darum ist der Ehestand nicht allein eine Zusammenfügung Mannes und Weibes, sondern auch ein Sakrament."

Die Opfer des alten Testaments sind Vorbilder und Hinweisungen auf das zukünftige Opfer Christi und waren Gott nur in dieser geheimnißvollen Beziehung angenehm. „Durch dieses allertheuersten Opfers Geruch ist der Vater erweichet, hat den Zorn fallen lassen und die Menschen, die vor in Sünden ersoffen, auch unrein, ungerecht und der Verdammniß schuldig waren, jetzund durch das Blut seines Sohnes abgewaschen, entbunden, gerechtfertigt und mit ihm versöhnet. Und dieweil dieses einigen Opfers Kraft und Stärke nicht allein die Zeit, da sich Christus im Fleisch zu einem Opfer hat dargegeben, gedienet hat, sondern auch in sich alle Zeit beschleust: so ist es genug gewesen, Aller Menschen Sünden zu vertilgen, die von Anfang der Welt gewesen sind und bis an's Ende der Welt noch sollen geboren werden." Um beiden Confessionen gerecht zu werden, wird von dem heiligen Opfer der Messe gelehrt: „Gott hat seiner Kirche ein reines und heilsames Opfer seines Leibes und Blutes unter Gestalt Brotes und Weines befohlen, dardurch wir ohne Unterlaß das Gedächtniß seines Leibes und Blutes, das für uns vergossen ist, in unserem Herzen erneueten und den Nutz des blutigen Opfers, in welchem er die Geheiligten in Ewigkeit vollkommen gemacht hat, an uns brächten', denn das heißt, solches thun zu seinem Gedächtniß, nämlich mit dankbarem Herzen betrachten den Tod des Herrn und durch das Gedächtniß und das Verdienst seines Leidens den Vater bitten, daß er uns gnädig sei. Das ist das reine und heilsame Opfer, ein Wiedergedächtniß des einigen Opfers, dadurch allen Menschen Heil erworben ist, und bedeutet nicht allein, sondern begreift auch wahrhaftig die Wahrheit deren Dinge, so durch die Opferung mancherlei Opfer etwa bedeutet worden sind, und nämlich ist's eben die Hostia des Leibes und Blutes Christi, die am Kreuz geopfert ist, und keine andere, auch dasselbige Lamm, und kein anderes, und beider Orten ein Christus, der aber dazumal blutiger und leidender Weise geopfert worden ist, durch welches Opfer er allen Gläubigen die Vergebung der Sünden und die Erlösung genugsam erlangt hat. Aber nun opfern wir denselben unter einem Geheimniß auch unblutiger und unleidender Weise, nicht daß wir dadurch Vergebung der Sünden und das Heil unsrer Seele nun allererst verdienten, sondern daß wir das Gedächtniß des Leidens Christi betrachten und zu Gemüth führen, Gott danken für das Heil, das uns am Kreuz erworben ist, und allda uns zueignen die verdiente Vergebung der Sünden und Erlösung durch Glauben und herzliche Andacht." — Wenn bei allen anderen Artikeln die Beweise für die aufgestellten Lehren und Bestimmungen mit biblischen Stellen belegt werden, so werden bei der Lehre von der Messe und dem Opfer die alten Kirchenlehrer Athanasius, Chrysostomus, Ambrosius, Augustin, Irenäus, Hieronymus und Andere häufig citirt.

Die Heiligen sollen wir nicht allein ehren und Gott für sie danken, sondern auch ihre Fürbitte und Verdienst in allen Dingen begehren, weil sie für alle unsre Noth bei dem gemeinen Gott Vater durch Jesum Christum bitten und beten. Von den Ceremonien und Gebräuchen sollen im Gebrauch bleiben: der Exorcismus, das Wiedersagen, das Chrisma, das Oel und Anderes. „In den alten Ceremonien, so die allgemeine Kirche bei der Messe gebraucht, soll man nichts ändern. — Die Altäre, Priesterkleider, Gefäße der Kirche, Fahnen, Kreuz, Kerzen, Bilder und Gemälde soll man in der Kirche beibehalten." In jeder Stadtkirche sollen täglich wenigstens zwei Messen, und darunter eine viel herrlicher gehalten werden, und damit das Volk wieder zum fleißigen Gebrauch der Messe gebracht werde, sollen die Prediger es ermahnen, daß sie oft und gern dabei zugegen sind. Die Florae canonicae und Vigilien, das Frohnleichnamsfest, die Feiertage der heiligen Jungfrau, die Festtage der Kirchenpatrone, die Weihe des Taufwassers am Oster- und Pfingstabend, die Casteiung des Fleisches, das Fasten und die Enthaltung von Fleischspeisen, „dieweil sonst schier des Viehes nicht genug ist zu täglichem Gebrauch" — sollen überall beibehalten werden.

Von der Clerikalehe und der Eucharistie in beiden Gestalten heißt es: „Wiewohl man mit dem Apostel halten soll, daß der, so ohne ein Weib ist, für die Dinge sorge, die des Herrn sind, darum zu wünschen wäre, daß der Clerici viele gefunden würden, die, wie sie ohne Weiber sind, auch wahrhaftige Keuschheit hielten, jedoch weil ihrer jetzo viele sind, die im Stande der Geistlichen Kirchenämter verwalten, an vielen Orten Weiber genommen haben, die sie von ihnen nicht lassen wollen: so soll hierüber des gemeinen Concilii Bescheid und Erörterung erwartet werden, dieweil doch die Beränderung (wie jetzt die Zeit und Lauf sind) auf diesmal ohne schwere Zerrüttung nicht geschehen mag, doch kann man nicht läugnen, wiewohl der Ehestand für sich selbst ehrlich ist nach der Schrift, daß doch der, so kein Eheweib nimmt und wahrhaftige Keuschheit hält, besser thue nach der Schrift. Eben diese Meinung hat es auch mit dem Gebrauch der Eucharistien unter beider Gestalt, welcher sich nun ihrer viele gebrauchen und daran gewöhnt sind, und mögen dieser Zeit ohne schwere Bewegung davon nicht abgewendet werden, und dann das gemeine Concilium, welchem sich alle Stände des heiligen Reichs unterworfen haben, ohne Zweifel einen gottseligen und eifrigen Fleiß anwenden wird, daß in diesem Fall vieler Leute Gewissen und dem Frieden der Kirche nach Nothdurft gerathen werde. Demnach, welche den Gebrauch beider Gestalt vor dieser Zeit angenommen haben und davon nicht abstehen wollen, die sollen hierüber gleichfalls des gemeinen Concilii Erörterung und Entscheid erwarten. Doch sollen die, so den Gebrauch beider Gestalt haben, die Gewohnheit, die nun alt ist, unter einer Gestalt zu communiciren, nicht strafen, auch Keiner den Andern hierin anfechten, bis hierüber von einem allgemeinen Concilio beschlossen wird."

Ueberall findet sich eine gewisse Annäherung an Ideen und Vorstellungen der neuen Kirche, ohne der alten in ihren Rechten und Gebräuchen den mindesten Abbruch zu thun. Wo Zugeständnisse gemacht sind, werden sie auch gleich so beschränkt und auf Schrauben gestellt, daß von einer evangelischen Freiheit nicht die Rede sein konnte. Der katholischen Kirche ist nichts vergeben, der evangelischen nichts gestattet. Wo etwas nachgegeben wird, wie bei der Ehe der Geistlichen und beim Abendmahl, geschieht es nur vorläufig, bis das Tridentiner Concilium darüber etwas Definitives festgesetzt haben wird. Es ist auch nur eine Illusion, wenn Julius Pflug in seiner Apologie des Interims von der Bedeutung des Opfers in der Messe sagt: „Und weil denn nun die kaiserliche Declaration die Scrupel und Ursachen zum Disputiren von der Messe aufgehoben, mag solche die Verständigen und Gutherzigen von allen Theilen wohl ersättigen und zufrieden stellen. Denn da man sich einer solchen scheinbarlichen und wohlgegründeten Erklärung von dem Opfer der Messe vor dreißig Jahren hätte vergleichen können, würde die Kirche ohne Zweifel solcher Messe halber in die hochbeschwerliche Verbitterung und Weiterung nicht gefallen sein." Es bedurfte aber für die damals in kirchlicher und religiöser Lehre gebildete und erfahrne Welt des Gutachtens der Theologen nicht, um den knappen Zuschnitt des ganzen Machwerks und die unabweisbare Gefahr desselben für die Protestanten zu offenbaren.

Der Churfürst Moritz von Sachsen hatte erwartet, daß das entworfene Glaubensbekenntniß vor seiner Publikation noch von den Theologen werde geprüft werden. Er hatte deshalb nach Wittenberg geschrieben mit dem Befehl, daß sich Caspar Creuziger, Georg Major und Philipp Melanchthon zur Reise nach Augsburg bereit halten sollten. Der Kaiser theilte das Interim dem Churfürst Moritz vertraulich mit, um es mit zwei anderen Reichsfürsten zu berathen. Dies geschah in den Tagen vom 17. bis 20. März, wonach der Churfürst dem Kaiser erklärte, er müsse dabei nothwendig seine Theologen, „so sich der Sachen am besten verstünden", zu Rathe ziehn. Deshalb berief er die Wittenberger Theologen und den Dr. Pfeffinger zu einem Convent nach Zwickau und legte ihnen eine Abschrift des Unionsentwurfs zum Gutachten vor. Melanchthon verwarf fast alle Artikel und warnte vor der Annahme. Die anderen Theologen stimmten ihm bei und berichteten darüber unterm 14. April. Sie fürchteten aber, sich nicht gründlich und nachdrücklich genug über die gefährliche Schrift ausgesprochen zu haben und sandten unterm 24. April ein ausführlicheres Gutachten ein.

Auch dem Papste wurde im Auftrage des Kaisers durch den Kardinal Sfondratus eine Abschrift unterm 11. April zugeschickt. Der heilige Vater konnte es natürlich nicht billigen, daß sich der Kaiser herausnahm, in Kirchen- und Glaubenssachen eigenwillige Bestimmungen machen zu wollen. Man fürchtete, Karl V möchte ein zweiter Heinrich VIII werden und die Kirche wie den Staat mit gleicher Macht regieren wollen. Indeß meinte der Papst, die Protestanten würden dieses wunderliche Machwerk nun und nimmermehr annehmen, dadurch den Kaiser reizen und sich um so sicherer den Untergang bereiten. Darum wollte er seinen Widerspruch auf die Forderung beschränken: die Ehelosigkeit der Geistlichen und die Communion in einer Gestalt wieder herzustellen, die Kirchengüter wieder herauszugeben, die alten Kirchen- und Heiligenfeste allenthalben zu celebriren und den Protestanten durchaus nicht zu gestatten, an dem äußeren Kultus Etwas nach eigenem Gefallen zu ändern. Der abgefertigte Nuntius kam aber mit seinen Anträgen zu spät und erhielt erst Audienz beim Kaiser am 15. Mai, an demselben Tage, wo das Interim publicirt wurde. Dasselbe war offenbar gegen den Papst gerichtet, und es war gewiß des Kaisers Absicht, daß in ganz Deutschland, vielleicht auch in Spanien und den Niederlanden nach den Bestimmungen dieser Confessionsschrift die Kirche reformirt werden sollte. Joachim II erklärte auch, daß er nichts Anderes erwartet habe, und mehre protestantische Stände beklagten sich in der Folge, daß man sie mit so großer Strenge zur

Befolgung des Interims anhalte und nicht dasselbe gegen die katholischen Stände thue.

Am 15. Mai 1548 berief Karl V die Stände zu einer Versammlung, die er durch folgende Rede eröffnete: "Wir haben durch klare Beweisungen und mit der That selbst öffentlich befunden, daß weder Friede angerichtet, noch Recht in wirklicher Uebung könne gehalten werden, es sei denn vorhin die Irrung in Religionssachen, welche nun viele Jahre her im Reiche viel heimlichen Neides, Widerwillen, Haß, Zwietracht und Krieg erweckt, verglichen. Und ist nämlich dieses die Ursach gewesen, daß wir durch manche Reichstage und Gespräche den Handel zum öfternmalen haben wollen schlichten. Mittlerweile aber ist diese Seuche und Vergiftung nicht allein durch Deutschland, sondern auch unter andern Völkern der Christenheit also eingerissen, daß kein besser Mittel zu ersehen, denn ein allgemein Concilium. Solches haben wir zuletzt auf euer Anhalten, auf daß es zu Trient versammelt würde, zu wege gebracht. Darneben auch am Anfange des Reichstages euch gerathen, daß ihr euch der Gewalt des Concilii unterwerfen und uns die Sorge, christliche Wege, durch welche inzwischen Deutschland in gutem Frieden bestehen möchte, zu erdenken, wolltet heimstellen. Solche eure Willfahrung und gute Zuversicht ist uns zwar dazumal und noch jetzund ganz angenehm gewesen, derhalben und als wir alle unsre Sorge dahin richteten, und eure Meinung darüber erforschten, haben wir nicht ohne große Schmerzen unsers Gemüthes verstanden, daß die Zwietracht des Glaubens zu allem vorigen Unglück und Jammer, so sich bishero erzeiget, Ursach gegeben, und wo man nicht zuvorkäme, daß sie noch forthin viel Unfugs würde anrichten. Und sahen also für gut an, daß in solchem Wesen und Unruhe die Sache bis auf Erkenntniß des Concilii nicht zu lassen, sondern, daß man sie auf eine Milderung müßte richten zu voraus, dieweil je zu Zeiten neue Secten entstünden. Als wir nun darauf umgingen, übergaben uns Etliche hohen Standes und Namens, als des Friedens begierig und gemeinen Nutz lieben, ihre Meinung von der Religion in Schriften verfaßt und verhießen allen ihren unterthänigen Gehorsam. Nachdem wir aber solche Schrift empfangen, haben wir etlichen Schriftgelehrten, frommen und gelehrten Männern alles fleißig bei sich zu erwägen befohlen. Darauf zeigten dieselben hernach an, wo man sie nur recht verstünde, wären sie der katholischen Religion und Lehre, auch den Gesetzen und Bräuchen der Kirchen nicht zuwider, außer zweien Artikeln, deren einer ist von der Priesterehe, der andere von des Herrn Abendmahl; dazu sagten sie, daß es eben Einigkeit in deutscher Nation zu bestätigen gerichtet, welches uns denn fürwahr über Alles würde angenehm sein, denn was möchte sich lieblicher begeben, denn daß alle Stände einmüthig und sich einer Gleichförmigkeit der Religion gebrauchten? Dieweil nun dem also, begehren wir von Denen, so bisher der katholischen Kirche Satzung und Gebräuche mit großem Lobe behalten, daß sie darbei bleiben und sich nicht wollten lassen abführen, noch etwas ändern, welches sie gleichwohl vorhin uns haben zugesagt. Von Denen aber, so die Religion erneuert, wollen wir haben, daß sie entweder zu den andern Ständen treten und einen Glauben mit ihnen bekennen, oder aber ihre Lehre nach Inhalt dieses Buches richten, demselbigen ganz und gar nachfolgen und nichts weiter fürnehmen, sondern innerhalb dieser Grenzen bleiben, weder schriftlich noch mit Predigen dawider handeln, und also des Concilii Erkenntniß gehorsamlich sollen erwarten, wie wir denn, damit es zum fürderlichsten versammelt werde, allen Fleiß wollen ankehren. So gehen wir jetzund neben dem gar darauf um, daß eine Form, wie aller Kirchen Gelegenheit in bessern Stand zu bringen, begriffen werde."

Nachdem der Kanzler diese Ansprache geendet, befahl der Kaiser, die Concordienschrift zu verlesen. Als dies geschehn, erhoben sich die Stände und traten in gemeinsame Berathung zusammen. Desgleichen thaten die Deputirten der Städte. Noch aber war man zu keinem Entschluß gekommen und die Vota noch nicht gesammelt, so trat der Churfürst von Mainz vor den kaiserlichen Thron, und dankte Sr. Majestät im Namen aller Stände für die große Mühe, Arbeit und Gnade gegen das theure deutsche Vaterland und für die gnädige Sorgfalt und Treue, mit der er auf das Wohl der deutschen Nation bedacht sei. Darum hielten sie es für ihre Pflicht, dem kaiserlichen Decret allerunterthänigst Gehorsam zu leisten. Der Kaiser nahm diese Erklärung in Gnaden an, als wäre sie der Ausdruck des gemeinsamen Willens, und befahl, das Buch unter die Presse zu legen.

Die Reichsstände, überrascht von diesem Verfahren und in Furcht vor dem Zorn des Kaisers, schwiegen. Nur zwei Fürsten erhoben sich, von denen es Karl am wenigsten erwartet hatte, und protestirten gegen das Interim, Churfürst Moritz von Sachsen und Markgraf Johann von Brandenburg. Den ersteren glaubte der Kaiser durch die festen Bande der Dankbarkeit und Ergebenheit an sich gefesselt zu haben. Daß ihm an seinem evangelischen Glauben wirklich so viel gelegen sei, konnte er sich nicht einreden, weil ihm selbst die Religion nur ein Mittel für seine ehrgeizigen und herrschsüchtigen Zwecke war. Moritz meinte, er könne in einer so wichtigen Sache nichts beschließen oder gewähren, wenn er nicht vorher seine Stände und vor allem seine Theologen befragt habe. Unwillig fragte ihn der Kaiser, was wohl aus dem Reiche werden solle, wenn die Fürsten bei Entscheidungen erst mit ihren Landständen wollten zu Rathe gehen, oder gar mit den Theologen, welche das Feuer der Revolution in Deutschland angezündet hätten und fortwährend die kaiserliche Majestät schmäheten. Indeß erklärte Moritz dem Churfürstenkollegium seine Mißbilligung der Schrift, rechtfertigte diesen Schritt in einer eigenen Vorstellung an den Kaiser und reiste sofort von Augsburg weg.

Noch entschlossener zeigte sich der Markgraf Johann von Cüstrin, Bruder Churfürst Joachims II von Brandenburg. Er erklärte dem Kaiser, daß er diese papistische Religionsordnung nimmermehr annehmen werde; und als ihm Karl entgegnete, daß kein Einzelner sich gegen einen Reichsschluß auflehnen dürfe, gab er ihm zu verstehen, daß der Churfürst von Mainz keineswegs die Meinung und Gesinnung des Fürstenkollegiums ausgesprochen, sondern sehr voreilig und ohne Auftrag der Stände gehandelt habe. Als der Kaiser heftig wurde, betheuerte er seine ehrfurchtsvolle Ergebenheit gegen den Kaiser, erinnerte an die ihm treulich geleisteten Dienste, an des Kaisers feierliche Zusage der Glaubensfreiheit und schloß mit der Betheuerung, daß er lieber sein Leben, als seinen Glauben aufgeben wolle. Der Kanzler reichte ihm die Feder, um den Reichsschluß zu unterschreiben und dadurch den zürnenden Kaiser zu besänftigen. Unwillig warf Johann die Feder weg und sprach: „Nimmermehr werde ich dies giftige Gemengsel annehmen, mich auch keinem Concil unterwerfen. Lieber Schwert als Feder, lieber Blut als Tinte." Da erhob sich der Kaiser und befahl dem Markgrafen, den Reichstag und Augsburg sofort zu verlassen. Johann bestieg sein Roß und ritt nach Cüstrin. Da schrieb er an seine Stubenthür den kräftigen Spruch:

In Anfechtung halt fest und durch dich drück!
Hab guten Muth, weich nicht zurück;
In steter Hoffnung leb und trag,
Was dich auf Erden treffen mag.

Denselben Widerstand fand der Kaiser mit seinem unseligen Interim bei dem Churfürst Johann Friedrich. Es lag dem Kaiser sehr viel an der Zustimmung des gefangenen Fürsten. Er galt für einen glaubensstarken Verfechter der evangelischen Lehre. Sein Beispiel mußte von starker Einwirkung auf seine Glaubensgenossen sein. Aber auf den Antrag des Kaisers, sich zum Interim zu bekennen, gab der unerschrockene Zeuge der Wahrheit folgende Antwort: „In Aufrichtung der Capitulation hatte kaiserliche Majestät auch einen Artikel setzen lassen: ich sollte mich verpflichten, was in einem Concilio erkannt oder kaiserl. Majestät in Glaubenssachen verordnen würde, anzunehmen und demselben nicht entgegen sein. Als aber Ihrer Majestät in Unterthänigkeit vermeldet worden, daß ich aus vielen stattlichen Ursachen meines Gewissens halben solche Bedingungen nicht eingehen könne und keine Gefahr meines Leibes und Lebens mich dahin bewegen würde, da haben Ihre Majestät gedachten Artikel wiederum auszulöschen befohlen, und forder von wegen der Religion weitere Handlung mit mir nicht gepflogen, welches ich auch mit unterthänigster Danksagung anerkannt. Nachdem ich dieser Beschwerung meines Gewissens entladen, habe ich das Uebrige alles an Leib und Gut in kaiserl. Majestät allergnädigsten Willen und Gefallen desto leichter hingegeben und darauf die Capitulation vollzogen, in gänzlichem Vertrauen, es sollte hinförder mir dergleichen nicht zugemuthet, sondern mir frei gelassen werden, bei der bekannten und von mir angenommenen Religion zu verharren. Sollte ich nun das Interim für gottselig und christlich annehmen, so müßte ich die Augsburgsche Confession und was ich bisher vom Evangelio Jesu Christi gehalten und geglaubt, in vielen trefflichen Artikeln, daran die Seligkeit gelegen, wider mein eigen Gewissen bedächtiglich und fürsetzlich verläugnen und verdammen, und mit dem Munde bekennen, ich billigte in meinem Herzen und Gewissen, was doch der heiligen göttlichen Schrift ganz und gar zuwider ist. Ey Gott im Himmel! das wollte deinen Namen jämmerlich gemißbraucht und grausamlich gelästert heißen, auch dafür zu achten sein, daß ich dich droben in der hohen Majestät und weltlichen Obrigkeit hienieden auf Erden mit gefärbten Worten betrügen und umführen wollte — welches ich mit meiner Seele theuer und allzutheuer würde bezahlen müssen. Denn das ist die rechte Sünde wider den heiligen Geist, davon Christus dräuet, daß sie weder in dieser noch in jener Welt, das ist in Ewigkeit, nimmermehr soll vergeben werden. In Betrachtung dessen bitte ich durch die Barmherzigkeit Gottes, die er mir durch Aufopferung seines Sohnes erwiesen hat, der Kaiser wolle dieses alles gnädigst aufnehmen, weil mein ewiges Heil darunter verstret."

Karl V, der von einer solchen Glaubensfreudigkeit keine Vorstellung hatte, hielt diesen Glaubensmuth für Trotz und Eigensinn und behandelte von Stunde an den frommen Märtyrer mit großer Härte. Er nahm ihm seine Erbauungsbücher und versagte ihm den Umgang mit evangelischen Geistlichen. Als er ihn mit sich nach den Niederlanden nahm, mußte er auf einem elenden Klepper reiten oder in einem offenen Wagen fahren, immer umgeben von Spanischen Soldaten, die ihn oft bitter verhöhnten. Karl V sandte das Interim an des Churfürsten Söhne und verlangte die Annahme und Einführung desselben. Diese versammelten am 26. Juli 1548 die angesehensten Geistlichen des Fürstenthums zu Weimar mit dem Auftrage, Alles genau und mit Fleiß zu erwägen und zu prüfen, was der Schrift gemäß und anzunehmen sei. Der Convent, an dessen Spitze der Superintendent Menius zu Gotha, Johann Grau zu Weimar und Caspar Aquila zu Saalfeld standen, erklärte, die Bekenntnisse und Gebräuche der Thüringschen Kirchen seien ganz dem Worte Gottes gemäß, sie müßten deshalb dringend bitten, daß Ihre kaiserl. Majestät nicht weiter in sie dringe, sie könnten der Sache Gottes nichts vergeben. Im folgenden Jahre drang der Kaiser durch den Erzbischof zu Mainz abermals unter Androhung harter Strafen in die Sächsischen Prinzen, entweder mit ihren Landen zur katholischen Kirche zurückzutreten oder das Interim anzunehmen. Die Fürsten versammelten am 13. März 1549 ihre Landstände, Grafen, Ritterschaft und Städte in Weimar mit der Bitte, „in Mitteldingen ein wenig zurücken und dem erzürnten Kaiser in etwas zu Gefallen zu thun." Das Interim wurde abermals verworfen mit dem Hinzufügen: „in Mitteldingen ließe man es sich gar wohl gefallen, wenn eine Gleichmäßigkeit der Ceremonien eingeführt würde, jedoch nicht nach dem Fuße der päpstlichen, sondern der apostolischen Kirche." Kaiser Karl sandte diese Erklärung an den gefangenen Churfürsten und verlangte von ihm, er solle seinen Söhnen die Annahme des Interims befehlen. Darauf die Antwort: „das kann und werde ich nicht thun, da ich selbst das Interim nicht billigen und gutheißen kann. Wie würde es sich schicken, wenn ich meine Söhne dazu verleiten wollte. Ich bitte vielmehr in aller Unterthänigkeit, kaiserl. Majestät wolle mich und meine Söhne zu Gnaden lassen befohlen sein." Und dabei verharrete der treue Glaubensheld, wie sehr er auch dadurch die Beschwerden seiner Gefangenschaft vermehrte.

Dem hartgeplagten Philipp von Hessen wurde das Interim auch zur Anerkennung und Unterschrift vorgelegt. Ihm zehrte die Beraubung der Freiheit und die harte Behandlung am Leben. Er war bereit, seine Freiheit um jeden Preis zu erkaufen. Darum zeigte er sich zur Annahme der zwiespaltigen Vereinigungsschrift bereit, mit der Erklärung: „Ich habe zwar Verschiedenes darin gefunden, was ich weder verstehe, noch mit der heiligen Schrift befestigen kann; indessen, da das Buch auf die Schriften der Väter und deren Autorität sich bezieht, so will ich nicht klüger sein als sie, sondern das Interim gern annehmen und darauf bedacht sein, daß es in meinen Landen eingeführt werde, nur bitte ich, daß man mich der Gefangenschaft entledige, die ich nun schon ein ganzes Jahr erduldet habe." Wie angenehm auch dem Kaiser diese Erklärung war, so wollte er doch von der Freigebung des Landgrafen nichts wissen. Man hat die schriftliche Erklärung des Landgrafen zur Annahme des einstweiligen Glaubensbekenntnisses für untergeschoben gehalten, weil sie aus der kaiserlichen Kanzlei hervorgegangen, aber der freiheitdurstige Philipp hätte wohl noch mehr gethan, um der Gefangenschaft entledigt zu werden. Er hat auch nie, als er wieder frei geworden, diese Erklärung abgeläugnet. Der Churfürst von Mainz mußte auf Befehl des Kaisers die Churhessischen Geistlichen auffordern, nicht nur dem Interim überall im Lande Geltung zu verschaffen, da ihr Landesherr bereits in dasselbe gewilligt habe, sondern auch ihre Weiber zu entlassen und wie die Ehelosigkeit des Clerus so auch das Abendmahl in einer Gestalt wieder einzuführen. Die fürstlichen Räthe versammelten die Geistlichkeit des Landes am 5. August 1549 in Cassel und theilten ihnen den bischöflichen Befehl mit. Sie lehnte aber die ihnen gemachten Zumuthungen zwar mit aller Unterwürfigkeit, aber doch auf das Bestimmteste ab.

Die Gesandten der Reichsstädte erklärten sogleich nach der Vorlesung des Interims, daß sie wegen der neuen Religionsordnung an ihre Obrigkeit berichten müßten. Sie wollten anfangs zu einer gemeinschaftlichen Protestation schreiten, was allerdings dem Kaiser unangenehm gewesen sein würde. Granvella wußte sie aber davon zurückzubringen. Man erlangte dadurch den Vortheil, mit jeder Stadt besonders verhandeln zu können. Dabei war jedoch die Sprache einzelner Abgesandten sehr freimüthig. Die Straßburger erklärten, daß man ihnen ein allgemeines Concilium und bis zu den Entscheidungen desselben freie Religionsübung versprochen habe. Nun fordre man von ihnen, daß sie von den Hauptstücken ihrer Lehre ungehört abstehen und sich ohne alle Prüfung einer neuen christlichen Ordnung, als sei sie ein gewöhnlicher Reichsabschied, unterwerfen sollten. Granvella, Bischof von Arras, des Kaisers vertrautester Rath, ward über diese Rede sehr entrüstet und sagte, der Kaiser kenne schon der Straßburger widerspenstigen Sinn, aber Christen, die den Glauben ihrer Väter verläugneten, wisse man durch Feuerflammen bald zu bekehren. Worauf die Antwort: „Feuerflammen verzehren zwar den Leib, aber geben keinen andern Glauben." Wie Straßburg, so erklärten sich Constanz, Frankfurt, Bremen, Magdeburg, Braunschweig und viele andere Städte, besonders im nördlichen Deutschland.

Der Kaiser war erbittert über die kecke Sprache der Freistädter, die stolz auf ihre Freiheit und Unabhängigkeit es wagten, gegen kaiserliche Mandate sich aufzulehnen, und drohete, ihnen Zaum und Gebiß anzulegen. Er machte auch sofort mit Augsburg den Anfang. Der Rath hatte sich in einer unterthänigen Vorstellung zur theilweisen Annahme des Interims bereit erklärt. Granvella weigerte sich, diese Vorstellung anzunehmen und verlangte eine unbedingte Unterwerfung. So schritt nun der Kaiser zur Gewalt. Die Spanischen Truppen bemächtigten sich der Thore, bewachten das Rathhaus und vertheilten sich in einzelnen Quartieren der Stadt. Die Bürger wurden zusammen berufen und ihnen ein Edict des Kaisers vorgelesen, durch welches die gegenwärtige Regierungsverfassung aufgehoben und das demokratische Regiment in ein aristokratisches verwandelt wurde. Den Innungen und Gewerbschaften wurde jede Mitwirkung bei der städtischen Verwaltung genommen und diese in die Hände weniger patricischen Familien gelegt. Die neue Obrigkeit mußte die Annahme des Interims beschwören. An der Spitze der städtischen Geistlichkeit stand Wolfgang Musculus, der sehr nachdrücklich gegen das Interim gepredigt hatte. Er wurde vom Kaiser abgesetzt und des Landes verwiesen, und ging nach Bern. Ihm folgten die übrigen Prediger Augsburgischer Confession. Sie verabschiedeten sich bei dem gefangenen Churfürst Johann Friedrich und klagten ihm, daß sie der Kaiser nicht nur verjagt, sondern auch aus dem ganzen Römischen Reiche vertrieben habe. Dem Churfürst traten die Thränen in die Augen und er sprach mit bewegtem Herzen: „hat Euch der Kaiser das Reich, so hat er Euch doch nicht den

Himmel verschlossen; so wird Euch Gott wohl auch ein Land anweisen, wo Ihr sein Wort predigen könnt." Darauf ließ er seine Chatoulle holen und reichte sie den Exulanten mit den Worten: „Da habt Ihr einen Zehrpfennig, theilet ihn mit Euren Mitbrüdern und Kreuzgesellen; es ist Alles, was ich auf Erden habe. Wiewohl ich ein armer, gefangener Fürst und Herr bin, so wird mir doch der Herr unser Gott schon wieder Etwas bescheren." Die vertriebenen Geistlichen mußten schwören, in den Grenzen des heiligen Reiches niemals wieder zu predigen oder priesterliche Handlungen zu verrichten, auch niemals Jemandem die Gründe ihrer Ausweisung mitzutheilen. Dreizehn Lehrer und etliche Lehrerinnen, die sich geweigert hatten, das Interim in den Schulen vorzulesen und zu erläutern, wurden abgesetzt und ihnen das Bürgerrecht zum Betrieb anderer Geschäfte verweigert. An den Freitagen und Sonnabenden durften überall nur Fastenspeisen bereitet und genossen werden. Auf den Straßen sah man wieder Mönche wandeln, in den Kirchen Messen lesen; Spanische Soldaten zerbrachen in der Ulrichskirche Kanzel und Stühle, und störten durch Tumult den protestantischen Gottesdienst. Eine Bürgersfrau, die vor dem Venerabile am hellen Mittage eine brennende Kerze tragen sah, fragte: „ob denn dieser Herrgott bei lichtem Tage nicht sehen könne." Sie ward dafür in Eisen gelegt und zur Stadt hinausgetrieben. Das alles geschah besonders auf den Antrieb der Spanischen Geistlichkeit, die sich mit einem ungemessenen Stolz und höhnender Verachtung der Deutschen benahm. Durch des Kaisers Siege sicher sich wähnend, trat sie kühn hervor, und es fehlte nicht an geschmeidigen Leuten, die ihrem Hochmuth huldigten. Der churfürstlich Sächsische Gesandte Erasmus von Könneritz schrieb nach Dresden: „Wollte Gott, es wären ein wenig mehr Stände, die des Gemüths in den ersten beiden Artikeln (Concil und Interim) wie Churfürst Moritz, aber weil der meiste Theil im Reichsrathe und in des Kaisers Rathe Pfaffen sind, so heulet ein Wolf wie der andre; darum ist wohl Gott zu bitten, daß seine Allmächtigkeit ihre milde Hand nicht abziehe. Ich habe zuvor nicht gewußt, daß die Pfaffen so große Pracht treiben. Wer ein Pfaffenhütlein hat, vor dem beugt man sich männiglich und thut ihm Reverenz." Wo er von der stolzirenden Pracht der Spanischen Großen spricht, sagt er: „Was will es dann werden, wenn ihr Herr noch höher erhöhet würde, wie sie hoffen, welches, ob Gott will, nicht geschehen wird, und da es geschähe, würde den armen Deutschen, und sonderlich denen, die sie Lutheraner nennen, übel aufgewartet werden. Gott gebe aber, daß es über ihren Hals hinausgehe." Alle solche Saamenkörner fielen bei Moritz in einen aufgelockerten Boden, keimten, wuchsen und trugen Frucht zu seiner Zeit.

Wie gewaltsam überhaupt mit den freien Reichsstädten verfahren wurde, davon mögen die Städte Regensburg, Costnitz und Straßburg als Beispiel dienen. Sobald der Magistrat der erstgenannten Stadt durch seine Deputirten von dem Hergang der Sache Nachricht und eine Abschrift des Interims erhalten hatte, berief er die evangelischen Geistlichen zur gemeinsamen Berathung. Diese, an ihrer Spitze der ehrwürdige Noppus, und mit noch größerer Wärme der Rathskonsulent Hiltner, erklärten: „durch diese verfängliche Schrift würde offenbar die evangelische Wahrheit wieder verdrängt werden." Der Rath sandte den Diakonus Nicolaus Gallus zu Osiander nach Nürnberg, um dessen Urtheil zu hören. Gallus brachte eine Menge Gutachten mit, deren Ergebniß war: „man könne das Interim mit gutem Gewissen nicht annehmen, die Stadt Nürnberg wolle es aber, um den Zorn des Kaisers nicht zu erregen, leise und allmählig einführen, ohne daß das Volk Unrath merke." Darauf wollten aber die Gebietenden in Augsburg nicht warten, sondern verlangten von den Regensburg'schen Senatoren, Steuerer und Synderstetter, eine kategorische Erklärung. „Der Rath müsse sich unverweilt, kurz und gut entschließen, sagte ihnen Granvella, und bedenken, wie gnädig die kaiserliche Majestät sich der Stadt immer erwiesen habe und auch in Zukunft erweisen werde, wenn sie sich hierin dem allerhöchsten Befehle gemäß hielten." Zur Beihülfe ihrer Abgeordneten sandten die Regensburger den Hansgraf Christoph Ammann, einen tapfern und herzhaften Vertheidiger des evangelischen Glaubens, nach Augsburg. Ehe derselbe aber angekommen war, hatten die kaiserlichen Räthe vom Syndicus Synstetter innerhalb vier Tagen ein entscheidendes Ja oder Nein verlangt. Mittlerweile war der Hansgraf angekommen und überbrachte von dem Rath und der Bürgerschaft ein an den Kaiser gerichtetes Schreiben mit der Bitte, sie bis zur Entscheidung des freien allgemeinen Concils bei ihrem Glauben zu lassen. Er erhielt in Gegenwart des Königs Ferdinand vom Vicekanzler die Antwort: „Die Stadt Regensburg hat sich durch ihren Ungehorsam der kaiserlichen Gnade unwürdig erwiesen und würde über sich selbst unabsehbares Verderben bringen." Der König redete oft dazwischen: „Ja wahrlich! — im ganzen Ernst — ohne Gnade."

Es wurde dem Hansgraf gestattet, diesen Bescheid nach Regensburg zu schreiben. Dieser, ein biederer, entschlossener Mann, fügte hinzu: „dieses heftige Begehren zu Augsburg geschieht, wie man vermuthet, nur als ein Versuch, ob die Stände beim Worte Gottes beharrlich bleiben würden. Wollte Gott, es sei Jedermann gesinnt wie ich, sollte uns der böse Feind nicht abtreiben. Ich kann dies Interim für apostolisch und christlich nicht halten, sondern finde Gott, der die ewige Wahrheit ist, darin auf's Höchste geschmähet. Die Stücke, die in Gottes Wort nicht ausdrücklich weder geboten noch verboten, auch nicht dawider sind, möchten bewilligt werden, doch daß sie freigelassen würden und Niemand dazu gezwungen werde. Sonst kann ich auch nicht darein willigen und bin schuldig, mich in solche

Menschensatzung nicht treiben und zwingen zu lassen, auf daß die Wahrheit des Evangeliums bei uns geschehe." Christoph Ammaun überzeugte sich bald, daß die Drohung ernstlich gemeint sei. Der kaiserliche Hof griff zu gewaltsamen Maßregeln gegen andere Städte, und den Regensburger Deputirten redete man von behendem Spanischen Kriegsvolk, das bald vor den Thoren erscheinen und die zögernder Herren zu einem raschen Entschluß treiben würden. "Die Stadt, sagten die kaiserlichen Räthe, hat einen ungnädigen Kaiser; Ihr werdet die Folgen erfahren. Die ehrlosen Buben, Eure Geistlichen, werden zu Augsburg ihren Lohn finden." Und der Bischof von Arras fragte sie bei einer anderen Veranlassung: "Handelt der Rath zu Regensburg noch wie die Ehr= und Treulosen und verharret er in trotzigem Ungehorsam? Bei Ihro Majestäten sind nunmehro alle Gnaden verwirkt; man wird den Regensburgern schon Gehorsam lehren, zwei und drei Rädelsführern, die man wohl kennt, die Köpfe abschlagen, dann wird sich das Andre wohl finden." Solche Reden verbreiteten Furcht und Schrecken in der Stadt. Die evangelischen Geistlichen verließen bis auf zwei hochbetagte Männer Regensburg, der evangelische Gottesdienst wurde eingestellt und der Rath beschloß, sich dem kaiserlichen Befehl zu unterwerfen. Die Abgeordneten mußten diesen Entschluß dem Kaiser schriftlich anzeigen und Se. Majestät unterthänigst bitten: "sich nicht von ihnen abwenden zu lassen und wieder der Stadt ein allergnädigster Kaiser und Herr zu sein." Damit fügte man sich dem Unvermeidlichen, und die Abgesandten verließen Augsburg, der Hausgraf mit tiefem Schmerz und innerm Groll.

Die Stadt Costnitz befand sich als treue Genossin des Schmalkaldischen Bundes beim Kaiser in großer Ungnade und ward zugleich mit Magdeburg in die Acht erklärt. Gegen ein sicheres Geleit sandte sie Abgeordnete nach Augsburg, um den Kaiser demüthig zu bitten, der Stadt seine Huld und Gnade wieder zu verleihen. Die Forderungen, die an sie gemacht wurden (wozu namentlich die unbedingte Annahme des Interims gehörte), waren so hart, daß die Abgesandten, die vergebens um Milderung derselben gebeten hatten, darüber an den Stadtrath berichteten. Dieser wandte sich unterm 13. Juli in einem sehr demüthigen Schreiben an den Kaiser, worin er flehentlich bat, in Sachen, die das Gewissen und das Heil der Seele betreffen, keinen Zwang gegen die Stadt zu gebrauchen. Sie sähen wohl, in wie großer Gefahr sie schwebten, und seien darüber äußerst beängstigt. Gehorchten sie nicht, so stehe ihnen bevor, Gut, Leib und Leben zu verlieren, gehorchten sie aber, so würden sie in das Urtheil Gottes fallen und seinen Zorn und Rache auf sich laden; kaiserl. Majestät möchte also bei ihren elenden und bekümmerten Umständen kein hartes Verhängniß über sie ergehen lassen, zumal sie in vorigen Zeiten in großem Verlust und Schaden dem Hause Oesterreich immer treue

Dienste geleistet und ferner zu Allem bereit wären, was in ihren Kräften stehe. Obwohl das Einkommen der Stadt sehr gering sei, wollten sie doch achttausend Goldgulden und vier Stück großes Geschütz geben, bäten aber nochmals recht dringend, sie bei der seit zwanzig Jahren ihnen so lieb gewordenen Religionsübung bis zur Entscheidung eines rechtmäßigen Conciliums zu lassen und ihnen nichts Unmögliches aufzubürden." Der Kaiser ließ sie lange ohne Antwort und gab ihnen endlich am 5. August durch den Bischof von Arras den Bescheid: „da ihnen an einem friedlichen Verhältniß zu einem gnädigen Kaiser wenig gelegen zu sein scheine, so werde er gegen sie andere Maaßregeln ergreifen müssen." Noch au demselben Tage beorderte er den Oberst Alphonsus Vives, sich in aller Stille bei Nacht mit dreitausend Spaniern nach Costnitz zu begeben und die Stadt in der Frühe des Morgens, wenn die Leute beim Frühgottesdienst in der Kirche wären, zu überrumpeln. Am 6. August wurde über die unglückliche Stadt abermals die Acht ausgesprochen und zugleich die Erstürmung derselben versucht. Die überraschten Einwohner sammelten sich schnell zu einer herzhaften Abwehr, bei welcher der Anführer der Spanier sein Leben einbüßte. Doch war die Vorstadt schon erobert und der Feind betrat die Rheinbrücke. Da ergreift ein mannhafter Bürger die beiden vordersten Spanier und nach einem muthigen Kampf stürzt er sich mit ihnen in den Rhein. Dadurch hatten seine Mitbürger die nöthige Zeit gewonnen, das Thor zu schließen und zu verrammeln. Doch hätten sie auf längere Zeit keinen Widerstand leisten können. Der Rath wandte sich an mehre Fürsten und an die Schweizerkantone, und bat um Fürsprache bei dem Kaiser. Dieser sprach den Letzteren seine Verwunderung aus, daß sie für Leute sich verwenden könnten, die er als rebellische Unterthanen in die Acht gethan. Auf den Rath des Hans Egli, eines gebornen Costnitzers, Hauptmanns im Dienste Königs Ferdinand, begab sich die Stadt in den Schutz dieses Königs und öffnete ihm am 14. Oktober die Thore. Sie erklärten sich zur Annahme des Interims bereit; der König aber verlangte die vollständige Rückkehr zur katholischen Kirche und untersagte die evangelische Predigt bei Todesstrafe. Die evangelischen Geistlichen mußten die Stadt verlassen; sie selbst verlor ihre Reichsfreiheit, wurde Eigenthum des Hauses Oesterreich und mußte zur Versöhnung des Kaisers schwere Opfer bringen.

Nürnberg hatte sich am leichtesten dem Machtgebot des Kaiser gefügt. Der Kaiser verlangte nicht von dem gesammten Rathscollegio, sondern von jedem Einzelnen eine schriftliche Erklärung über treue Befolgung des Interims. Nur Wenige baten um Bedenkzeit. Eben so war es in Worms. Mehr Schwierigkeiten waren in Frankfurt zu überwinden. Die Stadt bot 8000 Goldgulden und zwölf Kanonen, wenn man sie bei ihrem Glauben belassen wolle. Man nahm Geld und Kanonen und zwang doch die Betrogenen zur Annahme des Interims.

Obgleich die Straßburger von Granvella auf dem Reichstage sehr hart angefahren worden, wagten sie doch, dem Kaiser ein unterthänigstes Bittschreiben einzureichen, worin sie Sr. Majestät vorstellten: „sie hätten mit ihren Theologen das Interim sorgfältig erwogen, könnten sich aber unmöglich entschließen, es anzunehmen; in der evangelischen Lehre hätten sie das Wort Gottes und die ewige Seligkeit gefunden. Wollten sie davon ablassen, so würden sie ihr Gewissen beschweren und Gottes Zorn auf ihre Stadt herabrufen. Sie bäten deßhalb um Gottes Barmherzigkeit und um des Blutes Jesu Christi willen, bis zur Entscheidung des Conciliums sie beim Worte Gottes zu lassen. In allem Uebrigen wollten sie für ihren gnädigen Kaiser Gut, Blut und Leben lassen." Sie erhielten zur Antwort, daß der Reichstag darüber entschieden habe und jede Widerrede Ungehorsam sei. Um Straßburg herum lag neapolitanische Reiterei, die auch sehr oft in die Stadt kam und sich grobe Excesse erlaubte. Viele Adelige, Kaufleute und begüterte Bürger verließen die Stadt. Karl V hatte dem Bischof von Straßburg unterm 10. Juli befohlen, das Interim durch Exekution zur Ausführung zu bringen. Da machte der Rath dem Bischof den Vorschlag, der Stadt einige Kirchen zur Uebung des Gottesdienstes nach evangelischem Ritus zu überlassen; man wolle dann auch die äußeren Satzungen des Interims halten. Mit diesen Vorschlägen sandte die Stadt eine Deputation, an deren Spitze der gelehrte, beredte und glaubensstarke Jakob Sturm stand, zum Kaiser nach Köln, der ihr auch am 8. September eine Audienz gewährte. Der Kaiser schien an dem bescheidenen und doch entschlossenen, für seine Sache erwärmten Redner Wohlgefallen zu finden und gab den Bescheid: „man möge sich über den Handel mit dem Bischof in Güte abfinden und ihm den Vertrag zur Genehmigung vorlegen." Dieser Vertrag kam endlich nach langen Verhandlungen im Oktober 1549 zu Stande. Der Stadt wurden drei Kirchen zum evangelischen Gottesdienst nach dem Ritus des Interims eingeräumt, die übrigen der katholischen Kirche zurückgegeben, Schoß und Tribut an den Bischof dem Clerus erlassen und das Collegium von St. Thomas den Protestanten zur Einrichtung einer Schule eingeräumt. Am ersten Februar wurde die erste katholische Messe wieder mit großem Pomp gefeiert.

Mit derselben Gewalt wurden die übrigen süddeutschen und rheinischen Städte gezwungen, sich zur Annahme des Interims zu bequemen, wenngleich bei Beobachtung der Ceremonien und im Gebrauch der Muttersprache beim Gottesdienst viel Nachsicht angewendet wurde. Am härtesten mußten außer den genannten Orten Ulm und Schwäbisch=Hall den Zorn des Kaisers empfinden.

Zu den wenigen Fürsten, welche sich dem Interim nachdrücklich widersetzten, gehörte der Fürst Wolfgang von Zweibrücken. Er hatte sich auf dem Reichstage durch einen Gesandten vertreten lassen, der Kaiser aber verlangte seine persönliche Gegenwart. Der Fürst kam. Karl V glaubte ihm durch seine Macht und Würde zu imponiren; aber der junge Fürst erklärte, er werde bei der Religion bleiben, in der er geboren und erzogen sei und in der er seinen Frieden und die Hoffnung des ewigen Lebens gefunden. Es wurden späterhin mit ihm schriftliche Verhandlungen angeknüpft; er aber blieb beständig bei derselben Erklärung. Die sogenannten Harzgrafen von Mansfeld, Stolberg, Schwarzenburg, Hohenstein und Regenstein hatten ihre Geistlichen im Januar 1549 zu einer Synode in Eisleben versammelt. Sie wohnten derselben mit ihren Räthen selbst bei. Dr. Melchior Kling, der Grafen zu Mansfeld geheimer Rath, rieth mit großer Beredsamkeit zur Annahme des Interims, weil es thöricht sei, deshalb Land und Leute in die Schanze zu schlagen. Er hatte einst in Gegenwart der Grafen und der Mansfeldschen Prediger gesagt, er sei es ganz zufrieden, wenn Gott am jüngsten Tage ihn nach seinen Thaten und guten Werken richte. Michael Cölius ging mit den Geistlichen jeden Artikel durch, und das Resultat war: „Wir können dieses böse Buch mit gutem Gewissen nicht annehmen." Als Dr. Kling dagegen heftig eiferte, fuhr ihm der Graf von Regenstein gewaltig durch den Sinn, so daß jener voll Zorns die Versammlung verließ. Die Grafen stimmten dem Urtheil ihrer Geistlichen bei und meldeten dies dem Kaiser in tiefster Devotion. Das Bedenken, von Dr. Cölius abgefaßt, war so vortrefflich, daß ihm Melanchthon in einem besonderen Schreiben darüber seine große Freude bezeugte. Auch Fürst Georg von Anhalt erklärte sich ganz entschieden gegen das Interim.

Siebentes Buch.

Der Herzog von Würtemberg und der Markgraf Albrecht nehmen das Interim an. Des Volkes Haß und der Geistlichen Glaubensmuth. Des Churfürst Moritz Verfahren. Das Leipziger Interim. Die Arbeiter an demselben. Der Artikel von der Rechtfertigung und den Mitteldingen. Widerwillen gegen diese neue Glaubensnorm. Melanchthons Brief an Carlowitz. Das Schicksal des Augsburger Interims in der Mark Brandenburg. Joachim II und der Markgraf Johann. Convente in Berlin und Züterbog. Agricola. Bitterer Haß des Markgrafen Johann gegen das Interim. Karls V Schreiben an denselben. Sein merkwürdiger Katechismus. Spott und Schmähschriften auf das Interim. Osianders Lied auf dasselbe. Verfolgung und Standhaftigkeit der evangelischen Geistlichen. Paul III stirbt. Julius III. Zusage des allgemeinen Conciliums. Karl schreibt einen Reichstag zu Augsburg aus. Die Churfürsten von Brandenburg und Sachsen, sowie die meisten Fürsten, bleiben aus. Das Tridentiner Concilium. Der Papst an die Bischöfe. Die Sächsische Repetition des Augsburgischen Glaubensbekenntnisses. Des Landgrafen Philipp Gefangenschaft. Karls V Verfahren gegen die Protestanten in den Niederlanden. Achtserklärung und Belagerung von Magdeburg. Der Geistlichen Magdeburgs Glaubensbekenntniß. Erklärung der Stadt gegen das Interim. Schreiben an den Markgraf Johann. Moritz erhält das Kommando über das Belagerungskorps. Plünderungen und Ausfälle. Moritz Erklärung an die Lüneburger Stände. Ueberwältigung des Herzogs Albrecht von Meklenburg. Lage der Protestanten. Moritz bereitet einen großen Plan vor. Johann von Heydeck. Zusammenkunft mit Markgraf Johann. Verbindung mit Heinrich II, König von Frankreich. Convention zu Lochau. Schmach für Deutschland. Landgraf Philipps harte Gefangenschaft.

Wollte der Herzog von Würtemberg nicht abermals um Land und Leute kommen, so mußte er sich zum Interim ohne Capitulation bequemen. Er erließ ein Mandat an die Städte, worin die Annahme des Interims und die Verwaltung des Gottesdienstes nach den Bestimmungen desselben befohlen wurde. Das erregte im Lande eine große Bewegung. Man wußte, daß der Herzog, der dem evangelischen Glauben mit voller Ueberzeugung anhing, den Befehl mit schwerem Herzen gegeben hatte. Das Land hatte für diesen Glauben so viel gelitten, so schwere Opfer gebracht. Es sah, mit tiefer Wehmuth und bittrem Haß gegen den Kaiser und den König Ferdinand, seine Geistlichen mit Weibern und Kindern in's Elend wandern. Ein großes Wehe ging durch das ganze Land. Das konnte dem Kaiser nicht verborgen bleiben; aber statt ihn milder zu stimmen, erbitterte es sein herrisches Gemüth bis zur Grausamkeit. Auf seiner langen politischen Laufbahn hatte er sich in seinen Erwartungen nie so getäuscht gesehn, als in den Wirkungen, die er sich vom Interim versprochen hatte. Selbst da, wo die Fürsten sich beugten unter seine gewaltige Hand, lehnte das Volk sich auf und vermied die Kirchen, wo der „Interims-Gott" angebetet wurde.

Dies war namentlich der Fall in den Landen des Markgrafen Albrecht von Brandenburg-Kulmbach. Dieser wilde, ungestüme Kriegsheld, wegen seiner Gefangenschaft in Wittenberg erbittert gegen Alles, was zum Schmalkaldischen Bunde gehörte, berief gleich nach Publikation des Interims zum 20. August 1548 die Oberländischen Geistlichen zu einer Synode nach Kulmbach, legte ihr die kaiserlichen Glaubensartikel vor und verlangte ihre unbedingte Annahme. Sie setzten ein schriftliches Gutachten auf und überreichten dasselbe am 1. September den zu Heilsbronn versammelten fürstlichen Räthen beider Fürstenthümer ober- und unterhalb des Gebirges. Mit aller Bescheidenheit bemerkten sie, wie sehr die ihnen mitgetheilte neue Kirchenordnung von der des frommen Markgrafen Georg vom Jahre 1533 abweiche und wie lieb diese wahrhaft christliche Lehre und Ordnung dem Volke geworden sei. Um des Friedens willen wolle man jedoch in solchen Dingen nachgeben, welche der christlichen Freiheit anheim gegeben seien. Damit war der Markgraf nicht zufrieden. Er erließ an seine Lande ein Mandat, worin er das Bemühen des Kaisers rühmt, die streitigen Punkte in der Religion auszugleichen und die große Irrsal im Deutschen Vaterlande zu einem friedlichen Ende zu führen, und fährt dann fort: „Ihre kaiserliche Majestät haben auf unterthänigstes Bitten und Heimstellen der Churfürsten, Fürsten und gemeinen Stände zur Beförderung der Ehre Gottes auf Erhaltung beständigen Friedens, Rechtens und Einigkeit im heiligen Reich Deutscher Nation, und auch sonst gemeinen Ständen zum besonderen Nutzen und Wohlfahrt, zur Vergleichung der gemeldeten streitigen Religion und derohalben entstandenen Mißverstandes in allen Gnaden eine Declaration begriffen und publiciren lassen, wie mittlerweile bis zur Endung und Austrag eines gemeinen christlichen Concilii die Stände des heiligen Reiches Deutscher Nation christlich und gottselig, auch zum guten friedlichen Wesen bei einander leben und bleiben und berührte Ordnung erwarten mögen, und darauf bei

Vermeidung Ihre Majestät schwere Ungnade ernstlich befohlen und geboten, daß die Stände und des heiligen Reichs Unterthanen berührter Ihro kaiserliche Majestät Declaration geleben und nachkommen und dawider nicht lehren, schreiben noch predigen sollen. So wir uns denn zum Förderften als ein christlicher Fürst und Mitglied des heiligen Reichs zur Beförderung der Ehre Gottes, zum gebührlichen Gehorsam gegen Se. kaiserliche Majestät, auch so viel an uns zur Erhaltung des heiligen Reiches und insonderheit auch Unserer befohlenen Unterthanen ewiger und zeitlicher Wohlfahrt und Beförderung schuldig erkennen, so gedenken und wollen wir mit Verleihung göttlicher Hülfe und zur Beförderung desselben göttlicher Ehre und zum billigen, gebührlichen Gehorsam kaiserlicher Majestät in Unserm Fürstenthum auf's Allererste und Förderlichste solche Verordnung zu Werk bringen und anrichten lassen, die uns, ob Gott will, gegen Gott, die kaiserliche Majestät und männiglich christlicher rechtschaffenen Gemüths verantwortlich sein soll. Nachdem wir aber glaubhaft berichtet worden, daß durch Etliche nicht allein wider Hochgedachter Römischer kaiserlicher Majestät christlich und väterlich Wohlmeinen öffentlich geredet und gepredigt, und zum Theil unter verdeckten falschen Namen verbotener Weise lästerlich geschriebene Bücher und Gemälde gedruckt, hin und wieder geschickt und eingeschleicht werden, die Gemeinen durch solch aufrührerisch Gift, so sie unter dem Schein göttlichen Worts verdecken, zu verführen und zu bewegen, und so viel an ihnen, der kaiserlichen Majestät männiglich mißfällig zu machen und also hohe und niedere Stände wiederum in einander zu hetzen, damit das Deutsche Land, das ohnedem mit anderem Obliegen zum Höchsten beschwert ist, desto eher und mehr vollends zu Asche fallen sollte. Damit denn solcher heimlich gesuchter Verrath, so viel an uns ist, in unserm Fürstenthum und Landen verhütet, auch unser christlich nothdürftig wohlmeinendes Fürhaben desto weniger gehindert werde, so gebieten wir hiermit ernstlich bei Strafe unserer höchsten Ungnade, daß Niemand, wer er auch sei, geistlichen oder weltlichen Standes, fernerhin wider Hochgedachte Sr. kaiserlichen Majestät publicirte, auch uns zugegangene Declaration öffentlich oder heimlich in unserm Fürstenthum predige, lehre oder schreibe, sondern sich derselben unsrer obgemeldeten Verordnung nach gewiß erzeige und verhalte. Desgleichen wollen wir geboten haben, daß sich die Prediger unsers Fürstenthums des Lästerns, Schmähens und Ausschreiens gegen die geistlichen und weltlichen Häupter gänzlich enthalten und allein bei der reinen Lehre des göttlichen Worts, nach dem Verstande der heiligen bewährten christlichen Lehrer bleiben und die Strafen auch Denen predigen, so sie für sich haben und zu ihrem Befehl sind."

Diesem Befehl vom 14. September 1548 waren harte Drohungen und Strafen hinzugefügt. Achtzehn Geistliche versammelten sich darauf am 9. und 10. Oktober zu Kulmbach. Nach gegenseitiger Berathung gaben hierauf die tapfern glaubensstarken Männer folgende kurze und bündige Erklärung: „Erstens, daß wir das Interim nicht annehmen können noch wollen. Dazu bewegt uns kein Fürwitz oder besondere Leidenschaft, sondern die gewaltigen Sprüche allein. Christus spricht Matth. 10: „Wer mich bekennet vor den Menschen, den will ich bekennen vor meinem himmlischen Vater." Paulus zu den Galatern I: „Wenn ein Engel vom Himmel käme und predigte ein anderes Evangelium, denn ich euch gepredigt habe, der sei verflucht!" Johannes in seiner zweiten Epistel am letzten: „Wer zu euch kommt und bringt diese Lehre nicht mit, den nehmet nicht in's Haus, grüßet ihn auch nicht, daß ihr seiner bösen Werke nicht theilhaftig werdet" u. s. w. Müssen wir denn über das Bekenntniß das Land räumen, so haben wir diesen Trost, wie der 24. Psalm sagt: „Die Erde ist des Herrn und Alles, was darinnen ist, der Erdboden und was darauf wohnet." Müssen wir aber die Welt lassen und unser Leben verlieren, so haben wir diesen Trost, da Christus der Herr spricht Johannes 14: „In meines Vaters Hause sind viele Wohnungen." So wir nun beständig bleiben, so haben wir Menschen und Teufel zu Feinde. Die Menschen aber sterben, die Teufel werden ewig verdammt. Fallen wir aber ab und verläugnen das Evangelium, so haben wir Gott, alle Engel und Heiligen zu Feinden, davor Gott Ew. Fürstliche Gnaden und uns Alle gnädiglich behüten wolle.

Alle Superintendenten und Pfarrer des Fürstenthums Brandenburg."

Auf den Markgraf machte diese kräftige, mannhafte Erklärung Eindruck. Er selbst ein tapferer Herr, ehrte den Muth. Er schlug deshalb einen andern Weg ein. Eine Formel, die Einiges aus dem Interim und Anderes aus der Landesagende aufgenommen, wurde am 20. November auf einem Landtage zu Kulmbach der Ritterschaft und den Städten vorgelegt. Die Stände aber erklärten: „sie wollten gern thun, was sie ohne Verletzung der heiligen Schrift thun könnten, zur Einführung päpstischer Mißbräuche könnten sie sich jedoch nicht verstehn. Es handle sich hier um das ewige Heil des Volks, um Gottes Ehre und die Würde der heiligen Schrift. Sie bäten und beschwüren deshalb den Fürsten, nichts gegen das Gewissen und Gottes Ehre zu verlangen; in allen anderen Dingen wollten sie sich gern für ihren Fürsten opfern." Albrecht drohete mit dem Kaiser und seinen Spaniern, die Räthe ermahnten zur Nachgiebigkeit. Die Stände wichen von ihrem Beschluß und Bekenntniß keinen Finger breit und gingen am 22. November auseinander.

Die von den Ständen verworfene Kirchenordnung ließ der Markgraf auch den versammelten Geistlichen vorlegen. Diese erwiderten, ohne sich lange zu bedenken: „sie könnten in ihrer früheren Erklärung nichts ändern, wie denn überhaupt in göttlichen Dingen sich nichts drehen und ändern lasse. Sie seien dem Markgraf selbst vereidet, Gottes Wort zu lehren und ob demselben zu halten; so wollten sie auch bei ihrem Eide verbleiben und im Gehorsam gegen Gott Alles dulden; der Markgraf möchte ihrer Seelen Ruhe um Christi willen schonen." Der Markgraf wollte es nicht gern zum Aeußersten kommen lassen und mochte auch im Herzen dem Kaiser schon abgeneigt sein. Darum gab er der Geistlichkeit noch einmal vierzehn Tage Bedenkzeit. Diese kam in Hof und Kulmbach wieder zusammen. Beide Synoden bekannten sich frank und frei zur Wahrheit und verlangten für den Fall, daß Albrecht auf seine Forderung bestehe, ihre Entlassung, die Kulmbacher mit dem Versprechen, daß sie noch ein Jahr in ihren Pfarren bleiben wollten, damit die Gemeinden nicht verwaiset würden und der Markgraf Zeit gewänne, andere Pfarrer nach seinem Sinne zu berufen. Die Pfarrer des Höfer Distrikts enthielten sich auch dieses Versprechens.

Eine solche Standhaftigkeit setzte die Räthe zu Kulmbach in um so größere Verlegenheit, als die Pfarrer ihre Eingaben und Erklärungen drucken ließen. Sie schrieben dem Fürsten nach Neustadt: „es sei unmöglich, sich mit den groben Bengeln zu vergleichen; man müsse noch strengere Befehle vom Kaiser auswirken." Auf einem Landtage am 5. Mai 1550 erklärten sämmtliche Stände und Städte, man möchte keine neue Verhandlungen über die Religion vorbringen, sie würden von ihrem früheren Bekenntnisse nimmermehr abweichen. Zu allgemeiner Verwunderung blieb der Markgraf bei dieser Erklärung ganz gelassen und meinte, er wolle dem Volke das Interim ohne Zustimmung nicht aufdringen und die Sache auf sich beruhen lassen. Ihn beschäftigten andere Sorgen. Es gab Kriegsunruhen und Kriegsrüstungen und da war Albrecht in seinem Element.

Einen ganz eigenen Gang hatte Churfürst Moritz von Sachsen mit dem Augsburger Interim eingeschlagen. Ihm lag der evangelische Glaube am Herzen und er wollte ihn seinen neuerworbenen Unterthanen nicht verkümmern lassen. Wie wenig ihm auch das gewaltsame Verfahren des Kaisers gefiel, so mußte er sich doch seine Gnade und sein Vertrauen zu erhalten suchen. Er schlug deshalb einen Mittelweg ein. Bereits am 16. November 1548 hatte er die Meißen'schen Theologen zu einem Convent nach Halle berufen, um ihr Urtheil über das kaiserliche Interim zu hören. Beim Schluß ihrer Berathung setzten sie ihre Meinung über mehre Artikel im Interim auf, namentlich über die Justifikation und über die Mitteldinge. Dies Gutachten, nicht viel über einen Bogen stark, wurde dem Churfürsten übergeben und auch nachher durch den Druck verbreitet. Es erhielt den Namen des „kleinen Interims." Andere Besprechungen der Geistlichen Sachsens und Brandenburgs fanden in Meißen, Pegau

Torgau und Jüterbog statt. Endlich ernannte der Churfürst eine Commission, welche über die Einführung des kaiserlichen Interims etwas feststellen sollte, mit dem Befehl, keine unnöthige Schwierigkeiten zu machen, sondern, soweit es ihr Gewissen erlaubte, nachzugeben. Die Commission bestand aus den wichtigsten Theologen der lutherischen Confession: Philipp Melanchthon, Johann Bugenhagen, Paul Eber, Georg Major, sämmtlich Professoren zu Wittenberg, und Johann Pfeffinger, Superintendent in Leipzig. Zur Begutachtung der von diesen Männern aufgesetzten Friedensartikel waren die Superintendenten des Churkreises eingeladen. Die Verhandlungen geschahen zu Leipzig im Hause Dr. Pfeffingers.

Die Hauptstimme bei diesen Berathungen hatte Melanchthon, der nach Luthers Tode als der Führer der protestantischen Kirche betrachtet wurde. Dem Kaiser war er ein Dorn im Auge und er hatte sich oft ungnädig über diesen „heimlichen Widersacher" geäußert. Das wußte Melanchthon und wollte ihm keine neue Veranlassung zur Ungnade geben. Darum führte er eine sehr milde Sprache und gab so viel, als irgend möglich, nach. Es heißt in der Einleitung: „Unser Bedenken stehet darauf, daß man der Römischen kaiserlichen Majestät unserm allergnädigsten Herrn Gehorsam leiste und sich also verhalte, daß Ihro Majestät und männiglich unser aller Gemüth zur Ruhe, Friede und Einigkeit geneigt, vermerken möge; das rathen wir treulich, wollen auch für unsre Person, soviel immer möglich, dazu dienen und vermahnen. Denn (wie Etliche ohne Grund von uns reden und schreiben) ist unser Gemüth und Fürnehmen zu keiner Zwiespalt oder Weiterung, sondern zu allen dem, wie obgemeldet, gerichtet. Das zeugen wir mit Gott selbst, dem aller Menschen Herzen bekannt, und soll und wird das Werk selbst ausweisen. Demselbigen nach bedenken wir erstlich, daß Alles, was die alten Lehrer in adiaphoris, das ist in Mitteldingen, die man ohne Verletzung göttlicher Schrift halten mag, gehalten haben, und bei dem andern Theil noch im Brauch blieben ist, hinfort auch gehalten werde, und daß man darin keine Beschwerung oder Weigerung suche oder fürwende, dieweil solches ohne Verletzung guter Gewissen wohl geschehen mag."

Mit diesen Mitteldingen war nun freilich der katholischen Kirche Thür und Thor geöffnet und alle Mißbräuche, gegen welche Luther so herzhaft gekämpft, fanden wieder ihren Platz in der protestantischen Kirche. Die nachher erfolgten so heftigen, ja grimmigen adiaphoristischen Streitigkeiten konnten nicht ausbleiben. Darum erhob gleich bei dieser Einleitung Wolfgang Offenter, Superintendent zu Annaburg, seine Stimme und sagte, als vom Weihwasser, Processionen, Westerhemd, geweihtem Salz und Kerzen, Fahnen u. dergl. die Rede war: „wo sie doch mit diesem Narrenwerk herkämen, ob sie wieder wollten zu Kindern werden; sie möchten ihren Orts thun, was sie wollten, er für seine Person könne und werde darein nicht willigen." Als ihn Dr. Ziegler zu beruhigen suchte, erwiederte er: „Die Sache betrifft nicht Geld oder Gut, sondern die Seligkeit. Ich habe nicht die Macht, meiner Kirche etwas zu vergeben; und würde ich auch von Teufel und Menschen verführt, in etwas Gottloses zu willigen, so würdens meine Pfarrkinder doch nicht annehmen. Solches weiset die Schrift aus, so mir durch einen reitenden Boten nachgesendet worden, darin sie mich bitten, durchaus in keinen gottlosen Artikel zu willigen, oder ich sollte gar nicht wieder zu ihnen kommen. Darum so will ich mir zu Leipzig lassen den Kopf abschlagen, und solches mit gutem Gewissen leiden, denn daß ich sollte meine Kirche ärgern." Wie Offenter dachten und sprachen auch andere der gegenwärtigen Theologen. Nur obwaltete dabei mehr Eifer für die Wahrheit als Einsicht in die Wahrheit.

Melanchthon und seine Collegen erklärten auf das Stärkste und Bestimmteste, daß man den Artikel von der Rechtfertigung im Augsburger Interim unmöglich ohne Verläugnung der reinen Lehre annehmen könne. Darum heißt es im ersten Artikel des Leipziger Interims: „Nachdem nun gesagt ist, daß aus wunderbarlichem Rathschluß Gottes Sohn zum Mittler und Heiland gesetzt ist, und daß uns um desselbigen Willen Vergebung der Sünden, heiliger Geist, Gerechtigkeit und ewiges Leben gewißlich gegeben wird, soll man weiter wissen, wie man diese hohe große Gnaden und Wohlthaten erlangt, nämlich also: Wiewohl Gott den Menschen nicht gerecht macht durch Verdienst eigener Werke, die der Mensch thut, sondern aus Barmherzigkeit, umsonst, ohne unser Verdienst, daß der Ruhm nicht unser sei, sondern Christi, durch welches Verdienst allein wir von Sünden erlöset und gerecht gemacht werden; gleichwohl wirkt der barmherzige Gott nicht also mit den Menschen wie mit einem Block, sondern zeugt ihn also, daß sein Wille auch mitwirket, so er in verständigen Jahren ist." Hier fehlt zwar bei dem Worte allein die altlutherische Bestimmung „durch den Glauben", aber die ganze Fassung des Artikels widerspricht dieser Bestimmung nicht. Doch hat der arme Melanchthon dafür viel leiden müssen, besonders von dem groben Flacius, der die Lästerung aussprach, die reine lutherische Lehre sei bei dieser Gelegenheit von den Sächsischen Theologen auch in dem Hochwichtigen Grundartikel von der Rechtfertigung verrathen worden. Melanchthon war freimüthig genug gewesen, schon mehrmals zu äußern, daß es ihm gar nicht darauf ankomme, den Katholiken diesen Ausdruck aufzuopfern, wenn sie sich nur an diesem Worte stießen, und ihnen die Vorstellung dafür selbst lassen wollte, welche Luther hineingelegt habe. Diese Vorstellung, behauptete er, könne ja eben so gut und eben so bestimmt auch in andere, vielleicht noch schicklichere und einer Mißdeutung weniger ausgesetzte Ausdrücke gefaßt werden.

Von den „guten Werken", die Gott geboten hat, wird gesagt, daß sie allerdings nöthig und heilsam sind zur Seligkeit, sowie die Tugenden Glaube, Liebe, Hoffnung, Demuth und andere, daß damit aber keineswegs der Irrthum bestätigt werde, als wenn die ewige Seligkeit durch die Würdigkeit unsrer Werke verdient würde, oder als wenn wir Andern unser Verdienst mittheilen könnten: sondern der Glaube erkennet unsre eigene Schwachheit und hat Zuflucht zum Sohne Gottes und empfähet diesen ewigen Trost aus desselbigen Verdienst und Schatz, laut seiner gnädigen und überschwänglich reichen Verheißung. Was die wahre christliche Kirche, die im heiligen Geist versammelt ist, in Glaubenssachen erkennt, ordnet und lehrt, das soll man auch lehren und predigen; nur wider die Schrift kann und darf sie nichts ordnen. Dem obersten Bischof (dem Papst) und anderen Bischöfen, die ihr Amt nach Gottes Befehl ausrichten und es nicht zur Zerstörung, sondern zur Erbauung, gebrauchen, sollen die Geistlichen Gehorsam leisten und von ihnen die Ordination empfangen. Nur qualificirte Personen sollen zu Domherren und gelehrte Leute zu Präbenden in Stiften geordnet werden. Die Taufe soll mit Exorcismus, Absagung und anderen alten christlichen Ceremonien gelehrt und gehalten werden. Das Volk soll dem Priester die Beichte thun, darauf die Absolution erhalten und zur Buße und Gebet, zu Fasten und Almosen ermahnt werden. Ohne Beichte und Absolution darf Niemand zum Sacrament des Leibes und Blutes Christi gelassen werden.

Die Scheinexamina, durch welche viele ungeschickte und ungelehrte Leute zur Seelsorge und zum Kirchenamte, zu schädlicher Beschwerung der Gewissen, zugelassen werden, sollen abgeschafft werden. Die Ehe soll in diesen Landen nach Gottes Einsetzung bei allen Ständen gehalten werden. Von der Ehe der Geistlichen wird nichts insbesondre gesagt. In der Messe wird das Gloria, Kyrie Eleyson, die Collekte, die Epistel, das Gradual, der Sequens, das Evangelium, das Credo, Pater noster alles lateinisch gesungen. Für das Gradual mögen auch die alten deutschen Lieder: Ein Kindelein so löbelich — Christ ist erstanden — Nun bitten wir den heilgen Geist — gesungen werden. Dann kommt das Offertorium, Praefatio, Sanctus, Consecratio, Agnus Dei, Communio, Colleeta und Benedictio. Außer den Feiertagen der heiligen Jungfrau Maria, werden das Frohnleichnamsfest (Corporis Christi) und mehrere Aposteltage beibehalten. Fasten und Enthaltung von Fleischspeisen wird geboten.

Wenn schon das Augsburger Interim einen allgemeinen Widerwillen erregt hatte, so entbrannte gegen das Leipziger Interim ein bitterer Haß, weil evangelische Theologen so viele katholische Mißbräuche und Irrthümer, welche die protestantische Kirche längst abgeschafft hatte, wieder einschwärzen wollten. Viele Gemeinden und Geistliche weigerten sich beharrlich, es anzunehmen. Es kam zu Gefängnißstrafen und Verhaftungen.

Die adiaphoristischen und synergistischen Streitigkeiten, die daraus hervorgingen, haben die evangelische Kirche lange Zeit zerrüttet und namentlich dem friedliebenden Melanchthon das Leben sehr verbittert, wozu von seinen Gegnern besonders der merkwürdige Brief benutzt wurde, den er an einen der Räthe des Churfürsten, Christoph von Carlowitz, auf Veranlassung des Interims geschrieben hatte. Er sagt in diesem Briefe: „Der Churfürst mag verordnen, was er will, sollte ich auch einiges nicht billigen, so werde ich mich doch nicht aufrührerisch dagegen erheben, sondern entweder schweigen oder zurücktreten, und was geschieht, still ertragen. Ich habe ja auch ehedem eine fast unwürdige Knechtschaft ertragen, als Luther mehr seiner streitsüchtigen Gemüthsart, als den Anforderungen seiner Würde und des allgemeinen Besten folgte. Ich bin von Natur nicht streitsüchtig und liebe die Verträglichkeit mit meinem Nächsten so sehr als irgend Jemand, habe auch die Streitigkeiten, die jetzt das gemeine Wesen zerrütten, nicht angefacht, sondern kam in die bereits angeregten hinein. Viele der Streitpunkte waren noch nicht gehörig entwickelt; ich fing deshalb an, sie mit aufrichtiger Wahrheitsliebe zu untersuchen, wobei mir viele weise und gelehrte Männer ihren Beifall bezeigten. Allerdings hatten die Verfasser einige tadelnswerthe Dinge eingemengt, aber ich glaubte nicht deshalb das Wahre und Nothwendige verwerfen zu müssen. So habe ich einige ungereimte Meinungen weggeschafft, andre gemildert und bin wegen dieser gemäßigten Denkungsart von meinen Widersachern bei Hofe verdächtig gemacht, ja mit Haß beladen. Ohne mich an diese unbilligen Urtheile zu kehren, habe ich viele unnütze Fragen weggeworfen, manche Klippen vermieden und Einigkeit gefördert. Ich räume Vieles freiwillig und gern ein, worüber heftig gestritten worden ist. Ich wünsche, daß die Kirchenverfassung erhalten, daß den Bischöfen und dem obersten Bischof ihr Ansehn, wie es im Augsburgschen Interim festgestellt ist, gesichert werde. Vielleicht ist meine Gemüthsart von Natur knechtisch, aber ich bin doch der festen Ueberzeugung, frommen Gemüthern gezieme es nicht, die Regierungen wankend zu machen. Auch die Ceremonien nehme ich an, die jene Schrift vorschreibt, denn sie gehören zur Zucht, und hoffentlich bezeugt es mein Leben, daß ich Zucht und Ordnung liebe. Der Kaiser hat bei dem Interim eine bessere Absicht als Diejenigen, welche jene Formel aufgesetzt haben und die es sich zum Ruhme anrechnen, daß sie uns wie Knaben mit ihren Gaukeleien verspotten. Niemals werde ich dergleichen durch meine Beistimmung unterstützen."

Wenn wir auch in die Schmähungen eines Flacius, Amsdorf, Gallus und Aquila nicht mit einstimmen mögen, so müssen wir doch wünschen, daß Melanchthon diesen Brief nicht möchte geschrieben haben. Wir wissen aus oft wiederholten Aeußerungen, und namentlich aus seinem „Bedenken aufs Interim", daß ihm die streiterregende Schrift sehr zuwider war; er spricht in Ausdrücken der höchsten Bewunderung und der innigsten Liebe von dem starkmüthigen, glaubensfesten Luther. Warum redet er hier anders? Das: „schicket euch in die Zeit" hat seine Grenzen und die Friedensliebe ihr Maaß. Der klare, tiefschauende Geist, der fromme, duldsame Sinn, das gelehrte und vielumfassende Wissen des großen Lehrers von Deutschland, der sich um die evangelische Kirche nicht genug zu preisende Verdienste erworben hat, verdient alle Anerkenntniß. Dabei mag man aber doch wünschen, daß er nicht immer so leise aufgetreten wäre und sich von momentanen Stimmungen und Zeitverhältnissen hätte leiten lassen.

Gegen das Leipziger Interim erklärten sich mit großem Nachdruck Matthias Flacius, ein Schüler Melanchthons, Nicolaus Gallus, Johann Wigand, Nicolaus Amsdorf, Joachim Westphal und alle Thüringsche Pfarrer. Calvin machte dem Melanchthon die bittersten Vorwürfe über seine zu große Nachgiebigkeit, mit der er für Adiaphora erklärt, was nothwendig zum Heil der Kirche und zum Wesen des Glaubens gehört. Der Pastor Leonhard Bayer zu Zwickau, der von seinem Amte verwiesen wurde, sagte: „ich will lieber arm sein und das Brot vor den Thüren suchen, als länger wohnen in der Gottlosen Hütten."

In der Mark Brandenburg hatte das Augsburger Interim kein besseres Schicksal als das Leipziger in Sachsen. Joachim II, der mit einem Fuß noch in der katholischen Kirche stand, hatte nach seiner Rückkehr vom Reichstage nichts Eiligeres zu thun, als dem mitgebrachten Ungethüm Eingang in die Landeskirchen zu verschaffen. Er wollte sich dem Kaiser gern gefällig erweisen, um durch seine Vermittelung für seinen zweiten Sohn, den Prinz Friedrich, das Bisthum Havelberg zu erhalten. Auch war er durch Agricola, der bei ihm in großem Ansehn stand, überzeugt worden, daß das Interim in den wesentlichen Lehren der evangelischen Kirche nichts ändere, mit der eingeführten Märkischen Kirchenordnung nicht streite, nur die Einigkeit im Kirchenregiment und in äußeren Dingen bezwecke und nur bis zu den Anordnungen des allgemeinen Kirchenconciliums Gültigkeit habe. Der für sein Stiefkindlein sehr besorgte Hofprediger legte dem Churfürsten den Entwurf zu einer Verordnung vor, die er im Lande sollte ergehen lassen. Er enthielt zugleich eine Apologie des Interims. Joachim prüfte die Schrift sorgfältig und begleitete sie mit seinen Bemerkungen. Er wollte sich durch dieselbe nicht zu voreiligen Schritten verleiten lassen und erst die Meinung der Geistlichen im Lande erforschen. Er war nach des Kaisers Versicherung, daß auch die katholischen Fürsten das Friedensinstrument annehmen und unterschreiben würden, der Zuversicht, daß dadurch in Deutschland die Einheit der Kirche wieder hergestellt und dem langen Hader ein Ende gemacht werden würde. Als aber sämmtliche katholische Fürsten gegen das Interim protestirten und der Papst dasselbe mit großem Unwillen zurückwies, als am Ende Karl V sogar erklärte, daß es nur für die Protestanten eine Nöthigung zur Einheit des Glaubens und der kirchlichen Gebräuche sein sollte: da ward der Churfürst bedenklich und schritt mit der Einführung des Interims bedachtsam vor. Zunächst berief er die Geistlichen des Landes zu einem Convent nach Berlin, wo Agricola sich alle Mühe gab, sie zur Annahme des kaiserlichen Glaubensmandats zu bewegen. Er suchte sie zu überzeugen, daß in den wesentlichen Glaubensartikeln der protestantischen Kirche nichts geändert sei, daß die Zusätze nur Mitteldinge beträfen, und daß ihnen im Gebrauch derselben freie Hand gelassen sei. Allein die Synode schickte eine Deputation an den Churfürsten mit der dringenden Bitte, der evangelischen Wahrheit getreu zu bleiben, in den Artikeln der Augsburgschen Confession nichts zu trüben oder zu fälschen und in Sachen des Glaubens sich durch Rücksichten und Menschengunst nicht bestimmen zu lassen.

Der gewissenhafte Fürst nahm diese Bitte nicht ungnädig auf, sondern ermahnte die versammelten Geistlichen, Alles sorgsam zu prüfen und gewissenhaft zu untersuchen, ob in den äußern Gebräuchen und Satzungen nicht Manches ohne Nachtheil des Glaubens geändert werden könne, Alles, was an und für sich nicht geändert werden könne, was an und für sich nicht gottlos sei, ruhig anzunehmen, den Zorn des Kaisers nicht ohne Noth zu reizen und dadurch nicht Veranlassung zu Unruhe und Krieg in Deutschen Landen zu geben. Allein die Meisten erklärten: das Interim betreffe nicht blos Mitteldinge, sondern greife den Glauben an, sie müßten sich Gewissens halber dagegen erklären und wollten lieber mit Weib und Kindern in's Elend gehen, als ihre Gemeinden um den alleinseligmachenden Glauben betrügen. Einige, denen man den Namen der Adiaphoristen gab, meinten, man müsse sich in die Zeit schicken und, um das Ganze zu retten, in Nebendingen nachgeben. Agricola bot alle Ueberredungskünste auf, um die Geistlichkeit für seine Sache zu gewinnen, namentlich den ehrwürdigen Nicolaus Leutinger, Pfarrer zu Alt-Landsberg, der unter seinen Amtsbrüdern in großem Ansehen stand. Dieser aber erklärte mit allem Nachdruck: „die Sache sei von großer Wichtigkeit, wodurch vieler Seelen Gewissen beunruhigt werden könnte; er habe für seine Person Islebium herzlich lieb und seinen Fürsten noch lieber, aber Gott müsse ihm doch der Liebste sein, dem er auch mehr als allen Menschen zu gehorchen schuldig sei; der Churfürst könne ihm zwar sein Gut und Leben nehmen, seine Seele aber wolle er dem Herrn Christo unverletzt erhalten." Doch blieb Agricola gegen seinen alten Freund zutraulich, in der Hoffnung, ihn doch wohl noch auf seine Seite zu ziehn. Er begab sich mit ihm in ein Nebenzimmer, suchte ihn durch allerlei Verheißungen zu begütigen und bat ihn, nur noch einmal die Unionsartikel aufmerksam durchzulesen. Das that Leutinger, warf aber die Schrift nach der Durchlesung ins Kaminfeuer, „damit er zu sein Exempel Andern nicht schade und sie ärgere." Auch der Propst von Berlin, Georg Buchholzer, Luthers und Melanchthons Freund, erklärte sich gegen das Interim.

Um jeden Gewissenszwang zu vermeiden und dem evangelischen Glauben keine Gewalt anzuthun, ging der Churfürst mit der Einführung des Interims langsam zu Werke. Er lud den Churfürst Moritz, den Fürst Georg von Anhalt, den Bischof Pflug von Naumburg, Melanchthon, Pfeffinger, Camerarius und den Pfarrer Gresser zu Dresden auf den 16. December 1548 zu einem Convent nach Jüterbog ein, um einige anstößige Sachen in der seinen Geistlichen verdächtigen Schrift zu mildern oder ganz zu entfernen, und ihr dadurch leichteren Eingang zu verschaffen. Die Artikel vom Meßkanon und Chrisma wurden durch einige, die lutherische Kirche beruhigende Zusätze gemildert und von den Theologen eine Refutation, von den Churfürsten Joachim und Moritz aber am 17. December ein Dekret aufgesetzt, nach welchem das durch den Jüterbogschen Abschied gemilderte Interim maßgebend für die evangelischen Kirchen in Sachsen und Brandenburg sein sollte. Agricola entbot die Haus- und Familienväter Berlins in die Nicolaikirche, um ihnen das zu Jüterbog verbesserte Interim zu erklären und auszulegen. Nachdem er dies gethan, beschließt er seine Predigt mit den Worten: „Da habt ihrs nun, lieben Leut, was Gott für große Gnad in Jüterbog gewirkt hat. Derhalben halt ein Jeglicher sein Maul hinfürder und belüge und lästere unschuldige Leut nicht mehr, und wenn du nun willt wissen, was das kaiserliche Buch oder Interim sei, so sag, es ist meines gnädigen Herrn von Brandenburg Churfürsten ausgegangene Ordnung, und glaube den Lügenmäulern nicht mehr, die jetzt mit Schanden müssen bestehen, die vor in alle Welt ausgeschrieben, gesagt und geplaudert, der Kaiser wolle das Evangelium austilgen, welches ihr nun wisset, daß es erlogen ist. Denn das ich jetzund verlesen, haben die Theologen aus Wittenberg gestellt. Derhalben steht nun die Thür offen dem Evangelio durch ganz Europa; allein bittet, daß Gott nun getreue Diener des Worts wolle geben, die sich darinnen recht schicken können. Das geb Gott durch seinen Geist." Aber die Diener des Worts widersetzten sich doch standhaft dem landesherrlichen Mandat. Der Churfürst verfuhr glimpflich mit ihnen, und so verzögerte sich die Sache bis auf bessere Zeiten, wo das Interim, das wie ein Komet durch die Kirche geschweift, sich in leeren Dunst auflöste.

Keiner war mit solchem Ingrimm und Haß gegen dieses Machwerk verfehlter Politik erfüllt, als der Markgraf Johann von Cüstrin. Bereits am 30. Mai hatte er zu Augsburg dem Kaiser ein Schreiben überreicht, worin er um Nachsicht bittet, wenn er seines Gewissens halber das Interim nicht unterschreiben könne. „Wie treulich (schreibt er), wie unterthäniglich und herzlich ich mir diesen Handel, das Interim belangend, auf Ew. kaiserl. Majestät Ermahnen zu Herz und Gemüth genommen, das kann ich mit Niemandem besser, denn mit Gott, der allein ein Erforscher der Herzen ist, bezeugen." Der Markgraf bezieht sich auf das, was er dem Kaiser bereits schriftlich und mündlich eröffnet und wie es ihm unmöglich sei, das Interim „ohne allen Hintergang und Bedenken und ohne allen Behelf anzunehmen." Er bittet, der Kaiser möge Geduld mit ihm haben, bis Gott ferner Gnade verleihet. Karl aber hörte nicht auf, in den Fürsten zu dringen, seinem wiederholten Befehl Folge zu leisten und schrieb noch unterm 23. März 1551 mit eigenhändiger Unterschrift an ihn: „Wiewohl Wir hievor deiner Lieb zu mehreren Malen ernstlich geschrieben und befohlen, daß Unser alhier des achtundvierzigsten Jahres aufgerichtete und von gemeinen Ständen angenommene und bewilligte Declaration und Ordnung, wie es mittlerzeit bis zur Erörterung eines gemeinen Concilii in der Religion gehalten werden solle, uns auch darauf endlich versehen D. L. würden solch Unser Schreiben und Befehl also gehorsamlich nachgesetzt und gelebt haben: so werden Wir doch glaublich berichtet, wie daß dein Lieb solch Unsre Declaration und Ordnung noch zur Zeit in den wenigsten Punkten nicht angerichtet, welches Uns (wo dem also) nicht unbillig zu hohem Mißfallen gereicht, denn sich Dein Lieb je billig zu berichten haben, daß D. L. den gemeinen Reichsordnungen und Satzungen, sonderlich denen, so mit Rath, Wissen und Bewilligung gemeinen Reichs Stände aufgerichtet und verabschiedet wurden, nicht weniger denn andere Stände des heiligen Reichs zu gehorsamen und zu geleben schuldig und verpflichtet sind, wie Wir denn nicht gedenken noch gemeint sind, Jemandem zuzusehn oder zu gestatten, sich solcher Unsrer Erklärung und Ordnung freventlich zu widersetzen, sondern wollen die von männiglich in allerwege gehorsamlich vollzogen und gehalten haben, ersuchen und vermahnen deshalb D. L. abermals, hiermit ernstlich befehlend, daß Du solche Unsre eröffnete, von gemeinen Ständen bewilligte und angenommene Declaration und Ordnung des Interims nach Inhalt derselben und darauf erfolgter Reichsabschiede, auch vermöge Unsers vorigen Schreibens und Befehles, an Dein Lieb derohalben ausgegangen, nochmals ohne ferneren Verzug gehorsamlich annehmest und allenthalben in Deiner Lieb Fürstenthum, Landen, Obrigkeiten und Gebieten verkünden, aufrichten und in das Werk bringen lassest, auch bei Deinen Unterthanen sich demselben gemäß zu halten, wirklich verschaffest und verfügest und in demselben Allem nicht ungehorsam seist noch anders thust, damit Wir nicht verursacht werden, in anderem Wege gebührliches Einsehn zu haben. Daran thut D. L. zu samt dem, daß Sie als obsteht, zu thun schuldig ist, unsern ernstlichen Willen und Meinung. Und wiewohl wir uns hierin gar keines ferneren Verweigerns, so begehren wir doch hierauf D. L. fürderliche zuverlässige Antwort, uns danach zu richten."

Markgraf Johann, dessen entschlossener und tapferer Sinn keine Furcht kannte, ließ sich durch des Kaisers Drohungen nicht schrecken. Er hielt fest an der erkannten Wahrheit und sahe in dem verfänglichen Unionsdokument nur eine Brücke, die in die katholische Kirche zurückführen sollte. Sein bitterer Haß gegen dasselbe sprach sich in einem von ihm in ungewöhnlicher Derbheit eigenhändig geschriebenen Pamphlet voller Salz und Lauge aus unter dem Titel: „Kleiner Catechismus, so der achtbare Bauermann Eislebius (Agricola aus Eisleben gebürtig) seiner Römischen Kirchen zu Trost und zu wirklicher Frucht und Besserung seines eingebornen und zarten Kindleins Interim genannt mit Rath und Hülfe zweier Schafferer und ihnen gottgefälliger Männer als Ehrn Julius Pflug und des Suffraganii zu Mainz zum ewigen Trost allen frommen Interimisten hat lassen ausgehn mit sonderlich erlangten Gnaden und Ablaß ihres allerheiligsten Vaters, des Papstes, auf zehn Jahre zur Reinigung und Vergebung ihrer Sünden vermöge seiner Heiligkeit." Nach dem kleinen lutherischen Katechismus werden den drei Verfassern des Interims nach der Reihe der zehn Gebote Fragen vorgelegt, die sie zur Schmach des Papstes, der Römischen Kirche, des Interims und des katholischen Clerus ohne Schonung und Rücksicht beantworten. Hier stehe nur die Antwort auf die Frage: „Was saget Gott von diesen Geboten allen?" Darauf erwiedert der Papst, nachdem er den Seinen eine köstliche Benediction gegeben: „Ich der Herr und Heilige allein, euer Romanisten und Interimisten Gott, bin den lutherischen Buben, so allein von dem gekreuzigten Christus, um ihrer Sünden willen gestorben und um ihrer Gerechtigkeit willen auferwecket, predigen, ein rechter unauslöschlicher Höllenbrand in diesem Reich, der Ich über die, so mein Reich hassen, solche ihre Sünden und ihrer Väter Sünden unaufhörlich heimsucht an ihren Weibern und Kindern mit Krieg, Mord, Brand, Gift, Feuer, Schwert, Wasser, Galgen, Rädern, Spießen, Braten und allen Plagen bis zur gründlichen Ausrottung dieser schädlichen Wurzel bis ins dritte und vierte Glied, aber Denen, so mich lieben, meine Römische Satzungen und das Interim zu einer wahrhaften Zubereitung meines ganzen Reiches halten, will ich allhier wohlthun, dort aber zu ihrem ewigen Verderben im tausendsten Gliede." Nun treten die evangelischen Theologen Flacius, Bucer und Andreas Musculus auf, müssen ihr Glaubensbekenntniß ablegen und werden darüber von den Koryphäen des Interims auf das Gröbste gelästert und angefahren.

So wie hier sprach sich der allgemein verbreitete Haß gegen das Interim und seine Verfasser in tausend Spottschriften, Karrikaturen und Epigrammen aus. Durch Versetzung der Buchstaben machte man daraus Mentiri; Interitum; Impia Nunc Tento Et Romanos Inveho Mores.

Selig ist der Mann,
Der Gott vertrauen kann,

> Und willigt nicht ins Interim,
> Denn es hat den Schalk hinter ihm.
> Der Türke hat seinen Alkoran,
> Das Interim führt auf dieselbe Bahn,
> Christus, sein Wort und Belial
> Sollen eins sein im Glauben überall.

Zur Unterdrückung der Spott- und Schmähschriften auf das Interim hatte der Kaiser in Augsburg ein Mandat ausgehen lassen, daß alle Buchdrucker im heiligen Römischen Reiche 500 Gulden Strafe geben sollten, wenn sie ein Buch, Blatt, Bild, Pasquill oder welchen Namen es sonst haben möge, drucken oder zum Druck befördern, es sei denn vorher von den dazu bestellten Personen durchgesehn, genehmigt und approbirt. Diese dürfen nichts anonym annehmen, sondern müssen bei all ihren Drucksachen der Obrigkeit den Verfasser angeben. Also eine Censur, wie sie in unsrer Zeit nicht geübt wird. Alberus erzählt: „im Jahre 1548 schrieb ich einen Dialog wider das Interim, der ward von Vielen abgeschrieben, weil ihn Niemand drucken wollte; denn sie sagten, er wäre zu scharf, so man doch den Teufel nicht scharf genug angreifen kann. Doch drang Caspar Aquilä Büchlein wider den Grickel (Agricola) und den Gräuel Interim frei durch, obgleich es viel schärfer war, als mein Dialog, welches mich und alle rechtschaffene Christen höchlichst erfreute." Dennoch lassen sich gegen hundert Schriften, die bis zum Jahre 1555 über das Interim erschienen sind, nachweisen, der zahllosen Stachelverse und Scommata nicht zu gedenken. Auch Münzen sind auf das Interim geschlagen; es wurde als der höllische Drache mit drei Menschenköpfen dargestellt. Markgraf Albrecht verfuhr sehr hart gegen Diejenigen, die dergleichen Schmähschriften, Sendbriefe und Bilder verkauften, verbreiteten oder lasen und verbot in öffentlichen Wirthshäusern, Gastungen oder anderen Zusammenkünften Gespräche und Disputationen über die Religion zur Aufregung und Erbitterung der Gemüther.

Andreas Osiander machte nach der Melodie: O Herre Gott, dein göttlich Wort u. s. w. folgendes Lied auf das Interim:

1. Das Interim ich nicht annimm, und sollt die Welt zerbrechen. Drei Schelmenmann es gemacht han, das wird Gott an ihn'n rächen wohl hie und dort, weil sie groß Mord in Deutschland wollen stiften, viel' Herzen rein der heilgen G'mein mit falscher Lehr vergiften.

2. Der Erste, Pflug, hat sein nicht Fug, wär wohl daheim geblieben, sein Lehensherr, ein solcher Mähr, von ihm hat frei geschrieben, wie er der Pflicht und Treu entwicht, sei treulos an ihm worden; darum er sein ein Bischof sein soll in der Schelmen Orden.

3. Der Andre will zu Sidon still ein Bischof sein genennet, wiewohl er hat dieselbe Stadt sein Lebtag nie erkennet; schwur doch ein Eid ohn

alles Leid, wollt sie den Glauben lehren; hat deß kein Sinn, kam nie dahin. Die Schelmen hilft er mehren.

4. Der dritte Gauch ein feister Bauch, Eisleben, will nicht büßen, wiewohl er frei ein' Kezerei hat widerrufen müssen; war im Arrest verstricket fest, ist dennoch d'raus entlaufen; darum er sollt um all sein Gold ein Schelmenpfand ihm kaufen.

5. Der Papst der ist der Antichrist. Ist wahr und nicht erlogen. Er hat uns lang mit hartem Zwang um unser Geld betrogen. Die G'wissen gar in große G'fahr mit Menschenlehr gesetzet, die Seel' dazu in groß' Unruh durch Menschenhand gesetzet.

6. Nun seht euch für! Ist vor der Thür das Papstthum ungeheure! Wer das annimmt, bald der hinschwimmt ins Schwefels Pfuhl und Feuer. Da leid't er Qual ohn' alle Zahl, ohn End' und alle Maßen. O Herre Gott, in solche Noth uns nimmer kommen lassen!

Wenn wir in die Verwirrungen jener vielbewegten Zeit hineinschauen, in welcher ein herrschsüchtiger, nach der höchsten Machtvollkommenheit strebender Monarch die Fürsten knechtet, die Städte plündert, das Volk in den Staub tritt, das Recht beugt, mit dem Heiligen marktet; wenn wir sehen, wie so viele Fürsten ihre Würde vergessen, nicht den Muth haben, dem Tyrannen frei unter die Augen zu treten, und die Vertreter des Volks aus Furcht vor dem Gewaltigen den Glauben verläugnen und die erkannte Wahrheit aufgeben: so ist es ein erhebender Anblick, wie die evangelischen Geistlichen feststehen im Glauben, und demselben Amt, Heimath, Eigenthum, Gut und Leben opfern, mit Weib und Kindern in's Elend gehen, Ketten und Banden tragen, in Kerker sich werfen und auf das Hochgericht sich führen lassen — und sich freuen, dies alles um Christi willen leiden zu müssen. Die unglücklichen Jahre großer Versuchung, die Unruhe, Ungewißheit und angstvolle Bewegung durch ganz Deutschland verbreiteten, machten vieler Herzen Gedanken offenbar. Männer wie Johann Brenz, Erhard Schnepf, Andreas Osiander, Erasmus Sarcerius, Martin Frecht, Sebastian Stieber, Johann Aepinus, Veit Diedrich, Wolfgang Musculus, Otto Körber, Jacob Stratner, Leonhard Eberhard, Mörlin, Gallus und viele Andere waren durch die Reformation gebildet, hatten alle Gefahren derselben überstanden, an der Ausbildung des protestantischen Lehrbegriffs mitgearbeitet, an allen Erscheinungen ihrer Kirche den lebhaftesten Antheil genommen. Sie besaßen das Vertrauen des Volks, das von ihnen die Predigt des Evangeliums vertrauensvoll angenommen. Jetzt sollten sie ihren Glauben bewähren. Und sie haben ihn bewährt und beherzten Muthes das Unglück über sich ergehen lassen.

Unter den Augen des gefürchteten Kaisers verläugnete kein Augsburg'scher Geistlicher die Wahrheit. Um ihrer Treue willen wurden sie sammt und sonders verjagt und ihnen das Reich verboten. Die Prediger in Ulm waren in Ketten und Banden dem Kaiser aus der Stadt als Gefangene nachgeführt worden. Die evangelischen Geistlichen in Stuttgart ließen sich lieber verjagen, als daß sie Christum und ihren Glauben verlängneten. Die Prediger in Tübingen folgten diesem Beispiele bis auf Einen. In Schwäbisch-Hall verfolgte Karl V den frommen Johannes Brenz wie ein gejagtes Wild. Osiander wurde aus Nürnberg, Sarcerius aus dem Nassauischen vertrieben. Ihre Amtsgenossen folgten ihnen; der Herr ging mit ihnen und stärkte sie in Geduld und Treue. Aus Regensburg wanderte Dr. Noppus mit seinen Gehülfen, und in Frankfurt erklärten Ambach und Lullus, sie würden eher Hunger, Elend und den Tod ertragen, als von der reinen Lehre weichen. So Matthäus Alberus in Reutlingen, Ambrosius Blaurer in Kostnitz, Bucer und Fagius in Straßburg. Viele zogen wie Bettler mit Weib und Kindern von Ort zu Ort; Andere hatte man verjagt und die Familie zurückbehalten. Etliche der Umherirrenden wurden von Spanischen Soldaten erschlagen und wieder Andere als Gefangene nach Spanien geschleppt. Der Erzbischof Johann Albert setzte sich zu Halle in Sachsen an die Thür der Schloßkirche, wo die Evangelischen ihren Gottesdienst gehalten, und schlug jeden der Herauskommenden mit einem Stabe. Auf sein Betrieb mußte der Magistrat der Stadt die Geistlichen verhaften und gebunden in's Gefängniß führen. So geschah es überall, auch im nördlichen Deutschland, wo die Furcht vor dem Gewaltigen den Muth gelähmt und die Verzagten eingeschüchtert hatte. Im Oberlande allein irrten gegen vierhundert vertriebene evangelische Prediger heimathlos umher.

Der Anblick dieser Unglücklichen mußte einen bitteren Haß gegen das Interim erwecken und die Gemüther im tiefsten Mitleid bewegen. Die Menge bedurfte keines anderen Beweises, daß es lauter papistische Gräuel enthalte und hielt um so fester an dem theuer erkauften, durch Jammer und Thränen versiegelten Glauben. Der Anblick jener Märtyrer erweckte auch Fürsten und Edle zur Kraft und Tugend. Der Graf Ludwig von Oettingen floh des Interims wegen nach Zürich; die Stände des Burggrafenthums Nürnberg oberhalb Gebirgs traten dem Befehl des Markgrafen Albrecht entschlossen entgegen. Und was haben Magdeburg, Braunschweig, Bremen, Goslar, Lübeck, Lüneburg und andere für ihren Glauben gethan und gelitten! Das Reich Gottes gedieh am kräftigsten in Zeiten harter Verfolgung und Christus fand seine treuesten Freunde unter den Kreuzträgern. Wie schmerzlich und empörend die Erscheinungen sind, die das Interim herbeiführte, so erhebend und ermuthigend sind doch auch die Zeugnisse wahren christlichen Heldenmuths und standhaften Glaubens, die uns aus dem Getümmel und Elend der Zeit entgegen treten. Man kann von den damaligen Zeugen der Wahrheit sagen, was der Hebräerbrief (11, 36 f.) von den ersten Verkündigern des göttlichen Worts sagt: „Sie haben Spott und Geißeln erlitten, dazu Bande und Gefängniß. Sie haben gekämpft mit Mangel, mit Trübsal und Ungemach, und sind in's Elend gegangen in den Wüsten, auf den Bergen und in den Klüften. Diese Alle haben durch den Glauben Zeugniß überkommen und nicht empfangen die Verheißung, darum, daß Gott etwas Besseres für uns zuvor versehen hat." Und in der That, wir genießen noch die Früchte jener bedrängten Zeit, und könnten von derselben viel lernen bei unsern jetzigen Confessionskämpfen.

Unter den stürmischen Bewegungen, welche das Interim herbeigeführt, starb am 10. November 1549 der hochbetagte Paul III, und der Kardinal del Monte bestieg als Julius III am 8. Februar 1550 den päpstlichen Stuhl. Er hatte immer zu den Rigoristen gehört und seinen Vorgänger jederzeit zu den kühnsten Maaßregeln, auch zur Verlegung der Synode nach Bologna gerathen. Ganz unerwartet kam deshalb dem Kaiser die Erklärung des neuen Papstes, daß er ihn sehr bereit finden werde, die Mißhelligkeiten zu schlichten, welche wegen der Kirchenversammlung zwischen beiden Höfen obwalteten, die Fortsetzung der Synode zu Trient solle sogleich angeordnet werden. Wirklich wurde auch dieselbe auf den 1. Mai 1551 ausgeschrieben. Karl V versprach, dahin zu wirken, daß die Synode nichts wider die Hoheit des Papstes beginne, und daß sämmtliche Stände und Städte des Deutschen Reichs sich den Beschlüssen des Conciliums unterwerfen sollten. So hoffte nun der Papst, die Reformation zu vertilgen, und der Kaiser, zur Souveränetät in Deutschland zu gelangen. Doch ehe die Synode ihre Arbeit beginnen konnte, mußten bei den Reichsständen noch manche Bedenken und Hindernisse beseitigt werden. Der Kaiser berief deshalb unterm 13. März 1550 die Fürsten und Städte zu einem Reichstag nach Augsburg. Alles, was auf dem vorigen Reichstage begonnen und beschlossen worden, sollte nun beendet, alle Zwietracht beigelegt und die Wohlfahrt der Nation fest begründet werden. Zum 25. Juni sollten alle Fürsten sich persönlich einfinden, und nur genügend nachgewiesene Krankheit könne entschuldigen, dann müßten aber die Gesandten nicht nur mit gehöriger Instruction, sondern auch mit unbeschränkter Vollmacht versehen sein. Aber die dringende Weise, mit welcher Karl V die Sache betrieb, machte die Fürsten mißtrauisch. Sie fürchteten, er werde in seinem Streben nach unbeschränkter Macht in Verbindung mit dem Tridentiner Concilium einen Hauptschlag thun und namentlich den Protestantismus völlig untergraben. Darum waren von den Churfürsten nur die Erzbischöfe von Mainz und Trier und auf der Fürstenbank nur der Herzog von Baiern und der Herzog Heinrich von Braunschweig gegenwärtig. Die Uebrigen waren durch Gesandte vertreten.

Mit Unwillen vermißte der Kaiser auf dem Reichstage die Churfürsten von Brandenburg und Sachsen. Beide Fürsten hatten schon auf dem

Convente zu Jüterbog ihr Herz gegen einander ausgeschüttet über die Unterdrückung und Ueberwältigung der deutschen Fürsten durch die Herrschsucht und immer höher steigende Macht Karls V, und wie man auf Mittel denken müsse, diese Macht zu brechen. Schon damals war Churfürst Moritz auf den Gedanken gekommen, durch die Aufstellung eines Heeres gegen Magdeburg die Gewalt zu bekommen, die kühnen Entwürfe des Kaisers gegen die Ehre und Freiheit der deutschen Fürsten zu zerstören. Karls Absicht, den protestantischen Glauben zu untergraben und ihn wieder unter den Gehorsam der Römischen Kirche zu bringen, trat immer deutlicher hervor. Das Interim hatte dazu die Bahn gebrochen, das Tridentinische Concilium sollte das Werk vollenden. Bei dieser Ueberzeugung und bei jenen Entwürfen konnten die beiden Churfürsten auf dem Reichstage nicht erscheinen. Auch kannten sie wohl die anderweitigen herrschsüchtigen Pläne, die der Kaiser für die Größe des Oestreich'schen Hauses auf diesem Reichstage durchsetzen wollte. Moritz entschuldigte sein Ausbleiben anfangs mit Unwohlsein, worauf der Kaiser erwiderte, daß ihn Schwachheit des Leibes an Abhaltung des Reichstages nicht gehindert habe. Dann brauchte er den Vorwand, daß sein Schwiegervater, der Landgraf von Hessen, immer noch in der Gefangenschaft gehalten werde, an dessen Erledigung seine Ehre, Treue und gutes Gerücht hafte. Den letzten Entschuldigungsgrund nahm er von den Zurüstungen her, die er zur Belagerung Magdeburgs und gegen den Bund der Norddeutschen Städte nothwendig treffen müsse.

Der Reichstag war ein so geharnischter, als der frühere. Viele Kriegsvölker, vorzüglich Spanier, waren in die Stadt gelegt. Der Kaiser trat noch gebietender auf, als zwei Jahre früher. Er verlangte, alle Fürsten und Stände sollten noch einmal erklären, daß sie sich den Beschlüssen des Conciliums ohne Widerrede unterwerfen wollten. Moritz' Abgeordnete zeigten sich dazu nur unter der Bedingung bereit, wenn die Synode ihre Berathungen wieder ganz von vorne anfange und die bereits verdammten Artikel der Evangelischen wieder zurücknehme, wenn den evangelischen Theologen eine entscheidende Stimme eingeräumt würde, der Papst sich selbst den Beschlüssen der Synode unterwerfen und die Bischöfe von dem ihm geleisteten Eide entbinden wolle, damit sie sich freimüthiger und rücksichtsloser äußern könnten. Der Churfürst von Mainz, als Reichskanzler, weigerte sich, diesen ungemessenen Antrag in die Reichs-Akten eintragen zu lassen. Der Kaiser ermahnte die Stände, das Concilium durch Abgesandte zu beschicken und verbürgte denselben völlige Freiheit und Sicherheit. Am 5. Januar 1551 ließ der Kaiser die Bulle des Papstes im Reichsrathe vorlesen, obgleich er mit dem Inhalte derselben nicht recht zufrieden war. Der Papst hatte darin gesagt, daß die Synode eine Fortsetzung der früher unterbrochenen sein und von den Beschlüssen derselben kein Buchstab zurückgenommen werden solle. Da zu besorgen war, daß unter diesen Umständen kein Protestant das Concil besuchen würde, so bat der Kaiser um Abänderung dieser Erklärung. Dazu wollte sich der Papst nicht verstehn und gab deutlich zu erkennen, daß er die Protestanten auf der Synode gar nicht zu sehen wünsche. Wenn es wahr ist, daß Karl dem Papste durch seinen Gesandten Mendoza sagen ließ, „daß ein Jäger dem wilden Thiere das Netz verberge, mit dem er es fangen will", so hätte damit der Kaiser freilich seine Absicht, den Protestantismus in Deutschland gänzlich auszurotten, an den Tag gelegt: aber wer kann sagen, ob damit der feine Vogelsteller nicht selbst das Netz verborgen habe, in das er den Papst fangen wollte. Der Protestantismus war dem schlauen Spanier immer der mächtige Talisman gewesen, durch welchen er den heiligen Vater im Schach gehalten.

Das Tridentiner Concilium war zwar am 1. Mai 1551 eröffnet, aber schon in der nächsten Session bis zum 1. September vertagt worden wegen des in Italien ausgebrochenen Krieges, in welchem der Papst, der Kaiser und der König von Frankreich, Heinrich II, verwickelt waren. Zu Ende des Jahres wurde es endlich Ernst mit der großen, oft verheißenen und immer hintertriebenen Synode. In der dazu ausgegangenen Bulle sprach der Statthalter Christi auf Erden die Hoffnung aus, daß nach dem Schluß des Concils „die weltlichen Herren ihre Heerschaaren mit unserm Kriegsvolk vereinigen werden, um wider die Fürsten und Völker zu ziehen, welche von uns im Concilio verurtheilt und verflucht worden sind, dieselben ohne Schonung und Nachsicht durch's Schwert zu vertilgen, Weib und Kinder, Hausgesinde und Nachkommen, mit Verbrennung ihrer Häuser, Städte und Flecken, bis man nichts mehr von ihnen etwas höret und die Uebriggebliebenen mit Stricken um den Hals kommen, unsre Füße küssen und öffentlich bekennen, daß wir auf dem wahren Stuhl Petri sitzen, der rechte Vicarius Christi und alle unsre Lehren, Gebräuche und Meinungen recht, gut und heilig sind, und wir den heiligen Geist haben." Der Papst behält sich das Recht vor, die Widerspänstigen in's Gefängniß werfen und zum Feuer verurtheilen zu dürfen. Zu dem Concil sollen kommen alle Bischöfe, die den starken Glauben des heiligen Stuhls haben, den drei Kardinälen und Legaten Gehorsam leisten und thun, was sie befehlen werden, „darum, weil Wir das Haupt des Conciliums und wir über das Concilium sind, nicht aber das Concilium über uns." Die Beschlüsse sollen nicht nach der Lehre der heiligen Schrift und der Väter, sondern „allein nach unserm Willen und Gutdünken gefaßt werden." — Die Bischöfe brauchen nicht gelehrt zu sein, wenn sie nur in Demuth Gehorsam üben. Sollten sie aber einen eigenen Willen gegen den des Papstes haben wollen, so sollen sie sofort nach Rom gesandt werden, um ihnen eine andere Meinung beizubringen. „Und ob sich's zutrüge, daß ein Diener der ketzerischen Kirche Deutschlands, Englands, des Schwetzerlandes oder der Graubünder also muthwillig oder unsinnig wäre, daß er zu diesem Concilio kommen wollte, so befehlen wir, daß er sofort in die Tiefe eines Thurmes geworfen werde. Man soll dem heillosen Völklein keinen Geleitsbrief halten, wenn ihnen derselbe auch vom Kaiser oder Königen und anderen Potentaten gegeben wäre, weil den Ketzern kein Glaube zu halten ist. Wollen derohalben nicht allein, daß sie gefangen gelegt, sondern auch öffentlich verbrannt werden, wie denn hiebevor mit Johann Huß und Hieronymus von Prag geschehen; denn diese vermaledeiete Ketzer sollen mit unsern Bischöfen und Dienern nichts auf dem Concilio zu thun haben, weil wir besorgen, sie möchten Etliche von unsrer Lehre abwenden und zu ihrer Meinung bringen. Wir finden leider unter unsern eigenen Brüdern einen Rauch und Geschmeiß ganz unlauterer Art."

Man sollte dieses encyklische Schreiben an die Bischöfe nach seinem Inhalte für untergeschoben halten, denn wenn es der Kaiser und die Reichsstände gekannt hätten, würden sie doch das Concilium sofort haben verwerfen müssen. Die protestantischen Fürsten hätten unmöglich ihre Gesandten nach Kostnitz senden können. Und doch geschah dies von dem Herzog Christoph von Würtemberg, von dem Churfürst Moritz von Sachsen und vielen freien Reichsstädten, aber freilich verlangte Moritz für seine Gesandten nicht nur das kaiserliche, sondern auch das Geleit des Kirchentages. Dieser weigerte sich, einen solchen Sicherheitsbrief auszustellen. Doch da auch die Gesandten des Kaisers darauf drangen, wurde derselbe unterm 25. Januar 1552 ausgefertigt. Ehe die Abgesandten ihre Reise antraten, wurden ihnen neuausgearbeitete Bekenntnißschriften übergeben, welche die Glaubensartikel enthielten, auf deren Anerkennung sie bestehen sollten. Die Würtemberg'sche Confessionsschrift war von Johann Brencius aufgesetzt, von den vornehmsten Theologen des Landes unterschrieben und auch von Straßburg und anderer Städten anerkannt. Sie wurde am 24. Januar 1552 einer besonderen Congregation von Prälaten übergeben, von diesen aber unbeachtet bei Seite gelegt.

Die Abfassung der Chursächsischen Schrift wurde auf Moritz Befehl Melanchthon übertragen. Dieser legte dabei die Augsburg'sche Confession zum Grunde und entwickelte die Lehre der evangelischen Kirche mit eben so großer Freimüthigkeit als Gründlichkeit. Von dem Leipziger Interim findet sich keine Spur und die Lehre von der Rechtfertigung allein durch den Glauben wird mit allem Nachdruck behauptet. Die Oberherrschaft des Papstes, die Messe, das Opfer in der Eucharistie, die Tradition, die letzte Oelung und andere Ceremonien der Römischen Kirche werden verworfen. Sämmtliche Professoren Wittenbergs und Leipzigs, die angesehensten Theologen Sachsens, die Abgeordneten des Fürsten Wolfgang von Anhalt, des Markgrafen Johann, der Grafen von Mansfeld, Stolberg u. s. w. hatten sie unterschrieben. Sie sind bereit, jedes Wort durch die Schrift zu rechtfertigen, von den aufgestellten Wahrheiten nicht zu lassen, wenn sie auch vom Concil verdammt würden, bitten die versammelten Väter, der Wahrheit die Ohren zu öffnen, durch falsche und zweideutige Dekrete die Spaltungen nicht größer zu machen und keine Grausamkeit gegen unschuldige Leute zu üben. Dazu erflehen sie den mächtigen Schutz des Kaisers.

Diese Repetitio des christlichen Glaubens, wie sie Melanchthon nennt, erhielt in der evangelischen Kirche ein so großes Ansehn, daß sie in Nürnberg und Pommern unter die symbolischen Bücher aufgenommen wurde. Mit derselben und einem Empfehlungsschreiben an das Concil sandte nun der Churfürst Moritz die Theologen Melanchthon, Erasmus Sarcerius und Valentin Pacäus nach Trient. Sie machten kurze Tagereisen und mußten nach einer geheimen Instruktion in Nürnberg bleiben. Bereits am 7. Januar waren die Sächsischen Gesandten Wolfgang Colerus und Leonhard Badehorn zur großen Freude der deutschen Bischöfe und kaiserlichen Gesandten angekommen und am 24. Januar erklärte Badehorn in einer feierlichen Antrittsrede vor den versammelten Vätern, wie der Churfürst nichts Dringenderes wünsche, als Frieden und Eintracht in der Kirche; dazu sei nöthig: eine Reformation an Haupt und Gliedern nach der heiligen Schrift und ohne Affecten; die Zurücknahme der bisherigen Dekrete, die viel Irrthümliches enthalten; die Verwerfung des Grundsatzes, daß der Papst über dem Concilio stehe; die Aussetzung aller Verhandlungen bis zur Ankunft der evangelischen Theologen und der deutschen Bischöfe und eine zuverlässige Geleitsformel für die Erstgenannten, die sich schon auf der Reise nach Trient befänden. Der Redner, der alle diese Forderungen schriftlich überreichte, erhielt von dem Kardinal-Legat die kurze Antwort: das Concilium werde das Alles in Erwägung ziehn und zu seiner Zeit Antwort ertheilen.

Auf dem Reichstage drangen die Churfürsten von Brandenburg und Sachsen durch ihre Gesandten mit großem Nachdruck auf die endliche Freigebung des Landgrafen von Hessen. Der Kaiser hatte ihn in den Niederlanden zurückgelassen und die Härte der Gefangenschaft geschärft. Die beiden Churfürsten von Brandenburg und Sachsen boten Alles auf, den Kaiser zu bewegen, den Landgrafen aus seiner Haft zu entlassen, weil sie für seine Freiheit und Sicherheit ihre Ehre verbürgt hatten. Moritz sandte ein Schreiben der Söhne des Landgrafen ein, worin sie erklären, daß, wenn er sich nicht Montag nach Invocavit mit seinem eigenen Leibe in Kassel einstellte, sie ihn für einen ehr- und treulosen Mann vor Gott und aller Welt beschreien und ausrufen wollten. Der Kaiser erklärte darauf: der Landgraf und seine Söhne hätten sich bisher so aufgeführt, daß er ihn noch nicht loslassen könne. Er schickte den Lazarus Schwendi an die Söhne Philipps mit dem Befehl, die beiden Churfürsten nicht nur in Ruhe zu lassen, sondern auch deren Verschreibungen herauszugeben und auf alle daher rührende Ansprüche Verzicht zu leisten. Im Weigerungsfalle bedrohte er sie mit den härtesten Strafen. Dennoch kam Schwendi unverrichteter Sache zurück und Karl V gab nun den beiden Fürsten eine schriftliche Entledigung von ihren Verbindlichkeiten und sprach sie von allen daraus hervorgehenden Ansprüchen quitt und los. Der Churfürst Moritz aber gab den Söhnen des Landgrafen insgeheim die Versicherung: „er wolle ihrem Vater die Freiheit verschaffen, und sollte es ihm nicht nur Land und Leute, sondern auch das Leben kosten. Daß er sich aber als Gefangener einfinde, werde erst dann Zeit sein, wenn sich die Umstände geändert und nicht mehr zu fürchten sei, was man jetzo scheuen müsse." Karl V bemächtigte sich der zum Besitzthum des Landgrafen gehörigen Grafschaft Diez, wie er schon früher die Grafschaft Katzenellenbogen an den Fürsten von Nassau verschenkt hatte. Landgraf Wilhelm, des Gefangenen Sohn, beklagte sich in seiner Verwahrung gegen diesen Gewaltstreich, daß der Kaiser seinem Vater allmählig mehr als die Hälfte seines Landes entzogen und doch an den Reichsanlagen nicht das Mindeste erlassen habe.

Daß die Protestanten auch auf diesem Reichstage vom Kaiser nichts Gutes erwarten durften, verkündete ihnen das grausame Verfahren gegen die Evangelischen in den Niederlanden, aus denen der Kaiser eben zurückgekommen war. Wie Luthers Schriften dort schon früher zum Auto da Fé verurtheilt worden waren, so wurden auch jetzt die Deutschen Bibeln und alle evangelische Bücher verbrannt und die Besitzer derselben eingekerkert. Wer in dem Verdacht stand, dem Protestantismus geneigt zu sein, wurde von der Inquisition in den Verhören bis auf's Blut gequält. Den Schuldigbefundenen ward das Schwert, der Scheiterhaufen und das Lebendigbegrabenwerden zuerkannt. Wer einen vermeintlichen Ketzer angab, erhielt die Hälfte von den Gütern des Angeklagten zum Lohn seines frommen Diensteifers. Die Eingezogenen wurden gefragt, ob die Messe oder das Opfer des Altars die Verstorbenen aus dem Fegefeuer erlöse. Das geringste Besinnen galt für ein Zeichen des bösen Gewissens und hatte den inquisitorischen Proceß zur Folge. In solcher Gesinnung drang nun auch Karl auf die nachdrückliche Bestrafung der Rebellen, wofür alle Diejenigen erklärt wurden, welche das Interim nicht angenommen hatten. In dem Reichsabschied vom 23. Februar 1551 heißt es: „Hierauf so thun wir Churfürsten, Fürsten und Stände getreues, emsiges Fleiß hiermit ersuchen, erinnern und ermahnen, es wolle ein Jeder, so viel ihn obberührte Deklaration oder Reformation (das Interim) anlangt, zum ernstlichen befördern und verschaffen, daß die angerichtet, gehalten und vollzogen werde, dadurch wir uns in H. Reich Deutscher Nation christlicher Einigkeit und aller Wohlfahrt tröstlich zu versehen. — Es hat auch die kaiserliche Majestät der Stände Bedenken der Rebellen halber gnädiglich angehört und wollte ihnen darauf zu fernerem Bericht der Sachen nicht bergen, daß die nächstentstandene Rebellion Se. Majestät zum Höchsten beleidigt. Die alte Stadt Magdeburg und die von Bremen sind darunter die vornehmsten, unter welchen zween Städten die von Magdeburg, ob sie wohl selbst augenscheinlich befunden, daß alle anderen mit ihnen verbundenen Städte sich gegen Ihre Majestät in allerunterthänigster Demuth gehorsamst erzeigt und um Gnade und Verzeihung unterthäniglich angesucht und diese auch unter huldreichen Bedingungen erworben haben, dennoch nichts destoweniger in ihrer halsstarrigen, verstockten Rebellion bis auf den heutigen Tag vorsätzlich verharren, durch welche ihre sträfliche, verdammte Halsstarrigkeit Ihro Majestät letzlich nicht unbillig verursacht, die Genannten von Magdeburg als Ihro Majestät freventliche, sträfliche Verächter mit Ihro Majestät Acht und Ueberacht zu erkennen und zu erklären."

Magdeburg hatte sich bereits im Jahre 1547 durch sein treues Festhalten an den Schmalkaldischen Bund die Reichsacht zugezogen. Als sich die Stadt auch entschlossen gegen das Interim erklärt und allen verfolgten und bedrängten Protestanten eine sichere Zufluchtsstätte gewährt hatte, wurde die Acht 1549 wiederholt und von dem Kaiser mit den härtesten Strafen bedroht. Sie aber erklärte, „sie wolle weder durch das Interim, noch durch das Exterim selig werden, sondern allein durch das Wort Gottes; an diesem werde sie festhalten trotz aller Drangsale und Gefahren." Ein fanatischer Haß gegen das Interim erfüllte alle Gemüther. Eine Menge von Flugschriften, Spottgedichten, Karrikaturen, Denkmünzen und dergleichen verbreiteten sich von hier aus durch alle Theile Deutschlands.

Weil Magdeburg der Sammelplatz aller Feinde des Interims war und Alles gegen dasselbe ungehindert gedruckt, geschrieben und gepredigt werden durfte, nannte man es „unsers Herrngotts Kanzelei." So groß war der Haß gegen das Interim, daß jeder Einwohner sich lieber unter den Trümmern der Stadt würde haben begraben, als sich zur Annahme dieses Religionsmandats zwingen lassen.

Am 15. April 1550 erschien ein wackeres „Bekenntniß, Unterricht und Vermahnung der Pfarrherren und Prediger der christlichen Gemeinden zu Magdeburg", das in drei Theile zerfiel. Der erste umfaßte in sieben Kapiteln die christliche Lehre. Sie vertheidigen darin die in der heiligen Schrift und der Augsburg'schen Confession enthaltenen Wahrheiten gegen die Papisten, Interimisten und Adiaphoristen und halten bei der Lehre von der Rechtfertigung fest an dem Worte „allein". Sie zeigen mit vieler Wahrheit, daß christliche Gebräuche und Ceremonien von der Lehre nicht wohl getrennt werden können, und daß es im rechten Sinn keine Adiaphora gebe. Im zweiten Theile wird gezeigt, daß der Christ allerdings gehorsam und unterthan sein müsse der Obrigkeit, daß es aber hinsichts des Glaubens und des Gottesdienstes eine höhere Obrigkeit gebe, der man mehr gehorchen müsse, als der weltlichen. Der dritte Theil enthält eine ernste Vermahnung, der reinen Lehre des Evangeliums getreu zu bleiben und dieselbe nicht verfolgen und unterdrücken zu helfen. Unterschrieben war dieses Glaubensbekenntniß von Nicolaus von Amsdorf, Superintendent, Nicolaus Hahn (Gallus), Pfarrer zu St. Ulrich, Lucas Rosenthal zu St. Johannes, Johann Stengel zu St. Jacob, Hennig Freden zu St. Katharinen, Ambrosius Hitzfeld zu St. Peter, Johann Baumgarten zum heil. Geist, Joachim Woltersdorf in der Sudenburg und Heinrich Gercken in der Neustadt. Das Leipziger Interim bekämpften fünf Magdeburger Prediger mit großem Nachdruck.

In einem kräftigen, glaubensvollen Ton ist eine andere Schrift verfaßt: „Der von Magdeburg Entschuldigung, Bitte und gemeine christliche Erinnerung." Darin beklagen sich die Rathsherren, daß die Ihrigen an Leib, Hab und Gut eine lange Zeit hindurch angegriffen und hart beschädigt, daß sie halsstörrige, trotzige, freche und ungehorsame Leute gescholten würden, die sich gegen Kaiser und Reich auflehnten, keinen Frieden begehrten, aufrührerische Briefe schrieben und dergleichen. Das sei arge Verläumdung, wodurch sie beim Kaiser verdächtigt würden; sie hätten durch Anschläge an den Thoren nachdrücklich verboten, auf Kaiser, König, Fürsten und Herren Uebles zu reden, auch auf dem Tage zu Wusterhausen den Verordneten der Landschaft Magdeburg und Halberstadt erklärt, wie sie zu jedem Vertrage bereit wären, der vor Gott und einem guten Gewissen bestehen könne. Sie wüßten recht wohl, welch ein gut edel Ding es um den Frieden sei, und daß der Unfriede alle Zucht, Ehrbarkeit und gute Ordnung verrücke, auch Land, Leute und Städte verheere, verderbe und verwüste. Wenn sie in der Stadt einige Klöster und Häuser niedergelegt und in der Umgegend einige Flecken und Dörfer besetzt hätten, so wollten sie das alles wieder herausgeben und ersetzen, wenn die fremden Völker, so zu ihrer Unterdrückung hereingebrochen, abziehen und sie frei laßen wollten. Sie geben besonders zwei Ursachen an, aus welchen sie zu einem friedlichen Vertrage nicht kommen könnten. Die eine ist, weil sie den lieben Gott und sein heiliges Wort nicht verlaßen und sich nicht unter die päpstlichen Gräuel begeben wollen und können. „Wir haben demüthig gebeten, uns bei dem allein seligmachenden Worte Gottes, wie es durch die Propheten, ja durch unsern lieben Heiland Jesus Christus selbst, seine Apostel und Diener zeither verkündigt und gepredigt worden, zu belassen. Wir haben aber darauf nie eine Antwort erhalten. Dann aber auch, weil die Capitulationsartikel in zeitlichen Sachen nicht allein zu hoch und beschwerlich, sondern auch, wie Gott bekannt, unmöglich zu erheben gewesen. Wir können der alten hergebrachten Freiheit nicht schändlich vergessen und fallen lassen, womit der erste und große Kaiser Otto unsre Vorfahren reichlich versehen; das wäre gegen die Nachkommen nicht zu verantworten. Man sieht auch wohl, wohin es mit dem Interim soll. Denn obwohl die Gerechtigkeit des wahren Glaubens an Jesum Christum, unsern einigen Heiland und Erlöser, die Grundfeste ist unsers christlichen Glaubens, worauf die christliche Kirche erbauet, erhalten und vertheidigt wird, ohne welchen auch die christliche Kirche nicht bestehen und Niemand ein Christ sein kann: so hat man doch den Hauptartikel unsers christlichen Glaubens und also unsre Seligmachung, nämlich wir allein durch den Glauben an Jesum Christum ohne all unser Werk und Zuthun gerecht und selig werden, der werthen Christenheit und uns Allen wollen nehmen, entziehen, verfinstern, verdunkeln, uns Alle um die ewige Seligkeit bringen, denn wenn der Artikel des Glaubens an Jesum Christum weggenommen, so ist alles Andere vergeblich."

„So machen sie auch das Sakrament des heiligen Leibes und Blutes und die Priesterehe zweifelhaft, richten die Anrufung der Verstorbenen und Heiligen, die Vigilien, Opfer und Seelenmessen, ja im Grunde das ganze Papstthum mit allen seinen Gräueln, Gotteslästerungen und Abgöttereien wieder auf. Zu solcher gräulichen Abgötterei können die Christen nicht stille schweigen. Sie müssen seufzen, rufen, schreien und mit ganzem Herzen bitten, daß Gott solche Schändung seines heiligen Namens abwende. — Es sei Gott im Himmel geklagt, daß man noch die Leute zu solcher Abgötterei und falschen Religion mit Gewalt dringet, viele fromme und christliche Prediger und Kirchendiener angreift, mit ihren Eheweibern und Kindern in's Elend verjagt und vertreibt, ja viele fromme Christen tödtet und ermordet." Sie ermuthigen sich durch das Beispiel Daniels und der Debora und ermahnen alle Christen, nicht gegen ihre bedrängten Brüder zu kämpfen und dadurch die gerechte Strafe des Himmels auf sich herabzuführen. „Der Gott, der den Verlassenen Hülfe und Beistand gethan, lebt noch und ist auch mächtig genug, der Welt seine Herrlichkeit, Kraft und Macht sehen zu lassen, der auch unser und aller lieben Christen Gott, Stärke und Schutz, Zuversicht, Zuflucht und Hülfe ist, und bei uns allen in den größten Nöthen sein wird."

Die Schwerverfolgten bitten, die Noth der allgemeinen Christenheit und die Bedrängniß ihrer christlichen Mitbrüder zur Kenntniß des Kaisers und der Deutschen Fürsten zu bringen, wogegen sie ja gerne geneigt sind, Alles zu thun, was vor Gott, ihrem Gewissen, der eigenen Ehre und der Seelen Seligkeit zu verantworten ist. Mit Christus, ihrem Herrn und Heerführer, denken sie den schweren Streit zu bestehen. Die Gläubigen und Frommen sind von jeher von der Welt verfolgt und verbannt worden. „Und wenn die allermächtigsten Könige sich unterstanden, wider

Gott und sein Wort zu gebieten, so haben die Rechtgläubigen ihr Leib und Leben daran gesetzt und von dem ewigen, lebendigen Gott nicht weichen wollen, so daß unser lieber Gott seine Herrlichkeit und Wunderwerk der Welt durch sie gezeigt." Kräftige, glaubensstarke Aussprüche der heiligen Schrift ermuthigen die Hartbedrängten zur standhaften Behauptung ihres Glaubens und zur Verachtung aller Gefahren. Sie wollen lieber unter den Trümmern der Stadt sich begraben lassen, als zu dem gottlosen Interim sich bekehren. — „Wir wissen aus Gottes Kraft und Gnade keine Abgötterei anzunehmen, und es wäre tausendmal besser, daß wir nie geboren wären, als solche verdammliche Aergerniß einzuräumen und von uns zu geben. Wollen auch unsern lieben Gott von Herzen anrufen und bitten, daß er uns so tief nicht fallen lasse und seine gnädige, väterliche, mächtige Hand von uns nicht abziehe und uns Alle mit Gnaden dafür behüte, daß wir nicht inne werden, was es sei, wenn der Herr seine Hand abzieht. Wir glauben aber gewißlich, wenngleich unser lieber Gott zu Heil, Versuchung und Beständigkeit seiner lieben Christen eine Verfolgung verhängen würde, daß noch viele löbliche, fromme Fürsten und Herren auch von Adel, Bürger und Bauern sein werden, unangesehen, ob sie wohl unbefestigt auf dem Lande sitzen und wohnen, die ihr Leib und Leben darstrecken und die erkannte heilige, göttliche Wahrheit frei, unerschrocken und öffentlich bekennen werden."

In einer Anmerkung fügen die treuen Zeugen der Wahrheit die Stelle aus Chrysostomus Homilien hinzu, worin er sagt: Verräther der Wahrheit sind nicht blos Diejenigen, welche Lügen sagen und verkündigen, sondern auch Diejenigen, welche die erkannte göttliche Wahrheit nicht wagen, vor den Menschen frei zu bekennen; denn der Glaube von Herzen führt zur Gerechtigkeit, das Bekenntniß des Mundes aber zum Segen. Zum Schluß legen die glaubensmuthigen Männer ein freies, offenes Bekenntniß ihres evangelischen Glaubens ab und bitten alle fromme Christen, die verjagten Prediger, ihre Weiber und Kinder, alle Elende, Verfolgte und Preßhafte in ihr Gebet einzuschließen, damit sie nicht nachlassen im Glauben, und an ihrem Gott nicht verzagen.

Diese Schrift sandten die Rathmanne und Innungsmeister der alten Stadt Magdeburg an den Markgraf Johann, der herzhaften Gemüths in den Schranken gegen das Interim wohlgerüstet voran stand. Sie begleiteten dasselbe mit folgendem Schreiben: „Durchlauchtiger, Hochgeborner Fürst. Ew. Fürstl. Gnaden seien unsre willigen und fleißigen Dienste zuvor! Gnädiger Herr. Wie geschwinde und betrüblich sich die Sachen mit der christlichen Religion zeither zugetragen und welche verdammliche große Aergerniß mit dem ausgezangenen Buche Interim den schwachen Gewissen und christlichen Kirchen angerichtet, und daß man endlich des Fürhabens ist, die Leute von der reinen Lehre des heiligen Evangelii zu dringen und wieder zu der falschen Lehre des antichristischen Reichs, das doch unser lieber Gott ohne Zweifel wehren wird, zu treiben, das Papstthum mit allen seinen Gräueln und Abgöttereien wieder anzurichten, auch an vielen Orten Wankelmüthigkeit und Unbestand gespürt wird, solches ist nunmehr am Tage und unbezweifelt Ew. Fürstl. Gnaden unverborgen, das alles wir denn unsers geringen Erachtens dahin verstehen, daß unser lieber Gott seine lieben Christen zu Heil und Beständigkeit seiner lieben Christenheit will gnädiglich versuchen und probiren. So werden auch Ew. Fürstl. Gnaden unsern Zustand wohl erfahren haben, daß wir und die Unsern zeither hart verfolgt, beschwert und angegriffen, das doch im Grunde keine andre Ursach hat, denn daß wir von Gottes Wort uns nicht haben wollen bringen lassen, sind auch noch der Meinung nicht, und wollen unsern Gott anrufen und bitten, daß er alle fromme Christen und uns dabei gnädiglich wolle erhalten und seine mächtige und väterliche Hand nicht von uns abziehen. So erkennen wir uns auch schuldig, in Sachen Gottes und sein heiliges Wort belangend unsern Gott mehr als den Menschen, die dawider sind, zu gehorsamen. Und wiewohl wir um göttlichen Friedens willen auf jüngstgehaltenem Reichstag zu Augsburg uns zu allen möglichen Dingen und gebührlichem Gehorsam unterthänigst erboten, so hat doch das von uns nicht wollen angenommen werden. Daß wir nun von Gottes Wort und der erkannten Wahrheit abtreten, auch uns unsrer ziemlichen, von Alters hergebrachten Freiheit begeben sollten, das können wir mit gutem Gewissen ohne Verläugnung unsrer Seelen Seligkeit vor Gott und unsern Nachkommen zu Ehren nicht verantworten und sind derhalben der Hoffnung zu unserm lieben Gott, er werde uns zu seiner Zeit stärken und in höchsten Nöthen nicht verlassen. Weil wir denn hören, daß Ew. Fürstl. Gnaden Gottes Wort auch lieb und werth haben, und Dieselben nicht bedacht sein wollen, das Buch Interim anzunehmen, sondern bei Gottes Wort zu bleiben, der Meinung wir denn aus Gottes Gnaden auch sind, derhalben wollen zu Ew. Fürstl. Gnaden uns ganz dienstlich mit ganz fleißiger Bitte versehen, Ew. Fürstl. Gnaden werden sich Unser in unsern Nöthen, als Mitglieder der wahren christlich=katholischen Kirche nicht entäußern noch entschlagen, sondern Unser gnädiglich eingedenk sein und diese Sachen dahin bewegen, da wir (so Gott für sei) unterdrückt und überwältigt würden, daß es allhier bei uns allein nicht bleiben würde, und wohin die Dinge weiter stehen, werden Ew. Fürstl. Gnaden aus hohem Verstande leichtlich ermessen. Zudem so werden die Unsern in der Mark Brandenburg und auf der Gardelegenschen Haide mehr denn in andern Ländern beschwert, überwältigt, geschlagen, beraubt und fortgenommen, und wiewohl wir nun eine lange Zeit her nicht ohne geringen Schaden, so den Unsern zugefügt worden, damit geduldet und verhofft, es sollten sich unsre Mitchristen mit uns anders und christlicher zu handeln bedenken, befinden dagegen, daß der Marter kein Aufhören, sondern je länger, je weiter den Unsern mehr Schaden geschieht." Zum Schluß bitten sie den Markgraf um getreuen christlichen Beistand, den sie in Fällen der Noth wieder zu leisten gern erbötig sind.

Der Churfürst Moritz war durch den Vertrag zu Regensburg vom 19. Juni 1546 Schirmherr des Magdeburger Stifts; er hatte deshalb das Recht und die Pflicht, die Acht zu vollstrecken. Er wurde auch dazu vom Kaiser bevollmächtigt, betrieb aber die Belagerung der Stadt ohne sonderlichen Ernst. Auf seine erste Aufforderung zur Uebergabe der Stadt erhielt er die Antwort: „Wir sind nicht in Abrede, daß wir mit den Löbl. Churfürsten und Fürsten, unsern gnädigsten und gnädigen Herrn, Sachsen und Hessen, auch anderen Fürsten, Ständen und Städten uns in ein christliches Verständniß eingelassen und verschrieben, gedenken auch mit Gottes Hülfe dabei zu bleiben und unser Brief und Siegel zu halten, zweifeln auch gar nicht, unser Gott werde uns dabei zu seinem Lobe gnädiglich schützen und handhaben." Die Magdeburger bezogen dies auf das Schmalkaldische Bündniß und waren entschlossen, demselben unerschütterlich treu zu bleiben, wenn auch andere Verbündete der erdrückenden Macht unterliegen müßten.

Da Karl V seine Spanischen und Niederländischen Truppen nach Italien senden mußte und Moritz nur ein schwaches Heer vor Magdeburg hatte, so forderte der Kaiser die Herzoge Georg von Mecklenburg und Heinrich von Braunschweig, sowie den Markgraf Albrecht auf, dem Belagerungskorps sich anzuschließen und die baldige Uebergabe der Stadt zu bewirken. Diese aber zogen es vor, die ganze Gegend plündernd zu durchstreifen und unter dem armen Landvolk Angst und Schrecken zu verbreiten. Dagegen machten auch die Magdeburger, die sich mit tüchtigen Offizieren versehen hatten, öftere Ausfälle, um sich mit den nöthigen Lebensmitteln zu versehn. Der Herzog Georg hatte das Städtchen Wandsleben überrumpelt und niedergebrannt. Seinen Weg bezeichnete er mit Mord und Brand. Das Volk flüchtete in die Festung und gelobte, gegen den räuberischen Feind mannhaft zu kämpfen. Die erste Probe aber, die der Rath mit ihnen machte, lief sehr unglücklich ab. Sie sollten zu einem Angriff gegen das Streifkorps des Herzogs am 15. September 1550 gebraucht werden. Im ersten Treffen sollten die Bürger mit der bewaffneten Mannschaft, im zweiten die Bauern stehn. Wie dies Herzog Georg bemerkte, machte er eine geschickte Wendung und warf sich auf die Bauern, die sofort auseinander gesprengt wurden und auch in das erste Treffen Verwirrung brachten, also daß der Herzog eine Menge Gefangene machte, das Geschütz und die Bagage eroberte und fast alle Bauern niedermachte. Das machte die wackere Stadt nicht muthlos;

sie wies eine darauf erfolgte Aufforderung zur Kapitulation entschieden zurück.

Da die Landstände und das Domkapitel bei diesen Plünderungen große Verluste erlitten, so reichten sie beim Reichstage eine Beschwerde ein und baten, dem verheerenden Kriege mit größerem Nachdruck ein Ende zu machen. Es wurde nun, ungeachtet des Widerspruchs mehrer Fürsten, die Reichsexekution gegen Magdeburg verfügt und dem Churfürst Moritz die Ausführung derselben aufgetragen und ihm der erfahrene kaiserliche Kriegsoberst Lazarus von Schwendi beigegeben. Zur Bestreitung der Kriegskosten wurden ihm 100,000 Gulden sogleich und monatlich 60,000 Gulden aus der Reichskriegskasse überwiesen. Auch der Churfürst Joachim II von Brandenburg rüstete ein Truppenkorps von zehntausend Mann aus. Seinem Sohne Friedrich war das Erzbisthum zugesichert, ihm konnte deshalb die Verheerung der Stiftsgüter nicht gleichgültig sein. Die Märkischen Stände hatten ihm dazu 50,000 Gulden bewilligt. Ueber dies Unternehmen war der Markgraf Johann sehr unzufrieden. Er sahe die Magdeburger als Märtyrer des evangelischen Glaubens an und machte Anstalten zu ihrer Hülfsleistung. Da entbot der Churfürst seinen Bruder nach Angermünde zu einer mündlichen Unterredung, die ihn auf andere Gedanken brachte. Wahrscheinlich theilte er ihm hier seine mit dem Churfürst Moritz in Jüterbog gehabte Unterredung mit.

Die Magdeburger hatten sich mittlerweile auch verstärkt, machten öftere glückliche Ausfälle und brachten immer gute Beute, Holz und Lebensmittel mit.

Die Belagerung begann den 29. September 1550 und währte ein Jahr und sechs Wochen. Zu seiner Rechtfertigung erklärte der Churfürst Moritz den zu Lüneburg versammelten Ständen: er habe mit Magdeburg Ausgleichung gesucht; bei dem reinen Worte Gottes wolle er bleiben bis zur Grube; wegen des Interims habe er sich und sein Land zu nichts verpflichtet; die Magdeburger hätten feindliche Einfälle in sein Land gethan, die Stiftsgüter geplündert und verwüstet, und selbst Grausamkeiten verübt; ihre Schmierbücher, Spottlieder und Schmachbilder, die auch den Kaiser nicht verschont, hätten ihn in Harnisch gesetzt. Dagegen kämpfe er; gegen den Glauben der Magdeburger werde er nichts unternehmen.

Um sein Nichterscheinen auf dem Reichstage, woran er unablässig und immer dringender gemahnt wurde, zu rechtfertigen, mußte sich Moritz bei der Belagerung Magdeburgs thätiger beweisen. Am 28. November 1550 überfiel er die Neustadt vor der Festung und nahm sie weg. Dann zog er einem Kriegshaufen entgegen, der im Halberstädtischen und Braunschweig'schen viele Verheerungen anrichtete. Diese Kriegsvölker waren eigentlich von den Seestädten und dem Herzog Johann Albrecht von Mecklenburg zusammengebracht, um Magdeburg Hülfe zu gewähren. Als aber die Seestädte und die regierenden Herzoge von Mecklenburg von dem jungen kriegslustigen Herzog Georg einen Ueberfall fürchteten, übergaben sie die geworbenen Truppen dem Grafen Volrad von Mansfeld und dem Oberst Heydeck. Diese kamen in die Gegend von Halberstadt und plünderten die Stiftsgüter. Die Domherren baten Churfürst Moritz um Schutz und Hülfe und berichteten, daß unter dem Kriegsvolk auch mehre vom Adel gewesen, die sich gerühmt: „mit Denen vor Magdeburg die Martinsgans essen zu wollen." Moritz suchte sie auf und traf sie am 15. December unweit Celle. Sogleich nahm er seine Stellung an der Atter und machte seine Disposition zur Schlacht. Bei Wolsrode übergab er den Seinen die Banner mit der Ermahnung, sich zu halten wie ehrliche Gesellen und die Fahnen nicht zu verlassen, sie würden denn bei denselben todt gestochen. Moritz erhielt den Sieg. Der Graf Volrad und die übrigen Hauptleute kapitulirten im Lager bei Verden, entließen ihre Mannschaft und erhielten für sich und ihr Geräth freien Abzug. Der Kaiser dankte dem Churfürsten und rühmte „die sondere Erfahrung, Schicklichkeit und Fleiß in Kriegssachen", die Moritz auch hier bewiesen.

Unterdeß hatten die Magdeburger glückliche Ausfälle gemacht, das von bischöflichem Volke besetzte Dorf Ottersleben weggenommen und das Hauptbanner des Stifts mit dem Bilde des heiligen Moritz erbeutet. Herzog Georg von Mecklenburg, der junge, kecke, freudige Kriegsmann, wollte am folgenden Tage Rache nehmen, überfiel die Magdeburger, ward aber tüchtig auf's Haupt geschlagen und selbst gefangen genommen. Jubelnd führten ihn die Sieger in die Stadt, läuteten die große Glocke auf dem Dom, die seit drei Jahren geschwiegen und verkündeten den Sieg durch Abfeuern von Büchsen und Geschützen von Wällen und Thürmen. Eilboten kamen zu Moritz und mahnten um eilige Rückkehr. Der edle Herr aber, eingedenk seines dem Markgraf Johann und seinem Vetter, dem Herzog von Sachsen, Johann Albrecht, gegebenen Wortes, auch folgend seinem eigenen Herzen, ging schonend mit der Stadt um, und sprach es bei allen Gelegenheiten aus, daß er ihren Glauben und ihre Freiheiten sichern werde. Auch Otto Heinrich von der Pfalz hatte Moritz bitten lassen, die Magdeburger als „fromme Christen" sich anempfohlen sein zu lassen. Der Krieg mit den Magdeburgern wurde immer unpopulärer; das Volk wünschte und erflehete den Bedrängten Glück und Sieg. Die Lehnsleute im Leipziger Kreise versagten dem Churfürsten Kriegsdienste gegen Magdeburg — „soweit nur, als des Churfürsten Lande reichten, seien sie zu dienen pflichtig." Selbst unter Katholiken regten sich Sympathieen für die tapfern Leute, und unter den Räthen des Churfürsten waren manche mit dem Kriege unzufrieden.

Dennoch stand es um die Sache des Protestantismus sehr bedenklich.

Er schien seinem Untergange nahe zu sein. Dem Kaiser und dessen Rathgebern war er in der innersten Seele verhaßt und es wurden zu seiner Vernichtung alle Kräfte aufgeboten. Auf dem Tridentiner Concilium war der Stab über die „ketzerische Rotte" bereits gebrochen. Der Schmalkaldische Bund war aufgelöst und die Häupter desselben befanden sich in schmachvoller Gefangenschaft. Die Fürsten und Stände im obern Deutschland hatten sich dem mächtig gebietenden Kaiser unterworfen und das Interim angenommen. Eine Menge evangelischer Kirchen waren den Katholiken zurückgegeben. Die Norddeutschen Städte bequemten sich immer mehr dem Willen des gefürchteten Imperators. Churfürst Moritz schien der treueste Diener des Kaisers, dem er seine Erhebung zu verdanken hatte, zu sein. So war denn Magdeburg die einzige noch nicht gebrochene Stütze des Protestantismus im Kampfe des evangelischen Deutschlands gegen das Zwangsedikt vom 15. Mai 1548. Wenn auch diese zusammenbrach, so hatte die evangelische Kirche ihre letzte Zufluchtstätte auf Deutscher Erde verloren. Alle fromme Herzen schlugen deshalb in Furcht und Hoffnung bei dem Hinblick auf den Kampf der muth- und glaubensvollen Protestantenstadt. Selbst das Ausland, besonders Frankreich und England, nahm den lebhaftesten Antheil an dem Schicksal der Stadt, wenn auch nicht aus religiösem, doch aus politischem Interesse.

Der nun die Herzen der Menschen leitet wie Wasserbäche und die Schicksale der Welt regiert mit unerforschlicher Weisheit, der hatte schon den Helfer in der Noth gefunden, der die Deutsche Freiheit, das heilige Recht und die evangelische Kirche retten sollte vom nahen Untergange. Die Hülfe kam von einer Seite, von der man es am wenigsten erwartet hatte. Des herrschsüchtigen Kaisers beharrliches Trachten nach Ueberwältigung der Deutschen Fürsten, nach Niederdrückung Deutscher Kraft und Freiheit und Ausrottung des evangelischen Glaubens hatte längst alle Gemüther empört und einen geheimen Groll in den Herzen der Bessern genährt. Ohne Rücksicht auf das Ehrenwort zweier Reichsfürsten war Landgraf Philipp gefangen genommen, in dieser widerrechtlichen Gefangenschaft wie ein gemeiner Missethäter behandelt und trotz aller dringenden Verwendungen und demüthigen Bitten nicht freigegeben worden. Gegen die von ihm beschworne Wahlkapitulation hatte er das Deutsche Land mit fremden Kriegern überschwemmt, die darin verwüstend hausten. Die den Reichsstädten feierlich bekräftigten Verfassungen und Rechte wurden eigenmächtig aufgehoben und weil sie aus Gewissenspflicht und Glaubenstreue das Interim nicht sofort annehmen konnten, geplündert, gezüchtigt und ihre Geistlichen mit Weib und Kindern in's Elend getrieben. Der Herzog von Alba, der Infant Philipp, ja selbst die geheimen Räthe des Kaisers behandelten die Deutschen Fürsten mit der größten Geringschätzung, das Volk aber mit Hohn und Verachtung. Durch die Spanische Politik war Lug und Trug, Hinterlist und Falschheit in alle Gebiete des öffentlichen Lebens gekommen.

Gründe genug, die endlich ein edles fürstliches Gemüth, das sein Vaterland liebte und das Wort Gottes ehrte, zu einer That bestimmen mußte, die freilich gewagt und kühn, aber nothwendig und unvermeidlich war, wenn Deutschland von Schmach und Untergang gerettet werden sollte. Wohl ladete Moritz mit dieser That den Vorwurf der Undankbarkeit und Treulosigkeit auf sich. Er mußte damit den Haß tilgen, den er für seine Anhänglichkeit an Karl V und für den Krieg gegen die Protestanten beim Deutschen Volke gefunden hatte. Zur Ausführung seines Plans bediente sich Moritz des Obrist Johann von Heydeck, der im Schmalkaldischen Kriege sich rühmlich ausgezeichnet hatte, vom Kaiser in die Acht erklärt war und sich zu den Magdeburgern geflüchtet, denen er in der Belagerung große Dienste geleistet. Bei einem Ausfall gerieth er in die Gefangenschaft des Churfürsten, der ihn, Allen unerwartet, ja unbegreiflich, in seine Dienste nahm. Eben so gewandt als tapfer zeigte er sich bald als ein geschickter Unterhändler. Er suchte vor Allem den Markgraf Johann (Hans von Cüstrin) ins Interesse zu ziehn und veranlaßte eine heimliche Zusammenkunft desselben mit Moritz. Sie erfolgte im Februar 1551 zu Dresden. Johann, wie sein Bruder Joachim, hegten noch eine stille Ehrfurcht vor der Majestät eines Kaisers des heiligen Römischen Reichs und Beide eröffneten sich dem kühnunternehmenden Fürsten nur zögernd und vorsichtig. Doch da sie gegenseitig sich erkannt hatten in ihrer Deutschen und christlichen Gesinnung, schlossen sie am 20. Februar ein Defensivbündniß zur Erhaltung der Religion und Freiheit der Deutschen. Johann verpflichtete sich, für seine Person 2500 Reiter zu stellen. Auf drei Punkte machte er aufmerksam, auf die Nothwendigkeit einer baldigen Uebergabe von Magdeburg, weil es abscheulich sei, daß Glaubensgenossen sich gegenseitig bekämpfen; auf die Versöhnung beider Sächsischen Linien, weil sie ein gemeinsames Interesse verbinde und die Befreiung Johann Friedrichs davon abhänge; und auf die Verbindung mit Frankreich und England, welche Mächte sie mit Geld unterstützen müßten, auch wohl einen Angriff auf die Niederlande unternehmen könnten.

Im Mai 1551 kam Markgraf Johann nach Torgau zu einer Verhandlung mit dem Churfürst Moritz, an der auch Wilhelm von Hessen, der älteste Sohn des Landgrafen Philipp, und Johann Albert von Mecklenburg theilnahmen. Sie waren für den heimlichen Fürstenbund gewonnen und sandten gemeinschaftlich den Ritter Friedrich von Reiffenberg an Heinrich II, König von Frankreich, mit dem Antrage eines Bündnisses gegen Karl V. Auch an den jungen König von England Eduard VI wurde ein geheimer Agent abgesandt, um ihn zum Kampf für seine verfolgten Glaubensgenossen in Deutschland aufzufordern. Dem König von Frankreich konnte nichts erwünschter kommen, als der Antrag der Deutschen Fürsten. Da sein Bruch mit Karl V unvermeidlich war, so hatte er schon seinem Gesandten in Augsburg, von Marillac, den Auftrag gegeben, die Zerwürfniß mit Kaiser und Reich zu beschleunigen und daraus für Frankreich den möglichsten Vortheil zu ziehn. Nun kommt ihm die freudigste Veranlassung, seine Macht nach Deutschland zu erweitern. Reiffenberg war beauftragt, dem Könige Heinrich II zu sagen, wie die Fürsten mit großem Schmerz gesehn, welche Last und Schmach der Deutschen Nation aufgebürdet sei, wie der Kaiser das liebe Vaterland um sein theuerstes Gut, die Freiheit, hätte bringen und in ewige Servitut legen wollen, zu geschweigen, wie hart, ungerecht und lieblos er mit den eingefangenen Fürsten verfahren. Daß dies alles für den König von Frankreich keine Motive sein konnten, Karl V den Fehdehandschuh hinzuwerfen, sahen die Fürsten recht gut ein. Darum wurden Lockungen und Versprechungen angewandt, die den Fürsten zur ewigen Schmach dienen. Dem Könige wurde die Aussicht auf Eroberungen und auf die Deutsche Kaiserkrone eröffnet; man verpflichtete sich, kein Oberhaupt des Reichs ohne des Königs Willen zu wählen; man wolle des Königs Pläne und Entwürfe gegen den Kaiser mit Deutschem Blute fördern und unterstützen. Wären die Deutschen Fürsten erst ganz unterdrückt, dann werde die Reihe auch an Frankreich kommen. Darum möge der König beizeiten thun, was in kurzem zu spät sein würde. Die Fürsten forderten eine monatliche Unterstützung von mindestens hunderttausend Kronen und eine baldmöglichste Kriegserklärung an Karl V, wenn irgend möglich noch vor dem Winter. Das Nähere sollte heimlich und unvermerkt an einem zu bestimmenden Orte besprochen werden.

Reiffenberg brachte einen lateinisch geschriebenen Vertrag unterm 3. März 1552 zurück, worin beide Theile sich in treuer Freundschaft gegenseitige Hülfe zusagten — Illa est inter nos inita et stabilita amicitia, ut alter alterum iuvare et tueri aeque ac se ipsum. Dieser Vertrag wurde zu einem Bündniß abgeschlossen nach den geheimen Verhandlungen mit dem Bischof von Bayonne, Jean de Fresne zu Lochau auf dem Schlosse Friedeberg in Hessen, am 5. Okt. 1551, und ward zu Chambery am 15. Jan. 1552 vom Könige selbst genehmigt. Frankreich verpflichtete sich zum Angriff Karls V und zu ansehnlichen Geldleistungen, dagegen sollte dem Könige gestattet sein, die zum Deutschen Reiche gehörigen Städte, in denen nicht deutsch, sondern französisch gesprochen werde, als Cambray, Metz, Toul und Verdun, unter Vorbehalt der Reichshoheit, als Reichsvicar zu besetzen — Städte, die leider dadurch auf immer für das Deutsche Reich verloren gegangen sind. Während der Besprechung fuhr ein Blitz durch das Zimmer, was der Französische Abgesandte mit vieler Gewandheit für ein Zeichen guter Vorbedeutung erklärte. Bald aber wäre ein Blitzstrahl anderer Art unter die Verbündeten gefahren. Markgraf Johann, vom Anfang an über das Bündniß mit Frankreich unzufrieden und über eine von den Hessischen Räthen aufgesetzte Vertragsform für sich und das Haus Brandenburg, sowie über den großartigen Angriffsplan, da doch anfangs nur von einem Defensivbündniß die Rede war, kam in einen so heftigen Wortwechsel mit dem Churfürst Moritz, daß daraus eine völlige Zwiespalt hervorging, Markgraf Hans die Versammlung verließ und den Vertrag nicht unterschrieb, der nur durch Moritz für sich und seinen Mündel Georg Friedrich von Brandenburg-Anspach, durch den Herzog Johann Albrecht von Mecklenburg und Landgraf Wilhelm von Hessen vollzogen wurde. An den hitzigen Wortwechsel knüpfte sich ein heftiger Briefwechsel, der einen bösen Ausgang hätte nehmen können, wenn es nicht den Bemühungen des Churfürsten Moritz und des Obrist von Heydeck gelungen wäre, durch die Vermittelung des Herzogs Albrecht von Preußen, den Markgraf Hans beim Bunde zu vertreten hatte, eine Aussöhnung zu Stande zu bringen.

„So war denn, sagt Albert von Langenn, ein Mann von biederer, ächtdeutscher Gesinnung, in seinem Moritz I. 486, mit dem Vertrage von Friedewalde jener wichtige Schritt bis auf die nicht zu bezweifelnde Genehmhaltung des Königs von Frankreich geschehn, und er ist mit Recht ein verzweifeltes Mittel genannt worden, welches die verzweifelte Lage nicht mehr habe scheuen lassen. Alles dies aber entnimmt Moritz nicht dem harten Vorwurfe, daß er und die übrigen Fürsten den heiligen Boden des Vaterlandes Französischer Begehrniß preisgegeben, daß er, wenn auch an die edelsten Güter, einen Werth verwenden half, über den keiner der den Vertrag schließenden Fürsten verfügen durfte. Diese Schuld trägt auch Moritz. Keine Geschichte kann ihn davon freisprechen, sowie sie ihn nicht verantwortlich machen wird für Alles, was von Frankreich aus in der folgenden Zeit geschah, ermöglicht durch grobe Mißachtung alles Rechts von Französischer Seite, und durch ärgerliche Schwäche und Unwehrhaftigkeit des Reichs. Gleichwohl ist's natürlich, daß bis auf diesen Tag auch an Moritz dann nicht ohne Bitterkeit gedacht wird, wenn man sich erinnert, daß der Münster Straßburgs, Erwins von Steinbach großes Baudenkmal, nicht mehr auf Deutschem Boden steht, und wenn man in den damaligen Verträgen auch zu diesem Verluste den ersten bösen Keim findet."

Bei allen Verhandlungen der Stillverbundenen war als Hauptgrund und Hauptzweck der Schilderhebung gegen Karl V die Befreiung des Landgrafen Philipp angegeben. Dieser unglückliche Fürst, der in der Freiheit immer das Element seines Lebens gefunden, schmachtete immer noch in der peinlichsten Gefangenschaft. Wenn Johann Friedrich sein

Schicksal mannhaft, geduldig und gottergeben trug, so erscheint der sonst so ritterliche und kräftige Philipp oft ohne alle Fassung und Ergebung. Schon im Mai 1547 hatte er seinem Schwiegersohn Moritz geschrieben, er sei auf seines und der Churfürsten von Brandenburg Wortes Treu und Glauben nach Halle gekommen, er habe seine Freiheit verbürgt und gelobt, sich nach Kassel zu stellen, wenn der Kaiser Gewalt gegen ihn brauchen sollte, er werde sich nun auch als ein wahrhaftiger Christ und treuer Freund erweisen, wie es sich mit Ehren gebühre; er könne von dem, was er zugesagt, nicht abweichen. Wie der Landgraf, so sprachen auch seine Statthalter und Räthe. Sie hatten die Festungen geschleift, die Gelder zusammengebracht und drangen in den Churfürst, sein ritterlich Wort zu lösen. Im Vertrauen auf dieses Wort habe des Landes Ritterschaft ihrem Herrn gerathen, sich dem Kaiser zu ergeben. Im Juli 1547 schrieben ihm die Söhne Philipps, dafern ihr Vater am 7. August nicht in Kassel sein würde, sich ohne einigen Verzug und Behelf dort zu stellen. Philipp selbst schrieb ihm von Bamberg aus den 4. Juli 1547: „Wir wissen Euch nicht zu bergen, wie wir je länger je mehr mit Leibes-Blödigkeit beladen und sorgen, wo unsre Sachen nicht zu anderen Wegen gerichtet, daß es uns an unserm Leib und Vernunft zu unwiederbringlichem Nachtheil gelangen werde." Er klagt in allen seinen Briefen, „er werde übel gehalten, in alte stinkende Häuser geschleppt und verwahrt, als wäre er der größte Uebelthäter."

Die beiden Churfürsten wandten sich mit den dringendsten Vorstellungen an den König Ferdinand nach Prag und machten ihn durch ihre Gesandten Otto von Dieskau und Hans von Schlieben auf die öffentliche Meinung, auf das göttliche Recht, dem auch die Gewaltigen der Erde unterworfen sind, auf die traurigen Folgen für Land und Leute aufmerksam, wenn sie nun Beide sich zur Haft in Kassel stellen und ihr Volk schutzlos lassen müßten. Der König versprach auch eintrachtstörenden Mißverständnissen vorzubeugen und seinen Sohn Maximilian mit diesem Geschäft beim Kaiser zu betrauen; aber die Sache wurde nur schlimmer. Nicht ohne tiefe Erschütterung kann man Philipps Briefe aus jenen Unglückstagen lesen. Es schien, als wolle man seinen Geist der Verwirrung, seinen Körper dem Elende preisgeben. Er fürchtete, nach den Niederlanden oder Italien, oder wohl gar nach Spanien geschleppt zu werden. „Wer außen ist, schreibt der Unglückliche an seinen Schwiegersohn, wie Euer Liebe in Freuden und Wollust, der weiß nicht, wie es dem zusteht, der gefänglich gehalten wird." Er verfolgt den Churfürst in allen seinen Briefen mit den bittersten Vorwürfen. In Augsburg verwandten sich die Stände, die Landgräfin Christine, die Kinder Philipps, die beiden Churfürsten selbst mit demüthigem Flehen bei dem steinharten Kaiser; aber das Gefängniß wurde immer enger und strenger. Die arme Landgräfin starb, gebeugt von Kummer und Gram, den 15. April 1549. Die jungen Landgrafen bestürmten ihren Schwager mit Bitten, Vorwürfen und Drohungen. „Keine Reise zu Wasser und zu Lande, versicherte derselbe, solle ihm auf dieser Welt zu schwer werden, um den Landgrafen zu befreien; Unmögliches aber könne er nicht bewirken. Eine Einstellung zu Kassel werde zu nichts führen, ihm aber unendlich schaden."

Der Landgraf hatte wiederholentliche Versuche zur Flucht gemacht. Sie waren mißlungen, auch der letzte, kurz vor der Ausführung. Alles war vorbereitet. Ein Kaufmannsdiener aus Hessen, der in Antwerpen fungirte, hatte den Weg von Mecheln bis zur Hess'schen Grenze von vier zu vier Meilen mit rüstigen Pferden belegt; der Zeugmeister Hans Rommel hielt hinter dem Garten des Hauses, worin der Fürst gefangen gehalten wurde, mit raschen Pferden und handfesten Leuten. Ein furchtsamer Diener verrieth die Sache und die engere Einschließung des Landgrafen in ein niedriges Gefängniß mit einem kleinen, durch eiserne Stäbe vergitterten Fenster, war eine Folge davon. Ihm wurden alle Schreibmaterialien genommen, alle Bequemlichkeiten versagt, die Kost verringert. Des tiefgebeugten Fürsten Kraft war gebrochen; er wurde still und in sich gekehrt, las die Kirchenväter und die Bibel, sang geistliche Lieder und weinte viel. Die Nachricht von diesem Zustande erregte ein allgemeines Mitleid in ganz Deutschland. Die Schmach wurde tief empfunden. Des Landgrafen Sache erschien als die Sache aller Deutschen Fürsten. Im Oktober 1551 traten zu Augsburg alle Oberländische und Niederdeutsche Abgeordnete beinah sämmtlicher Deutscher Fürsten zu einer gemeinsamen Fürbitte zusammen. Des Kaisers Herz und Ohr blieb verschlossen. Allgemein wandte sich der Haß des Volks gegen Karl V und gegen den Churfürst Moritz, den man für ein blindes Werkzeug des Kaisers hielt.

Achtes Buch.

Uebergabe von Magdeburg. Milde Bedingungen. Freimüthige Erklärung der Geistlichen. Karl's Absichten hinsichtlich des erblichen Kaiserthums. Moritz' heimlicher Plan. Das Bündniß zu Chambord mit Heinrich II. Besorgnisse des Tridentiner Concilums. Warnungen an Karl V. Moritz' Landtag zu Torgau. Dessen Schreiben an den Kaiser. Warnung Joachim's II, der Sächsischen Landstände und Melanchthon's. Moritz bringt rasch vorwärts bis Augsburg. Kriegsmanifest von Moritz und Albrecht. Volksstimmung. Verhandlungen zu Linz mit König Ferdinand. Markgraf Albrecht's gewaltsames Verfahren. Heinrich's Eroberungen. Erstürmung der Ehrenberger Klause. Karl V giebt in Innspruck dem alten Churfürst Johann Friedrich die Freiheit und rettet sich durch die Flucht. Moritz rückt in Innspruck ein. Das Concilium zu Trient geht auseinander. Waffenstillstand. Verhandlungen auf dem Reichstage zu Passau. Persönlichkeit Kaiser Karl's V. Die Tendenz seines Lebens. Der Großinquisitor Garcia de Loaysa. Ausschreiben zum Reichstage. Beschwerden der vereinigten Fürsten. Moritz' Forderungen, vom Kaiser zurückgewiesen. Ferdinand's Vorschlag. Moritz setzt den Krieg fort. Tod Herzogs Georg von Mecklenburg. Karl's letzte Erklärung. Friedenspunkte im Passauer Vertrage. Karl's Demüthigung. Moritz' Stellung zum König Heinrich. Markgraf Albrecht setzt den Krieg auf eigene Hand fort und geht zum König Heinrich über. Seine Verheerungen und Gewaltthaten; söhnt sich mit dem Kaiser aus. Die Fürsten Deutschland's zur Zeit der Reformation. Fürst und Volk. Befreiung Johann Friedrich's; Rückkehr in seine Lande. Lucas Cranach. Jenaer Ausgabe von Luther's Schriften. Des frommen Fürsten und seiner Gemahlin Tod. Landgraf Philipp's Rückkehr in sein Land.

Es war nun Zeit, der Belagerung Magdeburgs ein Ende zu machen. Am 4. Sept. 1551 sandte Moritz den Obrist von Heydeck und forderte die Stadt unter annehmbaren Bedingungen zur Capitulation auf. Der Kaiser hatte verlangt, die Stadt solle sich auf Gnade und Ungnade ergeben, aller Freiheiten und Gerechtsame beraubt werden und alle Kriegskosten bezahlen, die Festungswerke sollten gänzlich zerstört und der Erde gleich gemacht werden. Von diesen strengen Forderungen war bei der Capitulation nicht die Rede. Es lag dem Churfürsten viel daran, sich die Festung für etwaige Unglücksfälle zu erhalten. Darum verlangte er nur die freie Uebergabe der Stadt unter den mildesten Bedingungen. Man will alle Ungnade fallen lassen und in die Begnadigung alle Geistliche, Bürger, Kriegsleute und Einwohner aufnehmen. Alle Privilegien, Altherkommen, Gerechtsame und Freiheiten sollen der Stadt gesichert und Keiner an Gut, Ehre, Leib und Leben geschädigt werden. Daß die Stadt sich dem letzten Reichsabschiede in allen Stücken fügen solle, ward nur auf weltliche Sachen bezogen und nicht auf das Interim und das Concilium zu Trient. Der Kaiser hatte verlangt, daß er zu allen Zeiten, auch mit der stärksten Kriegsmacht, in Magdeburg einziehen und dort so lange verbleiben dürfe, als es ihm gefalle. Dies ward auf Friedenszeiten und auf die Art zurückgeführt, wie es in anderen Reichsstädten gebräuchlich ist. Die Schleifung der Befestigungswerke sollte noch von einer Berathung der Fürsten des Reichs abhängig gemacht werden. Statt der vom Kaiser sofort verlangten Kriegskontribution von 200,000 Gulden und 24 Stück Geschütz wurden nur 50,000 Gulden und 12 Stück Geschütz gefordert. Von dieser Summe erhielt Moritz die Hälfte und von der andern Hälfte wurden der Stadt auch noch 10,000 Gulden erlassen. Der Artikel, daß alle konfiscirten Güter den neuen Besitzern ohne Widerrede beständig verbleiben sollten, wurde ganz weggelassen. Hinsichts der freien Religionsübung hatte der Churfürst in einem geheimen Artikel die Zusicherung gegeben, daß darin nichts geändert werden solle. Den Deputirten sagte er vertraulich, daß er den Papst für den Antichrist halte und bis zur Grube bei der Augsburg'schen Confession bleiben werde — davon möchten sie aber dem kaiserlichen Commissarius Lazarus Spengler ja nichts merken lassen.

Nach geschlossener Capitulation ward die Besatzung der Stadt, die noch aus 2000 Mann zu Fuß und 130 zu Pferde bestand, am 8. November entlassen, aber vom Herzog Georg von Mecklenburg, der seine Freiheit wieder erhalten hatte, sofort in Sold und Pflicht genommen, weil Moritz seinen Namen dazu nicht hergeben wollte, denn Herzog Georg war für seinen Plan eben so gewonnen, wie der kühne, ehrgeizige Markgraf Albrecht von Kulmbach, der die Verhandlungen mit Heinrich II in Frankreich persönlich geleitet hatte. Am 9. November nahm Moritz für sich und den Kaiser die Huldigung an und am 13. gab er der versammelten Geistlichkeit durch einige seiner Räthe die Erklärung, daß die Stadt nicht wegen der Verkündigung des göttlichen Worts belagert worden, dem Churfürst deshalb in den Schmähschriften und Libellen, die von Magdeburg ausgegangen, groß Unrecht geschehn. Se. Durchlaucht wollten aber Alles in Gnaden dahin gestellt sein lassen mit der Versicherung, daß

Dieselben bei der Augsburg'schen Confession verharren würden bis in den Tod. Sie selbst sollten das Volk zur rechten Buße, christlichem Wandel und Gehorsam gegen die Obrigkeit ermahnen, für den Kaiser und für ihn beten, und eine Confession ihres Glaubens zum General-Concilium nach Trient senden, um zu versuchen, ob nicht wenigstens in einigen Stücken die höchstnöthige Einheit erreicht werden könne. Hierauf erwiderten die Geistlichen, daß Spott- und Schmähschriften von ihnen nicht ausgegangen seien, daß sie jedoch nicht verdammen könnten, was den Einfältigen wider die Abgötterei des Antichrist vorgestellt worden. Gegen das Interim, das leider von vielen Augsburg'schen Glaubensgenossen angenommen sei, müßten sie sich nachdrücklich erklären. Der Papst sei der Antichrist, könne also nicht der Hirt der Heerde Christi sein. Auf dem Concilio zu Trient seien Partei und Richter eine Person, die Glieder desselben erklärte Feinde des göttlichen Worts, die schon die Hauptwahrheiten desselben verdammt hätten und das auch ferner thun würden; deshalb wollten sie mit diesem Concil nichts zu thun haben und würden weder für dasselbe beten, noch ein Bekenntniß dorthin senden, auch keine Satzung von demselben annehmen, denn Christus und Belial hätten keine Gemeinschaft miteinander. Wenn Christus selbst vor den Hohenpriestern und Pharisäern dieses Concils erschiene, so würde er gewiß verdammt werden. Bei dieser freimüthigen Erklärung blieben die Prediger ohne alle Anfechtung.

Noch einmal sollte der Kaiser um das gebeten werden, zu dessen Erledigung das Schwert schon gezückt war. Die beiden Churfürsten von Brandenburg und Sachsen sandten Abgeordnete nach Innspruck, wohin der Kaiser seinen Hof verlegt hatte, um dem Concil näher zu sein, mit den dringendsten Vorstellungen zur endlichen Freilassung des Landgrafen Philipp. Ehre und Pflicht, von denen sie der Kaiser nicht entbinden könne, erheische sonst ihre gefängliche Haft von den Söhnen des Landgrafen. Die Gesandten überreichten zugleich Fürbitten vom König von Dänemark, vom König Ferdinand, vom Herzog Albrecht von Baiern und von den beiden Herzogen von Lüneburg. Diesen schlossen sich durch Abgesandte an: der Churfürst Friedrich von der Pfalz, der Markgraf Johann von Brandenburg, der Pfalzgraf Wolfgang von Zweibrücken, die Herzoge Heinrich und Albrecht von Mecklenburg, der Markgraf Ernst von Baden und der Herzog Christoph von Würtemberg. Ungeachtet dieser dringenden und unabweislichen Verwendungen ertheilte der Kaiser den Gesandten die Antwort, auf die er sie zwei Tage lang hatte warten lassen: „ihr Gesuch betreffe eine Sache von der höchsten Wichtigkeit, die viele Ueberlegung erfordere, und da er gehört, Churfürst Moritz werde des ehesten zu ihm nach Innspruck kommen, so wolle er dann mit ihm die Sache berathen. Sie selbst möchten nur zu ihren Fürsten zurückkehren und ihnen sagen, sie würden in Kurzem erfahren, daß ihre Verwendung nicht fruchtlos gewesen sei.

Da der Kaiser den Churfürst Moritz wiederholentlich und dringend aufgefordert hatte, zum Reichstage nach Augsburg zu kommen und jetzt noch auf Moritz' Ankunft in Innspruck hoffte, so mochte er wohl die Erledigung Philipp's von einer anderen höchstwichtigen Sache abhängig machen wollen, die der Sachsenfürst recht gut kannte und im höchsten Grade mißbilligte. Und diese Sache war keine andere als die Erblichkeit der Kaiserwürde im Hause Oesterreich. Karl hatte seinen Sohn Philipp erst nach den Niederlanden und dann nach Augsburg kommen lassen. Hier wollte er die versammelten Fürsten bestimmen, seinem Sohne Philipp die Königswürde zuzusichern in dem Fall, daß Ferdinand das Kaiserthum antreten würde. Damit aber dessen eigener Sohn Maximilian dabei nicht leer ausgehe, wollte man die Churfürsten dahin vermögen, daß sie diesem die Römische Königswürde zusagten, wenn Philipp zum Kaiserthum gelangte. Diesen Plan scheinen die Fürsten gekannt und deshalb den Reichstag nicht besucht zu haben. Moritz stand zudem mit König Ferdinand in gutem Vernehmen und mit dessen Sohn Maximilian in vertrauter Freundschaft. Karl aber hoffte immer noch seinen Lieblingswunsch durch Moritz, auf dessen Dankbarkeit und Ergebenheit er sicher rechnete, ausführen zu können, und wünschte deshalb nichts sehnlicher, als seine Ankunft in Innspruck.

Diese hatte auch Moritz dem Kaiser bereits angemeldet. Nach der Capitulation von Magdeburg schrieb er ihm, wegen der milden Bedingungen, die er der Stadt bewilligt habe, werde er sich vor Sr. Majestät persönlich rechtfertigen. Um den Kaiser ganz sicher zu machen, sandte er zwei seiner Räthe, Christoph von Carlowitz und Dr. Ulrich Mordeisen, nach Innspruck voraus, ließ dort eine Wohnung für sich und sein Gefolge miethen und sandte eine Deputation zu dem Concil in Trient. Moritz wußte, daß zwei seiner Schreiber im Sold des Granvella standen. Diese beschäftigte er immer mit solchen Angelegenheiten, die seine Treue und seinen Eifer für den Kaiser bezeugten und zog sie zu solchen Berathungen, in denen er das Gegentheil von seinen eigentlichen Absichten verhandelte. Von seinen Räthen war vielleicht Christoph von Carlowitz der einzige, den er in die Karte sehen ließ. Um Diejenigen, die wohl Argwohn schöpfen mochten, zu täuschen, lebte er in steten Zerstreuungen, gab Trink- und Festgelage, jagte in den Wäldern, reisete hiehin und dorthin, so daß Karl, als man von den kühnen Plänen des jungen, ehrgeizigen Fürsten sprach, äußerte: „wie will der junge Lüstling unter den Weibern und bei den Bechern zu solchen Gedanken kommen!" Als am 15. Januar 1552 Heinrich II das Bündniß zu Chambord vollzogen und beschworen hatte, kam der Landgraf Wilhelm nach Dresden und verabredete mit Moritz den Operationsplan nach Eröffnung des Feldzuges, öffentlich und laut aber beklagte er sich, daß die beiden Churfürsten ihr Ehrenwort immer noch nicht lösen und in Kassel einreiten wollten. Moritz entschuldigte sich so gut er konnte, berathete sich auch mit einigen Räthen, die er täuschen wollte, und versprach in kurzer Zeit zum Kaiser zu reisen und die Sache zum endlichen Schluß zu bringen.

Seine Truppen hatte der Churfürst in die Winterquartiere nach Thüringen in die Umgegend von Mühlhausen und Erfurt gebracht. Hier verübten sie viele Excesse, besonders auf den geistlichen, zum Stift Erfurt gehörigen Gütern. Der Kaiser forderte ihn auf, die Truppen zu entlassen. Moritz entschuldigte sich, daß der Sold, der auf das ganze Reich ausgeschrieben, noch nicht eingezahlt sei und die Truppen nicht eher auseinander gehen wollten. Die kaiserlichen Räthe, denen das nicht unbedeutende Heer ein Dorn im Auge war, schafften Rath, übersandten das Geld, und — das Heer wurde nicht entlassen. Im Reiche gingen allerlei Gerüchte und man sprach von großen Dingen, die im Werke seien. Schon früher hatte Karl V von „Praktiken" gesprochen, welche vor sein sollten, und Frankreich als betheiligt dabei bezeichnet. Auch nach Trient war das Gerücht von Moritz' Rüstungen gekommen und die geistlichen Churfürsten wollten das Concil verlassen, aus Furcht, Moritz möchte in ihrer Abwesenheit in ihr Gebiet fallen und dasselbe plündern und verwüsten.

Da Karl V nichts mehr fürchtete als eine abermalige Trennung des Conciliums, so suchte er die Prälaten zu beruhigen und ihnen Muth einzuflößen. Sie sollten nicht, schrieb er ihnen unterm 3. Januar 1552, jedem Gerüchte Glauben beimessen. Ueber Moritz ginge zwar allerlei übles Gerede, aber er sei seiner Treue gewiß und habe von ihm die Versicherung einer vollkommensten Ergebenheit. Er selbst werde nach Innspruck kommen und habe schon zwei seiner Räthe vorausgeschickt. Wegen seiner Dienste habe er so große stattliche Zusicherungen gegeben, daß er sich alles Guten von ihm versehen dürfe, und daß alle Treu und Glauben aus der Welt verschwunden sein müßte, wenn Moritz ein Verräther werden könne. Zudem sei derselbe ein Deutscher, und ein solcher gehe mit so arglistigen Anschlägen nicht um. Wegen des Kriegsvolks könnten sie außer Sorgen sein. Es hätte noch rückständigen Sold zu fordern und er habe schon zur Auszahlung desselben Anstalt getroffen. Würden dann die Truppen nicht entlassen, so würde er wohl auf seiner Hut sein, weil dann etwas Schlimmes darunter stecken könnte. Er sei nicht so unbedacht und fahrlässig, daß er nicht hören und wissen sollte was vorgeht; dazu halte er an allen Orten Leute, die Achtung geben und Bericht erstatten müßten. Hierin spare er weder Mühe noch Kosten. Aber aus jedem leeren Gerüchte einen großen Handel machen, sei nicht klug gethan. Er fordere sie deshalb auf, das Concilium aus leerer Furcht nicht zu verlassen. Darunter würden

Religion und Kirche leiden, wovon doch nicht nur ihr eigenes Glück mit Hab und Gut, sondern auch das Wohl und Wehe des ganzen menschlichen Geschlechts abhänge.

Nicolaus von Amsdorf schrieb dem Churfürst Johann Friedrich, dem er noch einen entschiedenen Sieg über Herzog Moritz verhieß, „es werde ein böses Spiel geben; er solle sich mit den Fürsten nicht einlassen; es sei einer so fromm als der andere; der Markgraf von Brandenburg sei vorzugsweise ein arger Fuchs." Als dem Landgraf Philipp ein Gerücht zukam von dem Vorhaben seines Schwiegersohnes Moritz gegen den Kaiser, spottete er darüber und sagte: „wie will doch ein Sperling den Geier angreifen; Moritz selbst hat ja den andern Vögeln die Nester zerstört. Ausländern ist es unglaublich, daß Lutheraner unter einander Krieg führen." Was nun in die Gemächer der Gefangenen drang, das konnte doch am Hofe des Kaisers nicht verborgen bleiben. Karl aber traute den ehrlichen, dummen Deutschen das nicht zu, was er selbst in allen seinen politischen Unternehmungen so oft und glücklich gethan hatte. „Die tollen und vollen Deutschen, soll der Kaiser auf die Warnung des Verdacht schöpfenden Herzogs Alba erwidert haben, besitzen kein Geschick zu solchen listigen Ränken." Derselben Meinung war auch der Bischof zu Arras. Es sei gefährlich, sagte er, dergleichen Gedanken zu äußern; sie könnten wohl den Churfürst auf einen Vorsatz führen, der außerdem nicht in seiner Seele liege. Einer der nach Inspruck gesendeten Räthe, Wolf Kollers, meldete unterm 27. December 1551 dem Churfürsten: „es kommen allerlei Schreiben und Zeitung beim Kaiser ein, die Ew. Durchl. Person belangen, wodurch man den Kaiser zu einem Mißtrauen führen will, dem derselbe aber noch zur Zeit eben so wenig Glauben schenkt als der Bischof von Arras." Ja der Kaiser äußerte sogar, die Franzosen streuten dergleichen Gerüchte aus, um Unruhen in Deutschland hervorzubringen. Den churfürstlichen Gesandten sagte er, wegen der landgräflichen Sache wolle er sich mit Moritz berathen, sowie über andre wichtige Angelegenheiten, „er gedenke nicht in diesen großen Sachen mit jemand anderem zu handeln, als mit dem Churfürsten." Alba und des Kaisers Schwester, die Königin Maria, waren in der Umgebung Karls vielleicht die Einzigen, die etwas Böses fürchteten und gegründetes Mißtrauen in Moritz' Absichten setzten. Man schrieb dem Churfürsten, Maria habe im vertraulichen Kreise geäußert: „man wisse wohl, womit Moritz umgehe, aber dem solle Rath werden, komme der Churfürst, so werde man ihn beim Kopfe halten und dann mit den Hessen bald fertig werden."

Um den Kaiser in seiner Täuschung zu erhalten, machte sich Moritz wirklich auf den Weg nach Innspruck, kehrte aber am zweiten Tage unter dem Vorgeben des Unwohlseins wieder nach Dresden zurück. Es soll ihm auch die Nachricht zugekommen sein, daß man am kaiserlichen Hofe die

Absicht habe, ihn fest zu nehmen, da man an seinen feindseligen Gesinnungen nicht mehr zweifelte und gewisse Kunde habe, daß Markgraf Albrecht in Frankreich gewesen sei. Am 1. März 1552 berief der Churfürst die Landstände nach Torgau und eröffnete ihnen, wie er nicht umhin könne, sich endlich seinem Schwager, Landgraf Wilhelm, zur Haft zu stellen, da ihn dieser unterm 24. Februar um die Lösung seines Worts gemahnt, wenn er ihn nicht öffentlich für einen ehr- und treulosen Menschen erklären solle. Er werde nun nach Kassel abreisen und habe während seiner Abwesenheit seinen Bruder, den Herzog August, das Regiment im Lande übergeben; dem sollten sie gehorsamen, da er Alles auf seinen Befehl thue, die Grenzen des Landes durch tüchtige Wehr beschützen und überall auf ihrer Huth sein. Dann reiste er nach Kassel, kehrte aber, nachdem er Alles mit seinem Schwager besprochen, nach Dresden zurück und zog seine Truppen, die sich täglich gemehrt hatten, enger zusammen. Der Churfürst von Brandenburg, Joachim II, der auf dem Landtage zu Torgau gegenwärtig war, wußte gewiß um Moritz' heimliche Absichten gegen den Kaiser.

Der letzte Brief, den Moritz von Schweinfurt aus an Karl V schrieb, war vom 27. März. Er bedauert darin, zu Sr. Majestät nicht kommen zu können, was er so sehnlich begehre, weil er von Sr. Liebden, dem Landgraf Wilhelm, nur auf kurze Zeit entlassen sei, um den König Ferdinand persönlich zu bitten, seinen Einfluß beim Kaiser zur endlichen Erledigung des Landgrafen Philipp geltend zu machen. Er hoffe, zum 11. oder 12. April in Innspruck einzutreffen, und was etwa Se. Majestät mit ihm noch vorher zu berathen wünsche, möge er seinem Bruder mittheilen, so wolle er ihm seine Meinung schriftlich anzeigen. „So viel in meinem Vermögen und Kräften ist, fährt er fort, will ich Alles befördern helfen, was zur Erhaltung des Friedens, der Ruhe und Einigkeit in der Christenheit dienlich ist." Was nun das Tridentinische Concilium betrifft, so habe er mit kaiserlicher Majestät gehofft, es werde einmal eine rechtschaffene christliche Vergleichung in der Religion zu Stande kommen, deshalb auch seine Gesandten nach Trient, und seine Theologen mit einer Confession bis Nürnberg geschickt, aber er könne für sie nicht ein solches sichere Geleit erhalten, wie es den Böhmen zum Concil in Basel gegeben sei; die bereits verdammten Hauptartikel der Augsburg'schen Confession sollten nicht noch einmal besprochen und die evangelischen Theologen nicht Sitz und Stimme in der Synode haben; der Papst wolle sich den Beschlüssen derselben nicht unterwerfen und habe bestimmt erklärt, daß die streitigen Punkte in der Religion nicht nach Gottes Wort und der Propheten und Apostel Schriften erörtert und definirt werden sollten. So könne die Tridentinische Versammlung nicht als ein freies christliches Concilium angesehen werden und es sei nicht zu verhoffen, daß dadurch die Zwiespalt in der Religion ausgeglichen und Einhelligkeit in der Lehre und sonst aufgerichtet und gemacht werden möge. „So bin ich verursacht, die Meinen wieder abzufordern, und bin der Hoffnung, Ew. kaiserliche Majestät werden mich deshalb entschuldigt halten. Ich bin aber des Erbietens, da obgemeldete und andere beschwerliche Artikel geändert und ein rechtschaffen, frei, christlich, gemein und unparteiisch Concilium würde vorgenommen, daß ich alsdann mit williger Schickung unsrer Theologen und sonst alles das gehorsamlich und willig thun, leisten und befördern helfen, auch an mir gar nichts erwinden lassen will, so zu Abhelfung des schädlichen Zwiespalts in der Religion, auch anderer obliegenden Beschwerden gemeiner Christenheit, und dagegen zu Pflanzung beständigen Friedens deutscher Nation sprießlich sein mag und erachtet werden kann, also, daß Ew. kaiserliche Majestät und männiglich meines Versehens gutes Genügen und Gefallen darob tragen und mit mir zufrieden sein sollen."

Als Moritz diesen Brief schrieb, hatte er den Feldzug schon begonnen. Er war von Leipzig über Weißenfels, Naumburg, Weimar und Erfurt über den Thüringer Wald gezogen und fand bei Mellrichstadt die Reiterei unter dem Grafen Albrecht von Mansfeld. Der Landgraf Wilhelm kam am 18. März mit seinen Truppen nach Erlebach und vereinigte dieselben am 23. mit dem churfürstlichen Heere bei Bischofsheim. Auf dem Felde bei Schweinfurt musterte Moritz die Reiterei und 19 Fahnen Knechte. Länger durfte der kühne Mann nicht zögern, denn von allen Seiten waren ernste Abmahnungen und Drohungen eingegangen und die Sache war nicht länger geheim zu halten. Der Churfürst von Brandenburg, Joachim II, rieth mehr zu Unterhandlungen als zum Kampf. „Es möchte, äußerte er, dem Landgrafen durch Ausführung des Vorhabens nicht geholfen, sondern entholfen, und er von Leib und Leben gebracht werden. Der Kaiser, der jetzt gegen sie so gnädig und willfährig sei, könnte wohl, wenn er gereizt werde, den armen Gefangenen in zwei Stücke hauen lassen und sich mit ihnen darin theilen." Der König Ferdinand ermahnte den Churfürst alles Ernstes, von gewaltsamen Schritten abzustehn. Sein Kanzler, Heinrich von Plauen, mußte ihn erinnern, wie viel er der Gnade und Freundschaft des Kaisers verdanke, wie seine Feinde und Widersacher sich freuen würden, „die nichts lieber sähen, als daß er sich durch listige Praktiken wider Kaiser und König verführen lasse;" habe er Beschwerden wider Karl, so würde er wohl die Wege wissen, die zur Erledigung derselben führen. Moritz antwortete ihm: der König werde gewiß Mitleid mit ihm haben, er habe sich ihm ja in den Angelegenheiten seines Schwiegervaters immer so willfährig gezeigt, dafür sei er ihm allezeit zu Dank verpflichtet und werde sich ihm gewiß als treuer Freund erweisen. So habe er auch des Königs Sohne Max sein herzliches und freundliches Gemüth anzeigen lassen.

Auch die Sächsischen Landstände ließen es an Warnungen nicht fehlen. Sie riethen zur Unterhandlung mit dem Kaiser, sprachen von der Mißlichkeit der Bündnisse mit fremden Nationen, wiesen hin auf das Verderben, das mehren deutschen Fürsten aus solchen Bündnissen erwachsen sei und zeigten, daß von einem Könige von Frankreich weniger Schutz für deutsche Freiheit und evangelischen Glauben zu erwarten sei, als von einem Römischen Kaiser. Auch Melanchthon erhob seine Stimme, geschreckt durch den Bund mit Frankreich, und mahnte ernstlich ab von jeder Schilderhebung gegen den Kaiser. Er wies hin auf die theuer erkauften Erfahrungen, welche die Pfalz, Würtemberg, Lübeck, Hessen und Johann Friedrich im Bunde mit dem treulosen Volke jenseits des Rheins gemacht habe. Moritz möge bedenken, was es heiße, „ein gefaßtes Reich mit Chur und Fürsten in einen Haufen werfen." Ja sogar Carlowitz, von dem man bisher geglaubt hatte, er sei der Vertraute des Churfürsten, schrieb an denselben unterm 15. März von Dresden aus: „es sei in Wahrheit des ganzen Deutschlands Wohlfahrt an diesen Sachen gelegen, darum bitte und flehe er zum demüthigsten, er wolle den Kanzler von Plauen hören, der gekommen sei, jene Sache zu treiben; solches werde zu allem Guten und dem Lande zum Troste gereichen." Zugleich übersandte er Moritz ein Schreiben des Prinzen Maximilian, woraus er die treue Freundschaft desselben erkennen werde, und schloß mit der Warnung: „er möge sich mit anderen Leuten, die allein ihren Vortheil in des Churfürsten Nachtheil suchten, nicht zu weit führen lassen; auch wenn er sich bereits in Etwas zu weit sollte eingelassen haben, so könne ihm wohl, wenn er nur folgen wolle, wieder herausgeholfen werden." Karl V, dem allmählig die Augen aufgingen, ohne jedoch die Sache ganz zu durchschauen, ruhete immer noch in stolzer Sicherheit auf seine kaiserliche Macht und Autorität. „Ich führe, sprach er, in der Person des gefangenen Johann Friedrich einen Bären an der Kette, den ich nur loszulassen nöthig habe, um den Moritz zu erwürgen."

Der Kaiser hätte sich wohl sagen können, daß alles sein Maaß und Ziel hat, und daß es wohl an der Zeit sein möchte, den fünf Jahre lang gegen alles Recht in schwerer Haft gehaltenen Landgrafen freizugeben. Es war Alles geschehen, um die unwürdige Rache des Kaisers zu befriedigen, die demüthigsten Bitten von Weib und Kindern, vom Schwiegersohn und den angesehensten Fürsten, vom König von Dänemark und von seinem eigenen Bruder; die beiden mächtigsten Fürsten Deutschlands, die es ursprünglich mit ihm redlich gemeint und ihm wichtige Dienste geleistet, standen in Gefahr, sich den Söhnen des unglücklichen Fürsten in Haft zu geben; und der stolze Spanier blieb kalt und verschlossen, freute sich, deutsche Fürsten gedemüthigt zu den Füßen seines Throns zu sehn, und ließ den Gefangenen verschmachten. Die allwaltende Gerechtigkeit läßt solchen Uebermuth nicht unbestraft. Hochmuth thut nimmer gut und kann nichts denn Arges daraus erwachsen.

Karl war nicht der Mann, der sich mit den Waffen in der Hand etwas abtrotzen ließ; aber er erklärte doch, weil er sich der hereinbrechenden Gefahr für den Augenblick nicht gewachsen fühlte, mit unzweideutigen und runden Worten, daß er den Landgraf sofort auf freien Fuß setzen werde. Doch das hielt Moritz nicht ab, den betretenen Weg zu verfolgen. Bei Rothenburg an der Tauber traf auch der Markgraf Albrecht mit seinen Truppen bei Moritz ein und nun wurden im raschen Laufe die Städte Dünkelsbühl, Nördlingen, Donauwörth und Augsburg genommen. Vor letzter Stadt kam Moritz bereits den 1. April an und am 4. hielt er seinen Einzug in diese alte freie Reichsstadt. Es befanden sich darin nur vier Fähnlein kaiserlich Fußvolk, das einen freien Abzug erhielt. Die Städte mußten Kriegssteuern zahlen und Geschütz liefern, erhielten aber ihre alte Verfassung, Rechte und Freiheiten. In Augsburg nahm Moritz seine Wohnung bei Karls erklärtestem Widersacher, dem Bürgermeister Herbrot.

Von Augsburg aus, wo Karl V die glänzendsten Triumphe seiner Herrschermacht gefeiert hatte, erging auch das Kriegsmanifest gegen den Kaiser. Es war unterzeichnet vom Churfürst Moritz, vom Herzog Johann Albrecht von Mecklenburg und vom Landgraf Wilhelm von Hessen. Die Verbündeten sagen darin: „Sie hätten je und alle Wege nichts mehr gewünscht, als Frieden und Einigkeit im Reiche und zur Befestigung derselben in der Religion eine wahre und christliche Vergleichung, gemäß den prophetischen und apostolischen Worten und Lehre. Der Kaiser und der König hätten zwar dieselbe zum öftern verschrieben und zugesagt, namentlich in den Reichsabschieden; der Kaiser habe aber solche Zusagen, Briefe und Abschiede immer anders gedeutet, widerrufen und gänzlich aufgehoben. Ueberall, auch in der Religion, galt nur sein Wille, und wer sich dem nicht unterwarf, war ein Rebell. Daß er die Augsburg'sche Confession und deren Bekenner auszurotten gedachte, zeigt die Verjagung so vieler evangelischen Geistlichen und die Nöthigung zu einem unchristlichen Glaubensbekenntniß, durch das so viel Hader, Feindschaft und Verhetzung angerichtet. Nie wären in deutschen Landen so augenscheinliche, handgreifliche und unerhörte Ungerechtigkeiten verübt, als gegen den Landgraf Philipp, den man nicht nur wider Fug und Recht eingekerkert, sondern auch der Hälfte seiner Länder beraubt habe. Was zweien so löblichen Fürstenhäusern widerfahren, solle nun auch anderen Fürsten geboten werden. Der Churfürst Moritz sei deshalb entschlossen, lieber Noth und Tod zu leiden, als solche Infamien und Unbilligkeit länger mit Geduld zu ertragen. Der dritte und wichtigste Punkt betreffe den jammervollen Zustand der deutschen Nation. Der beschwornen kaiserlichen

Capitulation zuwider habe man fremdes Kriegsvolk ins Land geführt, dasselbe viele Jahre lang auf die armen Unterthanen vom Adel, Städten und Dörfern gelegt, diese im Grund verderbt, Weib und Kinder geschändet, ja einige derselben wider alle Natur gemißbraucht, eine Schatzung nach der andern unter allerlei Schein und Farben abgedrungen, und die alte deutsche Freiheit nicht allein bei Chur- und Fürsten, sondern auch bei Grafen, Herren von Adel und Städten in viele Wege geschwächt, geschmälert, ja entzogen und aller Hab und Gut, Schweiß und Blut ausgesogen, und auf diese und andere Weise ganz Deutschland zu einer unerträglichen, viehischen Knechtschaft, Joch und Dienstbarkeit gebracht. Darüber müßten die Nachkommen und Kindeskinder gen Himmel schreien und Diejenigen, die dem Allen ruhig zusehen, unter der Erde verfluchen, da doch die alten Vorfahren zur Erhaltung der Freiheit ihr Blut so oft und willig vergossen und Alles dran gesetzt, um sie unter Gottes Beistand bisher gegen alle Nationen mannhaft zu behaupten. Diesem Allen nach hätten sie denn endlich einmal Herz und Mannheit geschöpft und nebst der Krone Frankreich und anderen Herren und Freunden (welchen der Feind gleichergestalt nach ihrer zeitlichen Wohlfahrt getrachtet) sich also vereinigt, daß sie im Namen des allmächtigen Gottes mit Heereskraft und gewaltiger Hand die Erledigung des Landgrafen und des gefangenen Herzogs Johann Friedrich suchen, auch das beschwerliche Joch der viehischen Knechtschaft und Dienstbarkeit abwerfen und die alte löbliche Freiheit des geliebten Vaterlandes und der deutschen Nation erhalten und erretten."

Fast gleichen Inhalts war das Ausschreiben des Markgrafen Albrecht. Die Reichstage, sagt er, würden nur angesetzt, um Abgaben, Kriegssteuern, Reichshülfen und dergleichen auszuschreiben, die gemeinen Stände zu verderben, die Städte und Landschaften auszusaugen und das arme Deutschland recht herunter zu bringen. Ausländer schwelgen mit des Vaterlandes Gut, behandeln gute und ehrliche Deutsche mit Spott und Verachtung, verderben die Sitten und richten Krieg und Elend an. Land und Städte werden in Friedenszeiten mit fremdem Kriegsvolk überbürdet, das die Leute erbärmlich vergewaltigt, verderbt und zu Grunde richtet, bösen Muthwillen und Unzucht ausübt, dergleichen in Deutschland zuvor unerhört gewesen.

Obgleich der Landgraf Wilhelm von Hessen das erstgenannte Ausschreiben mitunterzeichnet hatte, so ließ er doch unterm 8. April aus dem Feldlager zu Schwabmenchingen eine eigene „Verwahrung gegen kaiserliche Majestät" ausgehen, worin er besonders klagt: „wie sein Herr Vater nun schon fünf ganzer Jahre so jämmerlich, erbärmlich, unfürstlich und schmählich in seinem Gefängniß gehalten worden, daß es nicht auszusprechen noch zu beschreiben möglich." Wider alle Treu und Glauben und wider den klaren, deutlichen und ausdrücklichen Inhalt der mit ihm abgeschlossenen Capitulation sei der Landgraf in gefängliche Haft genommen, und obgleich seitens des Landgrafen, seiner Söhne, Räthe und Unterthanen auch der kleinste Punkt der Capitulation gewissenhaft erfüllt worden, sei seine Haft doch immer härter und grausamer geworden. Könige, Churfürsten, Fürsten und Stände haben bei kaiserlicher Majestät demüthigst und eifrigst die Erledigung seines Herrn Vaters gesucht, aber kein Gehör gefunden, worüber seine Frau Mutter zuletzt aus Wehmuth und Kümmerniß ihr zeitliches Leben eingebüßt. Auf alle seine Vorstellungen und Klagen über Vergewaltigung und Beraubung hat er nie eine Zeile Antwort erhalten. Viele Theile des Landes sind gewaltsam weggenommen und der Landgraf über die Hälfte seines Vermögens geringert worden. Wenn man sich beim Kammergericht über die zu hohen Reichsanlagen beschwert, seien nur geschärftere Befehle gekommen; ja einige vornehme kaiserliche Minister hätten öffentlich gesagt, man wolle seinen Vater, ihn selbst und seine Geschwister so gering machen, daß ihnen Niemand einen Groschen mehr borgen sollte. Als sein Herr Vater im Jahre 1547 durch Gräfenthal nach Donauwörth geführt worden, habe ihm der Graf Alba öffentlich gesagt: „er dürfe ja nicht denken, daß er so bald wieder ledig würde, denn wenn gleich kaiserliche Majestät ihn 14 oder 15 Jahre gefangen hielte, so hätten sie doch wider ihre Zusage, ihn mit ewiger Gefängniß zu verschonen, nicht gehandelt." Welches gar grausam zu hören und leider auch bisher wirklich so geschehen. Ganz trostlos bei allen diesen Umständen, getrieben von dem göttlichen Gebot und von der natürlichen Liebe für seinen Vater, thue er nun, was jeder ehrliebende Mensch und der Kaiser selbst in seiner Lage auch thun würde, alles Uebrige Gott befehlend.

Nicht nur die Fürsten, sondern auch das Volk hatte längst das Drückende und Peinliche ihrer Lage, den Uebermuth der Spanier, die Last der Abgaben, die Verfolgung der Evangelischen, den Druck der Gewalt und die schnöde Behandlung ihrer Fürsten schmerzlich empfunden. Die Proklamationen der Verbündeten enthielten die lautere Wahrheit und fanden überall Eingang. Moritz richtete zu Augsburg in kirchlicher und administrativer Beziehung alles nach den früheren Bestimmungen ein und entbot die Oberdeutschen Städte, insbesondere aber Nürnberg und Ulm vor Ende Aprils nach Augsburg, zur Hülfsleistung und zum Beitritt des Bundes. Als Ulm Beides verweigerte, schritt man am 12. April zur Belagerung dieser Stadt, hob aber dieselbe nach sechs Tagen wieder auf und marschirte nach Stockach. Der König Ferdinand lud den Churfürst Moritz zu einer schon früher verabredeten Zusammenkunft zu Linz in Oberösterreich ein. Moritz nahm dieselbe an, ohne jedoch die Kriegsoperationen nur einen Augenblick einzustellen. Die vom Churfürst gemachten Vorschläge zur friedlichen Einigung betrafen die Erledigung seines

Schwiegervaters, die Beilegung der streitigen Religionssachen, die Einrichtung der Reichsangelegenheiten nach Recht und Billigkeit, Friede mit Frankreich und die Freisprechung der vom Kaiser Geächteten (der Rheingrafen Johann Philipp, Georg von Reckerod, Friedrich v. Reiffenberg, des Sebastian Schärtlin und Obrist von Heydeck, die erst neuerdings wieder geächtet und auf jeden Kopf 4000 Goldgulden gesetzt worden waren). Daß diese wichtigen Punkte hier nicht erledigt werden konnten, leuchtete beiden Parteien ein und so ging man bald wieder auseinander und setzte auf den 26. Mai einen neuen Convent zu Passau an.

Während Moritz in Linz verweilte, eroberten die Verbündeten die pfälzischen Länder an der Donau (das Fürstenthum Neuburg), die der Kaiser seit zwei Jahren in Besitz genommen, und setzten den Pfalzgraf Otto Heinrich in sein Land wieder ein, der auch sofort dem Bunde beitrat. Als Moritz von Linz zurückgekommen, musterte er bei Lauingen das Heer und trat den Marsch gegen Tyrol an, wo der Kaiser mit einer Schaar Landsknechte den engen Paß stark verschanzt hatte. Schon in den ersten Wochen des Aprils konnte Moritz dem Könige von Frankreich, der mittlerweile in Lothringen eingedrungen war, melden, daß mehre oberländische Reichsstädte und andere Städte, das Stift Würzburg, Schweinfurt, Rothenburg, Dünkelsbühl, Nördlingen, die Grafschaft Oettingen, Donauwörth und Augsburg sich ihm ergeben und daß Botschafter von Mainz, Trier, Köln bei ihm in Augsburg erschienen seien. Wenn Moritz und der Landgraf Wilhelm überall mit Mäßigung und Schonung auftraten und gute Mannszucht hielten, so erlaubte sich der wilde Markgraf Albrecht viele Gewaltthätigkeiten und Plünderungen, und als dies die Verbündeten nicht gutheißen wollten, sonderte er sich von ihnen ab und führte den Krieg auf seine eigene Hand. Er belagerte Ulm, verwüstete die umliegende Gegend, besetzte das Schloß Helfenstein, zog dann nach Franken zu, nahm und schleifte Lichtenau und belagerte Nürnberg vom 9. Mai bis 22. Juni, obwohl sich die Stadt schon vorher zu ihrer Sicherheit mit Churfürst Moritz abgefunden und 100,000 Floren gezahlt hatte. Er zwang Nürnberg, ihm 200,000 Floren und an rückständigen Contributionen 19,833 Floren zu zahlen, ihm 6 Kanonen und 400 Centner Pulver zu liefern. Von hier aus bedrohte er die Bisthümer Bamberg und Würzburg, die sich den Verbündeten nicht anschließen wollten, mit Krieg. Um den Ruin seines Landes abzuwenden, mußte der Bischof Melchior von Würzburg 200,000 Floren erlegen und von Albrechts Schulden 350,000 Floren übernehmen, Bischof Wiegand von Bamberg ihm aber gegen 20 Städte und Aemter, ein volles Drittttheil seines Stiftes abtreten, sammt allen im Burggrafthum Nürnberg befindlichen Bambergischen Lehen. Ueber diese Eroberungen schloß er mit den beiden Bischösen und der Stadt Nürnberg förmliche Verträge ab und forderte von den Bundesgenossen Bestätigung dieser Verträge.

Diese Gewaltthätigkeiten und Expressungen schadeten der guten Sache der Verbündeten sehr und gaben dem Kaiser gerechte Ursach zu dem Vorwurf, daß sie unmenschlicher gewüthet als die Türken und das eigene Vaterland zu Grunde gerichtet hätten. „Wo er hinzieht, sagte Moritz einst zu Jasius, da ist es, als ob ein Wetter daher zöge. Ja wohl, versetzte dieser, Donner und Blitz und wildes Feuer könnten nicht schrecklicher sein."

Unterdeß hatte König Heinrich II die Städte Toul und Verdun eingenommen und von Metz den Einlaß in die Stadt nachgesucht, nicht, um von derselben Besitz zu nehmen, sondern zum Schutz der Freiheit des deutschen Reichs. Der Bischof der Stadt, Kardinal von Lenoncour, redete dem Könige das Wort und so wurden demselben die Thore geöffnet. Heinrich drang nun ins Elsaß bis Straßburg vor, ging aber auf die Vorstellung der Churfürsten zu Mainz und Trier und der Herzoge von Cleve und Würtemberg am 13. Mai wieder nach Lothringen zurück. Moritz war am 17. Mai bei Füßen angekommen, einem Städtchen an der Tyroler Grenze, das zum Bisthum Augsburg gehörte. Die Kaiserlichen hatten alle Pässe und Zugänge so sicher besetzt, daß man einen Angriff und eine Ueberwältigung für unausführbar hielt. Doch gelang es den Verbündeten, die 800 Mann, welche die engen Wege von Füßen bis Reite besetzt hatten, beim ersten herzhaften Anlauf zurückzuschlagen. Die Fliehenden warfen sich auf die hinter Reite (Reitli) aufgestellten Truppen und verbreiteten einen solchen panischen Schrecken, daß über tausend Mann theils gefangen, theils niedergemacht, theils in den Lech gestürzt wurden. Am 19. Mai eroberten die Verbündeten sogar die für unüberwindlich gehaltene Klause oder Festung Ehrenberg. Die Fürsten erstürmten die am Fuße des Berges aufgeworfenen Verschanzungen, eroberten das darin befindliche Geschütz und nahmen die Besatzung gefangen. Ein Hirt zeigte dem Herzog Georg von Mecklenburg die schmalen Gänge, die zwischen den Klippen und Felsen auf die Höhe des Gebirges führten und die seine Ziegen sich gemacht hatten. Mit Hülfe dieses Wegweisers brachte der Herzog eine Schaar herzhafter Leute auf die Höhe, überrumpelte einige Schanzen und brachte eine solche Bestürzung unter die Besatzung, daß dieselbe bei der ersten Aufforderung kapitulirte. Von den 13 Fähnlein Fußvolk entkamen nur vier, bis 3000 Mann wurden gefangen.

Ueber diese rasche, überaus glückliche Eroberung schrieb der Landgraf Wilhelm an seine Räthe in Kassel: „Wir haben mit gewaltigem Anlauf die Ehrenberger Klause und die gewaltigen, starken Blockhäuser sammt einem schönen Geschütz, ungefähr bis in dreißig, in unsre Gewalt bekommen. Wie wir denn vermittelst göttlicher Hülfe dermaßen an die Pforten und Mauern des Schlosses Ehrenberg gesetzt, daß uns dasselbige gleichergestalt nicht hat mögen widerstehn, sondern als die Feinde, so darin lagen, unsern Sieg vernommen, hörten sie von ihrem feindlichen Schleßen auf und ergaben sich — und ist eine solche Victoria gewesen, dabei wir männiglich gesehen, daß Gott uns geholfen hat, denn ohne das wäre sehr übernatürlich gewesen, in solchen großen Gebirgen, Festungen und Vortheilen, so der Feind vor sich gehabt, sie zu schlagen." Feldzeichen und reiche Beute fielen den Siegern in die Hände. Kraftvoll und muthig drang Moritz weiter vor. Innspruck, wo der kranke Kaiser residirte, war nur noch zwei Tagemärsche entfernt. Auf dem Marsche dahin brach unter Reiffenberg's Söldnern wegen des Sturmgeldes eine Meuterei aus, bei der selbst Moritz' Leben in Gefahr kam. Die Truppen wurden zufrieden gestellt.

Kaiser Karl ahndete nichts von der nahenden Gefahr. Das Bedenkliche seiner Lage hatte er allerdings schon früher erkannt und war auf seine Flucht bedacht gewesen. Aber wohin sich wenden? Zu seinem Bruder Ferdinand? Der befand sich selbst in großer Bedrängniß und war in steter Furcht vor den Osmannen. Nach Italien? Da standen die Sachen auch schlecht. Er war ohne Geld und Truppen und die Wege unsicher. Nach Spanien? Da hätte er zur See leicht den Franzosen oder Türken in die Hände fallen können. Nur ein Weg schien ihm noch offen zu stehen, der den Rhein hinab nach den Niederlanden. Dahin war er ganz insgeheim am 6. April um Mitternacht mit seinen beiden Kammerherren Andelot und Rosenberg und drei Bedienten, ganz unkenntlich vermummt, aufgebrochen. Er wollte suchen über das Gebirge nach Ulm zu gelangen; aber schon am folgenden Tage, als er sich nicht mehr weit von der Ehrenberger Klause befand, erfuhr er die Nähe des Feindes und eilte nach Innspruck zurück. Hier kam ihm nun die schreckensvolle Kunde von der Eroberung der Ehrenberger Feste, und trotz seiner heftigen Gichtschmerzen begab er sich bei Sturm und Regen in dunkler Nacht unter Fackelschein auf die Flucht. Er mußte wegen seiner Gichtschmerzen in einer Sänfte getragen werden. Vorher noch kündigte er dem Churfürsten Johann Friedrich seine Freiheit an, jedoch so, daß er ihm noch auf seiner Flucht folgen müßte. Der fromme Dulder versprach, ihm am nächsten Morgen zu folgen, und dies um so lieber, da er nicht gern seinem ungetreuen Vetter die Freiheit verdanken wollte. Der Kaiser hatte sich ihm in der letzten Zeit seiner Gefangenschaft sehr freundlich erwiesen und ihm die Hoffnung erweckt, daß er durch die Achtserklärung des treulosen Herzogs Moritz das Verlorne wieder erlangen könne, auch mit ihm im Schloßgarten zu Innspruck eine vertrauliche Unterredung gehabt. Auf seinem Wagen sang er in der Frühe des Morgens mit dankerfülltem Herzen das Lied: „Wär Gott nicht bei uns diese Zeit." Wie froh bin ich, sprach er, seit fünf Jahren zum erstenmal keine Spanische Wache um mich zu sehn. Als er beim Kaiser angekommen, sprach er ihm christlichen Trost zu und bewies ihm eine aufrichtige Theilnahme an seinem harten Schicksal. Karl ging nach Villach in Kärnthen und ließ hinter sich die Brücken abbrechen und die wichtigsten Pässe besetzen. Moritz hätte ihn wohl mit seiner Reiterei erreichen können; aber er antwortete Denen, die zur Gefangennehmung des Kaisers riethen: „Laßt den Vogel fliegen; ich habe keinen Bauer für ihn."

Am 23. Mai rückten die Sieger in Innspruck ein. Alles kaiserliche und spanische Gut wurde den Truppen als gute Beute überlassen. Karl hatte zwar die wichtigsten Schriften und Kleinodien nach dem festen Schlosse Rodenegg bringen lassen, aber es war an goldenen Ketten und Ringen, an prächtigen Kleidern, an kostbaren Geräthschaften noch genug zurückgeblieben. Moritz erließ einen strengen Befehl an die Einwohner Innsprucks bei harter Strafe, alles Eigenthum der Spanier in das Kaufhaus abzuliefern. Die Güter des Königs Ferdinand durften nicht angetastet und Alles, was ihm gehörte, mußte von den Soldaten sofort herausgegeben werden. Moritz bedauerte in einem Schreiben an den König, daß er seinem Lande und Unterthanen einigen Schaden hätte zufügen müssen; er habe die möglichste Schonung befohlen und werde sich dem Könige immer als ein getreuer Freund und Vasall erweisen. Er hielt auch strenge Mannszucht und tadelte den Herzog Georg, der sich im Schlosse hatte eine Truhe öffnen lassen.

Das Concilium in Trient hatte in Folge des Krieges ein Ende genommen mit Schrecken. Gleich beim Beginn der Unruhen bemächtigten sich Angst und Schrecken der heiligen Väter. Sie baten den Papst um Auflösung der Versammlung, der auch sofort unterm 28. April eine Bulle ausfertigte, nach welcher das Concil aufgehoben und auf zwei Jahre vertagt wurde. Die deutschen Bischöfe, besorgt für ihre Länder, reisten sogleich ab; die sich aber noch verspätet, ergriffen nach Moritz' Sieg eiligst die Flucht. So endete das Concil, mit welchem, sowie mit dem Interim, die deutschen Protestanten so lange bedrängt und gequält worden sind, und aus welchem der Kaiser eine Rüstkammer für seine großartige Idee einer Universalmonarchie hatte machen wollen. Aus dem zweijährigen Aufschub sind zehn Jahre geworden, wo dann der hochberühmte Kirchentag zu Tridentt ein mächtiges Bollwerk gegen die abtrünnige Kirche und ein ewiges Anrathen gegen alle Ketzer und Irrgläubige werden sollte.

Jetzt trat der Waffenstillstand ein, den Moritz bis zum 3. Juli bewilligt hatte, um die Verhandlungen in Passau beginnen zu können. Noch nicht vier Decennien hatte die Reformation durchlaufen, und welchen Wechsel des Schicksals hatte sie schon erfahren! Welche schwere Kämpfe, welche sorgenvolle Tage, welche grausame Verfolgungen, wie viel Streit und Hader, aber auch welche rührende und erhebende Zeugnisse von

Glaubensmuth und Glaubenskraft, von Wahrheitstreue und Begeisterung für das Wort vom Kreuz, welche hocherfreuliche Erfahrungen und glänzende Siege lagen hinter ihr! Viele Freunde und Feinde der Kirchenverbesserung deckte das Grab. Neue Kämpfer waren auf dem Schauplatz erschienen; die Apostel der Reformation waren durch gute und böse Gerüchte, durch Ehre und Schande gegangen, als die Verführer und doch wahrhaftig, als die Gezüchtigten und doch nicht getödtet. Freunde und Feinde waren ihnen von einer Seite gekommen, von der sie es gar nicht erwartet hatten. Aus der Gegner bösem und tückischem Treiben war ihnen Gewinn und Vortheil erwachsen und ihr treues und ehrliches Gemüth war zu ihrem Schaden benutzt worden. Die Gegensätze treten nirgends so schroff entgegen als in der Reformationsgeschichte.

Eine der hervorragendsten Gestalten in dieser großen, tiefaufgeregten Zeit war Karl V, der alle Chancen der Reformation in oft veränderter Gestalt durchlebt hat. Als er ein macht- und prachtvoller Jüngling in der höchsten weltlichen Würde auf dem Reichstage zu Worms seine Laufbahn begann, der arme Bettelmönch aus Wittenberg ihm gegenüber, welche Zukunft lag da vor ihm! Und wie gedemüthigt steht er vor den Schranken des Passauer Reichstages! Mit welchem zerrissenen Herzen sieht er auf die Trümmer seines zerstörten Glücks! Etliche Historiker meinen, ein schon früher im Burgundischen Hause vorhanden gewesener Gedanke habe in Karl V seine individuelle Ausprägung erhalten und den Kern und Mittelpunkt seines Strebens und Lebens gebildet — die Gründung eines Universalreichs im Sinne Karls des Großen. Der Kaiser an der Spitze der gesammten Christenheit, über alle andere Fürsten weit erhaben, der Papst ihm zur Seite, jedoch fügsam, den weltlichen Scepter über sich erkennend, die widerstrebenden Elemente in der Kirche überwältigt. Dann die Waffen dieses erneueten Gesammtreiches gegen die Ungläubigen gewendet, um sie aus Europa zu verjagen, in Afrika sie dienstbar zu machen, in Asien aber das heilige Land wieder gewinnen und in dem neuentdeckten und eroberten Welttheil das Christenthum anzupflanzen: das soll der große, kühne Gedanke Karls V gewesen sein.

Aber eine so große, gewaltige Idee ist sicher nie in Karls Seele vorhanden gewesen. Sein Stolz und Ehrgeiz bewegten sich nicht in einer so erhabenen Idee. Er hat immer eine große geschichtliche Bedeutung, aber er hat sie nicht in diesem Gedanken. Karl wollte das Kaiserthum nur für den Glanz und die Größe seines Hauses. Europa soll unter Spaniens Herrschaft gebracht und mit diesem vereinigt werden. Den Kampf mit den Türken nöthigte dem Kaiser die Selbsterhaltung auf. Tief demüthigt sich Spanien in Stambul vor dem Sultan, sobald man nur hoffen darf, den erwünschten Frieden zu erlangen, um im Kriege mit Frankreich nicht gehemmt zu werden. Karl wird nicht von großen Gedanken, von edelmüthiger Gesinnung, von sittlichen Motiven geleitet. Seine Politik erlaubt sich Betrug und Unredlichkeit, List und Täuschung. Sein Stolz sucht in der Demüthigung der Fürsten seine Befriedigung und seine Rache ist oft eines Kaisers unwürdig. Seitdem wir die Briefe seines vertrautesten Freundes, Rathgebers und Beichtvaters, des Erzbischofs von Sevilla und Großinquisitors, Kardinals Garcia de Loaysa besitzen, ist uns vieles im Charakter des Kaisers erklärbar, besonders sein Haß gegen die Protestanten. So oft der Kardinal auf diese zu sprechen kommt, ist er sehr zornmüthig und voll leidenschaftlichen Hasses. Ihm ist jedes Mittel gerecht, wenn es nur zu ihrer Vertilgung führt. Kann der Kaiser die Gegner der Kirche nicht augenblicklich durch's Schwert vertilgen, so soll er bei jeder Gelegenheit List und Macht zu ihrer Ausrottung anwenden. Er nennt die Protestanten ein verfluchtes Ketzervolk ohne Treu und Glauben, voll Trug und Lüge, und erinnert seinen Beichtsohn an die früher gethane Aeußerung: „sein höchster Wunsch sei, für den Glauben den Tod zu leiden, um dadurch dem Ewigen für seine unendlichen Wohlthaten danken zu können." Als der Kaiser 1530 in Augsburg einzieht, nennt ihn der Kardinal einen Apostel, den Gott sendet, um die Völker durch Wort und That zur Anbetung des Heilandes zurückzuführen. Er versichert, daß das ganze Kardinal-Collegium aus einem Munde gerufen: „der Kaiser ist der Engel, den der Himmel zur Heilung der kranken Christenheit auf die Erde gesendet."

Was würde aus der evangelischen Kirche in Deutschland bei solchen Gesinnungen und Einwirkungen geworden sein, wenn Moritz' kühne That nicht einen so glücklichen Fortgang gehabt hätte! Karl gelobte empfindliche Rache und ernstliche Strafe und suchte durch Hinausschieben des Reichstages Zeit und Kraft zu gewinnen. Aber Moritz eilte schnell nach Passau und fand den König Ferdinand und dessen Sohn Maximilian schon dort. Bald trafen auch die Abgesandten sämmtlicher Churfürsten, der Herzoge von Braunschweig, Jülich, Pommern, Würtemberg und des Bischofs von Würzburg ein, in Person aber der Herzog Albrecht von Baiern, der Erzbischof von Salzburg, die Bischöfe von Eichstädt und Passau. In dem Ausschreiben zum Reichstage hatte der Churfürst Moritz gesagt: der Zweck des unternommenen Feldzuges sei, vom Kaiser zu erlangen, daß zur Ehre Gottes sein heiliges Wort wieder zur Geltung komme, die unterdrückte Freiheit in Deutschland gerettet und sicherer Friede im Vaterlande gewonnen werde, „gestalten am hellen Tage, wie die Feinde der Wahrheit in alle Wege damit umgegangen, christliche Prediger und Schuldiener zu unterdrücken und das Papstthum wieder aufzubringen, sogar, daß zu eben der Zeit, als verheißen wurde, die Religion sei nicht gemeint, die Vertilgung und Ausrottung des göttlichen Worts auf eine gräuliche Weise und durch alle äußerste Mittel unternommen worden, dergestalt, daß man sich nicht begnügen lassen, christliche Prediger mit Gefängniß und sonst auf mancherlei tyrannische Weise zu verfolgen, sondern auch dieselben wider Gott und alle Billigkeit in höchster Eil gedrungen, sich gar aus dem heiligen Reiche zu schwören."

Die Beschwerden, welche nun die vereinigten Fürsten vorbrachten, waren: 1) das deutsche Reich sei ein freies Reich, dessen Haupt nach der güldenen Bulle und dem Herkommen mit Wissen und Willen der Stände, und insonderheit der Churfürsten, regiert werden müsse, wozu sich auch der Kaiser in der Wahlkapitulation verpflichtet habe. Dennoch verfahre er ganz willkürlich, thue Vieles ohne Rath und Willen der Churfürsten, die in große Verachtung gerathen, und strebe darnach, das Kaiserthum in seinem Hause erblich zu machen. 2) Der Kaiser bediene sich zur Regierung des deutschen Reichs in Kriegs- und Friedenszeiten fremder und ausländischer Personen, welche die Deutschen verachten, ihre Sprache nicht verstehen, große Verwirrung anrichten und sich sogar des Reichssiegels bemächtigt haben. Auf Reichstagen gelten die Worte deutscher Fürsten nichts mehr und sie werden da mit schnöden Worten abgewiesen, ja wohl gar Unruhstifter gescholten. 3) Es sei eine allgemeine Klage der Stände, daß sie keinen Schutz und Zutritt mehr beim Kaiser fänden, daß die kaiserlichen Räthe alle Angelegenheiten der Reichsfürsten verzögerten, große Kosten veranlaßten, das Land drückten, und wenn die Stände Etwas zum allgemeinen Besten oder in ihren eigenen Angelegenheiten vortragen wollen, werden sie ungnädig angesehen oder gar nicht gehört. 4) Nach der kaiserlichen Wahlkapitulation soll ohne Vorwissen der Churfürsten kein fremdes Kriegsvolk nach Deutschland geführt werden; dies sei aber zum öftern, sogar in Friedenszeiten geschehn, zur großen Beschwerung des Reichs, zumalen solch Volk unglaublichen Muthwillen getrieben und sich dabei gerühmt, Deutschland unters Joch gebracht zu haben. 5) Viele deutsche Festungen sind geschleift und treffliches Geschütz in's Ausland geführt worden; ja etliche Spanier hätten für ihr eigenes Geld Geschütz gießen und es mit den Wappen deutscher Fürsten schmücken lassen, um damit wie mit einer Beute zu prahlen. (Dies bezog sich auf den Herzog von Alba, der 12 Stück Feldgeschütz mit dem Hessischen Wappen zu Innspruck hatte gießen lassen, die aber jetzt in die Hände des jungen Landgrafen Wilhelm gefallen waren.) 6) Auf den Reichstagen habe man sich die meisten Stimmen durch Bestechung und allerlei Praktiken zu verschaffen gewußt und frühere Reichstagsbeschlüsse ganz unbeachtet gelassen, weil sie, wie die kaiserlichen Minister erklärten, nicht mehr zeitgemäß wären. 7) Das Reichskammergericht habe sich viel Härte und Ungerechtigkeit, auch ungebührliche Säumniß zu Schulden kommen lassen, und sei ganz abhängig vom Kaiser und seinen Räthen gewesen, nach deren Bestimmung sie ihre Urtheile hätten abfassen müssen.

Alle diese Klagen und Beschwerden trug der Churfürst mit großem Nachdruck vor und verlangte deren sofortige Abstellung und die gehörige Bürgschaft und Sicherheit für die Freiheit des Reichs, für die Rechte der Stände, für die Selbstständigkeit der Fürsten und für den Frieden in Staat und Kirche. Für die Erledigung der beiden schmachvoll gefangenen Fürsten und für die freie Religionsübung der Evangelischen verliere er kein Wort, denn Beides verstehe sich ohne Widerrede von selbst. Der König von Frankreich war auf dem Reichstage durch den Bischof von Bayonne, Johann de Fresne, vertreten. Auch dieser führte Klage über die willkürliche Verwaltung der Reichsgeschäfte durch den herrischen Bischof von Arras; über die Vergewaltigung der Deutschen und über des Kaisers List und schalkhafte Klugheit. Die versammelten Stände fanden Moritz' Beschwerden so gerecht und wohlbegründet, daß sie sich damit als vollkommen einverstanden erklären konnten. Selbst der König Ferdinand und sein Sohn, der Erzherzog Maximilian, fanden es billig, daß so großen Uebelständen abgeholfen und die alte Hoheit des Reichs wieder hergestellt werde. Indeß waren sie der Meinung, die meisten der vorgebrachten Punkte seien so wichtig und umfangreich, daß sie ihre Erledigung nur auf einem großen allgemeinen Reichstag, bei welchem auch der Kaiser gegenwärtig sein müsse, finden könnten. Allein Moritz drang lebhaft in die beiden Oestreich'schen Fürsten, daß sie sogleich über die Beschwerden der Nation nach den Reichsordnungen eine bestimmte Entscheidung geben sollten. Er glaube dies um so eher verlangen zu dürfen, da er ohne Rücksicht auf die bedrängte Lage des Kaisers als Sieger so mäßige und bescheidene Forderungen mache. Auf die schleunige Loslassung des Landgrafen Philipp, auf die freie Religionsübung und auf die Sicherstellung der Gerechtsame des Reichs müsse er sofort bestehen.

Obgleich die kaiserlichen Gesandten dagegen Einwürfe machten, so ging doch diese Erklärung unterm 16. Juni an den Kaiser ab, mit der dringenden Bitte, des Friedens wegen in die Förderung der Reichsversammlung zu willigen. Moritz benutzte die Zeit bis zur Ankunft der Antwort zu einem Besuch seines Heeres, das von Innspruck nach Füßen zurückgekehrt und dann weiter bis Franken vorgerückt war. Am 19. Juni bezog es ein Lager bei Eichstädt an der Baierschen Grenze. Der Landgraf Wilhelm erwartete ihn hier mit großer Ungeduld. Er berichtete, wie wenig bis jetzt noch erlangt sei, musterte das Heer und ließ es noch weiter herab bis nach Rothenburg a. d. Tauber vorrücken. Dann eilte er mit untergelegten Pferden nach Passau zurück. Tags darauf kam auch die Antwort des Kaisers. König Ferdinand erschien mit derselben in der Friedensversammlung. Mit Bedauern zeigte er den erwartungsvollen Ständen an, daß der Kaiser die aufgestellten Forderungen nicht genehmige, ja seinerseits verlange, daß den Fürsten und Ländern, die in dem Feldzuge der Verbündeten Verluste erlitten hätten, eine Entschädigung gegeben werde. Der Kaiser wollte durch das Unglück nicht gedemüthigt, durch die Flucht nicht beschämt scheinen; darum führte er noch die stolze Sprache des Herrschers. Er war gewohnt, Befehle zu ertheilen und Vorschriften zu geben. Nun sollte er sich Gesetze und Bedingungen vorschreiben lassen und vor einem Fürsten sich beugen, den seine Gnade groß gemacht.

König Ferdinand bekannte ohne Hehl, daß ihm des Kaisers Erklärung höchst unangenehm sei; er liebe sein Vaterland und wünsche den Frieden, der jetzt bei den fortschreitenden Siegen der Türken so höchst nöthig sei. Um zu zeigen, wie sehr ihm die Wohlfahrt Deutschlands am Herzen liege, wolle er selbst sich zum Kaiser begeben und sei im Voraus überzeugt, daß er ihn zu milderen Gesinnungen umstimmen werde. Man möge nur bis zu seiner Wiederkehr in Geduld stehen und bis dahin alle kriegerische Unternehmungen einstellen. Moritz wies diesen Antrag entschieden zurück und erklärte in der Reichsversammlung: einen ganzen Monat lang wären sie immer durch unnützes Gerede hingehalten worden und hätten bei der Klarheit ihrer gerechten Sache nichts erlangt. Das seien die alten Kunststücke, durch Zögern und Hinhalten Zeit zu Rüstungen zu gewinnen und günstigere Zeitumstände abzuwarten. Er sei seinen Verbündeten wegen seiner Friedensliebe schon verdächtig geworden. Darum werde er alle Verhandlungen abbrechen und zum Heere zurückkehren. Und diesen Entschluß führte er sofort aus, wie dringend ihn auch Ferdinand bat, zu bleiben. Der König reiste indeß nach Villach und vermochte die Fürsten und Abgeordneten bis zu seiner Rückkehr in Passau zu verweilen. Sie hatten ihn zwar ersucht, die Verhandlungen des Reichstages im Namen des Kaisers zu schließen und die Anträge des Churfürsten, die im Recht und in der Wahrheit begründet und von ihnen angenommen wären, zum Beschluß zu erheben: allein der König erklärte, daß er dazu keine Vollmacht habe, seinen Bruder nur erbittern und ihm einen gerechten Grund an die Hand geben würde, den ganzen Reichstag für null und nichtig zu erklären.

Moritz fand sein Heer bei Mergentheim. Seine Anwesenheit bei demselben war sehr nöthig. „Ich fand, schreibt er aus dem Feldlager unterm 12. Juli an seine Räthe Carlowitz und Mordeisen, ein seltsam Regiment und großen Widerwillen unter dem Kriegsvolk, auch seltsame Praktiken an andern Leuten, die mir die Knechte gern wendig machen wollten. Alles dies hat sich aus meinem Abwesen verursacht." Er erfuhr, daß 9000 Spanier in Genua angekommen, daß im Stifte Mainz Kriegsvolk sich sammle, daß in Salzburg viel lose Kriegsbuben umherliefen, auf welche kaiserliche Werber Jagd machten. Er begann deshalb sofort die Kriegsoperationen und belagerte Frankfurt, das eine ansehnliche kaiserliche Besatzung hatte, welche leicht ins Hessenland einfallen konnte. Wenn Moritz durch die Besitznahme von Augsburg und der Tyroler Pässe den

Kaiser von Spanien und Italien abgeschnitten hatte, so hinderte er durch den Besitz von Frankfurt die Verbindung mit den Niederlanden. Er zog auch hier den Markgraf Albrecht an sich, mehr, um ihn von den Plünderungen und Räubereien, die dieser wilde Fürst sich in den geistlichen Stiften von Mainz, Bamberg und Würzburg erlaubte, abzuziehen, als weil er seiner Hülfe besonders bedurft hätte.

Beim Rekognosciren hatte sich der muthige, lebensfrische Herzog Georg von Mecklenburg den Wällen der Stadt zu nahe gestellt. Eine Stückkugel riß ihm den rechten Fuß weg. Die Aerzte gaben die trostlose Versicherung, daß wenig Hoffnung sei, den edlen Jüngling zu retten. Moritz war außer sich vor Schmerz und zerfloß in Thränen. „Ach, rief er dem sterbenden Freunde zu, daß Deine gewaltige Tugend so früh vergehen soll! Wie viel hast Du für mich gethan, und ich habe Dir noch nichts vergelten können!" Georg, gefaßten Muths, erwiderte: „Vollbringe, was Du begonnen hast, und laß den Feind nicht los, der solch' Unglück über mich gebracht hat." Doch hatte dieser große Verlust die Seele des heldenmüthigen Churfürsten friedfertiger gestimmt und er gab den Friedensanträgen, die ihm von Passau aus gemacht wurden, Gehör.

König Ferdinand war zum Kaiser geeilt, um ihn zum Nachgeben zu bewegen. Die Friedensvermittler unterstützten seine Bemühungen durch sehr bewegliche Vorstellungen. Das Reich sehnte sich nach Ruhe und sahe mit Schmerzen seine Fürsten gegen einander im blutigen Kampf. Der evangelische Glaube hatte zu tiefe Wurzel in das Herz des Volkes geschlagen, und selbst katholische Fürsten überzeugten sich, daß Waffengewalt und äußerer Druck hier nicht ausreichen würden. In Ungarn machten die Türken meist siegreiche Fortschritte. Achtzigtausend Moslim hatten bei Peterwardein die Donau überschritten und Solyman das Bannat unterjocht. Da mußte der stolze Karl der Roth sich fügen; aber nicht in demüthigen Worten, sondern als ein Akt der Großmuth. Er schrieb an die Versammlung zu Passau: „Wenn es mir erlaubt wäre, in dieser Sache allein auf mich Bedacht zu nehmen, so habe ich wohl noch Muth und Kraft genug, meine Person und meinen Scepter mit einem freien, beständigen Gemüth dran zu wagen. Aber mich bewegt der Gedanke, welches Unheil dem Reiche aus solchem Krieg erwachsen würde." Den Friedensvermittlern aber antwortete er: „sie möchten sich mit ihren Ermahnungen an Diejenigen wenden, die den Frieden so freventlich gestört hätten. Sein Gemüth sei immer zum Frieden geneigt gewesen, und für die Ruhe Deutschlands habe er seine besten Kräfte geopfert; für dieselbe wolle er auch jetzt keine Opfer scheuen." Mit diesen Erklärungen kam Ferdinand am 13. Juli in Passau an und sandte am 15. seinen Kanzler, den Burggrafen Heinrich von Meißen, aus dem edlen Hause der Reußen von Plauen, ins Lager vor Frankfurt, um den Churfürst von

Sachsen zum Frieden zu bewegen. Dieser Fürst, eben so umsichtig in der Politik, als tapfer und bedachtsam im Kriege, immer aber entschlossen nach wohlbedachtem Rath, erwog die stolze und tapfere Gemüthsart Karls, die großen Hülfsmittel, die ihm zu Gebote standen, die unsichere Hülfe Frankreichs, das nur erobern wollte, den Neid und die Eifersucht, die sich gegen ihn regten, den Verlust seines treuesten Gehülfen und Freundes, besonders aber die Gefahr, die ihn von Seiten des freigewordenen Herzogs Johann Friedrich bedrohte. Wie nun, wenn der Kaiser die Urkunde, durch welche er diesen Fürsten seiner Würde und Länder beraubt hatte, zurücknähme und den Herzog Moritz in die Acht erklärte? Setzte dann dieser, von seinen Unterthanen geliebte und von den Protestanten verehrte Fürst, alle Kräfte in Bewegung, wurde er dabei vom Kaiser unterstützt, so mußte das mit so großen Anstrengungen und Mühen Erworbene allerdings in die größte Gefahr kommen. Und nun war der unglückliche Landgraf Philipp noch immer in Karls Händen. Er durfte zu der bisherigen Ungerechtigkeit und Härte nur noch eine Gewaltthätigkeit hinzufügen, und alle gewonnenen Vortheile waren fruchtlos. Der Kaiser hatte ja schon die Söhne des Hartgeplagten bedroht, wenn sie bei ihren gegenwärtigen Unternehmungen beharrten, so sollten sie ihren Vater nie wieder in Freiheit sehn, sondern bald hören, daß er für seinen Aufruhr mit der verdienten Strafe belegt worden sei.

Diese Betrachtungen vermochten den Churfürsten, die Saiten nicht zu hoch zu spannen und dem ungewissen Ausgang des Waffenglücks nicht Alles zu überlassen. Er kehrte nach Passau zurück und vollzog den vom Kaiser und Reichstag entworfenen Vertrag am letzten Tage des Juli durch seines Namens Unterschrift. Am 2. Aug. wurde dieser berühmte Passauer Vertrag in öffentlicher Sitzung proklamirt. Die Hauptpunkte desselben waren: 1) Die bundesverwandten Fürsten legen vor dem 12. August die Waffen nieder und entlassen die Truppen, so daß sie in die Dienste des Königs Ferdinand treten können, wenn er dies verlangen sollte, aber weder dem Kaiser noch den deutschen Landen Schaden zufügen dürfen. 2) Der Landgraf Philipp von Hessen wird seiner Haft entlassen und am 11. oder 12. August zu Rheinfels, einem Schlosse, das er am Rhein besitzt, ohne alle Bedingungen und Kosten, auf freien Fuß gestellt. Seine ehemaligen Bürgen, die Churfürsten Joachim und Moritz, und der Pfalzgraf Wolfgang von Zweibrücken, sollen auch jetzt für ihn gutsagen. Die Streitigkeiten mit den Grafen von Nassau wegen der Letzteren Ansprüche an einem Theil von Hessen, sollen durch die Churfürsten untersucht und entschieden werden, jedoch muß diese Entscheidung innerhalb zwei Jahren erfolgen. Die Schiedsrichter können sich beide Parteien zu gleichen Theilen wählen. 3) Ein Religionsfriede wird abgeschlossen, zur Abhülfe aller Zwiespalt in Kirchen= und Glaubenssachen, aber innerhalb eines halben Jahres ein Reichstag abgehalten, auf welchem ein endlicher und gewisser Friede festgestellt wird, es sei durch ein General= oder National=Concilium, oder durch ein Colloquium, oder durch eine gemeine Reichsversammlung. 4) Bis dahin soll kein Stand der Augsburg'schen Confession, weder von kaiserlicher Majestät, noch von sonst Jemandem wider sein Gewissen und Willen auf einige Weise beschwert, sondern ruhig und friedsam bei seinem Glauben und Religion gelassen werden. Die Protestanten sollen ihrerseits die Römisch=Katholischen weder in der Ausübung ihrer geistlichen Gerichtsbarkeit, noch in ihren gottesdienstlichen Ceremonien stören. 5) Die Beschwerden, welche gegen die Verwaltung des Reichs vorgebracht und die Freiheit der deutschen Nation betreffen, sollen gleichfalls auf dem nächsten Reichstage erledigt und der kaiserliche Hofrath, in welchem des Reichs und der Stände gemeine oder besondere Sachen berathschlagt werden, mit deutschen Räthen besetzt und überhaupt deutsche Sachen durch Deutsche verhandelt werden. 6) Das Kammergericht soll den Parteien, ohne Unterschied, welcher Religion sie zugethan, eine durchgehend gleiche Justiz ertheilen, und die Eidesformel dieselbe Gültigkeit haben, ob sie zu Gott und den Heiligen, oder zu Gott und auf das heilige Evangelium schwören. Auch Augsburg'sche Glaubensverwandte können Richter im Kammergericht sein. Nähere Bestimmungen darüber wird der Reichstag feststellen. 7) Die wegen des Schmalkaldischen Krieges von kaiserlicher Majestät in Ungnade Gefallenen und mit der Acht Bestraften sollen ausgesöhnt sein und wieder zu Huld und Gnaden aufgenommen werden. Doch dürfen sie gegen die Stände und den Kaiser nichts unternehmen. Diejenigen, welche in französische Dienste getreten, müssen dieselben verlassen und innerhalb drei Monaten nach Deutschland zurückkehren. Auch wegen des letzten Krieges soll Niemand angefochten oder zum Schadenersatz angehalten werden. Der Pfalzgraf Otto Heinrich soll in dem ungekränkten Besitze seiner Länder bleiben. Diejenigen, so sich während dieses Krieges den verbündeten Fürsten verpflichtet, sollen dieser Verpflichtung los und ledig sein und wieder in ihre vorigen Rechte eintreten. Diejenigen, welche in diesem Kriege hart beschädigt sind und große Verluste erlitten, mögen ihre Beschwerden und Anforderungen auf dem nächsten Reichstage dem Kaiser und den Ständen vortragen und diese auf Mittel denken, durch welche sie entschädigt werden können, aber einen Rechtsstreit darf deshalb Keiner anfangen. Was den König von Frankreich betrifft, den die Reichsangelegenheiten nichts angehn, so soll ihm freistehen, etwaige Ansprüche an den Churfürst Moritz und seine Verbündeten dem Kaiser zur Begutachtung und Entscheidung vorzulegen. Am Schlusse des Vertrags verpflichten sich der Römische König Ferdinand und sein Sohn Maximilian noch in einem Nebenvertrag, daß, wenn auch die Vereinbarung auf die angegebene Weise nicht erreicht werden sollte, doch nichtsdestoweniger der Friedensstand bei seinen Kräften bis zu endlicher Vergleichung bestehen und bleiben solle. Der Markgraf Albrecht sollte in diesen Frieden mit eingeschlossen sein, falls er die Waffen niederlegen und vor dem 12. August das Heer entlassen würde. Wer diesen Frieden brechen würde, sollte als ein Feind des Kaisers und des Reiches angesehen werden.

Dies ist der berühmte Passauer Vertrag, die Grundlage des wenige Jahre später abgeschlossenen Religionsfriedens von Augsburg und das erste Dokument, in welchem sich die Gegner der evangelischen Kirche verpflichten, die Waffen gegen sie ruhen zu lassen, die Augsburg'schen Glaubensgenossen als ihre gläubige Mitchristen anzuerkennen und Sinn und Gedanken auf friedliche Mittel und Wege zu richten. Wie sehr auch in diesem Dokument des Kaisers geschont und ein gewisses äußeres Dekorum beobachtet wird, so liegt doch darin für ihn eine große Demüthigung. Das gewaltige Gebäude, an dessen Ausführung Karl so viele Jahre hindurch mit so großer Anstrengung und mit dem Aufwand aller seiner Kräfte gearbeitet hatte, ein souveränes, in seinem Hause erbliches Kaiserthum, sahe er zertrümmert vor sich liegen. Die Glaubensrichtung, die er mit beharrlichem Eifer verfolgt, der er nur ein schwankendes, ungewisses Dasein in Deutschland gestattet hatte, und die er zur gelegenen Zeit zu vernichten gedachte, hatte nun einen festen Grund und sicheren Bestand gewonnen. Und Moritz, sein Zögling und Günstling, den er sich zur Förderung seiner ehrgeizigen Pläne groß gezogen, war jetzt sein Herr und Meister, unter dessen Willen er sich beugen mußte. Wenn dieser junge Held früher von seinen Glaubensgenossen gelästert und gehaßt wurde, so war er jetzt der Mann des Volks, hochgepriesen wegen seiner Klugheit, Entschlossenheit und Glaubenstreue. Die Reformation in Deutschland erhielt ihre Sicherheit und feste Begründung durch dieselbe Hand, die sie vorher an den Rand des Abgrunds geführt hatte.

Am übelsten war auf dem Passauer Reichstage der König Heinrich II fortgekommen. Obgleich sein Gesandter, der Bischof de Fresne (Fresse), dabei zugegen war und eine lange, schwülstige Rede über die alte Freundschaft der Gallier und Germanen gehalten hatte, so wurde doch seiner kaum gedacht. Dem gutprotestantischen Moritz war Heinrich ein Dorn im Auge, weil er in Frankreich seine protestantischen Unterthanen mit der grausamsten Bigotterie verfolgte und in Deutschland die Sache der Reformation förderte. Auch schmerzte es ihn, drei deutsche Städte in den verhaßten Händen der Franzosen zu sehn. Hätte er sein Werk, das er als die Aufgabe seines Lebens betrachtete, ohne fremde Hülfe ausführen können, er würde nie die fremde Nation in's Land gerufen haben. Nach dem Vertrage von Chambord durfte kein einseitiger Friede geschlossen werden. Moritz entschuldigte sich deshalb bei Heinrich II, daß er der großen Gefahr wegen, womit sein deutsches Vaterland von den Türken bedroht werde, zum Frieden gedrungen sei. Wenn er seinen, mit der höchsten Noth bedrängten Mitchristen nicht schleunigst zur Hülfe käme, so werde Wien genommen und der Kaiser mit dem Römischen König verjagt werden. Heinrich hatte seinen Bevollmächtigten, den Bischof Fresse von Bayonne, nach Passau gesandt, um mit Moritz mündlich zu verhandeln. Der Abgesandte erklärte: sein König müsse allerdings wünschen, daß der rühmliche Anfang zur festeren Begründung der deutschen Freiheit und Selbständigkeit, sowie der Größe und Sicherheit des Churfürsten einen anderen Ausgang genommen hätte und das Haus Habsburg mehr gedemüthigt würde. Daß Moritz gegen des Königs Verbündete, die Türken, die ihm so ersprießliche Dienste geleistet, kämpfen wolle, könne ihm auch nicht lieb sein. Der Churfürst erwiderte darauf: der König, als ein christlicher Regent, könne doch nicht wünschen, daß der alte Erbfeind der Christenheit immer weitere Fortschritte mache und der Halbmond sich über das Kreuz erhebe. Wenn ihm der König getreu bleibe, so könne er dem Kaiser und seinem Anhange wohl Trotz bieten. Er und der Landgraf Wilhelm seien bereit, zu diesem Behuf mit Frankreich einen neuen Vergleich abzuschließen.

König Heinrich war zwar mit dieser Entschuldigung nicht ganz zufrieden, indeß lag ihm doch viel daran, in Deutschland Verbündete zu haben. Er machte deshalb gute Miene zum bösen Spiel und gab die von den verbündeten Fürsten gestellten Bürgen zurück. Karl V, dessen Werbungen einen guten Erfolg hatten, wurde von Etlichen der Seinen aufgefordert, den Vertrag nicht zu ratificiren und den Verbündeten herzhaft entgegen zu treten; der Kaiser eröffnete auch seinem Bruder diesen Gedanken, weil er doch wohl zu viel nachgegeben habe, was seiner Würde und Ehre zuwider sei. Aber Ferdinand beschwor ihn mit Hinweisung auf die bedrängten, höchst gefährlichen Zeitumstände, mit der Vollziehung des Vertrages nicht zu zögern, und erhielt dann die Antwort: „Ganz allein die Rücksicht auf Eure besondere Lage, Eure Königreiche und Lande haben mich zur Unterschrift bewogen." Das meldete er auch seiner Schwester, der Königin Maria. Bei dieser Gelegenheit äußerte der Kaiser seinen lebhaften Unwillen darüber, daß der König Heinrich sich „Beschützer der Ehre und Freiheit Deutschlands" nannte, da er doch Deutschland beraubt und geplündert hatte, für ihn dagegen, der für Deutschland so große Opfer gebracht, auf dem Reichstage sich auch nicht eine Stimme erhoben habe. Selbst sein Bruder Ferdinand rede seinen Widersachern das Wort. Und allerdings hatte dieser, wie sein Sohn Maximilian, mit Moritz immer in einem guten Vernehmen, ja in freundschaftlichem Verkehr gestanden, besonders seitdem Karl mit dem Plan hervorgetreten, seinem Sohn Philipp die Würde eines Römischen Königs zu ertheilen, in deren Besitz Ferdinand schon seit 1531 war.

Markgraf Albrecht schloß sich dem Passauer Frieden nicht an, schmähete auf Moritz, der auf halbem Wege stehen geblieben und den Kaiser aus dem Garne gelassen. Fürsten und Volk freuten sich des errungenen Friedens und von allen Seiten wurde Albrecht aufgefordert, dem Passauer Vertrag beizutreten; er aber erwiderte: der Vertrag sei ohne ihn abgeschlossen und gereiche der ganzen deutschen Nation zur Unehre und zum Verderben; es sei ein Verrath von dem treulosen Moritz. Er setzte den Krieg auf seine eigene Hand fort, denn es war ihm nur um's Rauben und Plündern zu thun. Nach der freien Uebung des evangelischen Glaubens und nach dem Wohle des deutschen Vaterlandes fragte er dabei nicht. Beides waren ihm nur Vorwände für seine wilden, verheerenden Kriegszüge. Sein Heer war eine zügellose Horde von Räubern und Brandstiftern. Er belagerte Frankfurt, nach dessen Reichthümern ihn sehr gelüstete, mußte aber mit leeren Händen abziehn und rächte sich dafür durch die Verwüstung der Umgegend. Nun vertrieb er den Erzbischof von Mainz aus seinem Lande, nahm Speier und Worms und verjagte auch die dortigen Bischöfe. Ueberall trieb er von den Geistlichen große Summen bei, und wenn ihm diese nicht gezahlt werden konnten, oder die Geistlichen entflohen waren, zündete er ihre Wohnungen an und plünderte die Kirchen. In Speier hatte er schon begonnen, des Domes bleiernes Dach abdecken zu lassen, um daraus Kugeln zu gießen, als er sich auf Bitten des Raths und gegen anderweitige Entschädigung bewegen ließ, damit inne zu halten. In Mainz ließ er in vandalischer Wuth das nahe am Rhein gelegene Schloß des Erzbischofs, dessen prachtvolle Wohnung in der Stadt, fünf Kirchen und die mit Wein und Getraide beladenen Schiffe anzünden. Dann zog er in's Triersche, nach Lothringen, nach Luxemburg, und überall bezeichneten rauchende Dörfer, verwüstete Städte und verheerte Felder seinen Weg.

Albrecht hatte den Churfürst von Trier aufgefordert, ihm die Rhein- und Moselpässe einzuräumen. Als ihm dies verweigert wurde, ging er über den Hundsrück und erschien am 24. August mit zehntausend Mann vor Trier. Der Rath der Stadt öffnete ihm willig die Thore und überreichte ihm die Schlüssel derselben, seiner Großmuth vertrauensvoll sich hingebend. Diesmal rechtfertigte der Markgraf solch Vertrauen und verbot bei Todesstrafe jede Plünderung und Gewaltthat. Dagegen entschädigte er sich durch die Plünderung der Klöster und geistlichen Güter. Dabei half ihm das Volk, dessen Haß gegen den Clerus wieder stark und lebhaft sich äußerte.

Man war verwundert, daß Karl, der sich mit einer gesammelten Macht von etwa 25,000 Mann von Innspruck aufgemacht und über Augsburg und Ulm ins Würtemberg'sche und in die Pfalz eingedrungen war, nichts that, um den Verheerungen Albrechts in den Weg zu treten, im Gegentheil das Zusammentreffen mit ihm zu vermeiden schien. Der Kaiser sandte einen Theil seines Heeres unter Alba und Marignano nach Metz zur Belagerung dieser Stadt. Beide kamen daselbst am 19. Oktober an, als Albrecht mit 50 Fahnen Fußvolk und einer starken Reiterei nicht sehr fern bei Pont a Mousson stand. Der Kaiser war wegen heftiger Gichtschmerzen zu Diedenhofen zurückgeblieben. Von hier aus knüpfte er mit Albrecht Unterhandlungen an, weil er gehört hatte, daß allerlei Mißverständnisse zwischen Heinrich II und Albrecht eingetreten waren. Letzterer behauptete, man habe ihm die Stelle eines Generalissimus über alle deutsche Truppen, für die nächsten zwei Monate 200,000 Kronen und eine stattliche Unterhaltung versprochen und von alledem nichts gehalten. Jetzt wurde ihm der Antrag gemacht, gegen eine Beisteuer von 100,000 Kronen nach den Niederlanden zu marschiren, diese zu erobern und durch beizutreibende Kriegssteuern sich bezahlt zu machen. Das wies er entschieden zurück, wobei ihm das Gefühl recht lebhaft wurde, wie unwürdig es für einen deutschen Fürsten sei, den Franzosen in einem Kampfe gegen das Vaterland dienstbar zu sein.

Unter diesen Umständen war dem Markgrafen die Aussöhnung mit dem Kaiser sehr willkommen und er ging in dieselbe ohne Zögern um so williger ein, da die Anerbietungen, die ihm Karl machte, seine Eroberungen in Schwaben und am Rhein sicherten. In dem am 10. November in dem Lager vor Metz abgeschlossenen Vergleich wurden folgende Punktationen festgesetzt: 1) Der Markgraf Albrecht tritt in die Dienste des Kaisers und schwört ihm treue Dienste gegen alle seine Feinde. Denselben Eid leistet sein ganzes Heer, das zur Disposition des Kaisers steht. Auch die dem Markgrafen zugehörigen, in anderen Gegenden zerstreuten Truppentheile werden dem Kaiser überwiesen oder nach dem Befehl desselben entlassen, unter der Bedingung, nie und nirgends gegen den Kaiser die Waffen zu führen. 2) Der Kaiser zahlt dem Markgrafen für einen Monat den Sold des Heeres und nimmt es dann ganz und gar in seinen Sold. Da der Markgraf aber bis auf den letzten Oktober mit 500,000 Kronen verschuldet ist, so gestattet ihm der Kaiser, sich durch Eroberungen und Brandschatzungen in Frankreich dafür zu entschädigen; was er aber über jene Summe beitreibt, muß er an den Kaiser abliefern. 3) Die Verträge, welche der Markgraf mit der Stadt Nürnberg und den Bischöfen von Bamberg und Würzburg abgeschlossen, werden „vollkommen, ganz und gar, ohne alle Ein- und Widerrede" bestätigt und vom Kaiser vollzogen. Wenn er früher (bei seiner letzten Anwesenheit in Augsburg) diese Verträge für null und nichtig erklärt hatte, so wird diese Nichtigkeitserklärung hiermit vollständig widerrufen. 4) Sowie der Markgraf von Sr. Majestät dem Kaiser in seine volle Gnade wieder aufgenommen und über alles Vorgefallene eine vollständige Amnestie ausgesprochen wird, so nimmt auch der Kaiser auf Fürbitte des Markgrafen die beiden Grafen von Oettingen, und die Grafen Albrecht und Ulrich von Mansfeld wieder zu Gnaden an.

Dieser Alle überraschende Vertrag vermehrte die Unruhen in Deutschland und brachte dem Ansehn des Kaisers unvertilgbaren Nachtheil. Die Stadt Nürnberg und die beiden Bischöfe von Würzburg und Bamberg waren treue Verbündete des Kaisers, die von ihnen mit Albrecht abgeschlossenen, durch Waffengewalt erzwungenen Verträge waren vom Kaiser für ungültig erklärt und aufgehoben, Albrecht selbst hatte sich schwere Vergehungen zu Schulden kommen lassen und der Sache des Kaisers großen Schaden zugefügt. Und das alles verhindert den hochangesehenen Kaiser des heiligen Römischen Reichs nicht, den Markgraf in seine Gnade und Dienste zu nehmen, sein noch ganz frisches Verdammungsurtheil selbst zu verdammen, seine treuesten Freunde preiszugeben, und was er für ein himmelschreiendes Unrecht erklärt hat, recht und gut zu heißen. Unbegreiflich, wie er bei dieser Erniedrigung noch hoffen konnte, seinen im Gemüth tiefgewurzelten Lieblingsplan, die deutsche Kaiserwürde in seinem Hause erblich zu machen, durchzusetzen. Was er auch that, diesen Schritt zu rechtfertigen, im Vertrauen und in der Achtung Deutschlands war er tief gesunken. Der Stern seines Glücks war mit dem unseligen Interim untergegangen.

Es dürfte überhaupt, wie schon anderswo bemerkt worden ist, eine anziehende und lohnende Arbeit für einen deutschen Kirchenhistoriker sein, unter streng sichtender Benutzung der massenhaft vorliegenden Materialien eine Geschichte der deutschen Fürsten im Zeitalter der Reformation zu schreiben. Es müßte dies ein Werk werden voll tragischer Momente, belehrend und warnend, erhebend und niederschlagend, begeisternd und erbitternd, viele Räthsel, welche die Gegenwart darbietet, lösend, tiefe Einblicke in das deutsche Leben eröffnend — ein Fürstenspiegel und ein Volksspiegel. Unter den Kaisern Maximilian I, Karl V und Ferdinand I, unter den Brandenburg'schen Fürsten Joachim I, Erzbischof Albert, Joachim II, Johann von Cüstrin, unter den Sächsischen Fürsten Friedrich der Weise, Johann der Beständige und Johann Friedrich der Großmüthige, Georg, Heinrich, Moritz und August, unter den Anhaltischen Georg und Wolfgang, unter den Hessischen Landgrafen Philipp und Wilhelm, unter den Braunschweigischen und Lüneburgischen Herzogen Albrecht, Heinrich und Erich, unter den Mecklenburg'schen Georg, Heinrich und Albrecht, unter den Pommer'schen Bogislav, Barnim und Philipp, unter den Anspach'schen und Kulmbach'schen Casimir, Georg, Albrecht Herzog von Preußen, Albrecht Alcibiades und Georg Friedrich, unter den Würtemberg'-

schen Ulrich und Christoph, die Pfalzgrafen Otto, Heinrich und Friedrich II, der Herzog Christoph von Oldenburg, der Erzbischof von Köln, Graf Herrmann von Wied, Fürst Wolfgang von Zweibrück, Herzog Albrecht und Wilhelm von Baiern und die Grafen von Mansfeld, Oettingen u. s. w.

In dieser stattlichen Reihe von Fürsten und Gewaltigen, welch eine Mannigfaltigkeit von Charakteren, Kräften, Begabungen und Leidenschaften! Welche Kämpfe, Ränke, Ueberlistungen, Gewaltthaten und Treulosigkeiten! Aber auch welche Glaubenskraft, welcher Muth zum Kampfe wie zum Dulden, welche Glaubenstreue bis in den Tod! Viel Schuld an den bösen Künsten der Täuschung und des Betruges unter den deutschen Fürsten hatte die lügenhafte und trugvolle Spanische Politik, die eines Alba, Granvella, Bischofs von Arras. Bei dem allen stellt sich's doch heraus, daß von vornherein der Gang der Reformation durch die Theilnahme und Thätigkeit unserer Fürsten in mannigfacher Weise sich bestimmte, daß wiederholt und in sehr verschiedenen Theilen Deutschlands der Wille und Vorgang der Fürsten den Umsturz oder die Erhaltung des Kirchenwesens, sowie das Bekenntniß des Volkes entschied, und nur auf einzelnen Punkten und unter ganz eigenthümlichen Verhältnissen das Volk gegen den Willen der Fürsten zur Reformation sich wandte. Wie die deutschen Völker ihren Fürsten in allen ihren Interessen eine treue Ergebenheit bewahrten, so befriedigten sie auch am liebsten ihre heiligsten Bedürfnisse in dem treuesten Zusammengehn mit ihren Fürsten. Wir sehen, wie redlich und eifrig, mit welcher Umsicht und Vorsehung manche Fürsten, aber auch wie hart und eigensüchtig, wie unverständig und arglistig andere in einer Zeit des gewaltigen Ringens um die höchsten Güter handelten, wie schwer oft auch den wohlgesinntesten Regenten durch das Verhältniß zu den Vertretern des Alten im eigenen Lande, zu den unsicher vorwärts gehenden Mitständen und Bundesgenossen die rechte Thätigkeit geworden, wie besonders die drohende Gefahr und Macht des Kaisers, auf eine rohe, himmelschreiende Art ausgeübt an zwei der edelsten und würdigsten Fürsten, andere einschüchterte und ihre Willenskraft lähmte. Mehr als Einer hat sich und sein Land durch eigene große Schuld um den Erfolg und Segen der Reformation gebracht.

Zu den deutschen Fürsten, bei welchen die Geschichte mit Wohlgefallen verweilt, gehört unbedenklich der fromme Dulder, der nach fünfjähriger Gefangenschaft jetzt seine Freiheit wieder erlangt hatte, der frühere Churfürst und jetzige Herzog von Sachsen, Johann Friedrich der Großmüthige. Er hatte sein hartes Schicksal mit frommer Ergebung und christlicher Demuth getragen und war (was Wenige sind) im Unglück größer als im Glück. Er hatte dem Kaiser nach Augsburg, Gent und Mecheln folgen müssen, aber die meiste Zeit saß er zu Innspruck. Eine

24 Mann starke Spanische Leibwache zog alle Mittage unter Trommeln und Pfeifen auf und ab, drang oft in sein Zimmer ein, und ließ ihn Fremden und Heimischen für Geld sehen. Er brachte seine Zeit mit Gebet, Lesen der heiligen Schrift und der lutherischen Schriften, mit Briefschreiben und Unterhaltung mit seinen Freunden zu. Von seinem Briefwechsel sind werthe und wichtige Ueberreste vorhanden, die von seinem Glauben und Gottvertrauen, von seiner Seelenruhe und Freude an Gottes Wort rühmliche Zeugnisse geben.

Zu seinem täglichen Umgang gehörte anfangs sein ehemaliger Feldprediger Aurifaber (Goldschmied) und späterhin Dr. Aquila (Adler). Als sein treuester Freund aber bewährte sich der Bürgermeister von Wittenberg, der berühmte Maler Lucas Cranach, der ihm in der Gefangenschaft überallhin folgte und sein Atelier in dem Zimmer seines Herrn, zu Innspruck aber in einem Nebenzimmer aufgeschlagen hatte. Der Fürst sah ihm fleißig zu und erfreute sich besonders an bildlichen Darstellungen aus der biblischen Geschichte. Karl V, der den Mann theils wegen seiner Kunst, theils wegen der Treue gegen seinen Herrn ehrte, besuchte ihn bisweilen bei seiner Arbeit. „Wie alt war ich, fragte ihn der Kaiser, da Ihr mich als Kind maltet?" „Ihro Majestät, antwortete der Künstler, acht Jahre!"" Der Kaiser, in guter Laune, sprach: „Erbittet Euch von mir eine Gnade." Da sank der treue Diener auf seine Kniee und flehete: „„Ach, mein gnädiger Kaiser, ich bitte um die Befreiung meines Fürsten!"" Da wandte sich Karl zu seiner Umgebung mit den Worten: „Ich kenne keinen glücklicheren Fürsten, als den Sächsischen, der hat doch einen wahren Freund." Zu dem Künstler aber sagte er: „Du sollst erfahren, daß ich Deinem Herrn will Gnade erweisen." Er ließ ihm einen Teller voll Goldgulden reichen. Cranach erlebte bald darauf die Befreiung seines Herrn, und mag wohl auf den Entschluß des Kaisers mit eingewirkt haben.

Härter wurde des Herzogs Gefangenschaft nach Verweigerung des Augsburger Interims. Hatte er schon vor sieben Jahren gegen das viel günstigere Regensburger Interim protestirt, so geschah dies in der Gefangenschaft gegen das Augsburger Glaubensmandat mit noch größerem Nachdruck. Die Urkunde, in welcher er seinen Widerspruch offenkundig aussprach, ist noch vorhanden. Der Fürst brachte in Erinnerung, wie er schon bei der Wittenberger Kapitulation erklärt habe, in Glaubenssachen nicht weichen oder halbiren, noch weniger sich dem Papste und dem Concil unterwerfen zu wollen. So wiederhole er denn jetzt schriftlich, daß er bei der Augsburg'schen Confession festiglich verharren und das verfängliche Mittelding nicht annehmen, dagegen in allen äußerlichen Dingen Sr. Majestät den unterthänigsten Gehorsam leisten werde. „Würde ich das Interim bewilligen, fügte er hinzu, so wäre es, als ob ich Gott droben in seiner Majestät, und die weltliche Obrigkeit hienieden mit gefärbten Worten betrüben wollte." Es ist schon oben erzählt worden, daß er in Folge dieses Zeugnisses härter behandelt wurde. Sein Seelsorger ward entfernt; man nahm ihm Bibel und Erbauungsbücher. Nur ein Psalter und die Hauspostille waren heimlich bestätigt worden. Der Churfürst sagte, als man ihm jene Kleinode entführte: „Nehmen sie mir auch Bibel und Bücher, was ich daraus gelernt, können sie mir doch nicht nehmen."

Wurde auch der Churfürst erst am 19. Mai seiner Haft entlassen, so mußte er doch schon am 12. Mai davon Kunde erhalten haben, denn unter diesem Datum giebt er seiner Gemahlin und seinen Söhnen durch den Hofjunker Georg von Amsdorf von seiner nächstbevorstehenden Befreiung Nachricht. Am 26. August kam der Kaiser mit Johann Friedrich nach Augsburg. Hier wurde er durch einen feierlichen Akt in Freiheit gesetzt gegen einen von ihm und mehren fürstlichen Bürgen (unter ihnen auch Markgraf Johann von Brandenburg) unterzeichneten Revers. Er wurde nicht nur in Freiheit, sondern auch in den Besitz aller seiner fürstlichen Rechte gesetzt, mit Vorbehalt der Wittenberg'schen Capitulation und der dadurch dem Churfürst Moritz angediehenen Würde und Besitzthümer. Am 1. September stellte er sich dem Kaiser vor, zum erstenmal wieder geschmückt mit seinen goldenen Ketten und Ringen, und sagte demselben seinen unterthänigsten Dank für die geschenkte Freiheit, mit dem Erbieten der treuesten Dienste. Der Kaiser nahm ihn mit großer Freundlichkeit auf und erwiederte: „es bedürfe keiner Danksagung, weil er sich zeit seiner Verstrickung aller Gebühr und Gehorsams und also verhalten, daß er immer ein gnädigstes und gutes Gefallen daran getragen; derohalben er diese Begnadigung gnädigst und gerne erzeiget, der ungezweifelten Hoffnung, der Churfürst werde ihm auch fortan Ursach geben, sich noch weiter mit Gnaden gegen ihn zu beweisen."

Am 2. September zog Johann Friedrich mit einem Gefolge von achtzig seiner Getreuen, die ihm schon bis Augsburg entgegen gekommen waren, in seine Heimath zurück. Seine ganze Reise war ein Triumphzug. Ueberall Jubel und Freude. Man verehrte ihn als einen Märtyrer seines Glaubens. In Nürnberg, Bamberg und Coburg erwies man ihm die höchsten Ehren und führte ihn in die Kirchen, um Gott mit ihm zu danken für seine endliche Erlösung. Von Koburg aus war ihm sein Halbbruder Johann Ernst mit einem stattlichen Gefolge eine Meile Wegs entgegengeritten. Der edle Jüngling ahndete nicht, daß er schon am 6. Februar des nächsten Jahres ein Raub des Todes sein würde. Hier kam ihm auch am 10. September seine Gemahlin, die zum erstenmal seit der Gefangenschaft des theuren Gatten die Trauerkleider abgelegt, mit ihrem ältesten Sohne Johann Friedrich entgegen. Die Freude übermannte sie im Augenblick des Wiedersehens, so daß sie in Ohnmacht fiel.

Von Koburg ging's nach Saalfeld, wo der wegen des Interims vertriebene M. Aquila wieder Besitz von seinem Predigtstuhl nahm. Der Jubel des Volks begleitete das wiedervereinigte Ehepaar bis zum Schlosse Hummelsheim. Der Ort hieß früher Wolfersdorf, wurde aber nun „fröhliche Wiederkunft" genannt. Es heißt noch jetzt so.

Am 24. September ging der Heimzug nach Jena. Auf dem Wege dorthin wurde eine Jagd angestellt und das Mittagsmahl im Walde an einer schönen, frischen Wasserquelle unweit Lobeda gehalten. Das ganze fürstliche Haus war hier in der heitersten Stimmung beisammen. Allen war das Herz voll Dank und Freude. Die Söhne des Heimgekehrten nannten den Quell „Fürstenbrunnen" und errichteten dabei ein steinernes Denkmal mit der lateinischen Inschrift:

> Fontis ad hujus aquam frigus captabat in aestu
> Saxoniae Elector, mystaque, Christe, tuus.
> Tu fons institiae, verae fons viva salutis,
> Saxoniae salvos, Christe, tuere Duces.

> Kühlung schöpfte am Wasser des Quells nach der Hitze des Tages
> Sachsens Churfürst hier: Christus, dein Priester ist er.
> Du, der Gerechtigkeit Quell, wahrhaftiger Lebens- und Heilsquell,
> Christus, schütze und schirm Sachsenlands Fürsten mit Macht.

In Jena kannte der Jubel keine Grenzen. Da Wittenberg mit der Chur an das Albertinische Haus übergegangen, so hatte Johann Friedrich während seiner Gefangenschaft für seine Lande in Jena eine Universität angelegt. Diese begrüßte nun ihren Stifter und hohen Gönner in jugendlicher Freude. Endlich am 26. September hielt die fürstliche Familie ihren Einzug in Weimar, das von Menschen überfüllt war. An der Landstraße hatten die Dorfschaften sich aufgestellt, die frohlockend dem Zuge sich anschlossen und das „Herr Gott, dich loben wir" sangen. Zu Saalfeld hielt der Herzog (der sich bis zu seinem Lebensende „geborner Churfürst" nannte) einen Landtag, wo er über seine endliche Erledigung aus der langen Gefangenschaft den getreuen Ständen ausführliche Mittheilung machte, die im Archiv zu Weimar noch vorhanden ist. Seine erste Sorge ging auf die Herausgabe sämmtlicher lateinischer und deutscher Werke Luthers, die er dem Hofprediger zu Weimar, Johann Aurifaber, und seinem Bibliothekar, Georg Rorarius, aufgetragen hatte. Er selbst las täglich in Luthers Schriften und pflegte zu sagen: „Ein Blättlein Lutheri hat mehr Saft und Kraft und mehr Trost als ganze Bogen anderer Stribenten." Der Jenaer Ausgabe von Luthers Werken, die wir als ein Vermächtniß Johann Friedrich's betrachten können, (sie erschien in den Jahren von 1555 bis 1558) war die Wittenberger (von 1539 bis 1559) vorangegangen. Ihr folgte die Altenburger (von 1661 bis 1664), dann die Leipziger (von 1724 bis 1740) und die Halle'sche oder Walchsche (von 1740 bis 1750). Die im Jahre 1826 zu Erlangen begonnene wird wohl so wenig vollendet werden, als das Brettschneider'sche Corpus Evangelicorum.

Der kränkelnde Fürst nahm lebhaften Antheil an den Osiander'schen Streitigkeiten und wurde durch wiederholte Todesfälle in der Familie sehr gebeugt, besonders durch den Verlust seines alten, treubewährten Freundes Lucas Cranach, der am 16. Oktober 1553 in einem Alter von 81 Jahren starb. „Ich werde Dir bald nachkommen!" tröstete er den Sterbenden. Er machte auch am 12. December desselben Jahres sein Testament auf dem Schlosse Grimmenstein bei Gotha und setzte darin fest: „Schutz und Pflege der lutherischen Kirche und ihren Dienern, keine Landestheilung und kein gefährliches Sonderbündniß. Seine drei Söhne Johann Friedrich der Mittlere, Johann Wilhelm (der Stammvater aller jetzt noch blühenden herzoglichen Häuser Sachsens) und Johann Friedrich der Jüngere hatten dies Testament unterschrieben. Am 21. Februar 1554 ging ihm seine getreue Lebensgefährtin, die gottselige Sibylle, in die Ewigkeit voran und der vielgeprüfte Fürst folgte ihr bald am 3. März 1554 in einem Alter von 50 Jahren. Seine Gemahlin war 42 Jahre alt geworden.

In Folge des Passauer Vertrages hatte auch der Landgraf Philipp seine Freiheit endlich erhalten. Am 11. September meldete Adam Trott dem Churfürsten von Marburg aus: „Es sei, Gott Lob, die Handlung des Landgrafen Philipp halber nunmehr dahin gerathen, wie sie Moritz gemeinet, am 3. September sei der Landgraf von der Königin, die sich ganz gnädig verhalten, erledigt worden. Die löbliche Königin habe Philipp und seine Begleiter mit ihren Vornehmen vom Hofgesinde bis in's Land geleiten lassen, dazu in allen Herbergen ausquittirt, ihre Offiziere mit dem Silbergeschirr mitgeschickt und es an nichts fehlen lassen, was zu gutem Willen diene." Aber noch auf der Reise in seine Heimath ward er plötzlich zu Mastrich wieder in gefängliche Haft der Spanier gegeben. Es geschah auf Befehl der Regentin der Niederlande, als sie gehört, daß von dem Heere des Churfürsten Moritz das Regiment des Obersten von Reiffenberg dem Markgrafen Albrecht zugezogen sei, der dem Passauer Vertrage nicht beigetreten, sondern im Bündniß mit dem König von Frankreich den Krieg fortgesetzt. Aber damit war der Friede keineswegs gebrochen, indem das Regiment wider den Willen der verbündeten Fürsten gehandelt hatte. „Sie sind entwichen, schreibt Moritz, und zu meineidigen Schelmen geworden." Karl hatte auch wohl schon die Absicht, das Albrecht'sche Heer in seine Dienste zu ziehn, genug, er befahl seiner Schwester, den Landgraf an seiner Heimreise nicht weiter zu hindern. Am

11. September zeigt Philipp seinem Schwiegersohn seine glückliche Ankunft in Marburg an, dankt ihm „ob des großen Fleißes, den er zu seiner Erledigung angewendet", bittet ihn, auf sein Wohlsein zu achten und sein Leib und Leben zu schonen, dieweil sein Leben für seine Freunde und Deutschlands Freiheit so wichtig sei, auch möchte er bald in sein Land zurückkehren.

Von einem zahlreichen Gefolge begleitet, war der Landgraf über Köln, Jülich und Siegen in sein treues Hessenland gezogen. An der Spitze von hundert Arquebusirern erwarteten ihn seine Söhne mit ihren ersten Räthen an den Grenzen des Landes. In der ersten Umarmung lag für Vater und Söhne eine unaussprechliche Freude, aber auch ein tiefer Schmerz; denn der noch an dem verhängnißvollen Tage zu Halle so kräftige, mannhafte Fürst war ein zusammengesunkener Greis geworden. Am 12. September zog er unter dem Jubel des Volks in Kassel ein. Es war ein Sonntag und Alles sonntäglich geschmückt. Die Menge führte den Heimgekehrten in den Dom zu St. Martin. Dort war dessen Gemahlin Christine, Herzogs Georg von Sachsen Tochter, beigesetzt. Schon am 15. April 1549 war sie ihrem Kummer erlegen. An ihrem Grabmale kniete Philipp nieder und verharrete in dieser Stellung bis zum Ende der Predigt und Beginn des Ambrosianischen Lobgesangs. Am 17. September feierte das ganze Land die Rückkehr des ihm nun zwiefach werthen Fürsten. Die lange Drangsal hatte die Geisteskraft Philipps gebrochen. Ehedem der Kühnste und Unternehmendste unter den Reichsfürsten, war er schüchternen und ängstlichen Gemüths geworden. Doch suchte er die dem Lande geschlagenen Wunden zu heilen und die evangelische Kirche wieder aufzurichten und brachte den Rest seiner Tage in friedfertiger Ruhe zu. Er starb den 31. März 1567 mit dem Gebete: „Vater, in deine Hände befehle ich meinen Geist." Geboren am 13. November 1504 war er 63 Jahre alt geworden. Seine Gebeine ruhen neben denen seiner Gemahlin. Von seinen Söhnen ward Wilhelm IV Stammvater der Kasseler, Georg der erste Stammvater der Darmstädter Linie.

Neuntes Buch.

Moritz' Feldzug gegen die Türken. Albrecht's Schmähungen auf seinen alten Waffengefährten. Seine Verwüstungen in den Fränkischen Bisthümern. Deutschlands betrübter Zustand. Moritz' Bündniß mit Herzog Heinrich von Braunschweig gegen den Markgraf Albrecht. Schlacht bei Sievershausen. Theuer erkaufter Sieg. Moritz' Tod; Albrecht's Kraft ist für immer gebrochen. Churfürst August von Sachsen. Albrecht stirbt und der alte Churfürst Johann Friedrich. Verfolgung der Protestanten in den Niederlanden. Der im Passauer Vertrage verheißene Reichstag wird endlich zum 5. Februar 1555 nach Augsburg ausgeschrieben. Convent der evangelischen Fürsten zu Naumburg. Gutachten der Theologen. Schreiben an den Kaiser Karl V. König Ferdinand eröffnet den Reichstag. Die kaiserliche Proposition: Beilegung der Religionsstreitigkeiten und Wiederherstellung des Landfriedens. Der päpstliche Legat Moroni und der Bischof von Augsburg Otto von Waldburg und deren Protest. Die Religionsfrage wird zuerst verhandelt. Friedlicher Vertrag auch ohne Vereinigung in Glaubenssachen. Formulirung des Friedensschlusses durch den Ausschuß des Fürstenrathes. Das churfürstliche Collegium damit einverstanden. Besitzthum beider Kirchen nach dem Normaljahre 1547 oder zur Zeit des Passauer Vertrages. Völlige Glaubens- und Gewissensfreiheit. Die Namen der beiden Kirchenparteien, Protestanten und Lutheraner, die alte oder katholische Kirche. Luther's Nachweis, daß die evangelische Kirche die ursprüngliche, wahre, apostolische Kirche sei. Der Päpstler Urtheil über dieselbe.

Moritz hatte dem Könige Ferdinand sein Wort gegeben, daß er ihm nach abgeschlossenem Frieden mit seinem Heere Beistand gegen die Türken leisten wolle. Aus dem Feldlager von Mergentheim meldete er am 11. Juli 1552 seinen Verbündeten den Abmarsch nach Ungarn. Sein Bruder August hatte davon abgerathen. „Er möge bedenken, schrieb er ihm, daß sie nur ihrer zwei Brüder wären, daß man ihm vielleicht Uriasbriefe geben wolle; das Spanische Geblüt sei seltsam, man gelüste nach seinen Landen und gönne dem verhaßten Moritz nichts mehr als die ewige

Ruhe." Darum verlangte dieser die Gewähr des Kaisers für seine Sächsischen Länder während des Türkenkrieges. Der alte Churfürst Johann Friedrich gab auch eine Erklärung, daß er während Moritz' Abwesenheit keine Bewegungen zur Wiedererlangung seiner alten Länder machen wolle.

Im Herbste befand sich Moritz bereits in Ungarn und schon gegen Ende Oktobers konnte er dem Grafen Wolfgang von Barby schreiben, daß „der Türk nach drei verlornen Hauptstürmen und vielen Anläufen nicht ohne trefflichen Schaden sich zurückgezogen habe, und daß bei Gran seine Husaren tapfer an sie gesetzt und eine große Menge der Feinde erstochen und niedergesäbelt hätten." Seinem Schwiegervater, Landgraf Philipp, meldete er aus dem Feldlager zu Raab am 30. Oktober: „Wir haben in der Zeit, da wir hier gelegen, die Stadt Raab, daran dem Könige zum Höchsten gelegen, in der Eil dermaßen befestigt, daß wir hoffen, wo sie mit guten Leuten versehen, wie zu Erlau gewesen; (einer Feste in Ungarn, welche durch den mannhaften Widerstand der Besatzung von schwerer Belagerung befreit wurde), die auch Zähne im Maule haben, werde sie nicht leicht zu gewinnen, und nicht allein dem Könige und dem übrigen Theile von Ungarn nützlich, sondern auch der ganzen Christenheit tröstlich und uns zu einem ewigen Namen und gutem Gedächtniß sein." Doch war Moritz mit der Langsamkeit und Lauheit, mit welcher der Krieg geführt wurde, sehr unzufrieden. Der Spanische General Castaldo, der dem Churfürsten das Oberkommando hatte übergeben müssen, hinderte so viel er konnte die raschen und muthigen Unternehmungen des ritterlichen Heerführers. Darum führte der Feldzug zu keinem entscheidenden Ergebniß, mit wie viel Zeugnissen der Tapferkeit und des Kriegsgeschicks er auch für Moritz' Ruhm begleitet war. Zudem kamen ihm betrübende Nachrichten von neuen Wirren und Kriegsrüstungen im Vaterlande und flehende Bitten von den Bischöfen zu Bamberg, Würzburg und Mainz, sowie von den Städten Nürnberg und Ulm, sie zu schützen gegen die Gewaltthaten und Verheerungen des Markgrafen Albrecht. Er beurlaubte sich deshalb beim König Ferdinand und kehrte nach Sachsen zurück.

Moritz schrieb an Albrecht, seinen alten Freund und Waffengefährten, und fragte bei ihm an, wessen er sich bei den gegen ihn öffentlich ausgesprochenen Schmähungen und Schimpfreden zu ihm zu versehen habe. Er erhielt darauf die Zusicherung treuer und redlicher Gesinnung und die Bitte, auch ihm im brüderlichen Vertrauen und freundlichen Willen ententgegen zu kommen.

Albrecht hatte sich in dem Feldzuge gegen Frankreich um den Kaiser viele Verdienste erworben und namentlich am 4. November die Franzosen bei Pont a Mousson auf's Haupt geschlagen und den gefangenen Herzog von Aumale nach Plassenburg geschickt. Als Karl V die Belagerung von Metz, die ihm nach großen, immer vergeblichen Anstrengungen so viele

Menschen gekostet hatte, im December aufgeben mußte, führte Albrecht sein Heer im Trierschen in die Winterquartiere und begab sich im Februar 1553 in sein Fränkisches Fürstenthum. Hier erhielt er von dem Kammergericht, auf Betrieb des Bischofs vom Bamberg, ein Verbot der neubegonnenen Werbungen in Fränkischen Landen und ein Urtheil, durch welches der kaiserlichen Confirmation unerachtet, die vor Nürnberg mit Bamberg und Würzburg getroffenen Vergleiche Albrechts kassirt wurden. Auf Albrechts Beschwerde erklärte das Kammergericht, es könne nichts wider die Gerechtigkeit. Der Kaiser redete jetzt fast eben so und ermahnte zu gütlicher Ausgleichung. Es wurde auch zu Heidelberg ein Termin zur Ausgleichung angesetzt, zu welchem auf Veranlassung des Kaisers die Herzoge von Baiern und Würtemberg erschienen. Alle Friedensversuche scheiterten an der Heftigkeit des Markgrafen. Es wurde nichts ausgerichtet. Albrecht erließ nun am 27. März 1553 ein Manifest, in welchem er die Gerechtigkeit seiner Sache darzuthun suchte und erklärte, er müsse nun sein Recht mit Waffengewalt suchen. Das Kammergericht forderte hierauf die benachbarten Reichsstände sämmtlich auf, den Bischöfen von Würzburg und Bamberg wider Albrecht beizustehn.

Vor allen anderen erging diese Aufforderung an den Churfürsten Moritz. Dieser wäre des Krieges gern überhoben gewesen; denn er dachte mit Ernst daran, seinen Landen die Segnungen des Friedens zu gewähren. Da Karl V mit Frankreich Frieden geschlossen, glaubte Moritz, daß die Zeit gekommen sei, wo das verwüstete Deutschland zu einem neuen Leben erblühen werde. Sein Durst nach kriegerischem Ruhm war befriedigt. Erst 32 Jahre alt, galt er für den tüchtigsten Kriegsfürsten seiner Zeit. Er liebte sein Vaterland und wollte Deutschland groß und mächtig machen vor allen Ländern der Erde. Seinem schönen, gesegneten Sachsenlande wollte er durch treue Pflege und väterliche Fürsorge ersetzen, was innere Unruhen und Kriege zerstört und niedergetreten hatten. Dazu aber war Friede in Deutschland nothwendig. Und dieser wurde durch fehdelustige Fürsten unablässig gestört, besonders durch den wilden, leidenschaftlichen Markgraf Albrecht. Moritz sandte an seinen ehemaligen Freund und Waffengefährten ein Schreiben, worin er ihn von gewaltthätigen Schritten abmahnte; aber Albrecht warf den Boten ins Gefängniß und entließ ihn dann mit Schmachreden und harten Worten.

Der Hülferuf der Fränkischen Bischöfe wurde immer dringender. Moritz schloß zu ihrer Hülfe einen Bund mit Herzog Heinrich von Braunschweig, der viel Kriegsvolk an sich gezogen, unterdeß der Markgraf mit rastloser Schnelligkeit alle gegen ihn geworbene Kriegsvölker zerstreute. Bei Pommersfelden vertrieb er die Hülfstruppen, die Würzburg gen Bamberg entsandt hatte, nahm Bamberg, die Altenburg und Schweinfurt, entwaffnete in Berchingen 400 Böhmische Reiter, die Nürnberg geworben hatte, und hauste im Nürnberger Gebiet auf eine furchtbare Weise. Die Nürnberger warfen ihm öffentlich vor, er habe nicht blos die Einwohner von Altorf und Lauf in ihre Mauern eingeschlossen, sondern auch noch vom Lande viele Menschen und Vieh hineingetrieben und darnach die Städte angezündet; es seien Kinder, schwangere Weiber und Kranke, die sich nicht über die Mauern retten konnten, elendiglich verbrannt.

Auf Betrieb des Kaisers und des Churfürsten von Brandenburg hatte eine abermalige Zusammenkunft etlicher Fürsten zu Frankfurt eine Ausgleichung versucht. Sie ging aber auch unverrichteter Sache auseinander. Mit dem Abschiede, den der Kaiser gab, waren weder die Fränkischen Prälaten noch die fürstlichen Abgesandten zufrieden. Des Churfürsten geheimer Rath Kram von Komerstadt schrieb ihm, es wäre besser gewesen, man hätte den Friedenstag gar nicht gehalten; es sei dabei wieder des Reiches jammervoller Zustand recht zu Tage gekommen. „Ich besorge, schreibt er, es sei mit diesem Reiche, wie mit allen andern Dingen, fast am Ende. Wenn es nicht eine sichtliche Strafe Gottes wäre, wäre es wahrlich hoch zu beklagen und zu erbarmen, daß wir alle sollten zusehen, daß in einem schönen, großen, wohlfundirten und erbauten Hause zwei oder drei Säulen oder Balken anfangen zu brennen, und sie sogar Niemand löschen oder retten will, sondern lassen zusehn, das Feuer dergestalt in das inwendige Gebäu kommen und überhand nehmen, daß es nicht wohl mehr zu löschen sein will." Das war der beklagenswerthe, zerrüttete Zustand des Reichs. So tief war Germanien gesunken, daß der an sich unbedeutende Markgraf Albrecht im ganzen Reiche Furcht und Schrecken erregte und selbst der Kaiser nicht den Muth hatte, die Nichtigkeitserklärung oder Bestätigung der Verträge öffentlich auszusprechen. In einem Schreiben an den Churfürst von Brüssel aus, am 27. Juni 1553, sucht er sein zweideutiges Benehmen in dieser Angelegenheit zu entschuldigen und bestätigt damit die Wahrheit, daß eine Sache, die entschuldigt werden muß, nie so gut ist, als eine Sache, die der Entschuldigung nicht bedarf.

Moritz sendete nun ein bedeutendes Truppenkorps unter Heydeck und Herzog Heinrich nach Franken. Die beiden Bischöfe und Churmainz führten ihre Geschwader, Reiter und Fußknechte, Geschütz und Kriegsbedarf, und Otto von Dieskau eine Abtheilung Sachsen herbei. Die Stadt Nürnberg sandte eine stattliche Wehr und König Ferdinand geübte Kriegstruppen. Man wollte das Land des Markgrafen selbst angreifen. Um dies zu verhindern, zog Albrecht eilends nach Thüringen und Sachsen. Vor ihm her gingen Furcht und Schrecken, vor allen zitterte Leipzig. Es lag ohne Besatzung wehrlos da. Mit einem Geschwader von 400 Reitern flog Moritz von Dresden nach Leipzig. Hier erfuhr er, daß der Markgraf seinen Zug nach Niedersachsen wende, wo er einen starken Zufluß von Kriegsvölkern erwarten durfte.

Moritz rief sofort sein Heer aus Franken zurück, zog im Lande alles streitbare Volk zusammen und legte starke Besatzungen in die Städte. Auch Herzog Heinrich hatte seine Truppen, die sein hochgesinnter und reichbegabter Sohn Philipp in Franken anführte, eiligst zurückgerufen. Der alte Churfürst Johann Friedrich schickte Abgesandte an Albrecht mit der Erklärung, wie er das Gelübde gethan, an keiner Kriegsfehde mehr theilzunehmen und von jeder Parteiung sich fern zu halten, er bitte deshalb, sein Land mit dem Durchzuge zu verschonen. Das versprach der Markgraf und ging auch schonend mit dem Theil des Landes um, den er von Moritz' Besitzthum berühren mußte. Dagegen entschädigte er sich im Halberstädtischen, wo er stark brandschatzte und vom Stifte sich ansehnliche Summen zahlen ließ. Noch ärger hausete er in den Gebieten des Herzogs Heinrich von Braunschweig, wo er schreckliche Verheerungen anrichtete. Das Heer der Verbündeten zog sich nach Nordhausen zurück, vereinigte sich dort mit des Churfürsten Schaar und bezog am 1. Juli ein Lager bei Osterode. Ihre Reiterei belief sich auf 5000; an Fußvolk waren sie schwächer als Albrecht, der bei Braunschweig 50 Fähnlein und 400 Reiter zusammengezogen hatte.

Am 1. Juli sandte Moritz den Fehdebrief an seinen Jugendfreund, in welchem er, auch im Namen des Römischen Königs, über die Verwüstung des Vaterlandes, über Vernichtung von Treu und Glauben unter den Fürsten, über eigenmächtige Gewaltthat klagt und seinerseits versichert, niemals dem Markgrafen irgend eine Ursache zur Unfreundlichkeit gegeben, sondern demselben allerlei freundliche Gutthat erwiesen zu haben. Dennoch sei er von Albrecht mit dem höchsten Unglimpf und ehrenrührigen Worten behandelt und der Verrätherei an der deutschen Nation beschuldigt worden. In allen seinen Handlungen offenbare er gegen ihn das feindseligste Gemüth. Als dem Markgrafen dieser Brief überbracht wurde, befanden sich noch Gesandte des Churfürsten von Brandenburg im Lager, um den Frieden zu vermitteln. Albrecht las den Fehdebrief seinen Hauptleuten vor und fragte sie, ob sie es nun mit ihm wagen wollten? Als sie darauf ihr Wort gegeben, entließ er die Brandenburg'schen Abgesandten, schenkte dem Edelknaben („dem Buben Vitzthum"), der ihm den Fehdebrief gebracht hatte, einige Goldgulden und sagte zu ihm: „dreimal hat Dein Herr seine Treue gegen mich gebrochen, er handelt zum viertenmal unredlich gegen mich. So möge er denn kommen; wir wollen uns mit einander messen." Seinem Gegner ließ er sagen, „er möge nur mit seinen Husaren, Pfaffen und Mönchen heran fahren; er wolle seiner vor Petershagen warten." Albrecht sandte am 3. Juli den Herzog Erich von Braunschweig an den Kaiser mit der Bitte um Hülfsvölker und erneuete die Bestätigung seiner Verträge, wogegen er versprach, dem Kaiser wieder zu dienen mit Leib und Leben. Karl V rieth zum friedlichen Vergleich und Niederlegung der Waffen.

Bereits am 4. Juli hatte zwischen den Sachsen und den Hakenschützen Erich's von Braunschweig ein Gefecht stattgefunden, als diese von der Erichsburg aus eine Reiterabtheilung des Moritz'schen Heeres überfielen. Die feindlichen Truppen verloren gegen fünfzig Mann in diesem kleinen Gefecht, dessen Ausgang von den Sachsen als ein Zeichen guter Vorbedeutung angesehen wurde. Es war ein stattliches Heer, was Moritz am 9. Juli auf den Flächen des Niedersächsischen Landes, unweit Peina und Sievershausen ausbreitete. Außer ihm selbst waren Heinrich von Braunschweig und seine beiden Söhne, Philipp und Karl Victor und der Fürst Friedrich von Lüneburg im Heere. Fast alle Geschlechter des Sächsischen Adels waren vertreten. Die Grafen von Beichlingen, von Schwarzburg, Stollberg, Hohnstein, Mansfeld befanden sich in der Schlachtreihe des Churfürsten. Aber auch der Markgraf hatte sein Heer in weiter Linie aufgestellt. Er überwog an Fußvolk das Heer des Churfürsten, an Reitern war letzteres stärker. „Seine Schlachtordnung, sagt Moritz, hat ein stattlicher größer Ansehn über die unsere gehabt."

Die Schlacht wurde durch einen heftigen Reiterangriff seitens der jungen Fürsten von Braunschweig eröffnet. Beide Brüder fielen schnell hinter einander. „Das ist zu viel!" rief der Vater aus, als ihm davon Meldung geschah. Er verdoppelte seine Anstrengung und ermunterte die Seinen durch Wort und Beispiel zur höchsten Tapferkeit. Es entbrannte ein wüthender Kampf, der drei Stunden währte und mit der Niederlage und Flucht des markgräflichen Heeres endete. Es hatte über 2000 Mann verloren; die Zahl der Gefangenen war viel größer. Ein ritterlicher Mitkämpfer sagt: „es ist eine so ernste Schlacht gewesen, dergleichen viele alte Kriegsleute nicht gedenken." Albrecht selbst rettete sich und einen mit Geld beladenen Wagen gen Neustadt, der Feste Herzogs Erich.

Der Sieg war theuer erkauft. Außer den beiden Söhnen des Herzogs Heinrich von Braunschweig bedeckten der Fürst Friedrich, Sohn des Herzogs Ernst von Braunschweig und Lüneburg, 14 Grafen (darunter Graf Philipp von Beichlingen, der letzte seines Geschlechts) und 300 Adelige das Schlachtfeld. Der Sieger zählte fast eben so viele Todte, als der Besiegte. Aber der größte und unersetzliche Verlust war der des edlen, tapfern, hochherzigen Churfürsten Moritz. Er war immer, wo der Haufen am dichtesten und die Gefahr am größten war. Die Seinen ermahnten ihn, sich nicht in das Gewühl zu begeben. „Ich will ehrlich handeln, gab er ihnen zur Antwort, und neben meinen lieben und getreuen Unterthanen, die ich persönlich ins Feld vermocht, mich hineinsetzen." So hatte er sich an die Spitze der Angreifenden gestellt und als die Schlacht von allen Seiten entbrannte, war er mitten im Angriff. Schon wendete sich der Tag zum Abend; Moritz ordnete den letzten Angriff auf den Rest der feindlichen Reiter; da drang eine Kugel, aus einer Feuerbüchse entsendet, unter dem Gürtel in die Hüfte und zerriß die Eingeweide. Der tödtlich Getroffene ward vom Pferde gehoben und an eine Weide gelehnt. Er ermunterte seine Getreuen, nicht abzulassen von der Verfolgung der Fliehenden. In der nächsten Nacht diktirte er in seinem Zelte vom Schmerzenlager aus einen Siegesbericht an den Erzbischof von Würzburg, worin er sagt: „Wir mögen uns dessen rühmen, was wir wider den Landesbeschädiger und seinen unruhigen Anhang gethan, daß wir solches aus sonderlichem Eifer zur Erhaltung Friedens, Ruhe und Einigkeit im heiligen Reiche, und damit ein Stand bei dem andern ruhig sitzen und wohnen und einer nach dem andern nicht so jämmerlich verderbet werden möchte, gethan." Anfangs gaben die Wundärzte einige Hoffnung der Lebenserhaltung, aber bald fanden sich in Folge innerer Entzündung heftige Schmerzen ein. Der Leidende ließ durch Christoph von Carlowitz seinen letzten Willen aufsetzen, machte noch für Land und Leute die heilsamsten Verfügungen und sprach im Sterben: „das Ringlein, so wir an der Hand tragen, soll unserm lieben Gemahl wieder zugestellt werden, und soll ihr mein Bruder (August) sagen, daß wir sie freundlich gesegnen lassen in tröstlicher Hoffnung, daß wir mit der Zeit nach Gottes gnädiger Verleihung in jener Welt wieder einander sehen wollen." In seiner Todesstunde hob er die Hände zum Himmel und sprach mit matter Stimme: „Allmächtiger Gott, ich bitte dich, du wollest mir um Christi willen alle Sünden, die ich wider dich oder die Menschen gethan, vergeben und verzeihen; ich vergebe allen meinen Feinden und mir Widerwärtigen von Grund meines Herzens und gänzlich." Bald darauf sprach er: „Gott wird kommen!" und verschied im Herrn am 11. Juli 1553 in der Morgenstunde, bald nach acht Uhr. „Was Moritz geleistet durch Geist und Schwert, so schließt Albert von Langenn seine vortreffliche Geschichte des Herzogs und Churfürsten Moritz, wie er die Zeit gefaßt, in der er lebte, was das Reich deutscher Nation an ihm verloren, und wie er die Sache der Reformation betrachtet, davon geben die Jahre seiner Wirksamkeit Zeugniß. Moritz ist dem Protestantismus und der deutschen Selbstständigkeit zum Retter und Erhalter geworden. Dahin haben seine sich merkwürdig bildenden, schnell sich fortkettenden Schicksale geführt. Das Ende des zweiunddreißigjährigen Fürsten aus dem Stamme der Wettiner war besonders für sein Vaterland bejammernswerth, für seine Freunde trauervoll und selbst für die ihm nicht näher Angehörenden und Fremden keineswegs ohne sorgliches Bedenken."

Albrechts Kraft war für immer gebrochen. Seit der Schlacht von Sievershausen hat ihm das Glück niemals wieder gelächelt. Chursachsen schloß zwar mit ihm unter dem neuen Churfürsten August Frieden, aber der Herzog Heinrich wüthete fort gegen ihn, schlug ihn zweimal in offener Feldschlacht und schwur, den Markgraf am nächsten Baum aufknüpfen zu lassen, wenn er sein habhaft werden würde. Er schloß ihn zuletzt in Schweinfurt ein. Hier erhielt er am 1. December 1553 die Nachricht, daß er mit den gewohnten Feierlichkeiten vom Kammergericht in die Reichsacht erklärt worden sei. Der freche Wüthrich spottete darüber mit den Worten: „Acht und aber acht ist sechszehn; die wollen wir mit einander fröhlich vertrinken; je mehr Feinde, je mehr Glück!" Aber er fühlte doch bald die Folgen des Richterspruchs und bat den Kaiser um Aufhebung der Acht. Dieser aber erklärte, er könne den Lauf der Gerechtigkeit nicht aufhalten. Am 13. Juni 1554 verlor Albrecht beim Kloster Schwarzbach am Eulenberg gegen Herzog Heinrich von Braunschweig seine letzte Schlacht und flüchtete mit einem ganz kleinen Gefolge nach Frankreich, wo man ihn mit einer Art großmüthiger Herablassung aufnahm. Das wurde für den immer noch nicht gedemüthigten Fürsten drückend und er begab sich wieder nach Deutschland zu seinem Schwager Friedrich, Pfalzgrafen am Rhein.

Albrechts Lande waren seinen Feinden in die Hände gefallen und die herrliche Plassenburg geschleift worden. Jetzt brach die durch Ausschweifungen aller Art geschwächte Kraft zusammen. Albrecht wurde schwermüthig und geängstet von allerlei trüben Vorstellungen. „Als wir gen Magdeburg zogen, sagte er in dieser trüben Stimmung, da mahnte uns Wolfgang Rupprecht mit Ernst von der Belagerung der Stadt ab und prophezeihte uns, wir würden alle des Teufels sein, kein Glück auf Erden, keinen Trost im Tode und Höllenqual in Ewigkeit haben, weil wir fromme, rechtgläubige Christen verfolgten. Er ist wahrlich unser Prophet gewesen, denn Herzog Georg von Mecklenburg, Herzog Moritz, Markgraf Friedrich, Wallwitz, Wulff, Schlegel, Bischof und viele andere edle Ritter sind todt. Ich bin von Land und Leuten getrieben und werde auch bald heimfahren. Er beschäftigte sich viel mit religiösen Dingen und soll sogar das schöne Lied: „Was mein Gott will, gescheh' allezeit 2c." gedichtet haben. Es wird ihm wenigstens von Alters her zugeschrieben. Im Jahre 1557 hatte er sich ein freies Geleit zum Reichstage nach Regensburg ausgewirkt, um die Wiedererlangung seines Landes zu betreiben. Da starb er auf der Reise zu Pforzheim bei seinem Schwager, dem Markgrafen Karl II von Baden, am 8. Januar 1557, in seinem fünfunddreißigsten Lebensjahre.

Nach dem Passauer Vertrage sollte sechs Monate nach seinem Abschluß ein neuer Reichstag ausgeschrieben werden, um einen vollständigen Religionsfrieden abzuschließen. Dieser Reichstag ward auch von Karl V wirklich angekündigt und sollte im August des folgenden Jahres eröffnet werden; die Fehden der Deutschen Fürsten und der schmerzliche Tod des

Sächsischen Heldenfürsten verhinderten jedoch die Ausführung desselben. Es fehlte den evangelischen Fürsten der leitende Geist. Zwar durfte die protestantische Kirche hoffen, an dem neuen Churfürsten, dem einsichtsvollen und charakterfesten August, ein fähiges Haupt zu erhalten, allein dieser fand in seinem Lande vollauf zu thun. Der alte Churfürst Johann Friedrich konnte seine verlorne Chur nicht verschmerzen und setzte Alles in Bewegung, sie nach Moritz' Tode wieder zu erlangen. Auf dem ersten Landtage, den der Churfürst August hielt, wandte sich der alte Landesherr in einer heftigen Zuschrift an die Stände und verlangte sein früheres Besitzthum mit der daranhaftenden Würde zurück. Mit demselben Gesuch sandte er Abgeordnete an den Kaiser, an König Ferdinand und sogar an Herzog August's Schwiegervater, den König von Dänemark. Der neue Churfürst hielt jedoch fest an seine Mitbelehnung bei der feierlichen Erwählung seines Bruders in Augsburg, und an des Herzogs Johann Friedrich's angelobte Entsagung aller Ansprüche an die Chur und seine früheren Lande, als er seine Freiheit wieder erhalten hatte. Es wurden auch langwierige Verhandlungen unter Leitung des Königs von Dänemark eingeleitet, deren endliches Resultat war: „Wenn August ohne männliche Erben abschiede, dann sollten die Chur und das Amt eines Erzmarschalls auf die andere Linie zurückfallen. Dagegen versprach derselbe, daß Johann Friedrich auch von ihm mit dem Titel eines gebornen Churfürsten begrüßt werden sollte, was aber nicht auf seine Söhne fortgepflanzt werden dürfe."

Diesen Vertrag unterschrieb der mißmuthige Johann Friedrich mit sterbender Hand. Er hatte seinen Standpunkt in der Welt und seine Bedeutung für die evangelische Kirche verloren. Dasselbe konnte man vom Landgrafen Philipp sagen, der im Geiste eines Hausvaters lebte. So waren die alten Häupter des Protestantismus erloschen. Außer dem Churfürsten August war kein Deutscher Fürst vorhanden, der mit Moritz' Geist und Kraft die Freiheit des Deutschen Reichs und der evangelischen Kirche hätte vertreten können. Zudem war des Kaisers Benehmen sehr zweideutig und es schien, als wenn er die Fehden im Reiche und die Zerfallenheiten der Fürstenhäuser zur Ausführung seines alten Plans, die Unterjochung Deutschlands, benutzen wollte. Dazu kam die Schreckenskunde von der grausamen Verfolgung der Protestanten in England. Die fanatische Königin Maria hatte sich mit dem Sohne Karl's V, dem erzkatholischen Infanten Philipp vermählt, und Beide entbrannten in Haß und Wuth gegen die Protestanten. Die würdigsten und angesehensten Männer des evangelischen Glaubens fanden den Märtyrertod und die Scheiterhaufen der Verbrannten leuchteten schreckensvoll herüber nach Deutschland. Selbst Ferdinand, auf dessen Wohlwollen die Protestanten ihre Hoffnungen gebaut, trat als Gegner der Neuerungen in der Kirche und als Freund des Papstes auf. Die Oestreich'schen Landstände hatten ihn gebeten, das heilige Abendmahl in beiden Gestalten feiern zu dürfen. Er wies diese Bitte zurück mit der Aeußerung, das sei eine ketzerische Neuerung, die aus einem thörichten Wahn hervorgehe; seine Unterthanen sollten bei der alten, wahren Religion im Gehorsam gegen die rechtgläubige Kirche bleiben, weil sie außer derselben nicht selig werden könnten.

Alle diese Erscheinungen hatten eine große Bangigkeit unter den Reichsfürsten verbreitet, so daß sie sich scheuten, das große Werk, das des hochherzigen Moritz' entschlossener Geist mit starker Hand ergriffen und siegreich fortgeführt hatte, zu vollenden. Sie blieben still in ihrer Heimath, um bei einbrechender Gefahr selbst Hüter sein zu können. Es war der Kaiser selbst, der auf die Abhaltung des versprochenen Reichstages drang. Er sollte schon im August 1553 zu Ulm gehalten werden, wegen des Krieges mit Frankreich und der Unfälle in Italien ward er ausgesetzt und bis zum Januar 1554 verschoben. Aber die Fürsten entschuldigten sich mit dem unordentlichen und wilden Wesen, das jetzt Deutschland zerrütte. Nur wenige Bevollmächtigte trafen zu Augsburg ein und kehrten nach einiger Zeit unverrichteter Sache in ihre Heimath zurück. Nun aber drang der Kaiser auf Abhaltung des Reichstages, den er zum fünften Februar 1555 nach Augsburg ausschrieb. Karl hatte wohl dabei mehr politische Absichten, als Friedensgedanken hinsichts der Religion.

Schon vor dem Ausschreiben dieses Reichstages hatten die angesehensten protestantischen Fürsten einen Convent zu Naumburg angesetzt, theils um die alte Erbvereinigung zu erneuen, theils um den Rath ihrer Theologen zu vernehmen, wenn auf dem Reichstage Forderungen wegen des Interims und des allgemeinen Concils gemacht werden sollten. Dieser Kirchentag wurde am 20. Mai 1554 eröffnet. Der Churfürst August hatte zu demselben gesandt Philipp Melanchthon, Johann Förster und Joachim Camerarius; der Landgraf Philipp den Adam Crato (Kraft), Andreas Hyperius und Kaspar Lanco; die Herzoge von Sachsen Valentin Paräus und Heinrich Salmuth aus Leipzig. Von Straßburg war Johann Sleidan angekommen.

Die genannten Fürsten, sowie der Churfürst Joachim von Brandenburg und einige andere Fürsten der Umgegend fanden sich persönlich ein. Ihre Proposition war, damit alle evangelischen Stände die Wahrheit wie aus einem Munde bekennen und über ihre Lehre auf einerlei Weise Antwort geben könnten, wenn der Kaiser die Rückkehr zur päpstlichen Lehre oder zum Interim verlangen sollte, möchten die Theologen ihnen eine bestimmte und feste Erklärung an die Hand geben. Nach reiflicher Erwägung gab der Convent folgende Erklärung: „Wenn der Kaiser Rückkehr zur päpstlichen Lehr oder zum Interim, das nur ein elendes Flickwerk sei, verlange, so muß ihm das hell und schlecht, völlig und ganz abgeschlagen werden. Damit sie aber nicht dafür angesehen würden, als ob sie Freiheit suchten, allerlei Opinionen zu erdichten oder zu vertheidigen, so achteten sie, man solle sich auf die im Jahre 1530 übergebene Confession berufen, bei welcher unsre Kirche unter Gottes gnädigem Beistande festiglich verharren und davon nimmermehr abweichen wird. Darin ist der einige ewige Consensus göttlicher Schrift und der rechten katholischen Kirche Christi, wissen auch, daß durch diese wahrhaftige Lehre ihm der Sohn Gottes für und für eine ewige Kirche sammelt und nicht ändert. Denn also spricht der Sohn Gottes: „Heilige sie in deiner Wahrheit, dein Wort ist die Wahrheit!" Was dieser einigen, wahrhaften und ewigen Lehre entgegen, das wären sie ihres Kirchendienstes halber schuldig zu strafen und zu widerlegen, nämlich alle Ketzereien, die Mahumetisterei, päpstliche Irrthümer, Servets Gotteslästerung und Wiedertäuferei. Sie wiederholten nochmals, daß sie von solchen Irrlehren und erdichteten Opinionen sich fern hielten und bei der Augsburg'schen Confession festiglich bleiben wollten. Diese Glaubensschrift oder die mit ihr genau übereinstimmende Confession von Brentius, oder das Sächsische für das Concilium aufgesetzte Bekenntniß möge dem Kaiser überreicht werden. Die Bischöfe können neben der evangelischen Lehre nicht stehn, weil sie die rechte Lehre verfolgen; darum müssen die Fürsten selbst Bischöfe sein und auf die Lehre und Ordnung in der Kirche Acht haben. Einigkeit kann zwischen Verfolgern und Verfolgten nimmermehr gedeihen. Die im Interim aufgestellten Ceremonien könne man annehmen, aber keine anderen als die noch in der evangelischen Kirche beibehaltenen. Wegen der Chorröcke, Meßgewände, lateinischen Cantionen sollte man die Kirchen nicht beunruhigen, die Consistorien müssen die Ordnungen machen und die Amtleute mit ihrer Ausführung beauftragt werden. —

Auch die Schwenkfeld'schen und Osiander'schen Lehren wurden auf diesem Convent zur Sprache gebracht und als unrichtige und dunkle verworfen. Um beim Kaiser nicht den Argwohn zu erwecken, als ob sie bei ihrer Zusammenkunft heimliche Absichten gehabt hätten, berichteten ihm die Fürsten unterm 11. März 1555, daß sie nur von ihren Theologen Rathschläge hinsichts der Religion verlangt und ihre Erbvereinigung nur zum Besten ihrer Lande und Unterthanen erneuet hätten und nichts Anderes suchten und wollten, als Frieden und Ruhe im Deutschen Vaterlande. Dann fügten sie hinzu: „wasmaßen sie bei der Augsburg'schen Confession, als worin die Hauptsumme der christlichen Lehre begriffen und nichts Gottloses oder Aufrührerisches enthalten sei, mit göttlicher Hülfe und Beistand zu verharren sich vorgenommen, und daneben Alles, was zur Wohlfahrt des Deutschen Reiches ersprießlich, mit Rath und That nach allen ihren Kräften und Vermögen befördern zu helfen, nicht ermangeln würden. Weil sie nun bei den jetzigen mißlichen Zeiten den Reichstag persönlich nicht besuchen könnten, so hätten sie ihre Gesandten dahin angewiesen, in allen Handlungen und Rathschlägen auf den Frieden bedacht zu sein, damit Niemand weder um der Religion, noch um anderer bürgerlichen und zeitlichen Sachen willen eine Gefahr oder Bedrängniß zu fürchten habe. Bei einem solchen Frieden würden auch alle vorhandenen Streitigkeiten viel besser und gedeihlicher können geschlichtet werden. Es sei auch bei den jetzigen Zeiten höchst nöthig, daß man sich dem Türken mit vereinigten Kräften und Gemüthern widersetze und nach dem Verlangen des Kaisers eine ansehnliche und zulängliche Armee ins Feld stelle. Wo nun ein solcher Friede vorhanden, würden Fürsten und Stände auch ohne Zweifel ihr Vermögen zum Kriege willig und gern beitragen, welches leider um der inneren Unruhen und besorglichen Läufte willen bisher unterblieben ist. Sie an ihrem Theil würden zu Allem bereit sein und hätten auch befohlen, daß ihre Gesandten auf dem Reichstage sich dahin erklären sollten." Ein ähnliches Schreiben richteten die Fürsten an den König Ferdinand und baten ihn, einen sichern und dauerhaften Frieden zu fördern und Keinem Gehör zu geben, der die Ruhe Deutschlands stören wolle.

Der König Ferdinand hatte sich früher als alle anderen Stände in Augsburg eingefunden. Er war erstaunt, weder die Fürsten noch ihre Bevollmächtigten zu finden. Er sandte Briefe und selbst seine vertrauten Räthe im Reiche umher mit der dringenden Bitte an die Fürsten, zum Reichstage in Person zu erscheinen, weil höchstwichtige Sachen zu verhandeln wären. Er selbst habe mit großer Ungelegenheit sein Land verlassen, um mit ihnen das Wohl der Deutschen Nation zu berathen und zu bedenken. Von seinem Bruder habe er vollmächtige Gewalt zu den Verhandlungen erhalten; er werde sie nicht länger als höchstnöthig aufhalten. Trotz dieser dringenden Aufforderung erschien keiner von den Churfürsten und von den Fürsten nur wenige. Auch die Gesandten fanden sich spärlich und langsam ein, und es verflossen zwei Monate, ehe der Reichstag vollständig vertreten war. Sobald aber die Chursächsische Gesandtschaft angekommen war, eröffnete der Römische König am 7. März die Reichsversammlung. Der Kaiser, der sich zu Brüssel aufhielt, entschuldigte sein Ausbleiben „mit seines Leibes Ungemächlichkeit und anderen offenbaren Ungelegenheiten, die ihn verhinderten, sich auf eine so weite Reise zu begeben." Als kaiserliche Bevollmächtigte handelten der Kardinal Otto Truchseß, Bischof von Augsburg, und der Rechtsgelehrte Dr. Felix Hornung nach der ihnen schon unterm 10. April 1554 zugekommenen Instruktion. Einen wesentlichen Einfluß auf den Gang und das Ergebniß der Verhandlungen übte König Ferdinands Kanzler, Ulrich Zasius.

Wenn die kaiserlichen Bevollmächtigten ihrer Instruktion gemäß hätten handeln wollen, so würde der Friede nie zu Stande gekommen sein, denn der Kaiser erklärte darin, daß der katholischen Religion und Kirche durchaus nichts vergeben werden dürfe und die Protestanten sich den Beschlüssen einer künftigen allgemeinen Kirchenversammlung oder einer Nationalsynode unterwerfen müßten. Ueberhaupt herrscht in dieser Instruktion eine Schärfe und Bitterkeit, eine Bigotterie und Feindseligkeit gegen den Protestantismus, wie man es in den früheren Proklamationen des Kaisers nicht gewohnt ist. Der Einfluß seines Beichtvaters, des Großinquisitors, ist dabei nicht zu verkennen. Mag sein katholisches Gewissen aufgeregt worden sein, oder mag er von dem Abschluß eines festen, die Existenz der evangelischen Kirche sicherstellenden Friedens Gefahr für seine politischen Pläne gefürchtet haben: er zeigt eine ängstliche Sorgfalt für das Wohl seiner Kirche und für die Wiedervereinigung der Protestanten mit der Mutterkirche. Späterhin mag er sich überzeugt haben, daß er diese strengen Grundsätze nicht mehr geltend machen könne, denn die Vollmacht, die er seinem Bruder Ferdinand ertheilte, lautet viel milder. Indem er demselben die uneingeschränkte Macht ertheilte, ohne weitere Anfrage Alles zu beschließen und festzustellen, was die Stände des Reichs zur Förderung des Friedens für dienlich erkennen würden, suchte er sein Gewissen vor allen Vorwürfen zu bewahren, mit welchen die den Evangelischen eingeräumten Concessionen dasselbe bedrücken würden. Dies geht auch aus seinem Schreiben vom 10. Juni an seine Commissarien hervor, in welchem er ihnen befiehlt, daß sie Alles dem Römischen Könige überlassen, aber nichts von Allem, was vorkommen möchte, von seinetwegen genehmigen und autorisiren sollten, „denn wir besorgen, es möchten von Etlichen dermaßen beschwerliche Punkte erregt werden, die wir, da wir selbst zugegen wären, keineswegs bewilligen könnten noch sollten."

Die kaiserliche Proposition enthielt zwei Hauptgegenstände, erstlich die Beilegung der Religionsstreitigkeiten und zweitens die Wiederherstellung des Landfriedens. Was das Erste betrifft, so setzte der Kaiser auseinander, wie emsig er allzeit bemüht gewesen, die eingerissene Spaltung wieder zur Eintracht und gutem Verständniß zu bringen, besonders durch Erörterungen und Berathungen auf einem allgemeinen Concilium. Dies Concilium ist auch zu wiederholten Malen begonnen, aber nie zu Ende geführt worden. Immer traten so viele Hindernisse und Schwierigkeiten zu Tage, daß solches den gewünschten Nutzen nicht gebracht hat. „Wiewohl nun deshalb hievor etlichemal auf die Bahn gebracht worden, daß die Haltung eines National=Concilii zu demselben dienlich sein soll, so können doch Ihre königliche Majestät sich darüber auf diesmal nicht wohl resolviren, dieweil ihres Wissens der Name und Form desselben bei diesen unsern Zeiten nicht sonders bekannt und gebräuchlich. So sind auch hievor, als auf dem dritten Weg zu etlichenmalen, freundliche Gespräche und Unterredungen gehalten, die gleichwohl hernach zu keiner wirklichen Vollziehung gelangt, aus denselben aber dennoch so viel abgenommen worden, daß wo die Sachen allenthalben mit christlichem Eifer und Ernst gemeint, und also nicht zu beiden Theilen allein (wie zu vermuthen) des Zeitlichen halber auf der Halsstarrigkeit geblieben (welches jedoch die königliche Majestät Niemand zum Nachtheil und Verkleinerung anregen will), so sollte man, wo nicht in allen, doch in vielen namhaften und ansehnlichen Artikeln der streitigen Religion, fast nahe zusammen gekommen sein. Demnach und dieweil aus dem, so hievor begegnet, dieser Weg billig auch bedenklich, sonderlich in Erwägung, daß dazumal der kaiserlichen Majestät getreue christliche Neigung zu solchem Werke nicht das Ansehn haben wollen, wie es Ihre kaiserliche Majestät wahrhaftiglich gemeint, sondern die Sache gar nahe dahin gerathen, daß sie vielleicht bei beiden Theilen nicht viel Dank erlanget. Nichts destoweniger wollen Ihre königliche Majestät um Beförderung der Ehre Gottes willen und Pflanzung der christlichen Einigkeit alsbald die Sache in die Hand nehmen und diesen Weg abermals versuchen, wofern die gemeinen Stände dies genugsam bedenken und ihres Theils auch getreulich meinen, sich zu christlicher Vergleichung und Einigkeit vom Herzen schicken, auch alle sonderbare Affektion und Hartsinnigkeit auf einen Ort stellen würden, und allein Gott und die gemeine Wohlfahrt vor Augen haben wollten. Dessen alles sich die königliche Majestät der Billigkeit nach zu ihnen versehen und sich nicht allein nicht mißfallen lassen, sondern auch, was Ihre königliche Majestät ihres Theils dazu thun könnten, demselben gleichergestalt gnädiglich, väterlich und mit höchstem Fleiß nachsetzen würden. Außerhalb obgedachter wäre Ihrer königliche Majestät kein anderer ersprießlicher Weg zugefallen. Wo aber die Stände sammt und sonders etwas Besseres wüßten zu erdenken oder sich zu erinnern, das wollen Ihre königliche Majestät anhören und sich darauf ferner auch aller Gebühr vernehmen lassen."

Als diese kaiserliche Proposition vorgelegt wurde, konnte man nicht sofort zu den Verhandlungen übergehn, weil erst etliche Stände durch Gesandte vertreten waren. Bald aber fanden sich dieselben ein und zuletzt wurde der Reichstag von allen Fürsten und Ständen beschickt. Es wurde an der Erledigung der vorliegenden Gegenstände mit großem Eifer gearbeitet und selten zeigte ein Reichstag eine so rege Thätigkeit, als der diesjährige. Man hatte denselben gewünscht, aber auch gefürchtet. Die Fragen, die ihre Erledigung erwarteten, waren für Staat und Kirche von der höchsten Wichtigkeit, für den Bestand der evangelischen Kirche entscheidend. Der Kaiser war überzeugt, daß eine Wiedervereinigung der Evangelischen mit den Katholischen nicht mehr möglich sei, und der König hielt die Erfüllung des Passauer Vertrags für unabweislich. Auch die katholischen Stände waren in der Ueberzeugung nach Augsburg gekommen, daß jeder neue Versuch zur Aufhebung des Zwiespalts in der Religion fruchtlos sein würde. Daher der allgemeine Wunsch, daß man die Zeit mit Berathschlagungen über Lehren und Rechte der Protestanten nicht verlieren möchte. Nicht eher, meinten Alle, könne Ruhe und Friede ins Land kommen, als bis jeder der streitenden Parteien die ihr gebührenden Rechte eingeräumt und festgestellt wären. Alle sehnten sich recht herzlich nach einem gesicherten Frieden.

Nur der Bischof von Augsburg, Otto Truchseß von Waldburg, und der päpstliche Legat Moroni, Beide Kardinäle, wollten von einem beständigen, von allen weiteren Verhandlungen unabhängen Frieden mit den Protestanten durchaus nichts wissen. Der Bischof meinte, die Sache müsse allein auf dem Wege eines Conciliums geleitet werden und den Aussprüchen desselben sich jeder Theil unterwerfen. Sollte nun ein Theil sich dem Concil nicht konformiren, sondern eine eigene Lehre und Satzung für sich behaupten wollen, so würde das beschwerlich, ärgerlich, unerhört und unziemlich sein. Darum solle man den Religionsfrieden aussetzen, bis ein allgemeines Concilium darüber die nöthigen Beschlüsse gefaßt haben würde. Er eiferte darüber mit großer Heftigkeit, so daß auch die Bischöfe von Eichstädt und Straßburg aufgeregt wurden und gegen einen definitiven Friedensschluß, jedoch mit großer Mäßigung, sich erklärten. Als aber der Ausschuß mit entschiedener Mehrheit sich für eine endliche und gewisse Beilegung aller Religionsstreitigkeiten in deutschen Landen entschied, legte der Bischof von Augsburg am 23. März einen förmlichen Protest gegen Alles ein, was dieser Friedensschluß Nachtheiliges für die katholische Religion und Kirche enthalten würde. Diese Protestation lautet: „Wir Otho von Göttlicher Erbarmung der H. Römischen Kirche Priester, Kardinal und Bischof zu Augsburg bekennen und erklären uns mit dieser unsrer eigenen Handschrift, daß wir allen geliebten Frieden wirklich befördern und für uns treulich halten wollen, auch gegen Jedermann nichts Feindliches vornehmen. Darneben aber erklären wir uns von Mund und Herzen, daß wir die fürgehaltenen Rottel oder Mittel der Religion und was derselben anhängt, in dogmatibus, jurisdictionibus, rebus et personis betreffend, weder viel noch wenig bewilligen können oder wollen, sondern verhoffen bei unsrer Pflicht, so wir der päpstlichen Heiligkeit und dem Stuhl zu Rom, auch der kaiserlichen Majestät und dem Heiligen Reich gethan, in allen Punkten und Artikeln unverletzt und unverbindlich zu bleiben. Ehe wir uns darauf in einige Traktaten einlassen, ehe wollen wir uns Leib, Leben, und was wir auf Erdreich haben, standhaftiglich verzeihen (verzichten), und wollen vor Gott und der Welt hiemit uns ausdrücklich vorbehalten bei unserm Eid und Pflichten, wie ein beständiger Christ und geborner Deutscher bis in den Tod zu verharren."

Nachdem nun festgestellt war, daß der im Passauer Vertrag verheißene Friede mit den Protestanten abgeschlossen werden solle, entstand eine andere heftige Debatte darüber, ob zuerst über die Religionsfrage oder über den Reichs- und Landfrieden verhandelt werden sollte. Die katholische Partei war für das letztere, weil dadurch Zeit gewonnen würde und der Reichstag wohl auseinander gehen könnte, ehe die Religionsangelegenheit entschieden sein würde. Die Evangelischen fürchteten, wenn der Landfriede beschlossen und festgestellt sei, werde der Religionsfriede erschwert werden oder gar nicht zur Entscheidung kommen. Im Churfürstenrathe wurde über diese Frage lange debattirt, ehe man zu einem festen Entschluß kommen konnte. Die protestantische Partei machte endlich geltend, daß in dem Passauer Vertrage festgesetzt sei, die Religionssache solle auf dem nächsten Reichstage gleich anfangs vorgenommen werden und das sei „bei ihren fürstlichen Ehren, in guter rechter Treue und bei dem Worte der Wahrheit" bekräftigt worden. Fünfmal war Umfrage gehalten worden, ohne daß man zu einer Stimmenmehrheit gekommen wäre. Bei der sechsten Umfrage trat der Churfürst von Trier, Johann von Isenburg, auf die Seite der weltlichen Stimmen. Köln und Mainz folgten seinem Beispiele, und nun faßte das Churfürsten-Collegium einen so einhelligen Beschluß, als wäre nicht die geringste Differenz zwischen ihnen gewesen. Der Religionsfriede sollte zuerst berathen werden.

Dagegen erhoben sich mehre Stimmen im Fürstenrath, namentlich verlangte Herzog Heinrich von Braunschweig einen baldigen Abschluß des Landfriedens, weil kaiserliche Schreiben und neue Zeitungen einen Friedensbruch befürchten ließen. Auch hier währte der Kampf acht Tage; dann aber mußten auch die Fürsten trotz aller Widerrede sich fügen und der gesammte Reichstag schritt nun zu den Berathungen über den Religionsfrieden. Eine große Erleichterung erhielten die Verhandlungen durch den glücklichen Umstand, daß der Papst Julius III am 23. März starb und die beiden Hauptfriedensstörer, die Kardinäle Moroni und Otto, Bischof von Augsburg, zur neuen Papstwahl nach Rom abreisten. Der letztere hinterließ jedoch ein Schreiben an den Fürstenrath, worin er seine früheren Protestationen erneuete und nachdrücklich erklärte, daß er keinen Anschlag oder Beschluß gut heißen werde, wodurch der alten Religion und der Würde des päpstlichen Stuhls irgend eine Verkleinerung erwachsen könnte. Er wiederholte die frühere Erklärung, daß ein bleibender Friede in der Kirche nicht eher abgeschlossen werden dürfe, als bis man von beiden Seiten über die Glaubenslehren einig sein würde.

Es wurde ein Ausschuß aus dem Fürsten-Collegium ernannt, durch welchen eine Formel des zu schließenden Religions- und Landfriedens entworfen werden sollte. Zu diesem Ausschuß wählte man Oestreich, Baiern, Eichstadt, Brandenburg, Straßburg, Jülich, Augsburg, Würtemberg, Weingarten und einige Grafen. Die churfürstlichen Gesandten arbeiteten gemeinschaftlich an einer ähnlichen Friedensformel und nach dem Verlauf weniger Tage war man in dem Collegio der Churfürsten und im Ausschuß der Fürsten mit dieser Arbeit fertig. Alle waren darin einig, daß den langen, höchst beschwerlichen Wirren im deutschen Vaterlande durch eine friedliche Ausgleichung ein Ende gemacht werden und dazu von beiden Seiten Mäßigung und Nachgiebigkeit eintreten müsse. Nun aber die Sache zur Verhandlung kam, vielfache Bedenken und Schwierigkeiten bei Feststellung von Principien und leitenden Artikeln sich zeigten und nicht über Lehren und Glaubenssätze, sondern über Mein und Dein beider Kirchenparteien entschieden werden sollte: da wurden die Debatten so heftig und leidenschaftlich, daß es den Anschein nahm, als sollte der Reichstag ohne Beschluß auseinander gehen.

In dem Passauer Vertrag war der Hauptpunkt, „friedlicher Vergleich auch ohne Einigung über die Glaubenslehre" noch schwankend geblieben; jetzt wurde er von Churfürsten, Fürsten und Städten nach Ueberwältigung des Widerspruchs von der Partei des Bischofs Otto von Augsburg, zugestanden. Davon hatten sich die katholischen Stände überzeugt, daß der evangelische Glaube in Deutschen Ländern schon so tiefe Wurzel geschlagen, daß er durch keine Macht mehr ausgerottet werden konnte. Ob späterhin eine Zeit kommen werde, wo die verschiedenen Confessionen zu einer allgemeinen christlichen Kirche sich wieder vereinen würden, das mußte der Zukunft und der Regierung der allwaltenden Vorsehung überlassen werden. Freilich verstanden die Römlinge darunter die Rückkehr in ihre Kirche, die auf festen, unwandelbaren Principien stehe; aber wir vernehmen schon auf diesem Reichstage Stimmen, die von einer schönen Hoffnung sprechen, wo der Kampf aufhören und die Zeit kommen werde, wo die christliche Kirche eine Heerde unter einem Hirten in seliger Gemeinschaft bilden wird. Wenn die Elemente sich scheiden, entsteht Sturm und Kampf, und es erfordert lange Zeit, ehe ein stilles, geruhiges Wetter eintritt. Die Kirche war in eine große Krisis getreten, und ehe die irdischen und weltlichen Elemente sich schieden aus der heiligen Sache, kostete es einen schweren Kampf. Es geziemt dem Deutschen Ernst wie der Deutschen Gründlichkeit und Frömmigkeit, diesen Kampf redlich und ritterlich auszukämpfen, und dazu ist in Augsburg ein rühmlicher Anfang gemacht.

Der Ausschuß im Fürstenrath hatte bei Formulirung des Friedensschlusses die Nothwendigkeit ausgesprochen, den langen und verderblichen Streitigkeiten und Wirren in der Religion und dem schädlichen Mißtrauen der Stände unter einander durch einen ehrlichen und beständigen Frieden ein Ende zu machen. Er schlug dem König vor, in dem Friedensbeschluß zu erklären: „Demnach ordnen, setzen und wollen Wir König Ferdinand im Namen der Römischen kaiserlichen Majestät, in Kraft uns gegebener Vollmacht, auch für Uns selbst, mit Rath der Churfürsten, Fürsten und Stände des H. Reichs, Geistlicher und Weltlicher, hiermit ernstlich gebietend, daß obangeregter und nachgemeldeter gemeiner Friede von allen Theilen festiglich und unverbrüchlich gehalten werde bei Straf und Pön Unsers und des H. Reichs gemeinen Landfrieden, wie denn auch Wir denselben getreulich und festiglich zu halten hiemit bei Unsern königlichen Würden und fürstlichen Ehren und wahren Worten an geschworner Eidesstatt versprechen und zusagen." Jeder solle bei seinem Glauben unangefochten bleiben, in dem ruhigen Besitz seiner Lande, Hab und Güter geschützt werden, auch ein Jeder es mit dem Andern in christlicher Liebe und rechter Freundschaft meinen. Die streitigen Dinge in der Religion sollen durch christliche, freundliche und friedliche Mittel und Wege zu einhelligem christlichen Verstande und Ausgleichung gebracht werden. „Und obschon solche versuchte Vergleichung nicht erfunden würde, so soll nicht destoweniger dieser Friede bei seinen Kräften und Würden bleiben." Jeder Stand, geistlich oder weltlich, soll den andern bei seinem Hab und Gütern, Leuten und Landen, Renten und Zinsen, Zehnten und Gerechtigkeiten unbetrübt und unbeschwert bleiben und dieselben ungestört und friedlich gebrauchen und genießen lassen. Insbesondere gilt dies von allen Prälaturen, Stiften, Klöstern, Pfarren, Kirchen, Spitälern, welcher Religion auch jeder Theil sein möge.

Wo bereits hinsichts der geistlichen Güter friedliche Abkommen getroffen worden, sollen diese volle Rechtskraft haben, Streitigkeiten aber durch Schiedsleute oder durch eine von den Ständen zu ernennende Commission geschlichtet werden. Wer sich dieser Entscheidung nicht fügen will, soll durch den Landfrieden und das Kammergericht dazu angehalten werden. Wegen der geistlichen Jurisdiction und was derselben von rechtswegen anhängig ist, auch was in den Landgebieten eines anderen Standes und Fürsten, absonderlich die Augsburg'schen Confessionsverwandten besitzen, verbleibt Alles in dem Stande, in welchem es sich bis zum Passauer Vertrag befunden hat, bis eine allgemeine Ausgleichung hinsichts der Religion wird zu Stande gekommen sein. Alle Kirchengüter und geistlichen Gefälle bleiben an den Orten, wohin sie gehören, jedoch dürfen sie zu keinen profanen Sachen verwandt werden, sondern allein zur Unterhaltung der Kirchendiener, Universitäten, Schulen, Hospitäler, armen Leute, Stipendiaten, Kirchengebäude und dergleichen pios usus, wie eine jede Obrigkeit solches gegen Gott den Allmächtigen am jüngsten Tage und sonst jedermänniglich mit gutem Gewissen verantworten kann. Da etliche Hanse- oder andere Städte seit langer Zeit die Augsburg'sche Confession angenommen haben, dieselbe auch öffentlich in's Werk gesetzt und dies ohne große Beschwerden und Empörung nicht wohl zu ändern sein wird, so sollen diese Städte bis zur endlichen Ausgleichung in Religionssachen dabei wie andere Stände gelassen werden. „Es soll auch kein Stand des andern geistliche oder weltliche Unterthanen zu seiner Religion dringen, dem andern abprakticiren, wider ihre Obrigkeit in Schutz und Schirm nehmen, ausgenommen derer, die vor Alters her Schutz oder Schirm anzunehmen gehabt und deß in Gebrauch gewesen und noch sind, sondern da sich eins oder mehr Standes-Unterthanen im Schein der Religion wider ihre gebührende Obrigkeit aufwiegeln, für sich selbst, außerhalb solcher gebührender Obrigkeit Wissen und Willen Neuerung in der Religion fürnehmen und sich empören wollten, dem oder denselben Ständen sollen die andern vermöge und inhalts dieses Friedens ernstlichen und getreulichen Beistand, Hülfe und Zuzug thun, bis so lange dieselben ungehorsamen Unterthanen wieder zu Gehorsam gebracht und vermocht werden."

In demselben Sinne war das Bedenken des Fürstenraths abgefaßt. Auch er ging von dem Grundsatz aus, daß hinfüro Niemand, weß Würden, Standes und Wesens er sei, um keinerlei Ursach willen, wie sie Namen haben möge, und in welchem gesuchten Schein es auch geschehe, den Andern befehden, bekriegen, berauben, fahen, überziehen oder belagern dürfe, sondern ein Jeder den Andern mit rechter Freundschaft und christlicher Liebe meinen und den Inhalt des aufgerichteten Religions- und Landfriedens festiglich halten solle. Freie Religionsübung wird gestattet, das kirchliche Besitzthum gesichert, alle Controverse bis zur Entscheidung eines allgemeinen Conciliums eingestellt und Einigkeit, Friede und Ruhe zwischen den Ständen der alten und neuen Religion in aller Weise gefördert.

Zur Sicherung des Besitzthums beider Kirchen hatte das churfürstliche Gutachten das Jahr 1547 zur Norm festgestellt, das fürstliche die Zeit des Passauer Vertrages. Wenn nun in beiden Gutachten der Grundsatz geltend gemacht wurde, daß die Stände der Augsburg'schen Confession ohne Hinderniß zur Römischen Kirche zurückkehren, und die Katholischen sich zum evangelischen Glauben bekennen durften, so entstand die wichtige Frage: wenn nun die geistlichen katholischen Reichsstände zur evangelischen Kirche übertreten, bleiben sie dann auch im Besitz ihrer Ländereien und Güter? Da antworteten nicht nur die Bischöfe und Prälaten, sondern auch die weltlichen Fürsten katholischen Glaubens mit einem entschiedenen „Nein!" Wenn ein Bischof oder Abt seiner Kirche untreu wird, so verliert er mit seiner Würde auch alles Besitzthum, das der katholischen Kirche verbleibt. Wollte er mit seinen Unterthanen den alten väterlichen Glauben verlassen und die Bisthümer, Abteien und Klöster säkularisiren, so würden nicht nur die hohen Stifte des Reichs aufgelöst und zerstört, sondern auch der Same des Haders und der Zwietracht für alle kommenden Zeiten ausgestreut werden. Leicht könnten dann auch weltlich gesinnte und glaubenslose Kirchenfürsten verleitet werden, wie der Herzog Albrecht von Preußen, die geistlichen Güter an sich zu reißen und in Familiengut zu verwandeln, oder doch, wie der Churfürst Herrmann zu Köln, so stark auszuplündern und zu berupfen, daß nicht viel davon übrig bliebe. Zudem trügen doch viele Prälaten die Güter ihrer Stifte von den katholischen Landesfürsten zur Lehn. Diese sähen durch einen solchen Abfall in ihren Landen die Fahne des Ungehorsams und der Empörung aufgepflanzt. Dasselbe würde der Fall sein, wenn Adelige, Ritter und Gutsherren mit ihren Unterthanen zur evangelischen Kirche übertreten und das Band der Lehne, durch welches sie mit ihren Lehns- und Landesherren verbunden sind, eigenmächtig zerreißen. So arge Forderungen hätten die Protestanten selbst in Passau nicht gemacht, wo doch die Büchsen, Spieße und Hellebarden gleichsam vor der Thür gestanden. Das hieße den Frieden in die Acht erklären. Heißt das auch den Frieden schließen und fördern, wenn man des Gewissens und Bekenntnisses halber, was die Protestanten immer im Munde führen, die Unterthanen zum Ungehorsam gegen ihren Landesfürsten auffordert? Damit ist dem Aufruhr Thür und Thor geöffnet. Auch die katholischen Fürsten und Diener der Kirche haben ein Gewissen, nach welchem sie die ihnen anvertrauten Seelen in dem Glauben erhalten müssen, den sie für den alleinseligmachenden halten.

Dagegen erwiderten die Angehörigen der protestantischen Partei: Wenn die katholische Kirche die Besorgniß hegt, daß mit der Freiheit der geistlichen Stände, zum evangelischen Glauben überzutreten, den Bisthümern und Stiften Gefahr drohe, so wollten sie gern die Zusicherung geben, daß von dem Gute der Stifte, in welchen die Religion verändert wird, nichts verloren gehen, sondern nach dem Abgang oder Tode des Prälaten den Kapiteln das Wahlrecht wie die Verwaltung der Güter verbleiben solle. Nimmermehr aber könnten sie zugeben, daß die Geistlichen, welche evangelisch werden, darum ihre Würde und Einkünfte verlieren müßten. Das sähe ja aus, als wenn sie ein Verbrechen begangen hätten. Sie würden auch damit gegen ihre Glaubensverwandte feindselig handeln und ihre eigene Sache mit Schmach beflecken, auch damit bekennen, ihr Glaube und Bekenntniß wären der Kirchengüter nicht werth, und was sie bisher von denselben zum Besten ihrer kirchlichen Gemeinschaft verwendet, sei wie ein Raub zu betrachten. Es sei leider am Tage, daß die Römische Partei von den Gütern der Kirche einen gottlosen Gebrauch mache und sie zur Ueppigkeit verwende. Sie verwendeten die Güter zur Anlegung von Schulen, zur Versorgung der Armen, zum Besten der Kirchen und ihrer Diener. Wollte die Gegenpartei dieselben für sich behalten, so würde dadurch eine Scheidewand aufgeführt, welche die Heilsbegierigen von der Kirche trennt, in der sie zur Seligkeit gelangen könnten. Wer sich bei seinem Glauben wohl fühlt, sucht Andere zu demselben zu bekehren. Möchte doch jeder Jude und Türke, der ein Herz für seine Religion hat, alle Welt für dieselbe gewinnen. Wie sollten evangelische Christen nicht für ihren allerheiligsten Glauben, der in Gottes ewigem Worte ruhet, Seelen herbeizuführen suchen. Sie verlangten deshalb die Freiheit des öffentlichen Glaubensbekenntnisses für die mittelbaren Stände, für die Ritterschaft, für die Reichsstädte, für die Hansa, ja für alles Volk.

Die Protestanten forderten für die deutsche Nation völlige Glaubens- und Gewissensfreiheit. Die katholische und evangelische Kirche sollten gleiche Rechte haben und keine vor der anderen in irgend einer Weise bevorzugt werden. Wenn es den Protestanten klar gemacht wurde, daß sie damit von den Katholiken ungebührliche Opfer verlangten und deren reiches Besitzthum sich als unrechtmäßiges Erbe anmaßten, so bestritten sie das nicht geradezu, meinten aber, daß man der Freiheit der Gewissen und dem Kleinod des Glaubens wohl solche Opfer zu bringen bereit sein müsse. Aber die katholische Partei hatte dagegen die nicht unbegründete Besorgniß, daß bei der völligen Gleichstellung beider Bekenntnisse die evangelische Kirche in kurzem die herrschende in Deutschland werden würde. Nicht nur im Volke, sondern auch unter dem Adel und den Fürsten offenbarte sich eine große Hinneigung zum evangelischen Glauben und selbst der Clerus sehnte sich nach Freiheit und Unabhängigkeit und nach den Freuden des häuslichen Lebens. Sie konnten mit Gewißheit voraussehn, daß von den evangelischen Ständen keiner zu der Römischen Kirche zurückkehren würde, denn sie hätten die derselben entzogenen Güter zurückgeben müssen. Und was könnte ihnen die verstoßene Mutter dafür bieten? Das Volk, das längst nach der verbotenen Frucht gelüstete und die Gebrechen und Mißbräuche der alten Kirche, sowie die groben Sünden seiner Priester recht gut kannte, würde haufenweise der neuen Kirche zuströmen, in der sich ein neues frisches Leben und eine hohe Begeisterung für das mühevoll erkämpfte Kleinod des Glaubens regte.

Schon bei der Frage, welche Namen den beiden Kirchenparteien officiell gegeben werden sollte, offenbarte sich die wesentliche Verschiedenheit derselben. Namen bezeichnen die Sache; sie sind deshalb nicht gleichgültig. Die Trier'schen Gesandten schlugen vor, man solle ihre Kirche die „alte katholische" und die neugebildete „die Bekenner der Confession vom Jahre 1530" nennen. Dagegen erklärten sich die weltlichen Fürsten, weil die evangelische Kirche als die Inhaberin der reinen und lauteren, von Christus gelehrten Wahrheit auch eine allgemeine (katholische) Kirche zu heißen berechtigt sei. Eher wolle man die Bezeichnung „Verwandte der alten Religion" zugeben, weil dieselbe schon im Passauer Vertrage gebraucht worden sei. Die entgegenstehende Kirche könne sich nicht auf das Jahr 1530 beschränken lassen; man möge sie „Augsburg'sche Confessionsverwandte" nennen, wie das auch in den Friedenspräliminarien von Passau geschehn sei. Wolle man die Dinge so enge zusammenziehn, so würden daraus leicht Mißtrauen und Spaltungen hervorgehen. Die Evangelischen gedachten dabei der Bestrebungen ihrer Gegner aus dem Dissensus in der Abendmahlslehre eine Zwietracht in die neue Kirche zu bringen. Die Sächsischen Bevollmächtigten (die geheimen Räthe Lindemann und Kramm) erklärten: es handle sich hier nicht um Religionsartikel, sondern um den Religionsfrieden; am besten werde man thun, wenn man auch hier dem Passauer Vertrage folge, der die Confession im Allgemeinen ohne das Jahr anführe.

Der Name der „Protestanten", welcher den Evangelischen auf dem Reichstage zu Speier 1529 von den Römlingen spottweise gegeben wurde, war noch nicht allgemein gebräuchlich. Die evangelischen Stände hatten auf jenem Reichstage am 20. April eine feierliche Protestation gegen den Speierschen Abschied eingereicht, worin sie bezeugten, daß sie für sich und die Ihrigen in alle Handlungen und Abschiede, so wider Gott, sein heiliges Wort und ihrer aller Seelen Heil und Gewissen vorgenommen und beschlossen worden, durchaus nicht gewilligt, sondern dieselben für nichtig und unbündig gehalten haben wollten. Seit dieser Zeit kam hie und da der Name „Protestanten" vor, wurde aber erst später allgemein.

Eben so wenig war damals die Bezeichnung „Lutheraner, Lutherische" gebräuchlich. Die Päpstler nannten die Evangelischen spottweise so, um sie damit als eine sectirerische Partei verhaßt zu machen. Der Erste, der dieses Wort gebrauchte, war 1519 Johann Eck, in seiner Verantwortung Hieronymus Emsers. In der Folge nannten sich viele Anhänger der neuen Lehre selbst Lutheraner, worüber Luther seinen Unwillen wiederholentlich laut erklärte. In der „treuen Vermahnung an alle Christen, sich vor Aufruhr zu hüten", vom Jahre 1522 schreibt er: „Nicht also, du Narr, höre und laß dir sagen; zum ersten bitte ich, man wolle meines Namens schweigen und sich nicht Lutherisch, sondern Christen heißen. Was ist Luther? Ist doch die Lehre nicht mein. So bin ich für Niemand gekreuzigt. Sanct Paulus I. Corinth. 3 wollt nicht leiden, daß die Christen sich sollten heißen Paulisch, oder Petrisch, sondern Christen. Wie käme denn ich armer stinkender Madensack dazu, daß man die Kinder Christi sollt mit meinem heillosen Namen nennen? Nicht also, lieber Freund! Laßt uns tilgen die parteiischen Namen und Christen heißen, deß Lehre wir haben. Die Papisten haben billig einen parteiischen Namen, dieweil sie nicht begnüget an Christus Lehre und Namen, wollen auch päpstisch sein, der ihr Meister ist. Ich bin und will kein Meister sein. Ich habe mit der Gemeine die einige gemeine Lehre Christi, der allein unser Meister ist." — Eben so sagt der wackere Streiter für evangelisches Licht und Recht in dem Traktat „von beider Gestalt des Sakraments": „Wahr ist's, daß du ja bei Leib und Seele nicht sollt sagen, ich bin lutherisch oder päpstisch, denn derselben ist keiner für dich gestorben, noch dein Meister, sondern allein Christus, und sollt dich zu Christus bekennen. Aber wenn du es dafür hältst, daß des Luthers Lehre evangelisch und die des Papstes unevangelisch sei, so mußt du den Luther nicht so gar hinwerfen, du würdest sonst seine Lehre auch mit hin, die du doch für Christus Lehre erkennest, sondern also mußt du sagen: der Luther sei ein Bube oder ein Heiliger, daran liegt mir nichts, seine Lehre aber ist nicht sein, sondern Christus selbst."

Mag man nun auch sagen, unsre Kirche heißt in keinem anderen Sinne die lutherische, als weil darin die evangelische Wahrheit gelehrt und vorgetragen wird, welche, nachdem sie lange Zeit durch das Papstthum verdunkelt gewesen, durch den treuen Dienst Luthers wieder hergestellt worden, so ist es doch besser, wenn alle parteiische Namen getilgt werden, denn diese bringen fortdauernde Geschiedenheit hervor, da doch die Einigung auf dem rechten Grunde des Glaubens, wie er im Worte Gottes enthalten und in den daraus geschöpften Bekenntnissen klar und bündig vorgezeichnet ist, nur Zweck und Ziel der evangelischen Kirche sein kann. Wollte man nun den evangelischen Ständen auf dem Reichstage zu Augsburg den Vorwurf machen, daß sie die Reformirten von der evangelischen Gemeinschaft ausgeschlossen hätten, weil es im Friedensschluß ausdrücklich heißt: „doch sollen Alle, so obgenannten beiden Religionen (der Katholischen und dem Bekenntniß der Augsburg'schen Confession) nicht anhängig, in diesem Frieden nicht gemeinet, sondern gänzlich ausgeschlossen sein": so ist zu erwägen, daß in allen Reichsabschieden, Conventen und Friedensabschlüssen immer nur von Bekennern der Augsburger Confession die Rede ist, daß die Evangelischen diese Glaubensnorm ihren Gegnern immer als Waffe und Schild entgegen hielten, daß der Beitritt der schweizerischen und französischen Reformirten zur Augustana nie officiell erklärt worden war, und daß die Reformirten in der Pfalz, in Hessen, Franken und Schwaben sich zur Augsburg'schen Confession bekannt hatten. Jener Paragraph sollte auch nur auf die Anabaptisten, Socinianer, Schwenckfelder und andere Sectirer Beziehung haben.

Uebrigens machten die evangelischen Abgeordneten (wie es schon die Theologen auf dem vorbereitenden Convent zu Naumburg gethan hatten) die Gründe geltend, die schon Luther für die Behauptung aufgestellt hatte, daß nicht die papistische, sondern die evangelische die alte ursprüngliche und wahre Kirche Christi sei. Er sagt nämlich in seiner Schrift gegen den Herzog Heinrich von Braunschweig vom Jahre 1540: „Die Papisten behaupten, wir sind blieben in der alten vorigen Kirche, seit der Apostel Zeit her; darum sind wir die rechten aus der alten Kirche kommen und bis daher blieben; ihr aber seid von uns gefallen und eine neue Kirche worden wider uns. Antwort: Wie aber, wenn ich beweisete, daß wir bei der rechten alten Kirchen blieben, ja daß wir die rechte alte Kirche sind; ihr aber von uns, das ist von der rechten alten Kirchen abtrünnig worden, eine neue Kirchen angerichtet habt wider die alte Kirche! Das laßt uns hören!

Erstlich wird das Niemand läugnen können, daß wir sowohl, als die Papisten, herkommen aus der heiligen Taufe und Christen aus derselben genennet sind. Nun ist die Taufe nicht ein Neues, noch zu dieser Zeit von uns erfunden, sondern es ist eben dieselbige alte Taufe, die Christus eingesetzt, darinnen die Apostel und erste Kirche und alle Christen hernach, bis daher getauft sind. Haben wir nun dieselbige Taufe, die erste alte, und (wie im Symbolo steht) catholicae, das ist: der ganzen christlichen Kirchen, und sind in derselben getauft, so gehören wir gewißlich in dieselbe alte und ganze christliche Kirche, die mit uns gleich und wir mit ihr gleich, aus einerlei Taufe herkommen, und ist der Taufe halber kein Unterschied. Die Taufe aber ist das fürnehmste und erste Sakrament, ohne welches die andern alle nichts sind, wie sie bekennen müssen. Darum können uns die Papisten nicht mit Wahrheit eine andere oder neue Kirche schelten oder ketzern, weil wir der alten Taufe Kinder sind, sowohl als die Apostel selbst und die ganze Christenheit; Ephes. 4, 5 eine Taufe.

Zum Andern wird das Niemand läugnen, daß wir das heilige Sakrament des Altars haben, gleich und eben wie es Christus selbst eingesetzt, und die Apostel hernach und die ganze Christenheit gebraucht haben, und essen und trinken also mit der alten und ganzen Christenheit von einerlei Tisch, und empfahen mit ihnen dasselbe einerlei alte Sakrament, und haben darin nichts Neues noch anders gemacht; derohalben wir mit ihnen einerlei Kirche, oder, wie St. Paulus I Corinther 10 sagt, einerlei Leib, einerlei Brot sind, die wir von einerlei Brod essen, und einerlei Kelch trinken. Darum uns die Papisten nicht können Ketzer oder neue Kirchen schelten, sie müßten (denn) zuvor Christum, die Apostel und die ganze Christenheit Ketzer schelten, wie sie denn auch in der Wahrheit thun; denn wir sind mit der alten Kirche einerlei Kirche in einerlei Sakrament.

Zum Dritten kann das Niemand läugnen, daß wir die rechten alten Schlüssel haben, und sie nicht anders brauchen, denn zu binden und zu lösen die Sünde, so wider Gottes Gebot geschehen, wie sie Christus eingesetzt (Matth. 16, 19. Joh. 20, 23), die Apostel und ganze Christenheit gebraucht hat bis daher; haben also einerlei Schlüssel mit der alten Kirchen, darum wir eben dieselbe alte Kirche, oder je drinnen sind. Denn wir machen keine neuen Schlüssel, machen nicht neue Gesetze, schließen damit auch nicht Könige und Herren aus und ihre weltliche Herrschaften, sondern allein die Sünder aus und in das Himmelreich, gleich wie die alte Kirche gethan hat auf Befehl des Herrn, daß uns die Papisten abermals fälschlich anlügen, ja die alte Kirche, die Apostel und Christum selbst in uns ketzern und lästern.

Zum Vierten kann das Niemand läugnen, daß wir das Predigtamt und Gottes Wort rein und reichlich haben, fleißig lehren und treiben, ohne allen Zusatz neuer, eigener, menschlicher Lehre, gleich wie es Christus befohlen, die Apostel und ganze Christenheit gethan. Wir erdichten nichts Neues, sondern halten und bleiben bei dem alten Gotteswort, wie es die alte Kirche gehabt; darum sind wir mit derselben die rechte alte Kirche, die einerlei Gotteswort lehret und glaubet. Darum lästern die Papisten abermals Christum selbst, die Apostel und ganze Christenheit, wenn sie uns Neue und Ketzer schelten. Denn sie finden nichts bei uns, denn allein das Alte der alten Kirche, daß wir derselben gleich, und mit ihr einerlei Kirche sind.

Zum Fünften kann das Niemand läugnen, daß wir der Apostel Symbolum, den alten Glauben der alten Kirche, aller Ding gleich mit ihr halten, glauben, singen, bekennen, nichts Neues darinnen machen, noch zusetzen, damit wir in die alte Kirche gehören, und einerlei mit ihr sind. Darum läßt uns dies Stück auch nicht von den Papisten mit Wahrheit gescholten werden als Ketzer oder neue Kirche; denn wer mit der alten Kirche gleich glaubt und gleich hält, der ist von der alten Kirche.

Zum Sechsten kann das Niemand läugnen, daß wir mit der alten Kirche ein gleich Gebet, dasselbe Vater Unser haben, kein neues, noch anderes erdichten, dieselben Psalmen singen, mit einträchtigem Munde und Herzen Gott loben und danken, gleich wie Christus es gelehrt, die Apostel und die alte Kirche selbst gebrauchet, und uns dem Exempel nach zu thun befohlen. Und die Papisten hievor abermals uns nicht können ketzern, sie müßten (denn) zuvor Christum selbst schelten sammt seiner lieben alten Kirche.

Zum Siebenten kann Niemand läugnen, daß wir mit der alten Kirche lehren und halten, man solle die weltliche Herrschaft ehren, und nicht verfluchen, noch zwingen, dem Papst die Füße zu küssen. Solches haben wir auch nicht auf's neue erdichtet, sondern St. Petrus II Ep. 2, 10 verflucht die, so solches neu erfinden und künftig thun würden, und St. Paulus Römer 13, 1 ff. stehet bei uns und die alte und ganze Christenheit, daß wir hierin auch nicht neue Dinge sein oder heißen mögen, wie die Papisten Gott selbst in uns lästern, sondern sind und gehören in die alte heilige Apostolische Kirche, als die rechten Kinder und Glieder derselben. Denn wir unsrer Obrigkeit, es sei Kaiser oder Fürst, allezeit auf's treulichste gehorsam zu sein gelehret, selbst auch also gethan, und herzlich für sie gebetet.

Zum Achten kann Niemand läugnen, daß wir den Ehestand loben und preisen als ein göttlich, gesegnet und wohlgefällig Geschöpf und Ordnung, zur Leibesfrucht und wider die fleischliche Unzucht. Und haben den nicht auf's neue von uns erdichtet, auch nicht den Brauch desselben aus uns auf's neu erdacht, vielweniger als neue Lehre verboten, sondern gleich wie den Gott von Anbeginn geschaffen, Christus bestätiget, die Apostel und alte Kirche geehret und gelehret haben, in derselben alten Regel und Gottes

Ordnung sind wir blieben, und damit der alten Kirche ähnlich, ja eben derselben rechte, artige Glieder sind. Daß man hie stehet, wie die Papisten abermals fälschlich uns Neuerung auflegen.

Zum Neunten kann Niemand läugnen, daß wir eben dasselbe Leiden (wie St. Petrus sagt I Ep. 5, 9), das unsere Brüder in der Welt haben; da verfolgt man uns an allen Orten, da erwürget, ertränkt, erhenket und legt man uns alle Plagen an um des Wortes willen, und gehet uns gleich wie der alten Kirche, und sind in dem derselben über die Maße gleich, daß wir wohl mögen sagen: Wir sind die rechte, alte Kirche, oder je ihre Mitgenossen und gleiche Gesellen im Leiden; denn wir solches nicht erdichten auf's neue, sondern fühlens wohl. Ja wir sind, wie dieselbe alte Kirche auch, dem Herrn Christo am Kreuze gleich. Da stehet vor dem Kreuz Hannas und Kaiphas sammt den Priestern, und lästern den Herrn dazu, über das sie ihn gekreuzigt haben; gleich wie uns der Papst, Kardinäle und Mönche verurtheilt, verdammt, ermordet und unser Blut vergossen haben, und lästern uns noch dazu. Da stehen die Kriegsleute, das ist: die weltliche Herrschaft zum Theil, und lästern uns auch; dazu auch der Schalk, der linke Schächer, Heinz Wolfenbüttel sammt den Seinen, den Gott schon verurtheilet, in Banden zur Höllen gesenkt hat, muß sein Lästern auch dazu thun, daß dies Stück, als ein alt Zeichen der alten Kirche, reichlich an uns gesehen wird.

Zum Zehnten kann Niemand läugnen, daß wir nicht wiederum auch Blut vergießen, morden, hängen und uns rächen, wie wir wohl oft hätten thun, und noch könnten, sondern wie Christus, die Apostel und alte Kirche gethan, dulden wir, ermahnen und beten für sie, auch öffentlich in der Kirche, in den Litaneien und Predigten, aller Dinge, wie Christus unser Herr gethan und gelehret, die alte Kirche auch also, daß wir hierin auch alle des alten Wesens der alten Kirche uns halten.

Weil nun die Papisten wissen, daß wir in allen solchen Stücken, und was deren mehr sind, der alten Kirche gleich sind und mit Wahrheit die alte Kirche heißen mögen (denn solche Stücke nicht neu und von uns erfunden sind), ist's Wunder, daß sie uns so unverschämt dürfen belügen und verdammen, als die von der Kirche gefallen und eine neue Kirche angerichtet haben, so sie doch nichts Neues an uns finden mögen, das nicht in der alten und rechten Kirche zu der Apostel Zeiten gehalten sei, daß ich fürwahr achte, dies sei die Zeit, davon Daniel 7, 9 sagt: „Der Alte (Antiquus dierum) setzte sich, nachdem das kleine Horn ausgelästert hatte und das Gericht gehalten." Denn die vorige alte Kirche leuchtet wieder hervor, wie die Sonne nach den Wolken, hinter welchen doch dieselbe Sonne war, aber nicht helle, und das Lästerhorn will untergehn und Alles ein Ende werden, wie daselbst stehet und das Wort sich zeiget."

Es war von Wichtigkeit, das Alter der evangelischen Kirche der katho=

lischen gegenüber geltend zu machen, weil die letztere die erste immer als eine abtrünnige, aus Neuerungssucht und Revolutionsgeist hervorgegangene Gemeinschaft betrachtete und behandelte. Die päpstliche Partei erlaubte sich noch auf diesem Reichstage in einer Vorstellung an den König **Ferdinand** Aeußerungen folgender Art: „Sie könne nimmermehr eine Lehre billigen, die schon vor Jahrhunderten und noch in dieser Zeit vom Kostnitzer Concil als ketzerisch und schändlich verdammt worden sei; sie dürfe nie die schon über dreißig Jahre dauernde Plünderung und Beraubung der Kirche gutheißen; es sei strafbar, Frieden zu schließen mit Leuten, mit denen die heilige Kirche jede Gemeinschaft verbiete; nur mit Entrüstung könne man sehen, wie in den Kirchen und Gestiften der Prälaten und Bischöfe gottvergessene Geistliche eine verworfene Lehre verkündigten, die heiligen Gebräuche und Ceremonien lästerten und die alten Kirchengesetze mit Füßen träten. Bei diesen zelotischen Anfeindungen mußten allerdings die evangelischen Stände Alles aufbieten, um ihre Kirche und ihre Lehre mit dem Schwert des Geistes, mit dem Helm des Heils, mit dem Schild des Glaubens und dem Harnisch Gottes mannhaft zu vertheidigen, am bösen Tage Widerstand zu thun und das Feld zu behaupten.

Zehntes Buch.

Der Churſächſiſchen Geſandten Bericht. Triers und Kölns Noten. Der proteſtantiſchen Abgeordneten Bemerkungen dazu. Das Wort „katholiſch". Die geiſtliche Jurisdiktion. Verwendungen der Kirchengüter in proteſtantiſchen Ländern. Bedenken der churfürſtlichen Räthe vom 21. Mai. Heftige Schrift der Katholiken gegen die Proteſtanten. Gegenſchrift der letztern. Vorſchlag von Trier und Köln, die Entſcheidung der Sache dem Kaiſer zu überlaſſen. Ablehnung dieſes Vorſchlages. Verſammlung der Churfürſten und Stände am 20. Juni. Der ſtreitige Punkt wegen der Ritterſchaft, der freien und Hanſeſtädte. Furcht vor Aufſtänden. Der geiſtliche Vorbehalt. Proteſtation der Evangeliſchen gegen denſelben. Freie Religionsübung der Augsburg'ſchen Glaubensgenoſſen in katholiſchen Ländern und umgekehrt. Die altgläubige Partei will das nicht zugeben. Erbitterung beider Parteien. Allgemeine Freiſtellung beim Wechſel der Religion. Der Zuſatz „weltlich". Elf Gründe der Proteſtanten gegen den geiſtlichen Vorbehalt. Herzog Erich's Kriegsrüſtungen. König Ferdinand's Vorſtellung an die Reichsfürſten. Vorſchlag zur Vertagung des Reichstages. Wird abgelehnt. Neue Propoſitionen des Königs zur friedlichen Ausgleichung. Er erklärt ſich ganz entſchieden für den geiſtlichen Vorbehalt. Die Religion des Landesfürſten entſcheidet die Religion der Unterthanen. Die Evangeliſchen proteſtiren dagegen. Conferenz derſelben am 3. September. Plenarſitzung der drei Reichsſtände am 5. September. Freimüthige Erklärung der Proteſtanten gegen König Ferdinand. Die Verwickelung und Erbitterung wird immer größer. Des Königs Eifer für eine friedliche Einigung. Bericht der churfürſtlich-ſächſiſchen Abgeordneten an ihren Landesherrn. Antwortſchreiben des Churfürſten Auguſt nebſt Inſtruktion für ſeine Geſandten. Erneuete Vorſtellung gegen den geiſtlichen Vorbehalt. Auskunftsmittel. Die reichsunmittelbaren Stände und Städte und deren Rechte. Verhandlungen der Stände mit König Ferdinand am 20. und 21. September. Letzter Friedensentwurf.

Die Sächſiſchen Bevollmächtigten, von Lindenau und Kramm von Komerſtadt, ſchildern in ihren Berichten an den Churfürſt Auguſt die Kämpfe, die ſie mit der katholiſchen Partei zu beſtehen hatten, welche durch weitläufige Zwiſchenreden die Sache hinzuhalten und zu verwirren suchten. Die Abgeordneten der geistlichen Churfürsten wollten alle alten derogirten Reichsabschiede heranziehen, „darauf von Ew. Churfürstl. Gnaden wegen wir etwas heftig opponirt mit Anzeigung, daß wenn diese gehässigen Sachen wiederum sollten hervorgezogen werden, wir wohl nur sehr langsam zu einem beständigen Frieden kommen möchten. Wir haben es auch endlich mit den Brandenburg'schen Abgesandten erhalten, daß sowohl die Form als die Substanz zu den Friedensverhandlungen von dem Passauer Vertrag hergenommen werden sollte. Doch ist nach Etlicher Gutdünken auch der Speier'sche Abschied mit herangezogen worden, was uns nicht zuwider war. Auf solches hat es der Mainzische Kanzler auf sich genommen, eine Zusammenstellung aus beiden zu entwerfen. Den Eingang eines gemeinen Friedens hat er aus den Worten des Speier'schen Abschieds genommen und das Folgende aus den Passauischen Verhandlungen angefügt. Da er aber auf den Punkt der geistlichen Güter gekommen, haben wir, die Sächsischen und Brandenburgischen, begehrt, daß die geistlichen Güter ohne Unterschied in diesen Frieden mit hineingezogen würden, also, daß man derselben Restitution weder in- noch außerhalb des Rechtes nicht verlangen dürfe. Da sich folgends viel Reden darüber zugetragen, haben wir uns dahin erklärt: wir könnten es wohl leiden, daß solch Ding auf die Reichslehen der geistlichen Güter nicht gemeint sein sollte."

Es wurde darauf eine Form entworfen, welche die Abgeordneten an ihre Fürsten senden und deren Befehle einholen sollten. Trier war mit dem Entwurf einverstanden, jedoch mit folgenden Zusätzen: 1) sollte der Friede sich nur auf die Augsburg'schen Religionsverwandten erstrecken, alle anderen in früheren Reichsabschieden bereits verdammten Sekten davon ausschließen; 2) sollen die Bekenner der alten Religion „katholische" genannt werden; 3) sollte bei dem Worte „Zinsen" hinzugefügt werden: Zehende, Beneficialien der geistlichen Jurisdiction, Matrimonialien, Testamente und Sachen miserabilium personarum sammt allen anderen ad forum ecclesiasticum gehörig; 4) alle Kirchengüter sollen im Besitz Derer bleiben, die sie beim Regensburger Abschied 1541 inne hatten. Köln war in Allem einverstanden mit Trier und wollte nur noch den Zusatz: wenn eine Ausgleichung in Religionssachen nicht zu Stande käme, die ganze Angelegenheit dem Kaiser zur Entscheidung vorgelegt, auch die Jurisdiktion so bleiben sollte, wie sie von Alters her recht und hergebracht sei. Der Klausel wegen des katholischen Glaubens fügten sie hinzu: „daß dieselbigen Stände bei solchem katholischen Glauben sammt ihren Unterthanen verharren und entliehen bleiben sollten." Die Pfälzer Abgeordneten erklärten, daß ihnen der Entwurf nicht mißfalle und daß sie Namens ihres gnädigsten Herrn Alles thun würden, um eine friedliche Ausgleichung wegen der Kirchengüter zu Stande zu bringen, nur wollten sie wegen des unbedingten Friedens noch hinzufügen, daß derselbe nicht blos auf alle und jede Stände, sondern auch auf diejenigen ausgedehnt werden sollte, welche künftig von einer Religion zu der andern übertreten würden. Gleichergestalt solle sich dies auch auf alle und jede Unterthanen erstrecken. Da jedoch Trier und Köln zu dem Entwurf allerlei Zusätze gemacht, so bäten sie um Bedenkzeit bis auf den anderen Tag oder bis nach gehaltener Mahlzeit. Die Sächsischen und Brandenburg'schen Gesandten wollten auch erst die Sache in nähere Erwägung ziehn, und somit entbot Churmainz die Versammlung auf den folgenden Tag früh um sieben Uhr zur weiteren Berathung. Hier erklärten Trier und Köln, daß sie bei ihrem früheren Votum beharreten, Pfalz wollte, daß nicht die Augsburg'sche Confession speciell vom Jahre 1530 als Glaubensnorm der Evangelischen aufgeführt, sondern nur im Allgemeinen gesagt werde: „Augsburg'sche Confession und wer sich derselben gleichförmig und anhängig machen werde", mit Ausschluß der in den Reichsabschieden verdammten Sekten.

„Zu der Addition, schreiben die Chursächsischen Gesandten, der alten Religion des Worts katholisch wußten sie, daß es hiebevor oftmals disputirt; aber es stand in dem Worte eine sonderliche Decision, denn wir wohl wußten, daß wir glauben sanctam catholicam ecclesiam und glauben, daß wir der Augsburg'schen Confession Verwandte dieselbige Kirche wären, denn unsre Lehre das Evangelium Christi, die Lehre der Apostel und der vier Haupt-Concilien sei und also auch die rechte alte Religion. Nun wußten wir wohl, daß im Passauischen Vertrag das Wort „alte Religion" gesetzt. Das möchten wir in seinem Verstande auch also passiren lassen; wenn man aber „katholisch" setzen wollte, so würden wir haben wollen, daß man zu der Augsburg'schen Confession setzen sollte: „welches die rechte evangelische und apostolische Lehre." Durch die Forderung der Jurisdiktion, meinen die Berichterstatter, sucht die alte Kirche die Unterdrückung der Evangelischen. Wollte man ihr dieselbe in protestantischen Landen einräumen, so würde sie die Besetzung der Pfarr- und Schulstellen und damit indirekt die Macht erhalten, die evangelische Kirche allmählig aufzulösen. „Wenn wir in diesen Sachen etwas nachgeben würden, so thäten wir der Religion selbst Verhinderung und Eingriff. Sie (die Gegner) wüßten aber wohl, wie man die Dinge sonst übergangen und da der Traktat von gemeinem Frieden sein sollte, so baten wir, daß man sich auch in denselben schicken möchte und hielten unsers Bedenkens für das Beste, daß es bei den Worten der Passauischen Handlung bleibe, also wie dieselbe allenthalben gesetzt."

In der vorgeschlagenen Formel des Fürstenrathes war gesagt, daß die geistliche Jurisdiktion in fremden Landen, besonders protestantischen, in dem Stande bleiben sollte, als sie ein Jeder bis zur Zeit des Passauer Vertrages inne gehabt. Die geistlichen Stände sprachen sich darüber so aus: die Jurisdiktion erstreckt sich entweder auf Personen oder Dinge;

die Personen sind entweder geistlich oder weltlich. Ueber beide haben sich alle christliche Kaiser die Jurisdiktion nicht allein gefallen lassen, sondern sie auch stattlich konfirmirt und mit dem Schwerte darob gehalten, auch die Bischöfe als ihre geistlichen Väter geehrt. Kaiser Valentin hat bei der Wahl des Ambrosius zu den versammelten Bischöfen gesprochen: „Väter, wählet uns einen Bischof, dem auch wir unsre Häupter unterwerfen können." So ist es auch immer in der Kirche gehalten worden. Wegen der Gerichtsbarkeit über Dinge und Proceßsachen sind allerdings viele Mißbräuche bei den Consistorien eingeschlichen; dem ist aber abgeholfen, wenn jede Jurisdiktion bei ihrem Foro bleibt. Nach langen Debatten über diesen Punkt einigt man sich endlich dahin, daß die geistliche Jurisdiktion wider die Augsburg'sche Confession bis zur endlichen Vergleichung in der Religion nicht geltend gemacht, sondern eingestellt und suspendirt, überhaupt dieser Confession in ihrer weiteren Entwickelung kein Hinderniß und Eintrag in den Weg gelegt werden solle. In allen anderen Sachen und Fällen aber, welche die Religion und Kirche nicht betreffen, verbleibt den Bischöfen in bisheriger Weise die Jurisdiktion. So können auch nur der Kirche ihre Besitzthümer gesichert werden; denn wenn die geistlichen Gestifte in weltliche Güter verwandelt und so der Kirche entrissen würden, könnten sie leicht in die Hände des Landesherrn fallen und erblich werden.

Wenn auch die Reichsfürsten versicherten, der Gedanke liege ihnen fern, auf Kosten der Kirche sich zu bereichern, sie würden im Gegentheil alte Stiftungen in ihrer ursprünglichen Bestimmung erhalten: so ist es doch leider nicht abzuläugnen, daß die protestantischen Fürsten die Kirchen ihrer Güter beraubt und sich dieselben zugeeignet haben. Wie viele Bisthümer, Domkapitel und Abteien sind eingezogen und in Domänen verwandelt worden, um die Einkünfte der Fürsten und Staaten zu vermehren. Den Kirchen und ihren Dienern ist nur ein kümmerlicher Theil von den eingezogenen Kirchengütern geblieben. Sie wurden meistentheils an die Gemeinden gewiesen, die nur ungern und zwangsweise Geld zu kirchlichen Zwecken geben werden, wenn der Staat an sie große Forderungen macht und der christliche Sinn aus ihnen geschwunden sein wird. Darum haben wir oft von der gegnerischen Partei den Vorwurf hören müssen, daß viele deutsche Fürsten zur evangelischen Kirche übergetreten wären, aus Neid über die reichen Güter der katholischen Prälaten, und um mit denselben ihrer großen Finanznoth zu Hülfe zu kommen. Nicht alle Fürsten haben die Güter der Kirche so würdig und gewissenhaft verwendet, als der Churfürst Moritz von Sachsen, dessen Fürstenschulen seit länger als drei Jahrhunderten dem Staate, der Kirche und der gelehrten Welt so zahlreiche tüchtige und ausgezeichnete Männer gebildet haben.

In dem Bedenken der churfürstlichen Räthe vom 21. Mai war ausdrücklich bestimmt worden: „Dieweil etliche Stände und derselben Vorfahren etliche Stifte, Klöster und andere geistliche Güter eingezogen und dieselben zu Kirchen, Schulen, milden und anderen Sachen angewendet, so sollen auch solche eingezogene Güter —— in diesem Friedstand mit begriffen und eingezogen sein, und bei der Verordnung, wie es ein jeder Stand mit obberührten eingezogenen und allbereits verwendeten Gütern gemacht, bis zu endlicher Vergleichung der streitigen Religion gelassen werden, und dieselbigen Stände derhalb weder in= noch außerhalb Rechtens zur Erhaltung eines beständigen ewigen Friedens nicht besprochen noch angefochten, auch dem Kammergericht angekündigt und auferlegt werden, dieser eingezogenen und verwendeten Güter halber keine Citation, Mandat und Proceß zu erkennen und zu decerniren." Was die katholische Partei nur bedenklich machte, war die Forderung der evangelischen Stände, daß es einem jeden geistlichen oder weltlichen Churfürsten, Fürsten, Ständen und Obrigkeiten bis auf christliche und friedliche Vergleichung der Religion freistehen solle, sich sammt seinen Unterthanen in die alte Religion oder Augsburgische Confession zu begeben, und daß es auch damit in künftigen Zeiten also gehalten werden solle. Nicht nur die geistlichen Fürsten, sondern auch der König Ferdinand und sein Tochtermann, der Herzog Albrecht von Baiern, die bisher immer die Mittler zwischen beiden Parteien gemacht, wurden durch diesen Artikel betroffen, weil sie glaubten, man wolle damit den katholischen Glauben vom deutschen Gebiete ganz und gar verdrängen. Sie entgegneten auf jenen Artikel: „wenn es den geistlichen Ständen gestattet sein sollte, die Augsburg'sche Confession nach Belieben anzunehmen, so würde das nicht allein die Aussaat zur gänzlichen Zerrüttung und Auflösung vieler hoher und reichausgestatteter Stifte im Reich sein, sondern auch zu fortwährenden Streitigkeiten und Zänkereien Veranlassung geben. Und allerdings waren fast alle reichsgräfliche Familien, aus denen viele Stifte beinahe ausschließend besetzt waren, wie in Köln, Straßburg und Regensburg, zu den Protestanten übergetreten. Auch der niedere Adel hatte sich großentheils zu Luthers Lehre bekannt. Es gehörten dazu die ältesten und angesehensten Familien, deren Söhne, Brüder und Vettern, Domherren, Bischöfe und Präbendarien waren. Die Protestanten würden sicher in kurzer Zeit die Oberhand in diesen Stiften bekommen haben, besonders wenn es ihnen gelungen wäre, unter ihren Glaubensgenossen einen mächtigen und einflußreichen Prinzen zum Bischof zu erhalten.

Die katholische Partei hatte eine heftige Schrift gegen die Protestanten aufgesetzt und im Stillen unter den Reichsmitgliedern verbreitet. Sie ist voll Bitterkeit und Haß, und stellt die Protestanten als Abtrünnige und Irrgläubige dar, mit denen kein Friede abgeschlossen werden kann noch darf. Sie nennen die Besitznahme der geistlichen Güter in den abgefallenen Ländern „Kirchenraub", den Gottesdienst der Protestanten Profani=

rung des Heiligen, die Verwerfung der Sakramente Gotteslästerung und den Abschluß eines Religionsfriedens mit ihnen Verläugnung der wahren, allein seligmachenden Kirche. Ihre falschen Prediger nähren sich, den alten Kirchengesetzen zuwider, von den geistlichen Gütern, die sie geraubt. Noch mehr: es soll Allen und Jedem, sowohl geistlichen als weltlichen Standes, welche der katholischen Kirche angehören, frei stehen, von der wahren Religion abzufallen und zu ihrer Gemeinde überzugehn. Ja sogar, wenn irgend ein Fürst oder Bischof abtrünnig würde und ihre Lehre annähme, soll sich dieser Uebergang nicht blos auf seine Person, sondern auch auf seine Unterthanen, auf seine Besitzungen und geistliche Gerichtsbarkeit erstrecken. Ob nun gleich dies alles wider göttliche und menschliche Rechte streitet und dem vom Kaiser, vom Könige Ferdinand und von allen Prälaten geleisteten Eide zuwider ist, und zwar so sehr, daß kein Katholik in solche Forderungen eingehen kann, wenn er nicht an seinem allerheiligsten Glauben treulos werden will: so haben sie doch endlich, dem Passauer Vertrage gemäß, nachgegeben, weil jene hartnäckig bei ihren Forderungen beharren und sogar mit Gewalt der Waffen drohen.

Es ist nun Pflicht der Erzbischöfe und der Prälaten, keine verworfene Religion zu dulden und nicht nur die ihnen unterworfenen hohen Kirchenbeamten, sondern auch die Einfältigen im Volke zu warnen und zu ermahnen, von dem bösen Gelüste nach der falschen Lehre abzustehn, Diejenigen aber, die im Irrthum beharren, der Kirche zur Strafe und Besserung anzuzeigen. Eine solche Einrichtung ist schon seit der Apostel Zeiten beobachtet worden und läßt sich aus den Zeugnissen der Concilien, namentlich des chalcedonischen, darthun. Auch den Grundsatz können wir nicht gelten lassen, daß man Diejenigen, die von ihrer bisherigen Kirche zu einer anderen übertreten, ihrem eigenen Gewissen überlassen müsse. In Glaubenssachen, meinten sie, dürfe man nicht einem Jeden die Freiheit des Gewissens gestatten. Wer von der einstimmigen Lehre der Kirche abweicht, muß in Zucht und Ordnung gehalten, und wenn er nicht Gehorsam leisten will, in den Bann gethan werden. So haben es die apostolischen Gemeinden und die Concilien gehalten. Von den letzteren sind Arius, Macedonius, Nestorius und Eutyches verurtheilt worden, wie denn auch die chalcedonische Kirchenversammlung den Dioskorus seiner bischöflichen Würde entsetzte, weil er den Eutyches in Schutz genommen und seine Lehre vertheidigt hatte. Wenn nun die Protestanten sagen, sie müßten Jeden, der zu ihnen übertritt, in ihre Gemeinschaft aufnehmen, weil sie Keinem das Himmelreich verschließen dürfen, so ist das eben so unrichtig als anmaßend, denn es gilt nur ein Glaube, welchen Alle, die sich Christen nennen, bekennen und bewahren müssen. Es ist der Glaube, welchen die Kaiser, Könige, alle Fürsten und Beamten des Römischen Reichs mit dem gesammten Volke bekannt und beschworen haben. Und dieser Glaube ist eben derjenigen, dem wir Deutschen vom Anfange bis auf die gegenwärtige Zeit gefolgt sind, mit Ausnahme derjenigen, die neuerdings davon abgefallen. Es darf deshalb in der Religion nichts Neues aufgebracht, sondern Alles diesem Glauben gemäß eingerichtet werden; das eigene Gelüste muß sich dem Gebot der katholischen Kirche unterwerfen. Wer das nicht thut und sich eine eigene Religion macht, der muß, wenn er den Vermahnungen nicht Folge leistet, von der geistlichen Obrigkeit in den Bann gethan, aller Würden entsetzt und im ganzen Reiche nicht geduldet, von der weltlichen Obrigkeit aber seiner Güter beraubt werden. Jene Freiheit oder vielmehr Frechheit in der Religion haben die Kirchenväter allezeit als eine Zerrüttung des Glaubens verworfen und den Grundsatz aufgestellt, daß über Dasjenige, was einmal von den Kirchenversammlungen in der Glaubenslehre festgestellt worden ist, nicht weiter gestritten oder in Zweifel gezogen werden darf. Es sollte also Niemandem erlaubt sein, etwas diesen Entscheidungen Widersprechendes zu behaupten oder öffentlich zu lehren. Die Geschichte lehrt uns, wie große Unruhen daraus entstanden sind, daß der Kaiser Valentinian alle Sekten im Reiche duldete. Wenn man alle wider den katholischen Glauben streitende Meinungen des Gewissens halber entschuldigen und dulden wollte, so müßten auch die Wiedertäufer, Zwinglianer, Schwenkfeldianer und andere dergleichen Schwärmer in den Frieden mit eingeschlossen werden. Die Neugläubigen behaupten, die Verheißungen, in welchen uns Gott die ewige Seligkeit zusagt, erstrecken sich auf alle Menschen, und schließen doch wieder Diejenigen von der Seligkeit aus, die nicht einerlei Lehre mit ihnen bekennen. Die Sache aber verhält sich ganz anders. Da sie sich von der Gemeinschaft der Kirche getrennt haben, so sind sie nach ihrem eigenen Urtheile von dem Himmelreiche ausgeschlossen; denn wenn außer der Kirche keine Seligkeit zu hoffen ist, wie können Diejenigen des ewigen Lebens theilhaftig werden, welche die Sakramente verachten und die Weihe der Priester, denen Christus die Macht gegeben hat, zu binden und zu lösen, verwerfen? Wenn bei ihnen keine Priester geweihet werden, wie können sie Vergebung der Sünden erlangen? Sind ihnen aber ihre Sünden nicht vergeben, wie können sie Theil am Reiche Gottes haben? Sie gehören zu Denen, zu welchen Christus spricht: „weichet von mir; ich kenne Euch nicht!"

Die Protestanten rühmen sich, beweisen zu können, daß sowohl die Religion als die geistlichen Güter von den Katholiken zu unlauteren Zwecken gemißbraucht worden seien. Laßt uns doch sehen, was sie zu tadeln haben. Nach der heiligen Schrift und nach den Bestimmungen der Concilien und Kirchenväter sollen die geistlichen Güter unter die Bischöfe, die Kirchendiener und Armen vertheilt, auch zu geistlichen Gebäuden, frommen Zwecken und Loskaufung christlicher Gefangenen in heidnischen Ländern verwandt werden. Seit dreizehn Jahrhunderten ist darüber gewissenhaft gehalten, daß diese geistlichen Güter auch zu geistlichen Zwecken verwandt werden, als da ist: Messe lesen, das Wort Gottes verkündigen, Kirchen bauen und ausbessern, armen Leuten, Mönchen und Nonnen Unterhalt verschaffen und dergleichen. Was thun dagegen die Protestanten? Nachdem sie die Bischöfe vertrieben, setzen sie zwar andere ein, aber eigentlich nur als weltliche und bürgerliche Beamte mit dem möglich kleinsten Gehalte. An dieses Gehalt verweisen sie noch andere Kirchendiener, welche den unglücklichen Haufen in Irrthümer führen, falsche Lehre predigen, das heilige Abendmahl zwar ganz reichen, aber nicht das gesegnete Brot, sondern vielmehr eine gemachte Sache anstatt des Schöpfers, also unter dem Schein des rechten Gottesdienstes eine wahre Abgötterei treiben. Dabei geben sie vor, daß sie die geistlichen Güter zum Besten der Schulen verwendeten und nichts für sich behielten. Gesetzt, es sei wahr, so wird doch dadurch die katholische Kirche beraubt, unterdrückt und entheiligt; ja dieser Gebrauch der geistlichen Güter ist viel verderblicher, als wenn sie zu weltlichen Zwecken verwendet würden.

Diese Schrift war freilich der Reichsversammlung nicht vorgelegt, aber doch in der Absicht verbreitet worden, um eine feindselige Gesinnung gegen die Protestanten zu erwecken. Als diese davon Kenntniß erhielten, setzten sie eine Gegenschrift auf, in der sie zuerst ihre Lehre als in den prophetischen und apostolischen Schriften begründet darstellten und dann die Irrthümer und Mißbräuche der römisch-katholischen Kirche nachwiesen. Das heilige Abendmahl sei von derselben verstümmelt und in ein weltlich Prunk- und Prachtstück verwandelt worden; das Fegfeuer zum Schrecknis der armen bekümmerten Seelen erfunden und die Anrufung in ihren Sünden Verstorbener angeordnet; die Vergebung der Sünde allein durch die Gnade Gottes werde geläugnet, also daß Keiner seiner Seligkeit gewiß werden könne; der Ehestand, den Gott selbst eingesetzt, werde mit Schimpf und Unehre belegt, so daß die Priester in ihrem ehelosen Stande sich mit gräulichen und schimpflichen Lastern, wie sie Paulus rügt, befleckten; in den Gottesdienst haben sich abscheuliche Mißbräuche und menschliche Erfindungen eingeschlichen, wodurch alle Erbauung und Andacht gestört werde. Unter diesen Umständen müßten sie die Geistlichen, welche die reine Lehre angenommen oder sie in Zukunft noch annehmen würden, herzhaft vertreten. Was nun die geistlichen Güter beträfe, so wäre auch hier Alles verderbt und durch Schandflecke entehrt. Einträgliche Pfründen wären genug da, auch große bischöfliche und priesterliche Würden, aber nur zum Luxus und um herrlich und in Freuden zu leben. Bei der Besetzung der Bischofsstühle und Pfarrstellen werde nicht nach Würdigkeit und Tüchtigkeit gefragt; die unwissendsten und ungeschicktesten Geistlichen erhielten oft die höchsten Würden, besonders wenn sie vornehmer Abkunft wären. Um die Schulen bekümmere man sich gar nicht, obgleich schon zu der

Propheten Zeiten für dieselben treulich gesorgt worden sei. Die vornehmsten Geistlichen seien nur darauf bedacht, Alles, was für Kirchen, Schulen, Lehrer und Schüler, für Hospitäler und Armenhäuser bestimmt ist, an sich zu reißen, nur, um in Ueberfluß schwelgen zu können. Scheint nicht ein Kriegsoberster an der Spitze eines Heeres in eine Stadt einzumarschiren, wenn ein Bischof mit zweitausend Reitern zuerst in seine Diöcese einzieht? Und doch ist dies neuerdings geschehn (vom Churfürsten Adolph zu Köln, der an des abgesetzten Erzbischofs Herrmann Stelle eingesetzt worden war). Und was soll man von der Gewissenhaftigkeit dieser Würdenträger denken, wenn man sieht, wie keiner um die Pflichten seines Amtes sich bekümmert. Und dabei wollen sie Andern Kirchenschänderei und Raubsucht vorwerfen? Die Lehre der Protestanten ist zwar von gekrönten Häuptern verworfen worden; dies ist aber die Schuld der Uebelwollenden, welche die Mächtigen von dem Lesen ihrer Schriften abgemahnt haben. Daß diese Lehre vom Papste und von dem großen Haufen der Geistlichen verworfen worden, ist nicht zu verwundern, da ja Christus und seine Lehre von Hannas, Caiphas und dem ganzen Haufen der Pharisäer und Hohenpriester ganz auf dieselbe Art behandelt worden ist. Die Gegner pflegten zwar sich gern auf die Aussprüche und Entscheidungen der Concilien zu berufen, aber keine Macht in der Welt ist berechtigt, den Christen eine andere Lehre vorzuschreiben, als die von den Propheten, von Christus und den Aposteln hinterlassene. Was sie von der Weihe der Priester rühmen, ist lächerlich und allmählig in ein komödienartiges Gaukelspiel ausgeartet. Uebrigens sei ihre Schrift mit Schmähungen und Schimpfreden angefüllt, die sie zu erwiedern nicht willens wären, wie sie denn auch nur eine kurze Darstellung von der Sache hätten geben wollen.

Durch solche Wechselschriften wurden freilich die Gemüther nicht friedsamer gestimmt und die Angelegenheiten immer verwickelter und schwieriger. Darum machten Trier und Köln den Vorschlag, die Entscheidung und Feststellung der Sache dem Kaiser zu überlassen, weil hier nur ein Machtspruch dem Streite ein Ende machen könnte. Dagegen erklärten sich aber die protestantischen Stände sehr entschieden. „Man wußte wohl, sagen die Sächsischen Gesandten in ihrem Bericht, wie die Sache gelegen, und wäre auch solches noch nie, selbst in dem gehässigsten und verbittertsten Abschied gegen die protestirenden Stände geschehn, auch Ihre Majestät selbst sich also nicht merken lassen; denn wir alsdann das Urtheil schon weghaben würden. Wir wissen wohl, wie man in solchen Sachen der Ehre Gottes, unsers Glaubens und der Seelen Seligkeit halben diese Anheimstellung nicht thun konnte." Der Kaiser würde nach seiner Stellung zur katholischen Kirche, nach den Grundsätzen seiner politischen Bestrebungen und nach dem herrschenden Glauben in seinen Erbländen nicht anders als zum Vortheil der Römischen Glaubensgenossen entschieden haben. Und weil dies den Feststellungen des Passauer Vertrages entgegen gewesen wäre und die evangelischen Stände in Aufruhr gesetzt haben würde, so war der Kaiser auf dem Reichstage gar nicht erschienen und hatte seinem Bruder unbedingte Vollmacht gegeben, Alles in seinem Namen zu entscheiden. König Ferdinand, der überall mit großer Mäßigung und Schonung verfuhr und Gedanken des Friedens hatte, ging deshalb in den Vorschlag der beiden geistlichen Churfürsten nicht ein. Nur beklagte er sich, daß die Fürsten so wenig Ernst und Eifer für die heilige Sache zeigten, nicht auf dem Reichstag persönlich erschienen wären und selbst ihre Bevollmächtigten zögernd gesandt hätten.

Am 20. Juni gegen Abend hatte der König die Gesandten der Churfürsten und Stände auf den folgenden Morgen zwischen 6 und 7 Uhr zu sich in seinen Palast entboten. Es erschienen auch die anwesenden Fürsten und der abwesenden Gesandte, sowie die Prälaten, Grafen und die Vertreter der Frei- und Reichsstädte in großer Zahl. Der Kanzler des Churfürsten von Mainz hielt Namens der Stände an den König Ferdinand folgende Anrede: „Auf der römisch-kaiserlichen Majestät Ausschreiben und Ihro königlichen Majestät gnädigst gegebene Proposition haben der Churfürsten und Stände Räthe, Botschafter und Gesandte dieselbe vor die Hand genommen und den Artikel, die Religion, auch wie Friede, Ruhe und Einigkeit in Glaubenssachen angestellt und das Mißtrauen, so sich eine Zeit lang unter den Ständen erhalten, hingelegt und abgeschafft werden möchte, vermöge des Passauischen Vertrages berathschlagt, und wollten nichts Liebers, denn daß sie nicht allein diesen, sondern mehre andre Artikel dahin bringen und so weit hätten bearbeiten können, daß sie Ihro königliche Majestät ihr Bedenken auf dieselben auch hiebei und also mit einander anzeigen mögen. Dieweil aber solches von wegen Hochwichtigkeit dieses Punktes, auch daß Etliche Botschaften zurückschicken und darüber sich weiteren Befehl bei ihren Herren und Obern erholen müssen, neben dem, daß sonst auch allerlei Sachen, Handlungen und Geschäfte dazwischen eingefallen, nicht geschehen mögen und sich dann die Zeit derhalb etwas verweilet, so wäre demnach an Ihro königliche Majestät der Churfürsten und Stände Botschaften unterthänigste Bitte, Ihro königliche Majestät wollten ob demselben Verzug kein Mißfallen oder Ungnade schöpfen noch tragen, sondern sie die Botschafter aus gehörten Ursachen gnädiglich entschuldigt haben und nehmen; sie danken, daß die kaiserliche Majestät diesen Reichstag ausgeschrieben und Ihro königliche Majestät denselben besucht und mit Ihrer Majestät persönlichen Gegenwärtigkeit beziert, demselben beigewohnt und bis hieher ausgewartet. Darob könnten Churfürsten und Stände der kaiserlichen und königlichen Majestät gnädigste, väterliche Treue, gutherzige Wohlmeinung und Neigung, so Sie zu dem heiligen Reich Deutscher Nation trügen, auch daß solches demselbigen zu

Gnaden und Gutem beschehen, wohl vermerken, thäten sich derohalb gegen höchstgedachte kaiserliche und königliche Majestät desselben in aller Unterthänigkeit zum höchstfleißigsten bedanken und wollten dabei Ihro königliche Majestät solch ihr der Stände berathschlagte und verfaßte Meinung und Bedenken des Religionsfriedens, und wie es hiezwischen endlicher Vergleichung der Religion gehalten werden möchte, in Unterthänigkeit überreicht, aber doch anders nicht, denn daß die Punkte der Exekution des Landfriedens auch erörtert würden, darin gewilligt haben, und darüber Ihrer königlichen Majestät gnädigster Resolution und Gutdünkens in Unterthänigkeit gewärtig sein, und sonderlich vonwegen der zwiespaltigen Punkte, nämlich der See= und Hansestädte und Ritterschaft halben, welche die Stände der Augsburgischen Confession in diesem Frieden begriffen und mit eingezogen haben wollen, deß sich aber die Geistlichen in Ansehen, daß sie deshalb mit Befehl nicht abgefertigt, beschwerten. Am Andern, daß die bemeldeten Geistlichen einen Artikel diesem Frieden begehrten anzuhenken und einzuleiben, wie es zu halten, da ein Bischof, Prälat oder Geistlicher zu der Augsburgischen Confession treten würde, und nämlich, daß derselbige de jure et facto alsbald officio et beneficio destituirt und sie die Geistlichen einen Andern ihrer Religion kiesen und wählen mögen, den aber die Stände der Augsburgischen Confession ihrer Gewissen halber nicht einzuräumen oder zuzulassen wissen, dannenher beide Theile Gewissens halber einander nicht weichen oder etwas weiter begeben wollten. Die Frei= und Reichsstädte aber stellten berührte spaltigen Punkte, darüber der Churfürsten und Fürsten Räthe nicht einig werden können, zu königlicher Majestät Erkenntniß und Resolution. Daneben sind die sämmtlichen Gesandten erbötig, in und mit andern Artikeln also fürzuschreiten, daß sie verhoffentlich Ihre königliche Majestät nicht lange mehr aufhalten, sondern Ihr Bedenken in Kurzem auch eröffnen und fürbringen wollten."

Nachdem der König sich eine kurze Zeit mit seinen Räthen besprochen, ertheilte er den Ständen durch seinen Vicekanzler folgende Antwort: „Es hätten Ihre königliche Majestät der Stände unterthänige Danksagung, der kaiserlichen und königlichen Majestät gethan, zu gnädigem Gefallen vernommen und angehört, und sollten sie die Stände höchstgedachter kaiserlicher Majestät und Ihre königliche Majestät endlich vertrauen, was dieselben dem heiligen Römischen Reiche Deutscher Nation, unserm geliebten Vaterlande zum Guten thun, handeln und fürnehmen möchten, daß sie desselbigen wohlgeneigt, erkennten sich auch dessen ihrer obliegenden Aemter halben schuldig. So viel aber der Stände Entschuldigung belangt, so hätten gleichwohl Ihre königliche Majestät leiden mögen, daß solche Handlung eher befördert worden wäre, denn daß Ihre königliche Majestät diesem Reichstage bis anher beigewohnt und ausgewartet, das wäre ohne sonderliche merkliche Beschwerniß Ihrer Majestät und deren Landschaft nicht beschehen; dieweil es aber nicht eher sein und beschehen können, so wären Ihre königliche Majestät mit der angezeigten Entschuldigung und fürgewendeten Ursachen auch gnädiglich wohl zufrieden, wollten aber nochmals die Stände gnädiglich ersucht und vermahnet haben, die Sachen ihrem Erbieten nach also zu fördern, daß Ihre königliche Majestät so viel möglich mit langwierigem Aufenthalt verschonet, dagegen sei Ihre Majestät willig, sich auf das überreichte Bedenken auch zum Förderlichsten gegen die Stände zu erklären und wollten daneben denselben auch gnädiger Meinung nicht verhalten, daß Ihre königliche Majestät glaubhafte Kundschaft durch die Fränkischen Einigungsverwandten, auch sonsten zugekommen, wie sich in Niedersächsischen und Westphälischen Landen noch etwas und je länger je mehr Rottirung und Empörung ereigne, wie denn Ihre Majestät solche Zeitungen in Schriften den Ständen alsbald zustellen lassen, und begehrt, dieweil solch periculum in mora, daß die Stände nicht allein mit der Reichshandlung desto fürderlicher und schleuniger fortschreiten, sondern auch diese Handlung in Bedenken und Rathschlagung ziehen und auf die Wege trachten, wie solchem Unrath zeitlich zu begegnen und dem Feuer, dieweil es noch in der Aschen, gedämpft und Friede, Ruhe und Einigkeit erhalten und männiglich vor Schaden, Nachtheil und Verderben verhütet bleiben möge; was denn Ihre königliche Majestät dazu auch thun, rathen und helfen könnten, dazu wären sie ganz erbötig und geneigt."

Am folgenden Tage überreichten die Stände der Augsburgischen Confession dem König Ferdinand eine dringende Vorstellung, worin sie die Ursachen und Gründe angaben, warum sie in den geistlichen Vorbehalt (reservatum ecclesiasticum, wie er späterhin im Staats- und Kirchenrecht genannt wurde) der katholischen Stände nicht willigen könnten. Sie hatten nämlich bei den früheren Verhandlungen die völlige Freistellung der Religion nicht blos für die Reichsstände, sondern auch für deren Unterthanen, ohne Rücksicht auf die Religion des Landes in Antrag gebracht. Der Widerstand der katholischen Partei nöthigte sie, als Grundlage künftiger Bestimmungen die Gesetze anzunehmen, welche die evangelischen Reichsstände für sich selbst und ihre Unterthanen gegen Beeinträchtigungen in der kirchlichen Uebung ihrer Religion sicherten. Die Katholischen forderten, daß die Freiheit, welche hienach jeder Reichsstand erhielt, zur evangelischen Kirche überzutreten und deren Uebung seinen Unterthanen zu gestatten, durch einen Vorbehalt in Hinsicht der geistlichen Reichsstände beschränkt werden solle. Welcher reichsunmittelbare Prälat von der alten Religion abträte, solle sein Kirchenamt und die Regierung niederlegen. Eben so bestimmt stellten die Katholiken den Grundsatz auf, daß die evangelischen Unterthanen in Ländern katholischer Landesherren durch die Duldung, deren sie bisher genossen, kein Recht auf Uebung ihrer Religion erlangt hätten, sondern überhaupt die Unterthanen sich nach der Religion des Landesherrn richten müßten.

Dieser schon vorerwähnte Vorbehaltsstreit erbitterte beide Parteien immer mehr und drohete, der Stein des Anstoßes zu werden, an welchem das ganze Friedenswerk scheitern konnte. Nur der Mäßigung und Vermittelung des Königs Ferdinand, der allgemeinen Ueberzeugung von der Nothwendigkeit des Friedens, wenn die Ruhe in Deutschland wieder einkehren und den vordringenden Türken Widerstand geleistet werden sollte, sowie der Hoffnung, welche die katholische Partei hegte, daß ihre Kirche späterhin unter günstigeren Umständen zum Siege gelangen werde, ist die endliche Vereinigung beider Parteien zu verdanken. Die Augsburgischen Confessionsverwandten hatten dem König eine Vorstellung überreicht, in der sie eine allgemeine (in genere) Freistellung beim Wechsel der Religion verlangten. „Es haben, sagten sie, die Räthe und Botschafter der alten Religion im Fürstenrathe bei dem christlichen und nothwendigen Artikel der Freistellung, wie derselbige in der Notel des churfürstlichen Bedenkens gesetzt, allerlei unnöthige und unzeitige Bedenken eingeführt und die geistlichen löblichen churfürstlichen Räthe, als hätten sie wider ihr Amt und ihre Pflicht hierin gehandelt, angezogen. Daraus denn letzlich erfolgt, daß jetztgemeldete geistliche churfürstliche Räthe auf der gedachter der alten Religion im Fürstenrath Ständen beschwerliches und ungestümes Anhalten von den andern weltlichen churfürstlichen Räthen und ihrem einhelligen Beschluß wiederum abgewichen und sich mit denselbigen fürstlichen Räthen in dem haben verglichen, daß alle Geistliche, Erzbischöfe, Bischöfe, Churfürsten, Fürsten, Prälaten und Stände der alten Religion in solcher christlichen Freistellung nicht begriffen, sondern sollten ganz und gar ausgeschlossen und derwegen das Wort „weltlich" hinzu, oder der Artikel, der von ihnen gestellt und aequipollens sein soll, anstatt desselben gesetzt werden."

„Nun hätten wir uns zu der berührten Religion Ständen, Räthen und Botschaftern solches unchristlichen, ungereimten Fürnehmens, welches wider Gott und alle vorige Reichsabschiede ist, noch viel weniger zu den geistlichen churfürstlichen Räthen, daß sie von dem einhelligen vorigen Beschluß ab= und ihnen hierin zufallen würden, keineswegs vermuthet oder versehen. Dieweil aber die geistlichen churfürstlichen und die andern im Fürstenrath der berührten (berümbten) alten Religion, Ständen, Räthen und Botschafter darauf verharren und wir der Augsburger Confession das Wort weltlich oder aber den Artikel, so au desselbigen Statt wider das helle klare Gotteswort und alle Vernunft gesetzt, dieses Orts sine crimine laesae Majestatis divinae und ohne Beschwerung unsrer Gewissen aus folgenden christlichen vernünftigen Ursachen nicht annehmen, dulden oder leiden könnten." Es werden nun elf Gründe angegeben, aus denen die evangelischen Stände die Proposition des katholischen Fürstenraths nicht annehmen können. 1) die vorigen Reichsabschiede, namentlich der Nürnberg'sche vom Jahre 1532 und der Regensburg'sche vom Jahre 1541, haben dergleichen Restrictionen nie gemacht. 2) Alle Verheißungen Gottes im Alten und Neuen Testament, in welchen den Menschen die ewige Seligkeit zugesichert wird, sind ganz allgemein und machen keinen Unterschied zwischen Geistlichen und Weltlichen. Sie wollen am jüngsten Gericht nicht das Urtheil Christi hören: „wehe euch Schriftgelehrten und Pharisäern, ihr Heuchler, die ihr das Himmelreich zuschließet vor den Menschen; ihr kommt nicht hinein, und die hinein wollen, laßt ihr nicht hineingehen." 3) Wenn schon Juden, Heiden und Türken Andere für ihren Glauben zu gewinnen suchen, wie dürfen wir als rechte Christen, die für die Ausbreitung des Reiches Gottes auf Erden sorgen müssen, den Heilsbegierigen die Annahme des wahren Heils verweigern? Wir sagen mit Paulus: factus sum omnibus omnia, ut omnes Christo lucrifaciam. 4) Wenngleich wir aus den Dekreten der Väter und Concilien, aus heiligen Gesetzen und Canons zu beweisen wissen, daß die Stände, so sich zur alten Religion bekennen, zur höchsten Schmach Gottes, zum Verderben der christlichen Kirche und zur Gefahr vieler Seelen die christliche Religion und Kirchengüter gemißbraucht haben, so haben wir doch des lieben Friedens willen darin gewilligt, daß sie bei ihren Kirchengebräuchen, Ordnungen, Ceremonien, Hab und Gütern, Land und Leuten, Herrschaften und Obrigkeiten, Herrlichkeiten und Gerechtigkeiten, Zinsen und Zehnten, Election und Fundation nach Altherkommen und Administration bis zur endlichen Vergleichung der Religion bleiben und gelassen werden sollen.

5) Ueberlassen wir es der Gegenpartei, den genannten Artikel sich anders auszulegen, nur daß an der Substanz nichts geändert werde und was im Churfürstenrath generaliter gesetzt ist, unverrückt bleibe und das Wort „weltlich" gestrichen werde. 6) Wenn die Geistlichen der alten Religion durch den Uebertritt zu der unsrigen de jure und de facto ihres Standes und Amtes entsetzt sein sollten, so wären wir Augsburg'schen Glaubensgenossen verbunden, zur Unterdrückung unsrer Confession und Religion Hülfe und Beistand zu leisten, was doch gegen Gott und unser Gewissen sein würde. 7) Sollte dieser Artikel im Friedensschluß stehen bleiben, so würde dies das höchste Präjudicium der Augsburg'schen Confession und Religion cum infamia nicht allein für die Person, sondern auch für einen wesentlichen Theil des christlichen Glaubens sein. 8) Wenn die Geistlichen im Fürstenkollegium die Besorgniß hegen, die hohen Reichs= und andere Stifte möchten mit der Zeit profanirt und in weltliche Herrsch= und Erbschaften umgewandelt werden, so ist solches nie unser Gemüth und Meinung gewesen, vielmehr haben wir allerwege dahin gearbeitet, daß diese wie alle geistliche Güter aus dem langwierigen Mißbrauche wieder der ursprünglichen Fun-

dation gemäß zu dem rechten christlichen Gebrauch gebracht werden und ewig bei der Kirche bleiben. Dazu sollen die Kollegien und Kapitel bei ihrer freien Wahl und Administration beständiglich gelassen werden und ihres Willens und Gefallens unbehindert bleiben. „Wir wollten auch in rechter Wahrheit nichts Liebers von Gott dem Herrn wünschen und begehren, denn daß sie, die geistlichen Stände, einmal die Gnade und den Verstand von Gott haben und bekommen möchten, daß sie ihr recht geistlich wahres prophetisch und apostolisch Amt von Herzen recht wahrnähmen und betrachteten, Gott dem Allmächtigen und seinem Sohne, unserm Heiland Christo Jesu, allein die Ehre nach seinem heiligen Wort und Willen geben, die Sorge für der armen frommen Christenseelen Heil nach heiligem biblischen göttlichen Wort auf sich nehmen, die Heerd und Schäflein Christi mit rechter prophetischer, evangelischer, apostolischer Lehr und heiligen Sakramenten zu weiden und zu trösten, auch sonst mit gutem christlichen Leben und Exempel ihnen vorzuleuchten."

9) Die Räthe und Botschafter der Stände alter Religion haben zur Bestätigung ihrer Artikel und Bedenken ein ganzes plaustrum argumentorum (einen Frachtwagen von Beispielen) zusammen gezogen, die aber zum Theil der Art sind, daß sie nicht allein dem göttlichen Worte zuwider sind, das in der Finsterniß dieses Lebens uns hinüberleuchten soll zum ewigen und seligen Leben, sondern auch aller Vernunft entgegen mit so ehrenrührigen und verbitterten Worten gesetzt sind, daß daraus wohl Erbitterung, aber nie ein Religionsfriede, hervorgehen kann. 10) Sollten die chur- und fürstlichen Räthe und Botschafter alter Religion auf den eingeschobenen Artikel bestehn, und damit ihre Geistlichen mit vielen unchristlichen, höchst beschwerlichen Eiden, Pflichten und Statuten belasten wollen, so müssen wir letzlich nachlassen und gestatten, daß sie sich desselbigen Artikels unter einander, außerhalb dieser Constitution, vergleichen und nach ihrem Willen und Wohlgefallen, so hoch und fest sie wollen, verbinden. Wir aber der Augsburgischen Confession sollen und wollen aus den angegebenen Gründen nicht zugeben, daß der eingeschobene Artikel in den Religionsfrieden gesetzt werde, noch viel weniger können wir uns verpflichten, denselben in Ausführung zu bringen. Wir haben als schwache, blöde Christen für unsre tägliche Sünden Gott in unserm Vaterunser Abbitte genug zu thun, und wollen uns nicht noch mit fremden Sünden beladen. 11) Die freie Ritterschaft und Hansestädte will man von dem Friedstande ausschließen, da sie doch dreißig Jahre lang in der Augsburg'schen Confession gelebt, darin aufgezogen sind und bei derselben auch standhaft beharren werden. Wollte man ihre Freistellung behindern, so würden daraus Weiterungen entstehen, die auch bei anderen Ständen Theilnahme erwecken werden.

Während dieser Zeit hatte sich das Gerücht verbreitet, der Herzog Erich von Braunschweig stelle Kriegsrüstungen an, habe Hauptleute und

Truppen in seinen Dienst genommen und werde in Verbindung mit dem Markgraf Albrecht, der jenseits des Rheins einen Einfall in Deutschland vorbereite, gewaltsam in die geistlichen Stifte eindringen. Selbst der Kaiser ward durch dieses Gerücht beunruhigt und schrieb seinem Bruder, die Abschließung des Land- und Religionsfriedens möglichst zu beschleunigen. Herzog Heinrich von Braunschweig, ein Verbündeter der Fränkischen Fürsten, ängstigte die Bischöfe von Würzburg und Bamberg und die Stadt Nürnberg durch übertriebene Berichte von Erichs Rüstungen. Im Fürstenrath entstand viel Unruhe. Einige verlangten Gegenrüstungen, Andere eine Gesandtschaft an Herzog Erich mit der Anfrage über den Zweck seiner Rüstungen. Die meisten Bevollmächtigten erklärten, da in der Reichstags-Proposition über diese Sache keine Meldung geschehn und sie von ihren Herren darüber keine Befehle erhalten, so könnten sie sich überall keine Vorschläge erlauben, in dem Landfrieden von 1548 sei Alles wohlbedächtig festgestellt; man möge nur dafür sorgen, daß er auch von den Leuten gehalten werde. Da bald darauf von dem Herzog Erich die Erklärung einging, daß er gegen Niemand etwas Feindliches im Sinne habe, und daß er zur Beruhigung des Reichstages die in geringer Zahl geworbenen Truppen wieder entlassen habe.

Man ging nun wieder an die Verhandlungen über den Religionsfrieden, bei denen aber die beiden Parteien abermals sehr scharf an einander geriethen. Die Instructionen, welche die Bevollmächtigten mittlerweile eingeholt hatten, standen im grellsten Widerspruch. Die beiden weltlichen Fürsten, die persönlich auf dem Reichstage erschienen waren, die Herzoge Albrecht von Baiern und Christoph von Würtemberg, hatten denselben wieder verlassen und es war vorher zu sehen, daß bei der Lage der Sache die streitigen Punkte in der Religion nicht würden ausgeglichen werden. Der König Ferdinand schickte deshalb zu Anfange des August Gesandte an die Reichsfürsten mit folgender Vorstellung: Um dem Verlangen des Kaisers zu genügen und das Beste des Reichs zu fördern, verweile er, mit Hintenansetzung seiner eigenen Regierungsgeschäfte und nicht ohne große Beschwerde für ihn selbst, seit dem 29. December in Augsburg. Er habe keinen der Fürsten oder deren Gesandten vorgefunden und lange warten müssen, ehe er einen Vortrag habe halten können. Bis zum 5. Februar hat die Sache sich verzögert. Bei den Berathungen selbst traten bald vielfache Störungen und Schwierigkeiten ein, so daß ihm erst am 22. Juni ein Bericht abgestattet worden ist, und darin war auch nur ein Gegenstand berathen, nämlich der Religionsfriede. Aber auch dieser Gegenstand sei nicht einmal übereinstimmend, sondern voller Uneinigkeit und Widersprüche gewesen. Das habe er gleich anfangs befürchtet und darum die Fürsten recht dringend ersucht, auf dem Reichstage persönlich zu erscheinen. Wenn sie hierin seinem Rathe gefolgt wären, so würden die Verhand=

lungen schon jetzt ihre Endschaft erreicht haben. Zwar wäre jetzt auch der andere Punkt wegen des allgemeinen Landfriedens zur Berathung gekommen, weil aber vorauszusehen, daß man damit so wenig zu Stande kommen werde, wie mit dem Religionsfrieden, die Rüstungen der Türken einen nahen Einfall in Ungarn fürchten ließen, und nichts von entscheidendem Erfolg sein könne, wenn die Fürsten nicht persönlich erschienen: so halte er es für das Rathsamste, den Reichstag bis auf eine andere Zeit aufzuschieben und für jetzt folgenden Abschluß zu Stande zu bringen: Weil wegen der Abwesenheit der Reichsfürsten kein durchgreifender Beschluß gefaßt werden könne, so habe man beschlossen, die Verhandlungen auf einer bald anzusetzenden Reichsversammlung fortzusetzen. Er schlage dazu den ersten März des folgenden Jahres in Regensburg vor, wo dann die Reichsfürsten in Person erscheinen und unter dem Vorsitz des Kaisers oder unter Seiner Leitung beschließen und ausführen würden, worüber man sich jetzt nicht vereinigen könne. Während der Zeit könne man Alles in nähere Ueberlegung nehmen und zu einem baldigen Beschluß vorbereiten. Unterdeß solle der Passauer Vertrag unverletzt gehalten werden. Weil in demselben auch festgestellt sei, es solle auf einem Reichstage entschieden werden, ob der Religionszwist auf einer allgemeinen oder National=Kirchenversammlung oder durch ein Colloquium der Theologen beigelegt, von den Reichsständen darnach ein Beschluß gefaßt und dieser dem Kaiser zur Entscheidung vorgelegt werden solle: so habe er aus Liebe zum Frieden und zur Eintracht beschlossen, dem nächsten Reichstage eine Schrift zu überreichen, in welcher die Punkte zur Ausgleichung in den streitigen Religionssachen gründlich erörtert werden sollen. Er werde dabei ganz offen und ehrlich verfahren, damit die gegenseitige Erbitterung nicht noch höher gesteigert werde. Die zu machenden Vorschläge sollten nur maßgebend sein, von den Ständen geprüft und von denselben entweder angenommen oder verworfen werden. Deshalb ersuche er die Stände, den Aufschub der Sache zu genehmigen und dann zu dem nächsten Reichstage sich recht zahlreich in Person einzufinden. Regensburg habe er darum zum Versammlungsort vorgeschlagen, weil er sich wegen der drohenden Invasion der Türken nicht gar weit von seinen Landen entfernen dürfe. Mit der Antwort möchten sie sich beeilen, um der kostbaren Zeit durch Verzögerungen nicht noch mehr zu verlieren.

Die meisten Reichsfürsten erklärten sich ganz entschieden gegen diese Vorschläge. Man dürfte nicht eher, meinten sie, auseinander gehn, als bis der Friede zu Stande gekommen; ganz Deutschland erwarte und verlange eine endliche Entscheidung; beide Parteien wären jetzt in ihren Meinungen einstimmiger als je und würden wohl zum Einverständniß zu bringen sein; für den nächsten Reichstag bleibe noch genug zur Berathung übrig, wenn der Landfriede und die Türkenhülfe zu Stande kommen sollte.

Was die projektirte Schrift betreffe, so würde sie wohl dasselbe Schicksal haben und dasselbe Ungemach anrichten, wie die vor sieben Jahren entworfene (das Interim). Bis zum 25. August waren diese Erklärungen von den Ständen eingegangen und unterm 30. August gab der König auf die ihm von den Churfürsten und Ständen eingereichten Vorstellungen eine Replik und Resolution, worin er auf folgende Punkte besonders aufmerksam machte.

Vor allen Dingen muß man bei der Constituirung des Religionsfriedens die Billigkeit obwalten lassen, auf Recht und Gerechtigkeit, sowie auf ein altes löbliches Herkommen Rücksicht nehmen. „Und zum Andern, daß die Constitution und Satzung mit lautern, unverdunkelten, klaren Worten vergriffen und also verfertigt und aufgerichtet werde, daß die, so zu Unfried Neigung tragen, derselben Wort und Meinung auf ungleichen fremden Verstand füglich nicht wohl zwingen und zu ihrem unruhigen Vorhaben eben aus der Schrift, die um Frieden und Ruhe willen fürgenommen, gleich das Widerspiel, nämlich gemeine Unruhe und Unfrieden anrichten könnten." Mit dem ersten und zweiten Artikel in dem Friedens-Entwurf sind kaiserliche und königliche Majestäten einverstanden. Wenn es aber heißt, es solle kein Stand von wegen der Augsburgischen Confession und derselbigen Lehre mit der That gewaltigerweise überzogen werden, so muß nach den Worten: „es soll kein Stand", hinzugefügt werden: „des Reichs", damit diese Disposition auf die Stände, so dem Reiche unmittelbar unterworfen, allein gedeutet werde, und nicht irgend ein Unterthan, der zugleich ein Landstand, sie auf sich ziehen und seinem Landesherrn sich widersetzen möge, wo man alsdann erst disputiren müsse, ob der Friede blos von Reichsständen, oder zugleich von mittelbaren Ständen rede.

Daß in diesen Frieden auch begriffen sein sollen die von der Ritterschaft, die Hanse- und andere Städte, gleich wie andere Stände, „darob haben die römisch-königliche Majestät etwas Verwunderung empfangen, denn dieweil Ihrer königlichen Majestät bisher nicht fürbracht worden, daß die Ritterschaft, noch auch die See- und andere Städte, durch sich selbst oder ihre vollmächtige Gewalthaber solches gesucht haben." Die Ritterschaft sei entweder dem Reiche unmittelbar unterworfen oder nicht. In Ansehung der ersteren wolle sich nicht geziemen, auf einem Reichstage Schatzung und Ordnung für sie zu machen, weil sie laut ihrer Freiheiten und ihres löblichen Herkommens allein Römischen Kaisern und Königen unterworfen sei. Diesen, so wie ihnen selbst, würde es zur Schmälerung wohlerworbener Rechte gereichen. Sollte ihr auch die jetzige Verordnung nicht unangenehm sein, so könnte sie ihr doch in der Folge sehr drückend und lästig werden. „Dieweil denn dem also und sonst offenbar, wenn die freien Ritterschaften gegen der kaiserlichen und königlichen Majestät, des

Religions- oder Profanfriedens halber Beschwerung haben, daß sie derhalb bei Ihrer Majestät, wie in ihren anderen Obliegen gebräuchlich und von alter Herkommen, wohl selbst anzusuchen und herwiederum auch Ihr kaiserliche und königliche Majestät sich gegen sie als Pflanzer und Handhaber des Adels mit allen gebührenden väterlichen Gnaden zu erzeigen wissen werden." — Den Zusatz wegen der Hanse- und anderer Städte findet Ferdinand überflüssig. Wenn sie dem Reiche unmittelbar unterworfen sind, so werden sie ohnehin wie die übrigen Reichsstädte gehalten. Von den übrigen, den Fürsten und Ständen unterworfenen Städten hat es dieselbe Bewandniß wie mit der landsässigen Ritterschaft, weil es billig ist, daß einem Jeden das Seinige gelassen werde. Da nun die Katholischen den Protestanten in Ansehung ihrer Städte und Unterthanen nichts vorschreiben, so sollten diese billigerweise auch die Stände der alten Religion bei dem Ihrigen bleiben lassen und sie in diesem Stücke verschonen.

Der König Ferdinand erklärte ferner, daß er den Vorschlag, die Bischöfe müßten ihr Amt niederlegen und ihre Güter abtreten, wenn sie die Religion änderten, vollkommen billigen müsse. Er ermahnt die Anhänger der Augsburgischen Confession umständlich und nachdrücklich, gegen diesen Vorschlag nicht weiter zu protestiren, denn er verursache ihnen hinsichts der geistlichen Güter, in deren Besitz sie sich bisher gesetzt haben, nicht den geringsten Verlust; der Artikel beabsichtige nur, daß die Pfründen und geistlichen Gestifte, wenn ein Prälat dem alten Glauben abtrünnig wird, in ihrer ursprünglichen Dotation erhalten werden sollten. Dies sei nicht nur den Rechten, sondern auch den Reichsgesetzen und dem Passauer Vertrage gemäß, in welchem ausdrücklich gesagt ist, daß Diejenigen, welche der alten Religion folgen, sowohl geistlichen als weltlichen Standes, bei ihrem Glauben, Kirchengebräuchen, Gütern, Besitzungen, Rechten und Freiheiten ungestört gelassen werden, und daß sie dies alles ohne irgend einen Eingriff, von wem er auch komme, ruhig genießen und gebrauchen sollten. Ohne diese Einschränkung könnte es sich leicht zutragen, daß Diejenigen, welche den geistlichen Stand zugleich mit der alten Religion verlassen, doch die Verwaltung und den Besitz der geistlichen Güter würden beibehalten wollen. Es ist billig, daß tüchtig befundene Personen die geistlichen Güter der Stiftung gemäß regieren und verwalten, und daß, wenn sie dieser Stiftung zuwider ihren Orden verlassen und ihre alte Religion aufgeben, ihre Collegen das Recht haben, sie abzusetzen und einen glaubenstreuen Geistlichen in seine Stelle zu erheben. Diese Forderung kann ihnen in keiner Weise abgeschlagen werden. Sie schreiben ja auch den Protestanten nicht vor, wie sie sich in Hinsicht der Ländereien, Gestifte und Pfründen verhalten sollen, deren Besitz sie sich bisher widerrechtlich genug angemaßt haben. „Demnach achten Ihre königliche Majestät ganz billig sein, daß zur Erhaltung der geistlichen, lang hergebrachten Ober- und Gerechtigkeiten und zur Verhütung allerlei Unfriedens und Weiterung, die sonst in viel Wege daraus erfolgen möchten, der obberührte Anhang, wie er begehrt worden, in diesen gemeinen Frieden verleibt werde, soll anders dieser Friede den Geistlichen auch zu Fried und Ruhe, und nicht zu endlicher Vertruckung und Ausreutung dirigirt und angerichtet werden. Und demnach vermahnen Ihre königliche Majestät der Augsburgischen Confession anhängige Stände, Räthe und Gesandte gnädiglich, daß sie solche Einleibung länger nicht widerfechten."

Unter den protestantischen Reichsständen entstanden über diese königliche Zuschrift viele Berathungen, deren Resultat sie unterm 3. September dem König Ferdinand überreichten. Sie dankten auf's herzlichste für des Königs stattliche Erinnerungen und für die gemachten Friedensvorschläge, die sie als das standhafte Fundament aller Friedensverhandlungen verehren. Im Uebrigen aber erklärten sie:

Die Stände der alten Religion haben hinsichts der Unterthanen den Grundsatz aufgestellt, daß sie derjenigen Religion anhangen und folgen sollen, deren ihr Landesfürst und hohe Obrigkeit verwandt und beipflichtig ist. Darum erfordert denn auch die natürliche Billigkeit, daß die Verwandten der Augsburgischen Confession unter ihrer Obrigkeit bei ihrer Hab und Gütern unbekümmert und unbeschwert wohnen müssen. Sie verlangten keineswegs, daß die geistlichen Ländereien veräußert oder ihre Bestimmung verändert, oder daß dieselben wohl gar in bürgerliche und weltliche Besitzungen umgewandelt würden. Sie wüßten recht gut, daß ein ansehnlicher Theil des Römischen Reichs auf dergleichen Gütern und Besitzungen beruht, und wünschten dieselben nicht gemindert oder geschwächt, vielmehr in aller Weise erhalten. Es würde deshalb viel heilsamer gewesen sein, wenn dieser Streit gar nicht angeregt worden wäre, wenn man es vielmehr bei den Bestimmungen früherer Jahre auf den Reichstagen zu Nürnberg, Regensburg und Speier gelassen hätte. Nach denselben war festgesetzt worden, daß alle Genossen des Augsburgischen Glaubensbekenntnisses in den Frieden mit eingeschlossen werden sollten. Anfangs hatten auch die Gesandten der drei Erzbischöfe und Churfürsten die Sache mit vieler Einsicht erwogen, wie aber von Andern allerlei Bedenken und Zweifel hingeworfen wurden, haben sie sich auf deren Seite gewendet. Wäre uns dieses Hinderniß nicht in den Weg gelegt, so würde die ganze Sache schon zu einem erwünschten Ende gekommen sein. Die Gründe, die uns verhindern, in diese Bedingungen einzugehen, sind eben so christlich als wichtig. Das muß ein Jeder einsehn, wie nachtheilig und schimpflich es für unsre Religion sein würde, wenn wir zugeben wollten, daß Alle, welche sich derselben zuwenden, aller ihrer Würden beraubt und unter die Zahl der Ketzer gestellt werden sollten. Wie die ersten Einrichtungen der Gestifte beschaffen gewesen und welche Mißbräuche sich nach und nach eingeschlichen haben, wollen wir hier mit Stillschweigen übergehen; aber viele dieser Stiftungen streiten keineswegs mit unsrer Religion. Wir würden uns eine schwere Verantwortung aufladen, wenn wir darein willigen wollten, daß kein geistlicher Reichsstand derjenigen Religion zugethan sein sollte, die wir für die einzig wahre und christliche erkennen und bekennen. Damit würden wir sie für eine gottlose und dem priesterlichen Stande unwürdige Religion erklären. „Bei so gestalten Sachen, großmächtigster König, bitten wir, daß Ihre Majestät dieses alles bei sich überlegen und nach der von dem Kaiser Hochdenselben ertheilten Gewalt verstatten wollen, daß diese Forderung nachgelassen werde."

Der König Ferdinand antwortete darauf in einem etwas ungnädigen Ton, er könne den Augsburg'schen Confessionsverwandten keine weiteren Concessionen machen; man habe ihnen schon mehr nachgegeben, als sie sonst in vielen Jahren nicht würden erlangt haben. Das sollten sie wohl bedenken und sich gerechten und billigen Forderungen fügsamer erweisen. Geschehe das nicht, so werde man unverrichteter Sache aus einander gehen müssen. Davon hätten sie sich dann die Schuld allein beizumessen und nicht ihn oder den Kaiser anzuklagen. Er für seine Person sei in der ganzen Sache mit großer Geduld und Gelindigkeit verfahren; wie dringend ihn auch die eigenen Regierungssorgen in seine Lande rufen, so habe er doch bis jetzt die Reichsversammlung nicht verlassen. Nun aber könne er länger nicht bleiben und er gestatte ihnen noch eine Frist von 10 Tagen, um sich Verhaltungsbefehle zur endlichen Entscheidung der Sache von ihren Landesfürsten einzuholen.

Am 5. September hielten die drei Reichsstände eine Plenarsitzung, um auf die Replik des Königs eine Antwort zu berathen und die Lösung der schwierigen Punkte zu versuchen. Sie erkannten die Weisheit und Großmuth des Königs, fügten aber hinzu: „Gleichwie aber auch den Hochverständigen das rechte Recht zu erforschen und zu erkennen, innerliche und äußere Düfte und Nebel im Wege liegen, eben also schwer ist es zur edlen Billigkeit zu gelangen, sondern wie leicht dieselbe hoch zu loben, also schwer ist es, zu ihrem Zweck zu treffen, inmaßen bei der Punkte Erwegnissen erschienen, daß ein Theil eines und anderes für die Billigkeit erkennt, gerathen und gehalten haben wolle, welches der Andere für die größte Unbilligkeit angesehen und verworfen." Nach diesem Grundsatz ist die Zwiespaltigkeit der streitenden Parteien nicht zu verwundern. Dies tritt sogleich hervor bei der Behauptung der Katholiken, daß die Unterthanen derjenigen Religion anhangen und folgen müssen, der ihr Landesherr und die Obrigkeit angehört, „und hierin derselben sich nicht widerspenstig erzeigen, auch keine Absonderung in Landen und Städten einzuführen." Dagegen behaupteten die Protestanten, der Religionsfriede müsse sowohl auf der Obrigkeit, als auf der Unterthanen friedlichen und ruhigen Zustand und Wohlfahrt sich erstrecken. Verlangen die Katholiken für ihre Glaubensgenossen in evangelischen Ländern Schutz und Sicherheit, so ist doch solches auch für Augsburg'sche Confitenten in katholischen Ländern zu verlangen. „Auf solche Weise wird die Gleichheit auf beiden Theilen, der königlichen Majestät väterlicher Erinnerung gemäß, vor Augen gehalten und die Constituation des Friedens auf der Gemeinden und nicht der Stände eigenen Nutzen fundirt und verordnet, auch also männiglich Obrigkeiten und Unterthanen nach Inhalt der königlichen Proposition bei friedlichem, ruhigen Wesen und christlichem, unverletzten Gewissen erhalten und das rechte, wahrhafte Ziel des Religionsfriedens erreicht."

Dagegen wendeten die Räthe der alten Religionsverwandten ein, daß es mit göttlichem Rechte streite, einen Acker mit vermengter Saat zu bestreuen. Wo im Lande getrennte Religionen sind, da hat man auch einen getrennten Frieden. Spaltungen und Friede können als widerspenstige Dinge in Ruhe und Einigkeit nicht beisammen hausen. Die Obrigkeit muß den Unterthanen zum Gehorsam mächtig sein. Die Entscheidung blieb unerledigt. — Bei dem Punkte, die Ritterschaft, Hanse- und andere Städte betreffend, verharrten die chur- und fürstlichen Räthe der alten Religion um so mehr bei ihrer früheren Meinung, da dieselbe auch den Beifall des Königs hatte. Die evangelischen Räthe dagegen meinten, daß ohne die freie Religionsübung in den Reichs- und Hansestädten in gleicher Weise wie in fürstlichen Landen evangelischen Glaubens, an einen wahrhaften Religionsfrieden nicht zu denken sei. Die Entscheidung wurde dem Könige anheim gegeben. — Hinsichts der Freistellung oder des geistlichen Vorbehalts verharrete die katholische Partei fest und einmüthig bei ihrer Forderung. Die Evangelischen äußerten, wie sie der guten Zuversicht gewesen, Se. Majestät würden freundliche und billige Vorschläge zur Ausgleichung der Sache machen. Da nun aber der König für die Katholisch-Gesinnten sich erklärt und die Altgläubigen so fest auf ihre Forderung beständen, so sei offenbar, daß man die evangelische Religion unterdrücken und den Uebertritt zu derselben in aller Weise erschweren wolle. „Seind derwegen die Confessionisten bewogen worden, auch auf ihre Widersetzung Fuß zu halten, inmaßen sie dann ihre Argumente, so dem Vorbehalt an seiner Operirung hinderlich, mit Mehrem in den Räthen wiederholt und fürgeschützt, mit Vermelden, ob man wohl zu beiden Theilen in dem Punkte einig und verglichen, daß die streitige Religion nicht anders, denn durch christliche, freundliche und friedliche Mittel und Wege zu einhelligem christlichen Verstande und Vergleichung gebracht werden solle, so gebe doch der Altgläubigen Vorbehalt dem ganzen Religionsstreit allbereit gewissen Entscheid und Ausschlag, nämlich daß die Augsburger Confession für eine verdammte Sekte und ketzerische Lehre zu halten, der kein Geistlicher bei Verlust seines Standes und Einkommens anhängig werden soll. Da nun

Spieker, Geschichte.

den hohen geistlichen Ständen die Freiheit der Religion versperrt und benommen, um so viel weniger dürfen sich die Unterthanen zu der Augsburg'schen Lehre zu bekennen und zu treten gelüsten lassen, welches Alles zu Schimpf, Spott und Unterdrückung derselben angesehen werden muß, daraus zwischen den Ständen und Unterthanen mehr größere und feindlichere Mißhelligkeiten, als Abschaffung des Rechts, Zerrüttung und Mißtrauens, zu erwarten. Das alles ist mit mehren Argumenten nachgewiesen, die zu wiederholen überflüssig ist, da sie bei dem andern Theil nichts verfangen."

Die Protestanten erklärten ohne Scheu, daß der König durch seine Entscheidung in diesem Hauptpunkte der Vereinigung, der Hoffnung, einen beständigen und immerwährenden Frieden zu erlangen, einen schweren Stoß zugefügt; denn wie die Sache jetzt stehe, könne nur ein zeitweiser, ungewisser Friede, also eigentlich kein Friede, zu Stande kommen. Und doch sei im Passauer Vertrage ausdrücklich festgestellt, daß ein unbedingter, beständiger und immerwährender Friede aufgerichtet werden sollte. Sie hätten von ihren Fürsten den Befehl, um einem solchen Frieden keine Hindernisse in den Weg zu legen, über die Zusicherungen des Passauer Vertrages nicht hinauszugehen; sie erwarteten nun vom andern Theil, daß sie diese Grenze auch nicht überschreiten würden. Die beiderseitigen Bedenken wurden dem Könige zur reiflichen Erwägung und Entscheidung zugesandt. — Wegen des Religionszustandes in den Frei- und Reichsstädten erklärten die Abgesandten derselben: „den höheren Ständen sei eine oder die andere Religion zu reformiren und aufzurichten gänzliche Freiheit eingeräumt und zugelassen, bei den Frei- und Reichsstädten aber sollte solche Freiheit dermaßen geschmälert und eingezogen werden, daß sie wider ihr Gewissen beide Religionen in einer Ringmauer müßten gedulden, da doch in den Rechten ausdrücklich gesetzt und verordnet, daß Diejenigen, so des Reichs onera in gleichen Bürden zu heben und zu legen verpflichtet, auch im gleichen Theil desselben Freiheiten und Nutzungen fähig und theilhaftig sein sollten." Die protestirenden Städte fürchten, daß, wenn beide Religionen in den Städten öffentlich und frei ihre Gottesdienste halten dürften, dies Unruhe, Zank und Widerwärtigkeiten in den Communen verbreiten und das ganze bürgerliche Wesen zerrütten würde. Sie müßten deshalb recht dringend bitten, sie mit dieser neuen proponirten Verordnung zu verschonen und die Verfassung bei ihrer in plano beschlossenen Disposition unverändert zu lassen. Sie würden auch Gewissens und Pflichten halber in diese Satzung nie willigen.

So wenig unter solchen Umständen eine baldige Vereinigung der Parteien zu hoffen war, so war doch der König Ferdinand unablässig bemüht, den Friedensabschluß herbeizuführen. Da die schriftlichen Verhandlungen zu weitläufigen und langweiligen Protokollen, Berichten,

Repliken und Dupliken führten, welche dieselbe Sache mit einer lästigen Breite immer wiederkäueten, so schlug der König den Ständen mündliche Conferenzen vor, denen er persönlich beiwohnen wolle. Dieser Vorschlag wurde sehr gern angenommen und führte schneller, als der König erwartet hatte, zu dem erwünschten Ziel. Er verhandelte bald mit jeder einzelnen Partei besonders, bald berief er sie zu einer gemeinsamen Berathung, immer aber zeigte er sich versöhnend und ausgleichend, friedliebend und geduldig. Die Abgeordneten des Churfürsten August von Sachsen berichten darüber ihrem Landesherrn, nachdem sie die mündlichen Erörterungen über die freie Ritterschaft, über die Rechte der Unterthanen in Religionssachen, und über die Reichs= und Hansestädte mitgetheilt hatten: „der geistlichen Freistellung halben haben wir Erzählung gethan, daß unsrer gnädigsten und gnädigen Herren Meinung nicht wäre, die Stifte zerreißen zu lassen, noch ihnen in ihren Gütern Maaß zu geben, dermalen vermeldet, wie gleichwohl unsre Geistlichen dieser Sache gern Umgang hätten (daß sie ganz umgangen wäre), wie auf vorigen Reichstagen und Friedhandlung geschehn, und haben die Worte der Abschiede in specie angezeigt, auch die Deklaration zu Regensburg folgends die argumenta wiederholt, daß solcher Artikel maculam et infamiam nostrae religioni machte, item contra conscientiam wäre, auch in sich eine determinatio principalis causae hätte und dergleichen. Und dann auf Ihrer Majestät argumenta geantwortet, erstlich geben wir ihnen kein Maaß, denn es ein ander Ding wäre, wenn wir suchten, sie sollten und müßten zu uns treten oder solches in ihren Willen lassen, oder daß wir willigten, wenn sie zu unsrer Religion treten, daß sie sollten darum ihres Standes entsetzt sein, denn das Erste ließen wir auf ihre Verantwortung, und solches brächte der Paßauische Vertrag und diese Friedenshandlung mit, das Andere aber wäre ein Ding, das da stecket in unsrer Bewilligung oder unsrer Religion und sollte in solchen Sachen gleichviel gehalten werden, denn wie die geistlichen (Stände) nicht willigen würden, daß kein Stand von unsrer Religion abtreten und zu der ihren treten sollte, also könnten wir ex adverso auch nicht thun — sammt anderm mehr, haben auch letzlich die zwei Mittel vorgeschlagen, so in Ew. churfürstlichen Gnaden Resolution sind und darauf gebeten, Ihre Majestät wollten die Sachen nochmals auf solche Wege richten oder es bei der generaliter lassen, wie gesetzt."

Nachdem der König sich eine Viertelstunde bedacht, ließ er die protestantischen Abgesandten wieder zu sich entbieten und sagte ihnen, wie er sich freue, daß sie sich mit ihm in allen Punkten einverstanden erklärt hätten bis auf die geistliche Freistellung oder den Vorbehalt. Da müsse er nun abermals ganz bestimmt erklären, daß er diesen Punkt nicht fallen lassen könne; und daß sie denselben entweder auch annehmen oder die Prorogirung des Reichstages sich müßten gefallen lassen. Geistliche Güter gegen den Willen der Fundatoren gebrauchen, wäre ein Diebstahl und Raub (furtum et rapina) — „und sind Ihre Majestät darauf gefallen, es gemahnet Ihre Majestät gleich, als wenn sie einen Kriegsmann angenommen, der da Brot backen wollte." Am anderen Tage nach gehaltener Berathschlagung erschienen die Gesandten wieder vor dem König und wiederholten die schon oft vorgebrachten Argumente für ihre Ablehnung des geistlichen Vorbehalts. Darauf berathete sich der König zwei Stunden lang mit seinen Räthen und ertheilte dann den Harrenden den endlichen und letzten Bescheid: „sie wollten mit uns nicht weiter disputiren lassen; weil wir aber unsre Religion und Gewissen angezogen und sonst kein ander Bedenken darunter haben wollten, so hätten Ihre Majestät auf diesen endlichen Weg gedacht, wollten diese Sache auf sich nehmen und es aus vollkommener Macht ordnen, aber diesen Artikel könnten und möchten sie nicht auslassen, das wäre der endliche Beschluß und hätten hiebevor bei ihren Ehren geschworen, das wäre Ihrer Majestät Ernst; wollten wir willigen, wohl und gut, wo nicht, so hätten Ihre Majestät darin Friedens halber genug gethan, wären auch entschuldigt, ob Wir aber entschuldigt und bei Wem der Unglimpf, das hätte man zu erachten."

Der vom König aufgesetzte Artikel lautete: „Weil bei der Vergleichung dieses Friedens Streit vorgefallen, wie es mit den Geistlichen, die von der alten Religion abtreten würden, gehalten werden soll, ein solcher seines Standes und Amtes, auch Frucht und Einkommens, so er davon gehabt, alsbald verlustigt sein, auch dem Kapitel eine andere Person zu wählen erlaubt sein soll." Die Chursächsischen Gesandten sagen in ihrem Bericht: „Wir Augsburg'schen Confessionsverwandte sind heute (den 9. September) um 6 Uhr zu Haupt gekommen und haben uns berathschlagt bis um 11 Uhr, also, daß die königliche Majestät zweimal zu uns geschickt, ob wir nicht fertig. Nun hat in solcher Berathschlagung Pfalz erstlich votirt, dieser Artikel wäre in effectu idem und sie hätten keinen Befehl, darum sollten wir ihn stracks abschlagen oder sagen, daß wir ohne Resolution nichts thun könnten, worüber sich aber die Augsburg'schen Confessionsverwandten vergleichen würden, das wollten sie nicht hindern. Wir haben hinter uns gehalten und erst erfahren wollen, was die Augsburg'schen Confessionsverwandten thun würden, wie Ew. churfürstlichen Gnaden Befehl lautet." Brandenburg hat wie Pfalz votirt und fast noch härter. Dem traten bei die Abgesandten des Markgrafen Johann und der Herzoge von Pommern. Eberhard von der Than dagegen votirte für die Herzoge von Sachsen, man solle diesen Artikel keineswegs abschlagen; man habe ja in diesen Friedensverhandlungen mehr erhalten als jemals und könne leicht das ganze Werk zerstören, wodurch man eine schwere Verantwortung auf sich lade. Dieser Antrag wurde durch gute Gründe motivirt, weshalb demselben beitraten: der Pfalzgraf Otto Heinrich, Würtemberg,

Hessen, Anhalt und die Gesandten der Grafen. Markgraf Georg Friedrich wünscht, daß sich Sachsen und Brandenburg ausgleichen möchten. „Wir haben uns Sachsens Votum gefallen lassen, nicht der Meinung, daß wir endlich schließen wollten, sondern erstlich auf Resolution und Ratifikation stellen, sonderlich aber, daß wir auch deren Meinung hinderten, die etwa eine solche Antwort der königlichen Majestät geben würden, daraus auf der Stunde die Prorogation erfolgen könnte und sind diese disputationes ganz heftig und hitzig gewesen. — Es ist aber in summa dahin gekommen, daß wir uns vereinigt, wir wollten erst Ihre königliche Majestät anlangen, daß Ihre Majestät uns etliche Tage wolle vergönnen, damit wir diese Sachen an unsre Herren möchten gelangen (lassen), weil sie so ganz hochwichtig, und wenn es uns Ihre Majestät abschlüge, so wollten wir uns darein lassen, doch mit Vorbehalt unsrer Herren Ratifikation."

Der König erlaubte den Gesandten noch zehn Tage bis zur endlichen entscheidenden Erklärung, ließ die Brandenburg'schen Gesandten zu sich kommen, redete mit ihnen sehr ernst und scharf, und gab ihnen zu erkennen, Brandenburg habe wohl die Absicht, das Erzstift Magdeburg an sich zu bringen, wie es mit Preußen gethan habe. „Und solcher Verdacht mag aus dem Votiren wohl herkommen, denn nichts heimlich gehalten, so in unserm Rath geredet wurde." Auch Pommern hatte man in Verdacht, daß es mit seiner Widerstrebsamkeit auf das reiche Stift Camin abgesehen sei. Den Ständen wurde angezeigt, daß Se. Majestät am 18. oder 19. September seine Resolution eröffnen würden; sie möchten dafür sorgen, daß bis dahin die noch nicht erledigten Punkte ganz ausgeglichen wären.

Auf den Bericht der churfürstlich-sächsischen Gesandten erhielten dieselben von ihrem Landesherrn, dem Churfürst August, folgendes Schreiben: „Uns gebührt namentlich und am meisten darauf Achtung zu geben, daß wir durch und mit solchem äußerlichen Frieden nicht etwas willigten, das uns jetzund und künftig in unserm Gewissen beschwerlich oder unsrer christlichen Religion, die wir aus Befehl Gottes zu befördern und zu erweitern schuldig, hinderlich und Anderen unsrer Religionsverwandten ärgerlich sein möchte. Denn wir, wie billig, das Ewige dem Zeitlichen und den innerlichen Frieden des Gewissens dem äußeren weltlichen vorsetzen müssen. Nun hat es wohl das Ansehn, daß der Artikel, wie der von Sr. Majestät gestellte, ohne Verletzung der Gewissen von unsern Religionsverwandten könnte gewilligt werden, und daß es allein der Güter und nicht Gewissens halber zu thun, in Ansehung, daß dem Erzbischof, Bischof oder Prälaten, so zu unsrer Religion treten und dieselbe annehmen will, freisteht, solches zu thun, allein daß er das Bisthum und Beneficium verlasse, wie wir denn aus eurem Bericht vermerken, daß etliche vornehme Räthe unsrer religionsverwandten Stände diesen Artikel also verstehn, und wenn es auch dabei bliebe, so wollten wir uns darin auch leicht vergleichen, unangesehen, daß solches gleichwohl nicht ein geringer Schimpf und Makel unsrer Religion ist. Auch ungeachtet, daß dadurch uns und allen anderen weltlichen Chur= und Fürsten, auch Grafen, Herren und Edelleuten, so unsrer Religion mit Ernst anhängen wollen, die Thür verschlossen, daß unsre Kinder und Nachkommen zu solchen geistlichen Würden und Dignitäten, die doch von unsern Vorfahren zum guten Theil gestiftet, mit reinem Gewissen, dergestalt, wenn der Artikel also wie gestellt bliebe, nicht kommen könnten, denn wir wissen doch wohl, daß die reine und rechte Lehre bei (von) den Weltkindern muß Verfolgung und Schimpf leiden, und daß man auch an zeitlichen Gütern billig etwas leiden soll und muß, da wir anders rechte Christen sein wollen, und dagegen viel eine herrlichere und höhere Belohnung in dem künftigen Leben haben werden. Aber das ist uns in dieser ganzen Handlung unserer Gewissen halber am beschwerlichsten, daß wir willigen sollten, daß andern Leuten zur Erkenntniß des Worts Gottes (so wir, wie gemeldet, zu befördern und zu erweitern schuldig) verschlossen sollte werden, wie denn unsers Besorgniß geschähe, wenn wir den Artikel, wie der von der königlichen Majestät gesetzte, annehmen, wie auch solches von unsern Theologen zu Wittenberg bedacht, wovon wir euch des mehrmals Copei zugeschickt, und ist hierin vornehmlich um der Bischöfe Unterthanen zu thun, zuförderst in diesen unsern und den nächstumliegenden Landen; denn denselben würde dadurch nicht allein der Weg verschlossen, zu fernerer Erkenntniß des Wortes Gottes zu kommen, sondern sie müßten auch (da die jetzigen oder künftigen Bischöfe darauf dringen würden) unsre erkannte christliche Religion (weil sie der Bischöfe Unterthanen wären) fahren lassen, welches ja noch beschwerlicher und keineswegs verantwortlich wäre. Denn sollten jetzt oder künftig unter dem Schein dieses jetzund bewilligten Friedens in Religionssachen die bischöflichen Städte, als: Magdeburg, Halberstadt, Halle, Jüterbog, Merseburg, Naumburg, Zeitz, Wurzen und andere, die zum Theil in und eines Theils an unserm Lande gelegen und die unsre christliche Religion eine lange Zeit gehabt, davon wollen gedrungen werden, mit Vorwendung, daß es nicht Reichsstädte, worauf dieser Friede allein ginge, und daß wir den Bischöfen kein Maaß zu geben, wie sie es mit ihren Unterthanen machten, so habt ihr, als denen die Gelegenheit unsrer Lande wißlich, leicht abzunehmen, was Jammer, Betrübniß und Klagens an berührten Orten daraus erfolgen und mit was Gewissen wir denselben zusehen könnten. Und obgleich jetzund möchte gedacht und gesagt werden, daß dieselben Städte solche Veränderung selbst nicht leiden, sondern sich dawider setzen würden, daß auch die Bischöfe solches jetziger Zeit vorzunehmen sich nicht leicht unterstehen würden: so ist doch dagegen zu bedenken, wenn uns auch und anderen unserer Religionsverwandten durch des jetzigen Friedens die Hände geschlossen würden, weß Schutzes und Trostes ihre Unterthanen sonst haben könnten, und was auch gleich nicht jetzund bald geschähe, daß es doch künftiglich mit gleicher Beschwerung erfolgen möchte."

"Aus dem Allen denn erscheint, daß dieser Artikel, so jetzund gestritten wird, nicht allein des Bischofs oder Prälaten Person belangt, ungeachtet, daß die Worte allein auf denselben gerichtet, sondern daß er auch im Grunde und Effekt desselben Stifts (davon der Bischof oder Prälat, so unsrer Religion ist, soll abgesetzt werden) Unterthanen und also ganze Communen, Flecken und Städte, darin unzählig viele Seelen und Christen sind, die des Wortes Gottes müssen beraubt werden, mit in sich schleußt. Darum wir auch mit Gott und gutem Gewissen darein nicht willigen können, es setze gleich denselben Artikel die königliche Majestät oder wer da wolle."

Nachdem auch die übrigen protestantischen Abgeordneten ihre neuen Verhaltungsbefehle erhalten hatten, meistentheils milder und annähernder Art, gaben sie gegen den geistlichen Vorbehalt eine neue schriftliche Vorstellung ein, mit der merkwürdigen Erklärung, daß wenn der König Ferdinand trotz der ihm von neuem vorgelegten Argumente auf seine Resolution bestehe, "sie ihm über beschehene Bitte und Fürwendung hierin keine Form und Maaß zu setzen wüßten." Ja, sie fügten ihrer Vorstellung sogar einen Aufsatz bei, wie in diesem Falle die Verordnung abzufassen sein würde. Sie stimmte im Grunde mit der von Ferdinand vorgeschlagenen Formel überein, nur mit dem Hinzufügen: 1) daß sich beide Religionsstände über diesen Punkt nicht hätten vergleichen können; 2) daß der König diese Entscheidung auf der geistlichen Fürsten Bitte gegeben; 3) daß, wenn ein Geistlicher zu der Augsburg'schen Confession treten werde, solches seinen Ehren und Würden in keiner Weise nachtheilig werden, und 4) daß dieses Abkommen einer künftigen christlichen Vergleichung nicht hinderlich sein solle.

Da die protestantischen Stände damit den schwersten Stein des Anstoßes beseitigt hatten, so glaubten sie nun auch von der altgläubigen Partei Concessionen erwarten zu dürfen. Diese betrafen den Artikel wegen der Religionsfreiheit der unmittelbaren Stände und der Unterthanen überhaupt, nicht der Ritterschaft allein, wie es anfangs beschlossen war. Das erregte wieder einen gewaltigen Sturm und der Streit wurde mit großer Bitterkeit geführt. Das Schiff drohete, noch beim Einlaufen in den Hafen zu scheitern. Nach einer Sitzung der Chur- und Fürsten in Gegenwart des Königs Ferdinand wurden die Abgeordneten der freien und Reichsstädte versammelt und ihnen erklärt: "Ihre Majestät setzten in die Frei- und Reichsstädte keinen Zweifel, sie würden ihrestheils, was zum gemeinen Frieden und des Reiches Wohlfahrt und Aufnehmen verhandelt, auch genehm halten und in andermärts ungleiches Nachdenken zu ziehen nicht gemeint sein. Ihre Majestät hätten gleichergestalt erhebliche Ursachen der Chur- und fürstlichen Gesandten angezeigt, dadurch sie den Special-punkten der Constitution beizufügen unumgänglich befunden, denn die freien und Reichsstädte wären ja unmittelbare Stände des Reichs und kraft des Religionsfriedens wie andere höhere Reichsstände eine oder die andere im Lande zugelassene Religion zu halten, befreit und berechtigt, daran würde ihnen auch durch die wohlgemeinte Verordnung nichts abgebrochen. Dieweil aber gar viele Stifte, Klöster und Gotteshäuser in den Städten fundirt, so bei der alten Religion Herkommen, und denn vor Jahren etliche Städte, die zu der Augsburg'schen Confession getreten, sie dabei ruhig bleiben zu lassen gebeten und darneben sich erboten und versprochen, die geistlichen Altgläubigen gern und gutwillig ohne Eintrag und Verhinderung zu dulden und bei ihrem Glauben und Kirchenordnungen zu schützen und zu schirmen: so soll solches in dem einmal angenommenen und bewilligten Stand gelassen und gehandhabt werden. Dazu haben auch die Städte starke Bürgerschaften, so der alten Religion anhängig, die Räthe aber in den Städten werden von der Bürgerschaft erwählt und besetzt, damit hat sie aber (die Bürgerschaft) vermöge des Rechts über ihres Gleichen in wichtigen Glaubenssachen, so die Gewissen und Seligkeit belangen, kein Gebot und Verbot zu setzen, und so blieben die Bürger und Inwohner einen Weg als den andern in ihren Gewissen und in der Religion allerdings frei und unbeschwert, erzeigten ihrer Obrigkeit schuldigen Gehorsam und würde solche Gleichheit zu der Städte Wohlfahrt und friedlichem Wesen fruchten. Der Religionsfriede besteht auch im Grunde darauf, daß kein Theil den andern in der Religion anfechten, beschweren, bedrängen oder vergewaltigen, sondern was ein Theil ihm zu geschehen nicht verstatten wolle, eben dasselbe er auf seiner Seite dem andern nicht zufügen solle. Wollten sich deromegen königliche Majestät zu den Städten keiner unnöthigen Widersetzung in wohlbedachter Disposition versehen, sondern hierin gegen kaiserliche Majestät, die es hiemit gut und gnädigst meinen, gebührlichen Gehorsams gewärtig sein."

Hierauf erklärten der Stadt Augsburg Abgeordnete, wie seit vielen Jahren beiderlei Religionen bei ihnen hergebracht, sich aber nie eine Störung oder Beeinträchtigung von irgend einer Seite gezeigt habe, es sei auch nicht des Raths Wille oder Meinung, daß die Geistlichkeit und alte Religion sollte abgeschafft werden, gedächten vielmehr, sich der Verordnung des Religionsfriedens gehorsamlich zu verhalten und wären bereit, beide Religionen wie bisher, auch in Zukunft in ihrer Stadt zu dulden und handzuhaben. Die Abgeordneten der anderen Städte, von Straßburg, Frankfurt, Regensburg, Nürnberg, Ulm, Eßlingen und Rothenburg, dankten dem Könige für seine allergnädigste Resolution, Gutachten und Erklärung und baten um einen geringen Aufschub, um sich über die Vorlage zu berathen. Der König lobte die runde und bestimmte Antwort der Augsburger, ermahnte die anderen Städte, diesem rühmlichen Beispiele zu folgen, gestattete den erbetenen Aufschub und forderte sie auf, sich auch mit den übrigen Ständen der Augsburg'schen Confession über diese Angelegenheit zu besprechen.

Am 10. September wurde im Reichsrathe ein Entwurf zur Constituirung des Religionsfriedens vorgelesen, dieser dem König Ferdinand vorgelegt und von demselben den Augsburg'schen Confessionsverwandten zur letzten Erklärung mitgetheilt. Nach reiflicher Erwägung aller Punkte dieses Entwurfs richteten die protestantischen Stände unterm 20. September eine Bittschrift an den König, worin sie sagen: „Wir bezeugen mit der höchsten Wahrheit, welche der allmächtige Gott selbst ist, daß Ihre churfürstliche und fürstliche Gnaden der unterthänigsten und freundlichen Meinung und Gemüths sind, in Allem, so sie zur Beförderung eines beständigen Friedens mit Gott und gutem Gewissen thun können, nichts erwinden zu lassen, inmaßen Ihre churfürstliche und fürstliche Gnaden bei allen Aenderungen, so Ew. königliche Majestät bei diesem Artikel gemacht, außerhalb des einzigen Punktes, den Vorbehalt der Geistlichen belangend, bleiben lassen, dem auch unterthäniglich und treulich nachsetzen und treulich nachkommen wollen." Sie wiederholen nun alle schon oft aufgeführten Gründe, warum sie in den geistlichen Vorbehalt nicht willigen können und sprechen die dringende Bitte aus, diesen Artikel im Religionsfrieden ganz auszulassen, wie es auf den Reichstagen zu Nürnberg, Regensburg und Speier geschehn. Sie könnten Gewissens halber in diesen Artikel durchaus nicht willigen, damit sie der Ehre Gottes nichts entziehn und nicht den Stachel in ihrem Herzen zurücklassen, als hätten sie durch ihre Bewilligung einigen Menschen den Weg zu der wahren Erkenntniß Christi, unsers Seligmachers, und seinem heiligen Evangelium verschlossen. Sie beschwören den König bei seiner Verantwortung bei Gott dem Allmächtigen, die Sache mit einigen anderen auf eine künftige christliche Ausgleichung der Religion zu vertagen.

Am 21. September wurden die Verhandlungen des Königs mit den Ständen fortgesetzt, wobei wieder von beiden Parteien heftige Reden und Widerreden vorfielen. Der König aber wußte durch ernste aber friedliche Worte hinsichts des geistlichen Vorbehalts ein freundliches Verständniß und eine friedliche Ausgleichung zu Stande zu bringen. Es wurde genehmigt, daß in das Friedensdokument gesetzt werde: „daß sich über diesen Punkt beider Religionen Stände mit einander nicht haben vergleichen können; daß ein Erzbischof, Bischof, Prälat oder anderer Geistlicher, wenn er zur Augsburg'schen Confession übertreten würde, dies ohne Nachtheil für seine Ehre und Würde geschehen solle, und daß dieser Punkt künftiger christlicher Vergleichung unvorgreiflich sein solle." Die Frage betreffend: ob die Ritterschaft, Städte, Communen und Unterthanen, welche viele Jahre nach der Augsburg'schen Confession unter katholischen Landesherren ruhig und unangefochten gelebt, auch ferner bis zur Vergleichung über die streitigen Punkte in der Religion diesen Schutz genießen sollen? meinte die katholische Partei, es müsse bei den bisherigen Erörterungen bleiben und nicht durch neue Disputationen der endliche Friedensschluß gehindert werden. „Die Confessionisten aber sind auf dem bestanden, daß die oft und viel gewünschte Friedens-Constitution allein und zu Jedermanns (männiglichs) Frieden gemeint, und sowohl Obrigkeit als Unterthanen Ruhe, Einigkeit und Frieden schaffen und geben, ja ein beständiger, für und für währender unaufhörlicher Friede im ganzen Römischen Reich sein und bleiben soll, daraus die Unterthanen aus vernünftiger Folgerung nichts Anderes schließen und halten, denn daß ihnen frei und erlaubt sei, ohne Verfolgung, Beschwernissen und Strafen derjenigen Religion anzuhangen, so sie Gottes Wort ähnlich und zur Seligkeit dienlich glauben." Nimmermehr könnten sie zugeben, daß der Obrigkeit das Recht eingeräumt werde, ihre Unterthanen des Glaubens wegen zu bedrücken, von Hab und Gut des Landes zu verweisen oder sie zu drängen, des Landesherrn Glauben zwangsweise anzunehmen. Die Glaubensfreiheit sei der Nerv, Saft und Kraft der Friedens-Constitution. Sollte solches in einen anderen widerwärtigen Verstand gezogen werden, so müßten sie dafür halten, daß man zu einem beständigen, allgemeinen und immerwährenden Frieden im Römischen Reich keine Lust und Gefallen trage, sondern vielmehr Spaltungen, Zwietracht, Uneinigkeit, Mißtrauen und gefährliche Trennungen zu pflanzen und auszubreiten begehre."

Ueber diese Rede zeigten sich die Altgläubigen sehr entrüstet. Es heiße Zeit, Geld und Mühe verlieren, den alten Streit wieder von neuem anfangen und was bereits beschlossen und festgestellt, wieder umstoßen zu wollen. Alte Ordnungen, Freiheiten und Gerechtigkeiten müßten in Ehren und Gebrauch erhalten werden. Sie wären im uralten, unverbrüchlichen Besitz ihrer katholischen, christlichen, apostolischen Religion, sammt ihren Städten, Communen, Landsassen und Unterthanen, und es würde vor Gott und der Welt unverantwortlich, göttliche und geistliche Rechte verletzend, Glauben und Gewissen unleidlich und widerwärtig sein, wenn sich die Stände und ihre Unterthanen sollten aus dem rechtmäßigen Besitz ihrer Lehre und Güter vertreiben lassen, wie das leider schon von der Gegenpart geschehen. Was geschrieben ist, muß auch geschrieben bleiben. Jeder Landesfürst habe Fug und Macht, in seinen Landen, Städten, Flecken und Gemeinden die alte Religion zu schützen und zu handhaben, ubi unus dominus, ibi una sit religio. Es gebühre keinem Fürsten, Stande und Obrigkeit, dem Gegentheil Maaß und Ordnung zu geben, was er seinen Unterthanen in Religionssachen soll glauben lassen. Wenn den Augsburg'schen Glaubensverwandten in katholischen Landen seit etlichen Jahren gestattet sei, darin ruhig zu wohnen, so hätten sie für diese Nachsicht sich gehörig zu bedanken, aber daraus keine Gerechtigkeit zu schöpfen. Es leuchte daraus die Weisheit des obrigkeitlichen Regiments hervor, daß sie zur Erhaltung des Friedens im Lande nach den Zeitumständen etwas gewähre und widerrufe, gestatte und verbiete. Landesfürst und Obrigkeit wären von Gott gesetzte Beschirmer der christlichen Religion und des Gottesdienstes; sie müßten ihre Unterthanen bei der uralten katholischen Religion erhalten, und wenn es schon ihre Pflicht sei, dieselben gegen frevelhafte Eingriffe in ihre Nahrung, Besitz und Handtierung zu schützen, so müßten sie mit viel größerem Nachdruck die Unterthanen gegen das Einschwärzen einer fremden Religion schützen, die ihrer Seelen Seligkeit gefährlich sei. Von der Duldung der Altgläubigen in den Ländern der Confessionisten wollen sie schweigen. Die Bürger und Unterthanen der alten Religion würden von ihnen verachtet und unterdrückt, von Aemtern und Ehrenstellen verdrängt und ausgeschlossen, den Geistlichen und Pfarrern das Einkommen beschnitten, und wenn sie sich darüber beklagten, der Stuhl vor die Thüre gesetzt. Wer ihrer Confession nicht beitreten wolle, würde Landes verwiesen, und wäre also seitens der Altgläubigen gleiches Recht nicht für Unrecht zu halten.

Elftes Buch.

Der friedliebende König Ferdinand sucht die streitenden Parteien zu besänftigen. Sie überlassen dem Könige die Entscheidung. Vier Einigungspunkte. Der königliche Nebenabschied. Zusage eines Religionsgesprächs statt des Provinzial-Conciliums. Vorschläge der protestantischen Stände. Letzte General-Versammlung. Vorlesung des abgeschlossenen Friedensvertrags. Abdruck desselben mit dem eingelegten Nebenabschied. Die katholische Partei hält sich an denselben nicht gebunden, so wenig, wie die protestantische Partei an den geistlichen Vorbehalt. Folgen davon. Das Colloquium zu Worms 1557. Gegenseitige Anklagen. Die herzoglich- und churfürstlich-sächsischen Theologen. Anwendung des Grundsatzes: die Religion des Landesherrn bestimmt die Religion der Unterthanen. Die Jesuiten und deren Gelübde. Hindernisse der Ausbreitung der Reformation. Schlußbetrachtung.

Als der König sah, wie die Gemüther sich gegenseitig immer mehr erbitterten (unwirrsch und verdrüßig) wurden, „dazu beiderseits auf die Extremität starken Fuß gesetzt und in Acht genommen, daß bei der starken Menge der Gesandten zu einhelliger Zusammenstimmung und vorhaltigem (gewierigen) Schluß schwerlich zu gelangen, haben sie die Form der Traktation des Passauischen Vertrags wieder an die Hand zu nehmen für das Beste gehalten." Der König entließ die Versammlung und entbot nach einigen Stunden einen engern Ausschuß zu sich in den Palast. Durch seinen Kanzler ließ er demselben anzeigen, wie er gehofft, man sei am Ziel der Friedensverhandlung und wie er zu seiner höchsten Bekümmerniß bemerken müsse, daß ein ungestümes Unwetter das Schiff wieder in das stürmische Meer hinausgetrieben. Die Stände der Augsburg'schen Confession hätten Se. Majestät emsig und eifrig gebeten, den Frieden dergestalt abzuhandeln, daß auch die Gemeinden und Unterthanen sich dessen zu erfreuen haben, und zu ihren Obrigkeiten schuldige Liebe und gut Vertrauen fassen könnten, wie denn auch dies das stärkste Band einer immerwährenden Ruhe und Einigkeit zwischen Obrigkeiten und Unterthanen ist. Es sei auch Sr. Majestät unablässig Bestreben gewesen, einen Frieden herbeizuführen, der alles Mißtrauen und allen Unwillen zwischen Obrigkeit und Unterthanen wegschaffe und der gefährlichen Unsicherheit in der Religion, wie sie leider an allen Orten des Reichs eingerissen, ein Ende mache. Die innerliche Spaltung sei leider in einen großen öffentlichen Krieg ausgebrochen, die Stände hätten sich mit solcher Heftigkeit in den Haaren gelegen und sich gegenseitig dermaßen geschwächt und verderbt, daß sie von fremden, auswärtigen Feinden gar leicht vergewaltigt und unter ein schweres Joch und ewige Dienstbarkeit gebracht werden könnten. Sollte man nun auf diesem Reichstage nicht zu einem vollkommenen und gewissen Frieden gelangen, so würde solches Sr. Majestät sammt Churfürsten und Ständen zum unvertilgbaren Schimpf gereichen, die glimmenden Kohlen würden unter der Asche erhalten und in Kurzem im lieben Vaterlande ein neues Feuer aufgeblasen werden. Ihre Majestät wollen sich deshalb zu den Gesandten gnädigst getrösten, sie würden ihre Rathschläge auf allgemeine friedliche Einhelligung und durchgehende Gleichheit richten und nicht auf parteiischen und partikulären Vortheil oder Gewinn, immer aber die allgemeine Wohlfahrt und friedliches Wesen im Auge behalten.

Die Gesandten und Räthe gaben dem Kanzler das Wort, daß sie Sr. Majestät gehorsamen wollten; als es nun aber zu den Verhandlungen kam, erklärten sich die Altgläubigen hinsichts der Religionsfreiheit der Unterthanen gegen den Glauben des Landesherrn und der Obrigkeit für unverantwortlich und es entstanden wieder heftige Debatten. Wie diese in der lebhaftesten Bewegung waren, trat der König in's Conferenzzimmer und erklärte den Streitenden, wie sehr der Unfriede und Hader ihn betrübe und wie er den Räthen nicht eher auseinander zu gehn gestatte, als bis über diesen Punkt Einverständniß eingetreten und der ersehnte Friede herbeigeführt sei. Mit dieser Erklärung verließ der König die Versammlung und die altkatholische Partei trat zusammen und beschloß nach kurzer Berathung, um den Verdacht der Unfriedfertigkeit von sich abzuwenden, dem König die Erledigung der streitigen Punkte ganz anheim zu stellen, soweit es ohne Nachtheil und Gefährlichkeit für ihre gnädige Herrschaften und den bereits festgestellten Friedenspunkten gemäß geschehen kann. Nachdem diese Botschaft dem König gebracht war, berief er seine und die kaiserlichen Räthe und arbeitete mit ihnen bis tief in die Nacht an dem Friedensinstrument. Folgenden Tags theilte er dem Ausschuß beider Theile folgende Propositionen mit: 1) Die bereits festgestellten Friedensartikel werden von Sr. Majestät bestätigt. 2) Die Geistlichen, Stände vom Adel, Städte, Communen und Unterthanen, welche seit Jahren der Augsburg'schen Confession angehören und noch deren Glauben und Kirchen-Ceremonien beipflichtig sind, sollen von ihrer Obrigkeit und in deren Namen nicht bedrängt werden, sondern bis zur christlichen Vergleichung der streitigen Religion dabei ruhig gelassen werden. 3) Diese Declaration soll der dem Friedensvertrag beizufügenden Derogation der katholischen Stände unvorgreiflich, unabbrüchig und unnachtheilig sein. 4) Den Ständen der Augsburg'schen Confession soll darüber von Sr. Majestät dem Könige ein verbriefter, besiegelter und unterschriebener Nebenabschied gegeben werden.

Der Ausschuß der Gesandten beider Theile dankte dem König für diese vorgeschlagenen Friedenspunkte, versprach sofort die Genehmigung derselben von allen übrigen Abgeordneten einzuholen und überreichte diese Genehmigung bereits in der Frühe des folgenden Tages im Namen ihrer gnädigsten und gnädigen Herren in der Hoffnung, es werde nunmehr nichts ermangeln, was zum vollkommenen und allgemeinen Frieden dienlich. Hierauf berief der König sämmtliche Gesandte von allen Ständen, theilte ihnen durch seinen Kanzler alle gepflogene Verhandlungen mit und zeigte ihnen, gleichsam zum Abschiede, an, daß Se. kaiserliche Majestät im nächsten Jahre einen Reichstag ausschreiben werde. Zu demselben möchten sich sämmtliche Chur- und Fürsten persönlich einfinden und gelehrte, verständige, geschickte und bescheidene Theologen mitbringen, damit der streitigen Religion halber erwünschte Vergleichung endlich möchte erfunden und geschaffen werden.

Den zuletzt geäußerten Wunsch des Königs griffen die protestantischen Stände im Fürstenrath auf und übergaben dem Könige und den kaiserlichen Räthen eine Vorstellung, worin sie sagten: Es sei bei Eröffnung des Reichstages geäußert worden, daß drei Wege zur Wiedervereinigung der getrennten Religionsparteien offen ständen, ein allgemeines Concilium, ein Nationalconcilium, oder eine Besprechung von gelehrten Theologen beider Parteien. Kaiserliche Majestät habe ein allgemeines Concilium wiederholentlich begehrt und zu Stande gebracht; der Erfolg aber habe gezeigt, daß von einem solchen kein Heil für die Kirche zu erwarten sei. Mehr möchte vielleicht von einem deutschen National-Concilium zu hoffen sein; aber bei den schweren Zeitläufen und Kriegsempörungen, so unter vielen christlichen Potentaten und Ständen hervorbrechen, ist es wohl nicht zu Stande zu bringen. Darum erlauben sie sich den Vorschlag, ein ernstes, bedächtiges und gründliches Religionsgespräch unter dem Vorsitz Sr. Majestät zu veranlassen, „dazu schiedliche, verständige, geschickte und eifrige Leute beider Religionen in gleicher Anzahl verordnet, daß auch dieselbigen alle sonderbare Affection und Hartsinnigkeit hintanan setzen, und allein auf dieses End und Effect sehen, daß nach dem Worte Gottes und der heiligen Schrift, und nicht nach Menschensatzungen und Traditionen geurtheilt; aller Irrthum, Gotteslästerung und Aergerniß abgeschafft, die Wahrheit an den Tag gebracht, gute Reformation und Besserung der Kirchen gesucht und allenthalben gottseliger Friede, Ruhe und Einigkeit angeschafft und erhalten werde." Neben dem Römischen Könige, als einem berühmten, verständigen und friedliebenden Herrn, sollten etliche weise, christlich denkende Churfürsten und Fürsten stehen, „die ja Alle in den Tod unsers Herrn und Heilandes Jesu Christi getauft und lebendige Glieder der christlichen Kirche, und unter den weltlichen Fürsten nicht wenige sind, welche in der heiligen göttlichen Schrift berichtet und erfahren sind." Für den protestantischen Theil schlagen die Bittsteller vor Philipp Melanchthon, Ehrhard Schneppius, Johann Brentius, drei Adjuncten und zwei Notarien, eben so viele von katholischer Seite, und zum Versammlungsort Augsburg.

Auf diesen wohlgemeinten Vorschlag, der wohl eben so wenig als alle früheren Religionsgespräche zu dem erwünschten Ziel geführt haben würde, erfolgte keine Antwort. Wohl aber schritt man nun mit aller Eil zum Abschluß des Friedens, weil jede Partei des langen Haders müde war und der König Ferdinand Augsburg nicht verlassen wollte, ohne die ihm gewordene Aufgabe, wenn auch nicht allgemein befriedigend, so doch nach Möglichkeit gelöst zu haben. Am 25. September in den Morgenstunden versammelte der König Ferdinand in seinem Palast die Abgesandten der Churfürsten, Fürsten, Stände und Städte und ließ ihnen durch seinen Kanzler Jasius folgende Constitution des Religionsfriedens zwischen kaiserlicher und königlicher Majestät an einem und Churfürsten und Ständen des Reichs andern Theils, Anno 1555 den 25. September aufgerichtet, vorlesen:

„Wir, Ferdinand von Gottes Gnaden, Römischer König, zu allen Zeiten Mehrer des Reichs in Germanien, zu Hungarn, Böhmen, Dalmatien, Croatien und Slavonien König, Infant in Hispanien, Erzherzog zu Oesterreich, Herzog zu Burgund, Steyer, Kärnten, Crain und Wirtemberg u. s. w. Dieweil auf allen, vor dreißig und mehr Jahren gehaltenen Reichstagen und etlichen mehr Partikular-Versammlungen, von einem gemeinen, beharrlichen und beständigem Frieden zwischen des heiligen Römischen Reichs Ständen der streitigen Religion halben aufzurichten, vielfältig verhandelt, gerathschlagt und etlichemal Friedstände aufgerichtet worden, welche aber zur Erhaltung des Friedens niemals genugsam gewesen, sondern deren ungeachtet die Stände des Reichs für und für in Widerwillen und Mißvertrauen gegen einander stehen blieben, daraus nicht geringer Unrath seinen Ursprung erlangt. Wofern dem in währender Spaltung der Religion eine ergänzte Traktation und Handlung des Friedens in beider, der Religion und profan oder weltlichen Sachen nicht vorgenommen wird, und in allewege dieser Artikel dahin gearbeitet und verglichen, damit beiderseits Religionen hernach zu vermelden wissen möchten, was einer sich zu dem andern endlich zu versehen, daß die Stände und Unterthanen sich beständiger und gewisser Sicherheit nicht zu getrösten, sondern für und für ein Jeder in unerträglicher Gefahr zweifentlich stehen mußte. Solche nachdenkliche Unsicherheit aufzuheben, der Stände und Unterthanen Gemüther wiederum in Ruhe und Vertrauen gegen einander zu stellen, die deutsche Nation, unser geliebtes Vaterland, vor endlicher Zertrennung und Untergang zu verhüten, haben Wir uns mit der Churfürsten Räthen und Geordneten, erschienenen Fürsten und Ständen, der Abwesenden Botschaften und Gesandten, und sie hinwieder sich mit Uns vereinigt und verglichen.

I. Feststellung des Religionsfriedens.

Setzen demnach, ordnen, wollen und gebieten, daß hinführo Niemand, weß Würden, Stand oder Wesen der sei, um keinerlei Ursach willen, wie die Namen haben möchten, auch in was gesuchtem Schein das geschehe, den andern befehden, bekriegen, berauben, fahen, überziehen, belägern, auch darzu für sich selbst, oder jemands andern von seinetwegen nicht dienen, noch einigs Schloß, Stätt, Marckt, Befestigung, Dörffer, Höfe und Weiler absteigen, oder ohn des andern Willen mit gewaltiger That freventlich einnehmen, oder gefährlich mit Brand, oder in ander Weg beschädigen, noch jemands solchen Thätern Rath, Hülffe, und in kein ander Weiß Beystand oder Fürschub thun, auch sie wissentlich nicht beherbergen, behausen, ätzen, tränken, enthalten oder gedulten: Sondern ein jeder den andern mit rechter Freundschaft und Christlicher Liebe meinen. Auch kein Stand noch Glied des heiligen Reichs den andern, so an gebührenden Orten Recht leiden mag, den freien Zugang der Profiant, Nahrung, Gewerb, Rennt, Gült und Einkommen abstricken, noch aufhalten: Sondern in alle Wege die Kayserl. Majestät, und Wir (König Ferdinandus) alle Ständ, und hinwiederum die Ständ, die Kayserl. Majestät Uns, auch ein Stand den andern bey diesen nachfolgenden Religions, auch gemeiner Constitution des aufgerichten Landfriedens alles Inhalts bleiben lassen sollen.

II. Die päpstlichen Stände verbinden sich zum Frieden gegen die Evangelischen.

Und damit solcher Friede auch der spaltigen Religion halben, wie aus hievor vermeldten und angezognen Ursachen die hohe Nothdurfft des heiligen Reichs teutscher Nation erfordert, desto beständiger zwischen der Römischen Kayserlichen Majestät, Uns auch Churfürsten, Fürsten und Ständen des heiligen Reichs teutscher Nation angestellt, aufgerichtet und erhalten werden möcht; So sollen die Kayserl. Majestät Wir auch Churfürsten und Stände des heiligen Reichs keinen Stand des Reichs von wegen der Augspurgischen Confession, und derselben Lehr, Religion und Glaubens halben mit der That gewaltiger Weise überziehen, beschädigen, vergewaltigen, oder in ander Wege wider sein Conscientz, Gewissen und Willen von dieser Augspurgischen Confession, Religion, Glauben, Kirchen-Gebräuchen, Ordnungen und Ceremonien, so sie aufgerichtet, oder nochmahls aufrichten in ihren Fürstenthumen, Landen und Herrschafften, dringen oder durch Mandat, oder in einiger anderer Gestalt beschweren oder verachten. Sondern bei solcher Religion, Glauben, Kirchengebräuchen, Ordnungen und Ceremonien, auch ihren Haab, Gütern, liegend und fahrend, Land, Leuten, Herrschafften, Obrigkeiten, Herrlichkeiten und Gerechtigkeiten ruhiglich und friedlich bleiben lassen. Und soll die streitige Religion nicht anders denn durch Christliche, freundliche, friedliche Mittel und Wege zu einhelligem Christlichem Verstand und Vergleichung gebracht werden: Alles bey Kayserlichen und Königlichen Würden, Fürstlichen Ehren, wahren Worten, und Peen des Land-Friedens.

III. Die evangelischen Stände verbinden sich zum Frieden gegen die Päbstlichen.

Dargegen sollen die Stände, so der Augspurgischen Confession verwant, die Römische Kayserl. Majestät, Uns und Churfürsten, Fürsten und andere des heiligen Reichs Stände, der alten Religion anhängig, geistlich und weltlich, samt und mit ihren Capitteln und andern geistlich Standes, auch ungeachtet, ob und wohin sie ihre Residenzen verrucket oder gewendet hätten (doch daß es mit Bestellung der Ministerien gehalten werde, wie hieunten davon ein sonderlicher Artickel gesetzt) gleicher Gestalt bei ihrer Religion, Glauben und Kirchen-Gebräuchen, Ordnungen und Ceremonien, auch ihren Haab, Gütern, liegend und fahrend, Landen, Leuten, Herrschafften, Herrlichkeiten und Gerechtigkeiten, Renten, Zinsen, Zehenden unbeschweret bleiben, und sich derselben friedlich und ruhiglich gebrauchen, geniessen, unweigerlich folgen lassen, und getreulichen verholffen seyn, auch mit der Tat, oder sonst in Ungüten gegen denselben nichts fürnehmen, sondern in allweg nach laut und Ausweisung des heil. Reichs Rechten, Ordnungen, Abschieden und auffgerichten Land-Frieden jeder sich gegen dem andern an gebührenden ordentlichen Rechten begnügen lassen, alles bei Fürstlichen Ehren, wahren Worten und Vermeidung der Peen in dem auffgerichten Land-Frieden begriffen.

IV. Wer nicht päbstlich oder der Augspurgschen Confession zugethan, wird ausgeschlossen.

Doch sollen alle andere, so obgemelten beyden Religionen nicht anhängig, in diesem Frieden nicht gemeinet, sondern gänzlich ausgeschlossen sein.

V. Wie es mit fürnehmen geistlichen Personen zu halten, wenn sie vom Pabstthum abtreten.

Und nachdem bei Vergleichung dieses Friedens Streit fürgefallen, wo der Geistlichen einer oder mehr von der alten Religion abtreten würden, wie es der von ihnen biß daselbst hin besessenen und eingehabten Erzbisthum, Bisthum, Prälaturen und Beneficien halber gehalten werden solle, welches sich aber beyder Religion Stände nicht haben vergleichen können. Demnach haben wir in Krafft hochgedachter Römischer Kayserlicher Majestät Uns gegeben Vollmacht und Heimstellung erkläret und gesetzt, thun auch solches hiemit wissentlich also: Wo ein Erzbischoff, Bischoff, Prälat, oder ein anderer geistlichs Stands von unser alten Religion abtreten würde, daß derselbige sein Erzbisthum, Bisthum, Prälatur, und andere Beneficia, auch damit alle Frucht und Einkommen, so er davon gehabt, alsbald ohn einige Widerung und Verzug, jedoch seinen Ehren ohnnachtheilig, verlassen, auch den Capitteln, und denen es von gemeinen Rechten, oder der Kirchen und Stifft Gewohnheiten zugehöret, eine Person der alten Religion verwandt zu wählen und zu ordnen zugelassen seyn, welche auch samt der geistlichen Capitteln und andern Kirchen bey der Kirchen und Stifft Fundationen, Electionen, Präsentationen, Confirmationen, altem Herkommen, Gerechtigkeiten und Gütern, liegend und fahrend, unverhindert und friedlich gelassen werden sollen, jedoch künfftiger, Christlicher, freundlicher und endlicher Vergleichung der Religion unvergreifflich.

VI. Geistliche eingezogene Güter sollen nicht wieder gefodert werden, sondern den Possessoribus bleiben.

Dieweil aber etliche Stände und derselben Vorfahren etliche Stifft, Klöster und andere geistliche Güter eingezogen, und dieselben zu Kirchen, Schulen, Milten und andern Sachen angewendt, so sollen auch solche eingezogene Güter, welche denjenigen, so dem Reich ohne Mittel unterworffen, und Reichsständ seynd, nicht zugehörig, und deren Possession die Geistlichen

zur Zeit des Passauischen Vertrags, oder seither nicht gehabt, in diesem
Friedstand mit begriffen und eingezogen sein, und bey der Verordnung,
wie es ein jeder Stand mit obberührten eingezognen und allbereit verwandten Gütern gemacht, gelassen werden: Und dieselbigen Stände derohalben weder in noch ausserhalb Rechtens zu Erhaltung eines beständigen
Friedens nicht besprochen noch angefochten werden. Derhalben befehlen
und gebieten wir hiemit und in Krafft dieses Abschieds der Kayserlichen
Majestät Cammerrichtern und Beysitzern, daß sie dieser eingezogener und
verwendter Güter halber keine Citation, Mandat und Process erkennen und
decerniren sollen.

VII. Geistliche Jurisdiction soll suspendiret seyn und bleiben.

Damit auch obberührte beyderseits Religions-Verwandte so vielmehr
in beständigen Frieden und guter Sicherheit gegen und bey einander sitzen
und bleiben mögen, so soll die geistliche Jurisdiction (doch den geistlichen Churfürsten, Fürsten und Ständen, Collegien, Klöstern und Ordens-
Leuten an ihren Renten, Gült, Zinß und Zehenden, weltlichen
Lehenschafften, auch andern Rechten und Gerechtigkeiten, wie obstehet, un-
vergriffen) wider der Augspurgischen Confession Religion, Glauben, Bestellung der Ministerien, Kirchen-Gebräuchen, Ordnungen und Ceremonien,
so sie auffgerichtet, oder auffrichten möchten biß zu endlicher Vergleichung
der Religion nicht exercirt, gebraucht oder geübt werden, sondern derselbigen Religion, Glauben, Kirchen-Gebräuchen, Ordnungen, Ceremonien
und Bestellung der Ministerien, wie hievon nachfolgends ein besonderer
Artikel gesetzt, ihren Gang lassen, und kein Hinderniß oder Eintrag dadurch beschehen, und also hierauff, wie obgemeldt, biß zu endlicher Christlicher Vergleichung der Religion die geistliche Jurisdiction ruhen, eingestellt, und suspendiret seyn und bleiben. Aber in andern Sachen und
Fällen der Augspurgischen Confession, Religion, Glauben, Kirchen-Gebräuchen, Ordnungen, Ceremonien und Bestellung der Ministerien nicht an-
langend, soll und mag die geistliche Jurisdiction durch die Ertzbischoff,
Bischoff und andere Prälaten, wie deren Exercitium an einem jeden Ort
hergebracht, und sie in derer Uebung, Brauch und Possession seynd, hin-
für, wie bißher, unverhindert exercirt, geübt und gebraucht werden.

VIII. Die Kirchen-Revenuen dirigiret ein jeder Stand in seinem Gebiete.

Als auch den Ständen der alten Religion verwand alle ihre zustän-
dige Rent, Zinß, Gült und Zehenden, wie oblaut, folgen sollen; so soll

doch einem jeden Stand, unter dem die Rennt, Zinß, Gült, Zehenden oder Güter gelegen, an denselbigen Gütern seine weltliche Obrigkeit, Rennt und Gerechtigkeit, so er vor Anfang dieses Streits in der Religion daran gehabt, und im Brauch gewesen, vorbehalten und dadurch denselben nichts benommen seyn. Und sollen demnach von solchen obgenannten Gütern die nothdürfftige Ministeria der Kirchen, Pfarren und Schulen, auch die Almosen und Hospitalia, die sie vormahls bestellt und zu bestellen schuldig, von solchen obgemeldten Gütern, wie solche Ministeria der Kirchen und Schulen vormahls bestellt, auch nachmahls bestellt und versehen werden, ungeacht was Religion die seyen.

Und ob solcher Bestellung halber Zwiespalt und Miß=Verstand vorfielen, so sollen sich die Partheien etlicher schiedlicher Personen (deren jede eine oder zwo zu benennen, und da sich dieselbigen nicht vergleichen könnten, einen unpartheischen Obmann zu erwehlen, der nachmahlen mit ihnen den zu setzen, die Sachen zu entscheiden) vergleichen, die nach summarischer Verhörung beyder Theil in sechs Monaten erkennen, was und wie viel zu Unterhaltung obgemeldter Ministerien und Stück gegeben werden soll. Doch daß diejenigen, so der Unterhaltung halben der Ministerien angefochten werden, ehe und dann dieser gütlicher Austrag oder Bescheids der Schieds=Personen, und auf den Fall Obmanns erfolget, des ihren, so sie in Possession seyn, nicht entsetzt, oder auch arrestiret noch aufgehalten werden. Destoweniger aber nicht, so sollen doch Mittlerweil diejenigen, so, wie obgemeldt, denen die Rennt, Gült, Zinß, Zehenden und Güter, davon von altershero die Ministeria der Kirchen versehen worden, und die solch onus auf ihnen gehabt, zustehen, biß zu Austrag der Sachen, was sie von altershero solchen Ministerien gegeben haben, auch fürter entrichten.

IX. Es soll keiner den andern zu seiner Religion dringen.

Es soll auch kein Stand den andern, noch desselben Unterthanen zu seiner Religion dringen, abpracticiren, oder wider ihre Obrigkeit in Schutz und Schirm nehmen, noch vertheidigen in keinen Weg. Und soll hiemit denjenigen, so hievor von alters Schutz= und Schirm=Herrn anzunehmen gehabt, hierdurch nichts benommen, und dieselbigen nicht gemeinet seyn.

X. Wie es bei dem Abzug der Catholischen und Evangelischen zu halten.

Wo aber unsere, auch der Churfürsten, Fürsten und Stände Unterthanen der alten Religion, oder Augspurgischen Confession anhängig, von solcher ihrer Religion wegen aus Unsern, auch der Churfürsten, Fürsten und Stände des heil. Reichs Landen, Fürstenthumen, Städten oder Flecken mit ihren Weib und Kindern an andere Orte ziehen und sich niederthun wollen, denen soll solcher Ab= und Zuzug, auch Verlauffung ihrer Haab und Güter gegen ziemlichem billigem Abtrag der Leib=Eigenschaft und Nachsteur, wie es ein jeder Ort von Alter anhero üblichen hergebracht und gehalten worden ist, unverhindert männiglich zugelassen und bewilligt, auch an ihren Ehren und Pflichten allerdings unentgolten seyn. Doch soll den Obrigkeiten an ihren Gerechtigkeiten und Herkommen der Leib= eignen halben, dieselbigen ledig zu zehlen oder nicht, hiedurch nichts abge= sprochen oder benommen seyn.

XI. Vereinigung derer beyden Religionen.

Und nachdem eine Vergleichung der Religionen und Glaubens=Sachen durch ziemliche und gebührliche Wege gesucht werden soll, und aber ohne beständigen Frieden zu Christlicher, freundlicher Vergleichung der Religion nicht wohl zu kommen: So haben Wir, auch der Churfürsten Räthe an= statt der Churfürsten, erscheinende Fürsten, Stände, und der abwesenden Bottschaften und Gesandten, geistlich und weltlich, diesen Friedenstand von geliebtes Friedens wegen das hochschädliche Miß=Vertrauen im Reich auf= zuheben und diese löbliche Nation vor endlichem vorstehenden Untergang zu verhüten, und damit man desto ehe zu Christlicher, freundlicher und end= licher Vergleichung der spaltigen Religion kommen möge, bewilligt, solchen Frieden in allen obgeschriebenen Artickeln biß zu Christlicher, freundlicher und endlicher Vergleichung der Religion und Glaubens=Sachen stätt, fest und unverbrüchlich zu halten und demselbigen treulich nachzukommen. Wo dann solche Vergleichung durch die Wege des general Conciliums, natio- nal Versammlung, Colloquien, oder Reichs=Handlungen nicht erfolgen würde, soll alsdann nichts destoweniger dieser Friedstand in allen oberzehl= ten Puncten und Articuln bey Kräfften biß zu endlicher Vergleichung der Religion und Glaubens=Sachen stehen und bleiben. Und soll also hie= mit obberührter Gestalt, und sonst in alle andere Wege ein beständiger, beharrlicher, unbedingter, für und für ewig währender Friede aufgericht, beschlossen seyn und bleiben.

Und in solchem Frieden sollen die freyen Ritterschafft, welche ohne Mittel der Kayserl. Majestät und Uns unterworffen, auch begriffen seyn, also und dergestalt, daß sie obbemeldter beeder Religion halb auch von niemand vergewaltiget, betrangt, noch beschweret sollen werden.

XII. Friede der Catholischen und Lutherischen unter einander.

Nachdem aber in vielen Frey- und Reichs-Städten die beyde Religion, nemlich unsre alte Religion, und der Augspurgischen Confession Verwandten Religion eine Zeithero im Gang und Gebrauch gewesen; so sollen dieselben auch hinführo also bleiben, und in denselbigen Städten gehalten werden, und derselben Frey- und Reichs-Städte Bürger und Einwohner geistlichs und weltlichs Standes friedlich und ruhig bey und neben einander wohnen und kein Theil des andern Religion, Kirchen-Gebräuch oder Ceremonien abzuthun, oder ihn davon zu dringen unterstehen, sondern jeder Theil des andern, laut dieses Friedens, bey solcher seiner Religion, Glauben, Kirchen-Gebräuchen, Ordnungen und Ceremonien auch seinen Haab und Gütern und allem andern, wie hieoben beyder Religion Reichs-Stände halben verordnet und gesetzt worden, ruhiglich und friedlich bleiben lassen.

Und soll alles das in hievorigen Reichs-Abschieden, Ordnungen oder sonst begriffen und versehen, so diesem Friedenstand in allem seinem Begriff, Articlen und Puncten zuwieder seyn, oder verstanden werden möchte, demselben nichts benehmen, derogiren, noch abbrechen, auch dargegen keine Declaration oder etwas anders, so denselbigen verhindern oder verändern möchte, nicht gegeben, erlanget oder angenommen würde, dennoch von Unwürden und Unkräfften seyn, und darauf weder in noch ausser Rechtens nichts gehandelt, oder gesprochen werden.

Solches alles und jedes, so obgeschrieben, und in einem jeden Articul namhafftig gemacht, und die Kayserl. Majestät und Uns anrührt, sollen und wollen Ihre Liebden und Kayserl. Majestät und Wir bey Ihren Kayserl. und Unsern Königlichen Würden und Worten für Uns und Unsere Nachkommen stet, unverbrüchlich und aufrichtig halten und vollziehen, dem stracks und unverweigerlich nachkommen und geleben, und darüber itzt oder künfftiglich weder aus Vollkommenheit, oder unter einigem Schein, wie der Nahmen haben möcht, nichts fürnehmen, handlen oder ausgehen lassen, noch jemand andern von Ihrer Liebd und Kayserl. Majestät, und Unsertwegen zu thun gestatten. Und wir die Verordnete der Churfürsten Räthe an statt ihrer Churfürstlichen Gnaden, auch für ihre Nachkommen und Erben, wie die erscheinende Fürsten, Prälaten, Graffen und Herrn, auch der Abwesenden, Fürsten, Prälaten, Graffen und Herrn, und des heiligen Reichs Frey- und Reichs-Städt Gesandte, Botschafften und Gewalthaber an statt und von wegen unser Herrschafften und Obern, auch für ihre Nachkommen und Erben willigen und versprechen bey Fürstlichen Ehren und Würden in rechten guten Treuen und im Wort der Wahrheit, auch bey Treu und Glauben, so viel ein jeden betrifft oder betreffen mag, wie allenthalben obstehet, stet, fest, aufrichtig und unverbrüchlich zu halten und dem getreulich und unweigerlich nachzukommen und zugeleben.

XIII. Bruch des Religions-Friedens.

Ferner verpflichten und verbinden wir uns zu allen Theilen, daß die Kayserliche Majestät, Wir und kein Stand den andern, mit was gesuchten Schein das geschehen möchte, mit der That, oder sonst einiger Gestalt, heimlich oder öffentlich, durch Uns selbst oder andere von Unsert wegen beschweren, überziehen, vergewaltigen, bekriegen, bringen, beleidigen, oder betrüben sollen oder wollen. Und so auch einig Theil oder Stand wieder solchen aufgerichten Frieden den andern (als doch nicht seyn soll) jetzt oder künfftiglich mit thätlicher Handlung, die geschehe heimlich oder öffentlich, vergewaltigen oder beträngen würden, daß die Kayserliche Majestät, Wir und Sie, auch Unsere und Ihre Nachkommen und Erben alsdenn, nicht allein dem Vergewaltiger, oder so thätlich Handlung fürgenommen oder fürnehme, keinen Rath, Hülff oder Beystand leisten, sondern auch dem andern Theil oder Stand, so wieder diesen Frieden vergewaltiget, überzogen oder bekriegt würde, wider den Vergewältiger, oder der sich thätlicher Handlung unternimmt, Hülff und Beystand leisten wollen und sollen: Alles treulich und ungefährlich.

XIV. Obrigkeit, was sie bei dem Frieden zu thun habe.

Wir befehlen und gebieten auch hiemit und in Krafft dieses Unsers Reichs-Abschieds den Kayferlichen Cammer-Richtern und Beysitzern, daß sie sich diesem Friedstand gemäß halten und erzeigen, auch den anruffenden Partheyen darauf, ungeacht, welcher der obgemeldten Religion die seyn, gebührliche und nothdürfftige Hülffe des Rechtens mittheilen: Und wieder solches alles kein Proceß noch Mandat decerniren, oder auch sonst in einigen andern wegthun noch handeln sollen.

XV. Besieglung des Religions-Friedens.

Solches alles und jedes, so obgeschrieben stehet, und die Kayserliche Majestät, Unsern lieben Bruder und Herrn, und Uns anrührte, gereden und versprechen Wir, an statt und im Namen der Kayserlichen Majestät und für Uns selbst, stet, fest, unverbrüchlich und aufrichtig zu halten, und zuvollziehen, dem stracks und ungeweigert nachzukommen, und zugeleben sonder alle Gefährde. Des zu Uhrkund haben wir unser Königlich Jnsiegel an diesen Abschied thun hencken.

Und wir verordneten Churfürsten Räthe, erscheinenden Fürsten, Prälaten, Graffen und Herrn, und des heiligen Reichs Frey= und Reichs-Städt Gesandten, Vottschafften und Gewalthaber, hernach benennt, bekennen auch öffentlich mit diesem Abschied, daß alle und jede obgeschriebene Puncten und Artickel, also wie obstehet, mit unserm guten Willen, Wissen und Rath fürgenommen und beschlossen seyn: Willigen auch dieselbigen allesamt und sonderlich hiemit, und in Krafft dieses Brieffs, gereden und versprechen auch in guten wahren Treuen, die, so viel einem jeden, sein Herrschafft oder Freund, von denen er geschickt, oder Gewalt habend ist, betrifft, oder betreffen mag, wahr, stet, fest, aufrichtig, und unverbrochen zu halten, zuvollziehen, und dem nach allem unserm Vermögen nachkommen und zu geleben sonder Gefährde.

Nach geschehenen Unterschriften folget endlich der Beschluß:

Geben in Unser König Ferdinandi, und des heiligen Reichs Stadt Augspurg auf den 25 Tag des Monaths Sept. nach Christi unsers lieben Herrn Geburth im funfzehen hundert und fünf und funfzigsten Jahr, Unserer Reich des Römischen im fünf und zwantzigsten und der andern im neun und zwantzigsten.

Am Tage vor der Vollziehung dieses Friedenstraktates, den 24. September, hatte der König den protestantischen Ständen den zugesicherten verbrieften und besiegelten Nebenabschied übergeben, wie er sich noch jetzt in dem königlich Sächsischen Staatsarchiv befindet. Es heißt in demselben: „Als auf diesem währenden Reichstag bei Abrede und Vergleichniß des Religions=Friedens uns die Stände und Votschaften der Augsburgischen Confession anhängig, unterthäniglich fürbracht, daß etlichen Erzbischöfen, Bischöfen und andeten Geistlichen und Stiften zugehörige Ritterschaften, Städte und Communen nunmehr lange Zeit und Jahre der Augsburgischen Confession Religion anhängig gewesen und noch wären, und wo dieselbigen von solcher ihrer angenommenen und so viel Zeit und Jahren hergebrachten Religion von gedachten ihren Herrn und Obrigkeiten gedrungen werden sollten, vor und ehemalen die streitige Religion durch christliche, freundliche und friedliche Wege zu christlichem Verstand und Vergleichung gebracht würde, daß daraus nichts Gewisseres zu besorgen, denn Weiterung und schädliche Kriegsempörung zwischen den Herrschaften und Obrigkeiten und den Unterthanen. Solchem aber vorzukommen, wäre ihre unterthänige Bitte, die Geistlichen dahin zu weisen und zu vermögen, daß sie dieselbigen ihre Unterthanen, um Erhaltung willen des gemeinen und hochnothwendigen Friedens im heiligen Reich deutscher Nation, hinführo, sowie auch jetzt, eine lange Zeit her geschehen, der Augsburgischen Confession Religion halben unvergewaltigt und unbedrängt bleiben, und obberührter endlicher Vergleichung in der streitigen Religion also erwarten lassen; und derohalben bewilligen, daß solche Unterthanen in jetziger Constitution des Religionsfriedens der Nothdurft nach versehen würden. Dagegen aber die Stände und Botschaften unserer alten Religion Verwandte allerlei Ursachen und Begehr fürgewendet, also daß sich beider Religion Stände deshalb miteinander nicht vergleichen konnten. — Daß demnach Wir in Kraft Römischer kaiserlicher Majestät Unsers lieben Bruders und Herrn Uns gegebenen Vollmacht und Heimstellung erklärt, gesetzt und entschieden haben, thun auch solches hiemit wissentlich in Kraft dieses Briefes, daß der Geistlichen eigene Ritterschaft, Städte und Communen, welche lange Zeit und Jahre her der Augsburgischen Confession und Religion anhängig gewesen und derselbigen Religion Glauben, Kirchengebräuche, Ordnungen und Ceremonien öffentlich gehalten und gebraucht, und bis auf heute dato noch also halten und gebrauchen, von derselben ihrer Religion, Glauben, Kirchengebräuchen und Ceremonien hinführo durch jemand nicht gedrungen, sondern dabei bis zu obberührter christlicher und endlicher Vergleichung der Religion unvergewaltigt gelassen werden sollen. — Und auf daß solche Unsre Declaration um so viel desto weniger angefochten werden möchte, haben gemeine geistliche Stände und der Abwesenden Räthe und Botschaften Uns zu unterthänigen Ehren und Gefallen bewilliget, daß die Derogation in gemeinem Religionsfrieden dieses Reichstages (enthaltend, daß wider denselben Religionsfrieden keine Declaration oder etwas anderes, so denselben verhindern oder verändern möchte, nicht gegeben, erlangt noch angenommen werden, sondern unkräftig sein soll) mit mehreren Worten begriffen, obberührter Unserer Erklärung und Entscheid unabbrüchig, aber sonst bei ihren Würden und Kräften bestehen und gelassen werden soll. — Daß alles zum festen wahrem Urkunde und mehrer Sicherheit haben Wir diesen Brief mit eigner Hand unterschrieben und Unserm anhangenden Königlichen Insiegel bekräftigt. Gegeben in Unsrer und des H. Reichs Stadt Augsburg den 24 Tag Septem. nach Christi unsers lieben Herrn und Seligmachers Geburt 1555 Unserm Reiche des Röm. im 25 und der andern im 29 Jahren."

Durch diesen Nebenabschied wurde die Religionsfreiheit der Unterthanen in Deutschland auf keine Weise begründet, wie ernst und dringend die Protestanten sie auch verlangt hatten. Die katholische Parthei hielt sich an die Beschränkung des Nebenabschiedes nicht gebunden, weil ihr die Zustimmung aller Stände fehlte. Die Deklaration erwähnt zwar der Einwilligung „gemeiner geistlicher Stände", sie wurde aber späterhin geläugnet. Das Schicksal der Evangelischen in den geistlichen wie in anderen katholischen Territorien blieb immer von Gründen der Politik abhängig, nach welchen die Landesherrschaften von ihrem vermeintlichen Zwangsrecht in Glaubenssachen Gebrauch machen konnten. Das erkannte die evangelische Partei recht gut und hatte sich deshalb gegen den Grundsatz, daß die Religion des Landesherrn die Religion der Unterthanen bestimme, nachdrücklich genug erklärt. Ferdinand seinerseits sahe die Gefahr, womit eine völlige Religionsfreiheit die katholische Kirche bedrohte, und suchte dieselbe mit aller Macht zu hintertreiben. Um aber das Vertrauen der Evangelischen nicht zu verlieren, schob er alle Schuld des Widerspruchs auf die geistlichen Stände. Und allerdings waren von diesen gewaltsame Maaßregeln gegen evangelische Unterthanen am meisten zu fürchten. Wenn die Grundsätze der katholischen Partei über das Recht einer Landesherrschaft in Religionssachen in ihrem ganzen Umfange geltend gemacht wurden, so war den widerrechtlichsten Religionsbedrückungen Thür und Thor geöffnet. Die Religionsfreiheit der Unterthanen war in den geistlichen Landen nicht auf die künftige Glaubensveränderung ausgedehnt, sondern auf den gegenwärtigen Zustand beschränkt. Aber auch dieser galt nicht einmal als rechtliche Norm, sondern die evangelische Lehre sollte unter dem geistlichen Stabe nur da geduldet werden, wo sie seit langer Zeit und jetzt noch blühte. Also der Uebertritt zur neuen Lehre kurz vor dem gegenwärtigen Zeitpunkt gab noch keinen Anspruch auf Duldung. Zudem war auch von einer allgemeinen Religionsfreiheit der Unterthanen nicht die Rede. Sie ward nur den mittelbaren Ständen unter geistlicher Herrschaft, nur Gemeinheiten unter den angegebenen Bedingungen verliehen. Die Religionsfreiheit knüpfte sich demnach für die Zukunft an die Reichsunmittelbarkeit. Für die Anhänger Zwingli's und Calvin's und für die Sekten der neuen Kirche kam sie nur zur Geltung, wenn sie die Augsburg'sche Confession als Norm der Lehre und des Glaubens anerkannten.

Wenngleich die katholischen Deputirten dem Römischen König die Erklärung übergeben hatten, daß sie, Ihm und dem Kaiser zu Ehren, im Namen ihrer gebietenden Herren darein willigen, daß der vorgeschlagene Nebenabschied dem Friedensdokument beigefügt werde, so haben die katholischen Stände doch in der Folge die Gültigkeit dieser Erklärung wiederholentlich bestritten. Das ging am Ende so weit, daß nicht nur die Jesuiten zu Dillingen, sondern auch die katholischen Stände selbst das ganze historische Faktum läugneten und behaupteten, es sei niemals eine solche Erklärung ausgestellt worden. Die altgläubige Partei hatte in ihrer gewohnten Schlauheit bei der Einwilligung in diesen Nebenabschied wohl vorausgesehn, daß es ihr in dieser Form viel leichter werden müsse, denselben zu entkräften. Hätten sie es redlich gemeint, so mußte es ihnen ja gleichgültig sein, ob das eingeräumte Recht in den Friedensvertrag aufgenommen oder demselben beigefügt werde. Da nun von den Protestanten auch der geistliche Vorbehalt nicht angenommen worden und ihnen gestattet war, bis zur endlichen Entscheidung aller streitigen Punkte in der Religion mit den Gütern der Kirche ihrer Bestimmung gemäß frei zu schalten: so ist der ganze Reichsabschied nichts weiter als ein zwischen beiden Parteien abgeschlossener Waffenstillstand. Nur eine völlige Gleichstellung beider Religionsparteien hätte fortdauernden Frieden herbeiführen können. Dazu war aber die Zeit noch nicht gekommen. Die Parteien standen sich noch viel zu schroff und unversöhnt gegenüber. Jede leidenschaftliche Aufregung, und diese findet sich immer bei dem Parteiwesen, hindert ein ruhiges, besonnenes Denken und Handeln, ein friedliches, freundliches Entgegenkommen. Treten die Parteien in Massen sich entgegen, wie tosen da die Stimmen durch einander, wie arbeiten die Leidenschaften gegen einander, wie erbittern sich die Gemüther, wie kommen so arge Gedanken aus dem Grunde des wildaufgeregten Herzens.

Das sehen wir nicht nur bei den gegenseitigen Anklagen und Beschuldigungen, mit denen sich Protestanten und Katholiken vier Jahre später auf dem Reichstage zu Augsburg überschütteten, sondern auch bei dem Colloquium zu Worms 1557, wo die protestantischen Theologen in feindseliger Gesinnung gegen einander in die Schranken traten. Die Glaubensfrische, die erste Liebe, die evangelische Kraft und Freiheit, mit welcher die Reformation ins Leben trat, war leider verschwunden und hatte sich umgewandelt in den knechtischen Buchstabendienst, in eine heftige Polemik und in eine geistige Abspannung. Das zeigte sich auf eine beklagenswerthe Weise bei dem Wormser Colloquium. Die herzoglich Sächsischen Theologen brachten eine Instruktion von ihrem Herrn mit, vermöge derer sie mit den übrigen protestantischen Theologen keine Gemeinschaft haben sollten, wenn diese nicht erst verdammten: allerlei Sekten und Rotten der Wiedertäufer, die Sekten der Zwinglianer und Sakramentsschwärmer, Osiandern mit seinen Anhängern und erdichtetem Irrthum von der wesentlichen Gerechtigkeit, den Georg Major mit seiner verderblichen Lehre von der Nothwendigkeit guter Werke zur Seligkeit, die gräulichen Irrthümer des Caspar Schwenckfeld, alle Servetianer, welche die alten Ketzereien wider die Person und Gottheit Christi erneuerten und Alle die ihren Abfall zur Zeit des Interims und zuvor nicht erkannten, sondern auch vertheidigten und etliche gottlose Ceremonien nicht abthun wollten, weil der Augsburg'sche Religionsfriede und Reichsabschied solche Sekten namhaft begreife und ausschließe.

Diese Verdammungen bezogen sich theilweise auf die churfürstlich Sächsischen Theologen, namentlich auf Melanchthon, der an die Spitze des Colloquiums gestellt war. Es schien auch, als wenn das herzogliche Haus mit dem strengorthodoxen Lutherthum gegen das Churhaus, das die mildere Religionsansicht in Schutz nahm, in die Schranken treten wolle. Sie entbrannten in einem so verzehrenden Feuereifer, daß die katholischen Theologen Worms verließen und erklärten, daß sie mit Leuten, die unter sich so zerfallen wären, nichts zu thun haben wollten. So schien der lebendige Glaube und die erwärmende Liebe aus der evangelischen Kirche durch einen unduldsamen Rigorismus, durch einen geistesarmen Wortstreit und einen wilden Parteihaß vertrieben zu sein. Diese betrübende Erscheinung konnte der katholischen Partei nicht anders als höchsterfreulich sein. Die Gegner arbeiteten ihnen ja selbst in die Hände, um das alte Princip: divido et impera! in Ausführung zu bringen. Nach diesem, mit großer Consequenz durchgeführten Herrschen maßten sie sich auch das Recht an, den Unterthanen das Religionsbekenntniß zu gebieten, da wo die evangelischen Reichsstände die Gewissensfreiheit ihrer Unterthanen vertheidigten. Nach jenem Zwangsrecht untersagten die katholischen Regenten nicht nur die öffentliche Uebung der evangelischen Religion und nöthigten Diejenigen, welche den Rücktritt in die katholische Kirche verweigerten zur Auswanderung, sondern sie wandten gegen dieselben auch gewaltsame Maaßregeln an, wie Kaiser Ferdinand II, als er das empörte Böhmen sich unterworfen hatte. Die Bauern wurden von ihren Gehöften vertrieben, in Ketten geworfen, in den Bock gespannt.

Um die Reformation in den evangelischen Ländern selbst wieder rückgängig zu machen, suchten die Katholiken den Rücktritt evangelischer Fürsten in ihre Kirche zu bewirken oder die Regierung über evangelische Länder in die Hände katholischer Fürsten zu bringen. War dies gelungen, so wurde im Lande eine Gegenreformation eingeleitet, nach dem geltend gemachten kanonischen Rechte, die Religion des Landesherrn bestimme die Religion der Unterthanen. Bei diesen Bemühungen fanden sie die treuesten, rastlos thätigen Gehülfen in den Jesuiten. Diese societas Jesu, die von Paul III 1540 ihre Bestätigung erhalten und seit 1550 in Oesterreich und Baiern Aufnahme gefunden, hatte sich die Ausrottung der protestantischen Lehre und Kirche zur besonderen Aufgabe gestellt. Nach dem vierten Gelübde (Professi quatuor votorum) mußten sie dem Papste unbedingten Gehorsam in den Missionsgeschäften, die er ihnen auftragen würde, versprechen. Dies Gelübde haben sie mit großer Schlauheit, Beharrlichkeit und Umsicht erfüllt.

Doch das eigentliche Lebensprincip der evangelischen Kirche, die heilige Schrift und der rechtfertigende Glaube, war nicht zu vertilgen. Damit hatte die Reformation tiefe Wurzel geschlagen in dem Herzen des Volks. Die Theologen mochten in ihren adiaphoristischen, antinomistischen, synergistischen, pelagianischen, krypto-kalvinischen, flacianischen Streitigkeiten in alter scholastischer Weise mit einander kämpfen, das Volk hielt fest an dem

Bibelwort und an seinem glaubensstarken Luther, und bis zum dreißigjährigen Kriege vermochte die katholische Partei ihr Gebiet nicht zu erweitern. Trotz des geistlichen Vorbehalts breitete sich die Reformation über alle bischöfliche Territorien, welche der Vogtei evangelischer Landesherren unterworfen waren, und im nördlichen und mittleren Deutschland auch über eine beträchtliche Zahl der übrigen aus. Ohne die rastlose Thätigkeit der Jesuiten, ohne die finstere tyrannische Gemüthsart Ferdinand's II, ohne den Abfall der Baier'schen Wittelsbacher und der Oesterreich'schen Habsburger von dem allgemeinen Sinn des deutschen Volkes und ohne den schnöden Eigennutz des Reichsadels im südlichen Deutschland, der in den reichlichen geistlichen Stiften die Versorgung seiner jüngeren Söhne sah, und ohne die Gräuel des dreißigjährigen Krieges würde jetzt ganz Deutschland evangelisch sein.